毛泽东兵法

孔

见

主编

SPM 南方传媒 | 花城出版社

中国·广州

图书在版编目（CIP）数据

毛泽东兵法 / 孔见主编. -- 广州 : 花城出版社, 2023.10（2024.10重印）
ISBN 978-7-5749-0001-1

Ⅰ. ①毛… Ⅱ. ①孔… Ⅲ. ①毛泽东军事思想—研究 Ⅳ. ①A841.65

中国国家版本馆CIP数据核字(2023)第173406号

出 版 人：张　懿
责任编辑：陈宾杰　李　卉
责任校对：李道学　梁秋华
技术编辑：凌春梅
封底篆刻：李　逵
封面设计：水玉银文化 syyart@qq.com

书　　名	毛泽东兵法 MAO ZEDONG BINGFA
出版发行	花城出版社 （广州市环市东路水荫路 11 号）
经　　销	全国新华书店
印　　刷	佛山市浩文彩色印刷有限公司 （广东省佛山市南海区狮山科技工业园 A 区）
开　　本	787 毫米×1092 毫米　16 开
印　　张	28.25　2 插页
字　　数	396,000 字
版　　次	2023 年 10 月第 1 版　2024 年 10 月第 5 次印刷
定　　价	99.00 元

如发现印装质量问题，请直接与印刷厂联系调换。
购书热线：020－37604658　37602954
花城出版社网站：http://www.fcph.com.cn

初 版 序

敬爱的毛泽东主席是伟大的无产阶级政治家、军事家、战略家。他为了中华民族解放事业，为了中国革命战争的胜利，投身到革命战争洪流之中。他亲手缔造了无产阶级人民军队，并在战争实践中，潜心探索中国革命战争的规律，提出了一整套克敌制胜的战略战术，指挥我军战胜了一切国内外强敌。“毛主席用兵真如神”，毛泽东兵法是不可战胜的法宝。

邓小平同志曾经说过，毛泽东思想是一个科学的体系。毛泽东军事思想也是一个科学的体系。它产生于中国革命战争和保卫国防斗争的丰富实践过程，包括了马克思主义战争观、人民军队建设以及人民战争的战略战术等军事科学的各个领域。在古今中外的历史上，可曾有人经历过如此漫长的战争活动？可曾有人遇到过如此残酷的战争环境？可曾有人取得过如此巨大的战争胜利？可曾有人亲手写下过如此浩瀚的战争巨著？毛泽东军事思想是马克思主义思想宝库中的财富。江泽民同志在党的十六大报告中指出，我们要继续以毛泽东军事思想作为国防和军队建设的指针。

出于学习和研究毛泽东军事思想的目的，这本书问世了。我们感到很高兴。主编者孔见同志曾经在我们工作过的单位——军事科学院，从事过毛泽东军事思想的研究工作。他在部队工作期间，还能继续学习研究毛泽东军事思想，让人欣慰，值得肯定。我们也是毛主席军事思想的学生，让我们共同努力，深入学习和运用毛泽东军事思想，以保卫我们伟大的国家。

邹华　　刘松林

二〇〇二年十二月廿六日　　2002.12.26

前　言

90多年前，当八一南昌起义的枪声划破旧中国的茫茫夜空时，革命的敌人异常强大，革命武装相当弱小，双方力量对比悬殊。经过20多年前仆后继的奋斗，“工农武装割据”“农村包围城市”武装斗争理论指导下的中国革命战争赢得了最终胜利。随着中华人民共和国的诞生，中华民族告别了100多年屈辱苦难的命运，从此庄严地矗立于世界东方。新中国成立后，毛泽东和老一辈革命家又领导全党、全军和全国人民进行了维护世界和平的斗争和国防建设，挫败了帝国主义者的军事威胁封锁，捍卫了祖国的领土完整和主权尊严，建设了强大的现代化人民军队，发展了“两弹一星”战略武器，奠定了国家安全的基础，令全世界对中华民族刮目相看。

回顾新民主主义革命时期的武装斗争史和社会主义时期国防建设史，人们永远不会忘记，带领我们党、军队和人民走向胜利的军事统帅是毛泽东，指导中国革命战争创造丰功伟绩和在国防建设上取得卓越成就的理论是毛泽东军事思想。历史证明，毛泽东军事思想是夺取武装斗争胜利的指南针，是我党、我军极其宝贵的理论财富，是我们千秋万代的传家宝。

毛泽东军事思想的地位和作用，是由它的科学价值和实践价值所决定的。毛泽东军事思想是马克思主义革命军事学说与中国革命具体实践相结合的产物，是老一辈无产阶级革命家在长期革命战争中的集体智慧结晶，不仅系统地揭示了军事领域的客观规律，而且向人们展示了如何认识、运用军事规律和解决各种军事问题的立场、观点、方法。过去，毛泽东军事思想指导我党、我军取得了一系列的胜利；今后，也仍将是我们实现“打得赢”的基本理论依据。与此同时，从历史文化的角度认识，毛泽东军事思想又可以称为“毛泽东兵法”，与《孙子兵法》一样，是中华民族乃至世界军事宝库的瑰宝，具有重要历史价值。

我们在2003年出版了《毛泽东兵法十三篇》，近20年来，随着大量新的研究成果的问世和解密，我们又做了更深的研究和探索，尤其是增加了新中国成立后保卫国防的新内容。所以，它不再是十三篇，而是一本内容更丰富的《毛泽东兵法》。

毛泽东兵法不仅是博大精深的科学理论，而且包含了毛泽东和中国共产党人伟大的长期的军事实践。无论是谁，要想研究和学习它，都必须认真研读毛泽东本人的著作和军事实践。本书只是提供一些我们的学习研究成果，供大家参考。短短数十万言，不可能面面俱到。取舍详略之际，理解领会之间，偏颇不周之处，在所难免。望广大读者特别是有识之士赐教为盼。

孔见

2023年7月1日

目录

总　论

伟大的无产阶级军事家毛泽东和他的兵法

毛泽东，字润之，1893年12月26日生于湖南湘潭韶山冲一个农民家庭，中国共产党、中国人民解放军、中华人民共和国的主要缔造者，伟大的无产阶级革命家、战略家、理论家，是领导中国人民彻底改变自己命运和国家面貌的一代伟人。

1949年3月5日至13日，中国共产党第七届中央委员会第二次全体会议在西柏坡召开。图为毛泽东在会议上做报告　（视觉中国供图）

一、英明统帅

回顾百余年来的中国近代史，1840年鸦片战争以后，中国成为半殖民地半封建社会，中国人民饱受帝国主义和封建主义的残酷压迫和剥削。在历次反帝反封建斗争中，无数仁人志士为了救民救国，抛头颅、洒热血，前仆后继，进行了不屈不挠的英勇斗争。但是，由于没有无产阶级政党的坚强领导，没有先进的革命理论和先进的军事思想做指南，而屡遭失败。直到马克思列宁主义传入中国，中国共产党登上领导中国革命的历史舞台，特别是在艰苦卓绝的武装斗争实践中，诞生了英明领袖毛泽东，屡遭挫折的革命航船才拨正了船头，战胜艰难险阻，驶向胜利的彼岸。

毛泽东是一位伟大的无产阶级革命家。他致力于把马克思主义同中国国情相结合，为创建繁荣昌盛的新中国孜孜求索，殚精竭虑。他的不朽学说，充满了首创精神和革命真谛。毛泽东又是一位卓越的政治家、军事家。他以敏锐的洞察力和高超的指挥艺术，带领人民军队闯过难关，走向胜利。毛泽东还是气度非凡的艺术家和学者，他那大气磅礴的诗文、书法，渊博的学识，同他波澜壮阔的革命生涯交相辉映，熔铸成永存于世的丰碑。

1927年，八一南昌起义的枪声响起，双方力量对比悬殊，国内外几乎没有人相信，如此微弱的星星之火，终将燃成燎原之势。在长征后期，剩下的几万红军将士在毛泽东军事思想的指引下，团结广大工农群众，与国民党反动派和日本侵略者进行了艰苦卓绝的斗争，并在斗争中扩大了自己。经过无数先辈前仆后继的奋斗，中国革命赢得了最终胜利。

随着1949年10月1日天安门广场上第一面五星红旗的冉冉升起，中华民族在隆隆的礼炮声中告别了100多年的屈辱命运，从此庄严地屹立于世界民族之林。新中国成立以后，面对着国内外敌人的虎视眈眈，毛泽东领导全国人民成功地捍卫了祖国的领土完整和民族尊严，有效地进行了国防建设。在历时3年的抗美援朝战争中，创造了打败世界上头号军事强国的奇迹，为保卫世界和平做出了巨大贡献。回顾新民主主义革命时期的武装斗争史和新中国成立初期的社会主义国防建设史，人们永远不会忘记，带领我们党、军队和人民走向胜利的军事统帅是毛泽东，指引中国革命战争创造丰功伟绩和国防建设取得巨大成就的理论是毛泽东军事思想。

集军事统帅与军事理论家于一身的毛泽东，多谋善断、高瞻远瞩、纵横捭阖、所向无敌，在长期革命战争实践中，他与我党其他的军事家一道共创的毛泽东兵法是弱军战胜强军、乞丐与龙王比宝而胜过龙王的“秘密武器”。毛泽东兵法哺育了一批批能征善战、智勇双全、威震八方的骁将，武装了一代代革命军人，成为中国人民解放军建设和作战的根本指导思想，是中国乃至世界军事思想宝库的瑰宝。

日本学者宍户宽在《毛泽东军事思想与建军路线》中说：“毛泽东是一位伟大的革命家。他是一位把马克思列宁主义发展到一个新阶段的伟大的理论家，但是，我认为，与马克思、列宁所不同的是，他同时又是一位伟大的军事领袖和军事理论家。”英国的巴特曼在《在东方的失败》中由衷地赞叹道：“几个世纪以来，我们西方国家看到了许多没有多少政治见解的军事天才人物，在过去的25年中，我们往往更多地看到几乎没有什么军事知识的政治冒险家，现在我们有了一位既是最伟大的政治家，又是最伟大的军事家，这就是政治军事天才人物毛泽东。”

二、无冕之王

在长期的中国革命战争中，毛泽东亲自指挥过无数次作战行动，领导和统率一大批杰出将领，南征北战，夺取了一个接一个的胜利。新中国成立后，毛泽东亲手将元帅和将军军衔授给了朱德、彭德怀等一大批叱咤风云、战功赫赫的将领，自己却拒绝接受大元帅的军衔，是一位真正的无冕之王。

我军第一批授衔的时间是1955年。说起授衔内幕，还有一段外界鲜为人知的故事。当时，实行军衔制在我军还是第一次，上上下下都没有经验，许多同志对军衔期望很高，存在相互攀比的心理，工作难度较大。毛泽东同志知道这一情况后，非常重视，经常过问此事。一次，他和其他领导同志听取军委汇报时，主持军委工作的彭德怀汇报了军衔制的初步方案，毛泽东被定为大元帅，定为元帅的有13位，除后来的10位外，还有周恩来、刘少奇、邓小平3人，大将也不只10个。

听完了汇报，毛泽东说："根据国际国内的经验，这个大元帅我不能要，穿上大元帅的制服不舒服啊！"经过讨论，大家认为毛泽东高瞻远瞩，深思熟虑，一致赞同他的意见。接着，毛泽东又一个个地询问在座的周恩来、刘少奇、邓小平："你们的元帅军衔还要不要啊？"周、刘、邓三人都连连摆手说，不要评了。毛泽东又询问几位被列入大将名单，但已转业到地方工作的同志："你们几位的大将军衔还要不要评啊？"这几位同志也都纷纷表示不要评了。

当时负责此事的宋任穷回忆往事时，深有感触地说："以毛泽东为首的一批中央领导同志主动提出不授军衔，对全军是很大的教育，大大推动了授衔工作的顺利进行，我们的工作也好做多了。"在毛泽东和党中央、中央军委的正确领导下，经过一年的努力，我军第一次实行军衔制的工作顺利完成。

毛泽东不当大元帅，体现了他作为无产阶级政治家的恭谦风范和像大海一样宽广的胸怀，也因此备受他的战友和人民的爱戴。正是毛泽东兵法哺育了大批优秀指挥员，毛泽东以其卓越的军事才能和独特的人格魅力深深地吸引着他们，影响着他们，使得他们能够紧紧地团结在毛泽东的周围，在中国革命战争的各个战场上并肩战斗，共同对敌，取得了中国革命战争的胜利；在社会主义建设中艰苦奋斗，鞠躬尽瘁，把我国的社会主义事业和国防事业推向了一个又一个新的高度。尽管他没有要大元帅的头衔，但在他的战友们心中，在全中国人民心中，他永远是最高领袖、无冕之王。

三、用兵如神

萧华上将在《长征组歌》中写道："毛主席用兵真如神！"

毛泽东的指挥艺术，变幻莫测，运用自如，达到了出神入化的境界。毛泽东亲自领导了秋收起义，开辟了井冈山根据地，击败了国民党军队的一次次"围剿"，成功地领导红军粉碎了国民党数十万军队的围追堵截，完成了震惊世界的二万五千里长征，而且领导八路军和新四军抗击了日本帝国主义军队的入侵，领导中国人民解放军打败了国民党800万军队，解放了全中国，并运筹帷幄，指挥中国人民志愿军击退了以美军为首的入侵朝鲜的多国军队。毛泽东经历的战争错综复杂，他所指挥的战役之多和规模之大，都是前无古人的。

毛泽东用兵如神主要体现在以弱胜强之道。中国革命战争的一个重要特点，即敌强我弱，双方力量对比的悬殊程度，在世界战争史上罕见。如第三次反"围剿"，敌我双方兵力对比为10比1，而马拉松战役希、波两军的兵力对比为1比4。然而，在毛泽东的指挥下，我军在长达20多年的烽火岁月里，就在总体劣势的情况下，创造了一个又一个的奇迹。我军以如此悬殊的劣势兵力，创造了如此辉煌的战绩，足以说明毛泽东的战争指挥艺术在世界军事史上的重要价值。

西方战争史上的以弱胜强，其含义基本上限于兵力上的以少胜多，双方军队的武器装备则大都同属一个水平。而中国革命战争除在军队数量上长期处于敌众我寡的地位外，在武器装备上也长期处于敌优我劣的状况，是以"小米加步枪"对付"飞机加大炮"。如抗美援朝战争，我军装备较之过去虽然有所改善，但较量的对手是世界头号帝国主义强国及其仆从军，敌人除了原子弹，所有现代化的军事技术手段全部使用了。然而，我军入朝后的头两次战役，便以相差悬殊的落后武器，一举将已经把战线推至我国国门之外的侵略军打得风声鹤唳，雪崩般地溃退到三八线以南，两战共歼敌4万余众，其中包括美军王牌海军陆战队第1师等部队。五角大楼惊呼，这是"美军陆战史上前所未有的惨败”。

毛泽东兵法不仅在各个历史时期的战役指挥中从不同角度反映着这种强弱变化的基本方法，而且在长期的作战指挥中形成了一系列重要的战略指导思想。这些思想包括了毛泽东战略战术理论的核心内容，深刻地揭示了毛泽东指导的人民战争在军事力量对比上由弱变强的根本途径。

跟随毛泽东走过战争年代的人，都会感叹“毛主席用兵真如神”。其神，在于出奇制胜；其神，在于他对中国革命战争规律的深刻认识。毛泽东兵法来源于中国革命战争的实践，在其领导的一次次战役战斗中，奇招迭出，妙计横生。毛泽东始终坚持从实际出发，因时、因地、因情、因势施变，表现了高度的灵活性、主动性和创造性。他善于从战略全局出发，把握用兵时机，在稍纵即逝的战机出现时，抓住有利战机，果断行动，出其不意地打击敌人。解放战争时期，毛泽东审时度势，迅速派兵控制东北，在时机成熟时果断发动了辽沈、淮海、平津三大战役，在指挥作战过程中对战机的创造、捕捉和把握，都显示出了卓越才能。毛泽东巧妙地谋划“分”与“合”的变化，在决定性的时间最大限度地集中兵力于一个决定性的方向和地点，造成局部优势，一战而胜，再及其余，其高超之处就在于“巧用分合，重点用兵”。因此，他把用兵的着眼点，始终放在服从全局的最大利益上；把用兵的重心，始终放在对全局最有决定意义的关节上。如在三大战役的指导上，就始终把注意力放在解决关系战役成败的中心问题上，并集中主要兵力兵器解决这一问题，使中心任务的解决有一个可靠的物质基础；在全力抓住战役重心的同时，紧紧围绕战役重心，统筹战役全盘发展，既抓住主要矛盾，抓住指挥重心，又围绕战役中心问题的解决，带动和促进其他问题的解决；抓住主要战场、主要战役方向不放，又关照好各个次要战场、次要作战方向，使全局融为一体，形成一盘棋。他主张的集中兵力，是建立在保证战场作战的绝对优势的原则上，对于强敌，或关系紧要的战场作战，应以绝对优势的兵力临之。他还主张不仅要善于集中兵力，还要适时分散兵力。如我军在“陕北三战三捷”等著名战役中，活跃在敌后的地方武装遵照毛泽东的指示，以敌后游击战小部兵力的分散，为正面战场上正规战大部分兵力的集中创造了条件。毛泽东在中国革命战争的实践中，创造性地运用了孙子“奇胜”的思想，神机妙算，多谋善断，决胜千里，稳操胜券，大大丰富了我国兵学的理论宝库。他指挥的人民军队出其不意、诈形乘隙、趋利避害、险中出奇、奇正相生、虚实结合、关照全局、灵活用兵。毛泽东在战役指导中，既敢于险中出奇，更善于化险为夷，既能在“山重水复”中看见“柳暗花明”，又能充分地认清通往“柳暗花明”之彼岸的波澜和曲折，做到预有准备，利取其重，害取其轻，牢牢地把握战机，出奇制胜。他善于站在全局的高度思考问题，分析问题，使主观指导符合客观规律，从而驾驭战争并赢得胜利。

毛泽东经历了长期的革命战争实践，他对战争认识之深刻，战争指挥艺术之高超举世瞩目。一位美国学者说：“图书馆里的书架都被那些称颂毛泽东为卓越游击战权威的书本压弯了。但是，毛何止是一位游击战士！他是一位伟大的战略家。在20世纪20年代和30年代初期，他在一系列的辉煌的游击战中，把蒋介石及其国民党政府弄得苦恼不堪。10年后，他以游击战和运动战相结合，在中国打败了日本人。40年代后期，他在一系列得心应手的运动战中征服了中国。最后，他的部队在朝鲜阵地战中顶住了美国。哪个领袖能像他这样在这么多不同类型的冲突中长期立于不败之地？”英国学者则进一步宣称：“毛泽东是掌握打开这个时代军事奥秘之锁的全套钥匙的一个时代人物。”

四、戎马生涯

孩儿立志出乡关，
学不成名誓不还。
埋骨何须桑梓地，
人生无处不青山。

17岁的毛泽东留下了这首诗，带着救国救民的雄心走出了韶山冲，开始了他的峥嵘岁月。此后，战争与这位伟人结下了不解之缘。

毛泽东正式投身革命事业后，曾从事过学生运动、工人运动和农民运动等，但20多年金戈铁马、跌宕起伏、纵横捭阖的军事工作则是他革命生活的主旋律。1961年，毛泽东会见英国的蒙哥马利元帅时说："22年中有十几年亲自在战场上指挥，有4年当全国的统帅。"

1911年10月辛亥革命爆发后，毛泽东曾在湖南起义的湘军中当过半年兵，而真正使他走上军旅之路的是共产党领导的革命战争。1919年五四运动前后，毛泽东接触和接受了马克思主义理论和俄国十月革命经验，逐步确立了对马克思主义的信仰。1920年，他在长沙创建了中国共产党早期组织。1921年7月出席在上海举行的中国共产党第一次全国代表大会。1923年6月在中国共产党第三次代表大会上当选为中央执行委员，参加中央领导工作。他是中国共产党内最早认识到革命武装斗争在中国革命中具有极大重要性的领导人之一。

1927年，蒋介石发动了四一二反革命政变，公开背叛革命。7月15日，武汉的汪精卫政权也开始镇压革命群众。8月7日，中共中央在汉口召开紧急会议，毛泽东在发言中强调军事工作的极端重要性，提出了"枪杆子里面出政权"这一科学论断。会后，毛泽东被任命为特派员回到湖南，组织发动了著名的秋收起义。在敌我实力悬殊的情况下，起义部队放弃攻打长沙，转移到了井冈山，在途中进行了著名的三湾改编。此后，在井冈山和中央苏区的8年中，特别是前4年（后4年由于"王明路线"失去了指挥权），毛泽东不仅探索出一条工农武装割据、以农村包围城市的革命道路，而且创造性地提出了"敌进我退、敌驻我扰、敌疲我打、敌退我追"的游击战术，打了许多漂亮的胜仗。

第三次反"围剿"胜利后，党内出现了严重的"左"倾错误，导致了第五次反"围剿"的失败，红军被迫开始长征。此时已失去了军事指挥权的毛泽东对党和红军的前途忧心忡忡，为扭转当时的困难局面做了大量工作，并最终促成遵义会议的胜利召开，在极其危急的情况下挽救了中国共产党、中国工农红军和中国革命。遵义会议后，在毛泽东的指挥下，中央红军根据实际情况的变化，灵活地变换作战方向，忽东忽西，神出鬼没地穿插于敌重兵之间，处处主动。在遵义以西的四川、贵州边界四次渡过赤水河，使敌军频频扑空，疲于奔命，最终摆脱了几十万国民党军队的围追堵截。此后又成功渡过了天险大渡河，爬过了人迹罕至的大雪山，战胜了张国焘的分裂主义，顺利到达陕北，取得了战略转移的伟大胜利。

在卢沟桥事变后长达8年的全民族抗日战争中，毛泽东运筹帷幄，为八路军、新四军和中国共产党领导的其他武装力量制定了一整套抗日战争的战略战术，不仅抗击了日本侵略军的疯狂进攻，而且打退了国民党顽固势力的反共浪潮，更为重要的是壮大了革命力量，为解放战争的胜利打下了坚实的基础。

抗战结束后，毛泽东以民族大义为重，亲赴重庆进行和平谈判，与国民党签订了停战协定。但是，蒋介石对此毫无诚意，反而是乘机加紧调动军队，做好发动战争的充分准备。1946年6月26日，国民党对中原解放区发动进攻，全面内战爆发。以毛泽东为首的中共中央强调实行“集中优势兵力，各个歼灭敌人”的作战原则，将抗日时期以“分散兵力打游击战为主”改为“集中兵力打运动战”的作战方法，实行积极防御的方针，以歼灭敌人有生力量为主要目标。人民解放军花了8个月左右的时间粉碎了国民党的全面进攻，随后仅用4个月便打破了国民党的重点进攻，解放军总兵力也发展到190多万人。

在毛泽东的英明决策下，1947年6月30日夜，刘邓大军12万人一举突破黄河天险，千里挺进大别山，揭开了人民解放军战略反攻的序幕。1948年9月12日，东北野战军发起辽沈战役。辽沈战役刚一结束，毛泽东和中央军委又做出重要决策，指示华东野战军和中原野战军发起规模空前的淮海战役。11月6日淮海战役打响。12月下旬，毛泽东又决定东北野战军入关发起平津战役。三大战役共歼灭国民党军队154万。以毛泽东为首的中共中央以伟大的革命气魄和高超的指挥艺术，及时抓住战略决战的时机，正确选定决战方向，根据各个战场的特点制定出不同的作战方针，保证了大决战的胜利。

三大战役结束后，全国形势已经明朗。1949年初，国共两党代表在北平谈判，但国民党政府拒绝在和平协定上签字。4月21日，毛泽东向人民解放军发布向全国进军的命令，并用“宜将剩勇追穷寇，不可沽名学霸王”来表明将革命进行到底的决心，很快将国民党蒋介石集团赶出大陆。

波澜壮阔的中国革命战争是孕育毛泽东指挥艺术的温床。他曾说：“做一个真正能干的高级指挥员，不是初出茅庐或仅仅善于在纸上谈兵的角色所能办到的，必须在战争中学习才能办得到。”毛泽东决不以教条主义的态度来学习军事理论，而是努力结合前人或今人在战争中留下的经验教训，了解并掌握战争的规律，并从实际情况出发，创造性地运用和发展前人军事理论。他的兵法不是从教科书上学来的，而是从战争实践中总结出来的。他依据中国社会政治经济发展不平衡和中国农村城市相分离的特点，提出了以农村包围城市的武装革命新道路；在总结孙子等中外军事家的朴素辩证法基础上，创立了军事辩证法；把马克思提出的“人民战争”的基本观点，发展成为系统的理论；从中国革命战争特点出发，提出了一系列独特的人民战争的作战指导原则。

毛泽东继承的是马克思、恩格斯丰富的理论遗产，为其增添了具有鲜明的中国特色的新内容。马克思、恩格斯囿于时代和社会条件的局限，他们的军事实践是有限的，因此而产生的军事理论著述在其丰富的理论遗产中并不占有突出的地位。但毛泽东所经历的军事活动时间较长，所解决的军事问题也异常复杂，丰富的军事生涯和长期曲折的革命战争实践，使得他的兵法在马列主义军事科学理论宝库中，显得更有特色，更有创新。

五、伟大的军事家

毛泽东给人类留下了许多宝贵的财富。其中，他的军事思想和理论渊如大海，博大精深。战争年代，它是我军屡战屡胜、夺得革命胜利的保证；和平时期，它是指导我军建设的指南；未来高技术条件的作战，它仍将是我们以劣胜优，最终获取胜利的法宝。

毛泽东撰写的各种文电所包含的丰富军事内涵，以及他在作战指挥中所表现出来的卓越指挥艺术，奠定了他兵法大师的地位。集最高军事统帅与军事理论家于一身的毛泽东，不仅长期置身于中国革命战争的烽火之中，而且在戎马倥偬之际写下了数百万字的战争文稿与文电，把他的用兵之术、征战之妙形诸笔端。

中国革命战争波澜壮阔，不仅有国内长期的革命与反革命、光明与黑暗之战，而且有与日本侵略者的14年鏖战。毛泽东不仅在军事实践上前无古人，创造了无数战争奇迹，而且在军事理论上的造诣也是少见的。毛泽东军事思想是一部丰富的宝藏，以其鲜明的科学性、通俗性、应用性闻名遐迩，领导人民军队取得了一个接一个的胜利，创造了许多脍炙人口的光辉典范。

毛泽东军事思想是在中国革命战争的烽火中逐步形成和不断发展的。它萌芽于大革命时期。这一时期，毛泽东产生了用苏俄方法“改造中国与世界”的思想，提出了“推翻地主武装，建立农民武装”的主张，形成了武装保卫革命——农民自卫军“上山可造成军事势力的基础”的正确认识。毛泽东军事思想在土地革命战争时期初步形成。这一时期，毛泽东初步形成了中国特色的武装革命实践理论，确立了人民军队的建军原则，提出中国共产党领导的农民土地革命战争的人民战争思想及其作战指导原则，总结制定了符合中国革命战争特点和规律的红军作战经验与原则。它在抗日战争时期全面成熟。这一时期，毛泽东提出了全面的全民族抗战的人民战争思想，系统阐明抗日持久战理论和军事战略方针，确定了游击战的战略地位，进一步完善人民军队建军理论。在解放战争时期得到极大丰富。毛泽东提出了以集中优势兵力打歼灭战为核心的十大军事原则，创造了独特的战略理论，形成了系统的战略决战思想，提出了符合实际的战略追击阶段的作战指导原则，进一步发展了人民军队建军思想。它在抗美援朝和国防建设过程中继续充实和发展。

毛泽东兵法的形成与发展，表明了马列主义军事理论在中国得到了充分的继承和发展，表明了诞生在中国革命战争土壤中的毛泽东军事思想，是具有鲜明的中国特色的无产阶级军事理论。它在指引中国革命战争走向胜利的同时，也把马克思主义军事理论推进到一个崭新的历史阶段。毛泽东在继承马克思主义等军事理论的基础上，基于对中国革命战争的丰富实践经验，基于对中国历史、文化和国情的深入透彻的理解，最终达到了马克思主义同中国传统文化、同中国革命战争实际的结合，为中国革命确定了不同于任何国家的、具有本国特色的武装革命道路和战略战术。

六、军事辩证法

朱德在《人民军队，人民战争》一文中指出："毛泽东同志系统地研究了中国革命战争的规律，特别重要的是在他的军事著作中，着重发展了马克思列宁主义军事科学的理论基础和方法论，即军事辩证法。"毛泽东军事辩证法思想，是毛泽东军事思想科学体系的重要基础，是正确认识和指导战争的强有力思想武器。它既贯穿于整个毛泽东军事思想科学体系之中，又是其科学体系的一个相对独立的部分。

"军事辩证法"这一概念，是毛泽东1936年在陕北红军大学讲课时首先提出来的。他根据战争矛盾运动的辩证过程，对其进行科学总结和理论概括，创造性地提出了"军事辩证法"这一科学概念。毛泽东不仅深刻阐述了其丰富的内容，而且成功地运用于指导中国革命战争的实践。他运用马克思辩证唯物主义和历史唯物主义基本原理，指导和研究中国革命战争的伟大实践，用客观、全面和发展的观点，揭示军事领域矛盾运动的一般规律，特别是中国革命战争的一般规律。

毛泽东精通马克思哲学，能够娴熟自如地运用马克思列宁主义哲学知识于战争指导和战争经验总结。他的许多闪耀着军事指挥艺术光辉的文章，既是经典军事著作，又是深入浅出的哲学著作，如《实践论》《矛盾论》《关于正确处理人民内部矛盾的问题》和《人的正确思想是从哪里来的？》《中国革命战争的战略问题》《抗日游击战争的战略问题》《论持久战》《中国的红色政权为什么能够存在？》《星星之火，可以燎原》等，都是哲学智慧与军事智慧融为一体的理论著作。

毛泽东把唯物辩证法运用于作战指导，从实际出发，不拘一格。有什么枪打什么仗；对什么敌人打什么仗；在什么时间、地点打什么时间、地点的仗；消灭敌人，保存自己；集中优势兵力，各个歼灭敌人；慎重初战等，每一条原则都闪烁着他哲学智慧的光芒。每一次军事行动，毛泽东都要辩证地进行深入思考，尔后做出决策。1948年11月14日，毛泽东写下的《中国军事形势的重大变化》，就是运用量变与质变的方法分析国共两党态势的杰作。1946年7月，蒋介石发动内战时，其军队有430万人，人民解放军仅120万人。到1948年11月，国民党共丧失409万人，补员约274万人，尚有295万人左右，而人民解放军已达300余万人，在数量对比上已从劣势转变为优势。所以毛泽东指出：中国的军事形势现已进入一个新的转折点，即战争双方力量对比已经发生了根本的变化。人民解放军不但在质量上早已占有优势，而且在数量上也已经占有优势。由于毛泽东善于从量和质两方面分析中国革命的态势，因而能不失时机地把握战略防御和战略反攻的阶段，正确地做出重大战略决策。

英国学者巴特曼在《在东方的失败》一书中，对毛泽东关于战争规律的论述做了很好的分析："毛泽东的战争哲学，如同他以前的战争胜利者的战争哲学一样，也是来源于对战争的分析。毛泽东的寻根究底、洞察一切的头脑很容易习惯于马克思主义辩证的研究方法，毛泽东的战争理论就是来自他那具有上述两种特征的头脑和他在战场上获得的经验。"

军事辩证法是毛泽东兵法的精髓所在，它构成了中国共产党领导武装斗争和国防建设的指导路线，它是丰富和发展了的马克思列宁主义无产阶级军事科学，是中国革命战争胜利的经验总结，是他料敌如神、用兵如神的根本原因之所在。在现代高科技条件下，我们仍然必须始终不渝地坚持和运用这些理论瑰宝。

七、朱毛不分

作为人民军队的最高统帅，毛泽东身边聚集着一大批足智多谋、生死与共的将领，他们与毛泽东一道南征北战，创下赫赫战功，为新中国的诞生做出了巨大贡献。毛泽东以其卓越的军事才能和独特的政治远见深深地吸引着他们，影响着他们。他们的智慧与才华，也渗透于中国革命战争的全过程，成为毛泽东兵法中不可分割的组成部分。毛泽东的战略战术靠他们来贯彻实施，毛泽东的兵法在他们的运用中闪耀出光芒，不断充实、发展和完善。

毛泽东同志的一生，与老一辈无产阶级革命家密切相连。在领导中国人民进行革命战争的过程中，许多重大决策几乎都是群体智慧的结晶。尤其与朱德同志，两人军事思想相互融合，相互促进，密不可分，许多重大战役、战术行动都是以两人的名义发电指挥的。

八一南昌起义后，朱德和起义部队在优势敌军的围攻下，一路向南到达广东，然后又转战到湖南南部。在听说毛泽东带领秋收起义的部队上了井冈山后，朱德带领部队且战且走，终于在1927年11月到达了赣南崇义上堡。1928年4月28日朱德和毛泽东带领的部队在宁冈砻市胜利会师。此时，毛泽东35岁，朱德41岁。这次历史性的会面之后，朱德一直是毛泽东的亲密战友，直至1976年相隔两个来月相继去世，两人保持了长达近半个世纪的友谊。

“朱毛”是不可分的。长征途中，面对张国焘要朱德反对毛泽东的恫吓，朱总司令义正词严地说：“你可以把我劈成两半，但却割不断我和毛泽东的关系。”直到晚年，毛泽东仍时常提起“朱毛”的称呼。他对朱德说，你是朱，我是毛，没有朱，哪有毛，朱毛，朱毛，你在先嘛。毛泽东称赞朱德“度量大如海，意志坚如钢”，是“人民的光荣”。

红军长征到达陕北后，正值国难当头，毛泽东和朱德为实现从国内战争到抗日战争的战略转变，做了大量的研究和教育工作。毛泽东发表了《中国革命战争的战略问题》《论抗日游击战争的基本战术——袭击》《论持久战》等，朱德发表了《实行对日抗战》《抗日游击战争》《抗敌的游击战术》等，对推动抗日、教育全体中国人民用正确的方法作战起到了重大作用。在抗战部署上，两位老战友更是同心协力。抗战伊始，就共同指挥八路军取得了抗战以来的全国第一个大捷——平型关大捷，大大鼓舞了全国军民的抗战士气。

新中国成立后，作为威震四海、德高望重的开国元勋，朱德却从不居功自傲。他说：“目前中国革命已经取得了基本的胜利。同志们！如果我们要问天下是谁打下的？这份功劳应该归在谁身上？那我就要说，这个天下是全党同志和群众一起打下来的，这份功劳应该归在人民大众身上。而在我们党方面则应首先归在毛泽东同志身上。”朱德的丰功伟绩和谦让风范赢得了全党的高度称赞。在1955年9月27日举行的授勋典礼上，中华人民共和国主席毛泽东首先将元帅军衔的命令状授予与他并肩战斗、生死与共的朱总司令，朱德成为中华人民共和国第一元帅。

毛泽东同其他老一辈无产阶级革命家、军事家，如周恩来、刘少奇、邓小平等也都有着密不可分的联系。“谁敢横刀立马，唯我彭大将军。”这首广为传诵的诗不仅是彭德怀一生最简洁鲜明的写照，也是毛泽东和他相交至深的生动体现。每遇战争的危急关头，毛泽东总是想到彭德怀，总是倚重彭大将军。长征路上，彭德怀率军一路披荆斩棘，立下汗马功劳；保卫陕北，彭德怀以2万之众歼灭胡宗南10余万人；抗美援朝，彭德怀以他远大的战略眼光和卓越的军事才能打败了美帝国主义，为祖国赢得了崇高的威望，为世界和平做出了伟大贡献。毛泽东还善于和身边的指挥员共同商讨作战方针，集思广益，找出良策。1932年初，他与林彪、聂荣臻共同指挥的漳州战役即是一例。聂荣臻在回忆录中说，毛泽东善于调查研究，总结经验，注意出敌不意和集中兵力，并且，毛泽东“很讲民主，大的军事行动，都尽可能事先征询我们的意见，然后再做出决定”。在解放战争时期，毛泽东曾多次听取并采纳粟裕的战略建议，改变原定战略部署，取得了战争全局的主动权，更完满、更迅速地达到了战争预期目的，其中，被称为“七战七捷”的苏中战役、豫东战役等就是最好的例子。周恩来曾说：“毛主席是在世界上最小的司令部里，指挥了最大的人民解放战争。”这个“最小的司令部”凝聚着集体的非凡才智，发挥出最优秀的战争指挥艺术，真可谓运筹帷幄之中，决胜千里之外。

中国革命战争的分散性，使得毛泽东与在各根据地上奋战的将领无法直接联系。但是，在世界战争史中，几乎找不出像毛泽东那样将自己的战略意图贯彻得如此彻底，使自己的兵法在各级将领的手中运用得如此挥洒自如、出神入化的例子。毛泽东兵法由一个集体来创造与表演，吸收和集中了来自战争第一线各级指挥员的真知灼见，凝聚着一代无产阶级军事家的集体心血和智慧。他们在战场上心心相印、休戚与共，形成一个高度统一的指挥集团。中国革命战争的胜利奇迹归功于这样一个优秀的指挥群体。

毛泽东和他的战友们在长期的戎马生涯中建立了深厚的友情，他们之间亲密无间，这种关系在战场上则表现为危急时刻紧要关头的团结一致、互相信赖和互相支持。这种“将帅和”的良好人际关系带给作战的影响是无形的，也是巨大的。在漫长的中国革命战争中，正是在毛泽东睿智的感召下，众望所归，万众一心，共同为中国革命做出了卓越贡献。这种无产阶级兄弟般的深厚感情也是中国革命胜利的重要原因。

“朱毛不分”，是人们对毛泽东与老一辈无产阶级革命家紧密联系、密不可分的一个形象比喻。朱德与毛泽东，是中国共产党集体智慧的象征，是珠联璧合的光辉典范。他们的思想联系在一起，他们的智慧融会在一起，他们像灿烂的群星，在中国革命战争的长夜中闪烁着耀眼的光芒，共同迎来了新中国的旭日。

八、东方底蕴

毛泽东军事思想是东方文化之树上最灿烂、最耀眼的奇葩，是中国几千年军事思想的继承、发展和高度升华，并在此基础上广泛借鉴和吸收了西方优秀军事思想的精华，是东西文化的合璧。1902年，8岁的毛泽东开始了他的读书生涯。他一面熟背四书五经，一面对书法和历史产生了浓厚的兴趣。书法上，他初学欧阳询，后改学钱南园，成年以后，兼采各家笔法，尤得力于怀素的狂草，终于笔走龙蛇，自成一家。通过读《春秋》《左传》，熟悉了不少战史战例，为他后来钻研军事辩证法积累了大量素材。除此之外，他还爱读被塾师视为闲书、杂书的历史小说。对于正处于记性最好的少年时代的毛泽东来说，书中的英雄人物对他具有一种艺术魔力，所以读过以后印象深刻。不但当时曾绘声绘色地讲述过书中的故事，而且历久不忘。几十年后，他讲哲学或讲军事时，引述书中故事，信手拈来，总是恰到好处。毛泽东回忆说：“我确实读了许多中国古代打仗的书，研究过《孙子兵法》之类的著作。”“我爱读的是中国的小说，特别是关于造反的故事……读了《精忠传》《水浒传》《隋唐》

《三国》和《西游记》。”此外，他还对诸子百家的政治、哲学、历史等著作广为涉猎。延安时期，他曾托人找《明季北略》《明季南略》来看，从中了解晚明的史实。这些古代兵书和典籍，对毛泽东军事思想科学体系的形成和发展有着不同程度的影响。

作为一个具有创造性的马克思主义者，他总是努力把学习马克思主义理论同批判地继承中国文化遗产结合起来。毛泽东的著述，无论延安时期的皇皇巨著，抑或晚年的即兴讲话，都喜欢引用一些孔孟的话。年轻的毛泽东博览群书，并联系社会实际，进行比较、分析和思考，获得了大量的新知识，更加丰富了自己的头脑，认识能力和分析能力不断提高，思想境界也越来越宽广。毛泽东在湖南第一师范学习时期，接触到了共产主义思想，形成了他的政治观。他非常注意国内外的政治、军事形势，经常在报摊上买书、买杂志。这个习惯他以后一直保持着，即使在最艰苦的井冈山斗争时期，他也总是想方设法从各处弄报纸来看。所有这些良好的读书习惯，一方面使他对时局有更多的了解，一方面也使他的思想逐渐成熟，最后走上革命的道路，成为中国共产党和中国人民解放军的缔造者和领导者。1939年，毛泽东在延安的一次讲话中说：“年老的也要学习，我如果再过十年死了，那么就要学九年零三百五十九天。”

毛泽东兵法是中国化的马克思主义军事理论，不仅在于它饱受中国革命战争风雨的洗礼，还在于它植根于中华民族传统文化的沃土之中，具有浓郁的民族形式和民族气派。毛泽东自幼受传统文化的教育和熏陶，打下了厚实的民族文化根基。他了解中国的昨天和前天，他从民族文化的源头吸取有益于民族解放的真谛。他对儒家、道家和法家等诸子百家学说的精髓都有着独到的见解，并将这些思想运用到战略战术之中。如他从老子的“将欲取之，必先（固）与之”中总结出正确处理歼灭敌人有生力量与丧失土地的关系；从儒家的“礼尚往来”引申出“人不犯我，我不犯人；人若犯我，我必犯人”的自卫原则；从法家“以战止战”的思想中得出“只有经过战争去消灭战争”的论断。当然，这些影响有大有小，有直接间接之分，不能一概而论。

毛泽东兵法更多的是吸收我国源远流长的兵学思想，可以说是中国古代兵学思想在现代的继续和发展，是中国军事思想在现代的里程碑。在战争观方面，他用孟子的“春秋无义战”揭示帝国主义之间战争的非正义性，批判了在战争问题上的宋襄公式的仁义、项羽式的沽名，发展了古代军事家关于战可知、胜可测的朴素唯物主义思想，肯定和发挥了知彼知己、百战不殆的战争认识论思想。在作战指导上，继承和发挥了古代军事家“制人而不制于人”的主动权思想和灵活应变的思想，吸收和改造了古代兵家的一些作战原则，如出其不意、攻其不备、避实击虚、以逸待劳、退避三舍、后发制人、穷寇勿追等，发展了古人关于“十则围之，五则攻之，倍则分之”的集中兵力思想。他从齐鲁长勺之战引申出“敌疲我打”的原则；以林冲打倒洪教头为例说明“诱敌深入”的方针；他引证黄巢、李自成的流寇主义，指出根据地游击战争的极端重要性。此外，他还从古人处理军事与政治、鼓舞士气、对待俘虏以及军民、官兵关系等方面吸取和总结出了一整套理论和成功的经验。他吸取和发展了古代军事思想家的朴素的辩证法思想，如敌我、和战、胜负、生死、利害、进退、强弱、攻守、动静、奇正、众寡等，并揭示了这些矛盾之间的关系及其解决方法。从毛泽东兵法中，无不可以发现中国传统文化给他的启迪和影响。

九、丰富宝藏

毛泽东在军事生涯中，创造了许多流芳百世、脍炙人口的经典之作。其军事业绩，与时代同在，与日月长存，随着时间的推移更加熠熠生辉。

毛泽东兵法的不凡之处，不仅表现在指引中国革命战争夺得胜利，把马克思军事理论的发展推进到一个崭新的境界，还表现为它在世界军事科学领域享有的崇高地位与价值。毛泽东兵法内涵极其丰富，是一座取之不尽、用之不竭的丰富宝藏，永远值得我们挖掘和继承，将是我军训练、作战的指南。

如果我们对毛泽东著作中有关军事方面的内容与其他方面的内容做些分析比较，就可以清楚地看出，军事理论专著和文章在毛泽东的全部著述中占有相当大的比重。1991年再版的《毛泽东选集》四卷本共收进毛泽东在新中国成立前的理论文章和文电159篇，其中直接并主要论述军事问题的占三分之一左右。《中国革命战争的战略问题》（1936）、《抗日游击战争的战略问题》（1938）、《论持久战》（1938）、《战争和战略问题》（1938）、《集中优势兵力，各个歼灭敌人》（1946）等军事理论著作，是毛泽东军事思想的杰出代表。另外，大量未曾公开发表的、毛泽东本人亲手草拟的军事文电中都蕴含着丰富的军事思想内容。在毛泽东论述政治、经济、外交等重大理论问题的著作文章中，不可避免地大量联系到军事斗争问题，提出了一些重要的军事理论观点。如《井冈山的斗争》全面论述了新民主主义革命时期无产阶级政权的建设，也专门设有军事问题一节；《论十大关系》是论述社会主义建设重大理论问题的重要文章，文中同时提出了正确处理国防建设和经济建设的关系，使两者协调发展的战略思想。蕴藏在毛泽东军事思想中的许多原理，经常被毛泽东引申到重大的政治、经济等理论著述中，并因此大大丰富和拓展了毛泽东思想的内容。毛泽东曾在中国共产党第七届中央委员会第三次全体会议上，创造性地运用军事上灵活机动的战略战术思想，提出了“不要四面出击”的社会主义革命和建设的战略策略思想。

毛泽东兵法揭示的军事规律达到了前所未有的广度和深度。综观毛泽东兵法这个宝库，既有关于中国革命战争及其军队建设特殊规律的完整理论，又有关于整个战争和军事领域本质的、规律性的大量普遍原理；既有作战理论，又有建军理论；既有关于武装夺取国家政权的战争理论，又有关于掌握全国政权后进行国防建设的理论；既有革命战争的指导理论，又有关于民族解放战争和保卫国防的指导理论；既有小米加步枪条件下的战争指导理论，又有打现代条件下战争的指导理论；既有对诸多军事规律的深入揭示，又有关于如何研究和运用军事规律的认识论；既有军事战略理论，又有统摄武装斗争和各种非武装斗争的国家战略理论；既有战略指导理论，又有战役战斗的指导理论；既有游击战理论，又有正规战理论；既有军事工作理论，又有军队政治工作、后勤工作和军事科研工作理论。如此丰富多彩的真理性认识成果浑然一体，构成了一座宏伟瑰丽的军事理论体系大厦，广泛而深刻地反映了军事领域多方面、多层次的规律性认识，其回答的问题之多，认识的真理性之强，在中外军事理论之林中非常罕见。

毛泽东兵法提出了一系列重大的军事科学创见。这些科学创见包括：

完整的战争本质论。他指出："战争是流血的政治，战争的政治目的决定战争的正义或非正义性质，保存自己、消灭敌人是战争特有军事本质所在，战争的军事目的服从于政治目的。"

战争中人的自觉能动性说。他把决定战争胜负的诸多因素概括为"客观物质基础"和"人的自觉能动性"两大范畴，并指出决定战争胜负的因素是人而不是物。他还坚持主观指导与客观实际相结合，一切从实际出发，从根本上划清了唯意志论和唯武器论、唯技术论的界限，划清了"能动"与"盲动"的本质区别，为正确地解决战争胜负问题指明了根本途径，是人类军事思想发展的崭新成果。

战争的强弱转化理论。科学而系统地回答了敌对双方力量的强弱地位在战争过程中能不能相互转化、为什么会发生相互转化和怎样去创造条件实现这种转化的问题。这一科学理论构成了毛泽东军事思想中人民战争理论和人民战争战略战术理论的重要哲学基础。它为弱小的革命力量以小胜大、以弱胜强、以劣势装备战胜具有优势装备之敌提供了锐利的思想武器。

军事问题的认识论和方法论。毛泽东的军事辩证法把马克思列宁主义的世界观和方法论同我党我军武装斗争的丰富经验出色地结合起来，创立了完整的、系统的关于军事问题的认识论和方法论。这一科学理论告诉人们：战争是一种社会历史现象，必须把它放到社会矛盾运动中去考察。军事领域同样有着不以人的意志为转移的客观规律，这些规律是可以认识和掌握的。军事实践既是战争规律的认识的来源，又是检验这些认识的标准。战争的规律有着一般与特殊之分，研究战争必须着眼于其特点和发展。研究和指导战争的根本方法，是熟识敌我双方各方面的情况，从中找出其行动的规律，并应用这些规律于自己的行动。研究战争的目的在于掌握战争指导规律，战争指导者的思维活动应当遵循辩证的逻辑程序。计划作战和实施作战是战争中指挥员认识活动的两个过程，在循环往复中实现主客观相一致的正确的战争指导。

毛泽东的兵法创造了以弱胜强的高超战争指挥艺术。我军在长达20多年战争岁月里，虽然在总体上处于劣势，但却创造了以少胜多的战争奇观，战胜了号称800万的国民党军队，建立了自己的政权，又在朝鲜战场上以小米加步枪对付美帝国主义的飞机加大炮，打败了武装到牙齿的头号军事强国。在新的历史条件下，毛泽东兵法仍将是指导我们作战和建设的指南，是克敌制胜的重要法宝，是一面鲜艳的胜利的旗帜，是我党我军的宝贵财富。因此，我们必须始终不渝地坚持毛泽东军事思想的指导地位，从这座宝库中汲取养料，丰富在现代条件下的作战理论，沿着它所指引的方向阔步前进。

十、举世推崇

毛泽东兵法无论对殖民地、半殖民地国家争取独立的民族革命战争，还是对发展中国家抵御大小霸权主义侵略扩张所进行的民族自卫战争，都具有很强的借鉴和指导作用。一些国际知名的政治家和思想家多次在不同的场合说过，毛泽东思想作为宝贵的精神财富，不仅是属于中国人民的，而且是属于全世界人民的。

毛泽东一生撰写有大量的军事著作，其中《中国革命战争的战略问题》《论持久战》《抗日游击战争的战略问题》三篇著作纵论古今中外战例，内容博大精深，成为世界军事理论的经典名著。古巴革命时的领导人把它奉为经典，阿尔及利亚、越南，以及全球范围内的许多革命者都视之为“军人必读”，美国的西点军校将它作为必读教材，肯尼迪总统曾研究过它。毛泽东对联邦德国前总理施密特坦言：“我有一个长处——懂得怎样打仗，怎样打胜仗。”毛泽东伟大的兵学思想不仅指导我军取得辉煌战绩，也成为全世界军事家打胜仗的指引。

在研究毛泽东的热潮中，各国学者都给予了高度评价。日本的中山敏认为，在马、恩、列时代，“作为革命的任务始终没有把军事问题放在首位，没有考虑以武力直接夺取政权”。而毛泽东根据中国的特点，提出了“枪杆子里面出政权”的理论，这是一个很大的发展。日本1962年的《防卫年鉴》指出：“如果说古代孙子的兵法是哲学性的，克劳塞维茨的兵书是科学性的，那么毛泽东的兵书则是彻底的现实性的东西；前两者是以研究兵法的人为对象，而后者则能为每一个士兵所理解。”美国前国务卿基辛格在《核武器与外交政策》一书中指出：“值得注意的是，关于共产党军事思想的最好阐述，不见诸苏联的著作，而见诸中国的著作。”“毛泽东基于大家熟悉的列宁主义学说，即战争是斗争的最高形式，研究出一套军事理论。”马里《发展报》1976年9月的一篇文章指出：“毛泽东使中国走上战胜帝国主义、建立中华人民共和国的道路，是对殖民地或半殖民地、封建或半封建国家人民的最好指引，这条道路将是第三世界大多数人民要走的道路。”孟加拉《新世纪》周刊的一篇文章也写道：“为了夺取人民战争的胜利，毛泽东同志写下了大量关于人民战争的著作，这些都是从事革命斗争的人必读的作品。”

毛泽东的兵法还被许多国家广泛运用于战争实践。日本的市川宗明在《毛泽东的世界战略》中指出：“胡志明的军队自始至终都把毛泽东的军事理论作为其战略战术的基础，并以此来发展自己。”非洲的阿尔及利亚军民在反对法国殖民主义者的武装斗争中，曾从毛泽东的军事著作中汲取力量，经过7年奋斗，终于赢得了民族的独立。英国的巴特曼也强调：“研究毛泽东的军事思想对自由世界来说，主要的不仅是理解他的军事思想，还要将这些军事思想运用于在东亚的西方军队所面临的越来越多的难题中。”

芬兰的帕基宁在《举世悼念毛泽东主席》中强调指出：“毛泽东在战争问题上所做的贡献如同列宁在帝国主义问题上和马克思在资本主义问题上所做的贡献一样，他科学地探索了战争的规律。毛的著作《论持久战》已经成为永恒不朽的杰作。”美国影响较大的《纽约时报》称颂毛泽东是当代的“革命战略家”，他的理论和实践“为地球上许多落后地区的革命者树立了榜样”。日本著名军事评论家林克说，毛泽东“创造性地、科学性地、划时代地发展了马克思列宁主义革命战争军事理论，建立了与资产阶级军事学说在本质上根本不同的无产阶级军事学说和军事原则”。《毛泽东的不朽贡献》一书作者阿瓦基安指出：“在伟大的马克思主义领导人中，第一个发展了一条全面和完整的马克思主义军事路线和军事思想体系的是毛泽东。”

毛泽东兵法的思想价值超越了国界，超越了时代。它作为人类优秀文化的灿烂结晶，在世界军事理论殿堂中享有重要的一席之地。其永久生命力的奥秘在于，它为我们认识和运用战争规律和战争指导规律提供了正确的立场、观点与方法，开辟了认识真理的道路。毛泽东兵法不仅在未来反侵略战争中仍将起到重要的指导作用，而且其认识论、方法论的作用还将大大超越军事领域，在政治、经济、外交等诸多领域内给人以创造性的启迪与指导。

第一篇

马克思主义战争观和方法论

战争观、方法论是人们对战争问题的基本看法、观点和认识研究战争的方法。毛泽东以马克思唯物史观和辩证法为武器，结合中国革命战争实践，包括政治、经济、社会等具体情况，对战争问题形成了科学的战争观、方法论，并据此指导战争实践，获得了极大的胜利。可以说，毛泽东的战争观、方法论是其军事思想中最为重要的组成部分，是其兵法的精髓。

参加秋收起义的部分人员的合影　（视觉中国供图）

第1节　战争是流血的政治

政治是不流血的战争，战争是流血的政治。①

什么是战争？战争的性质是什么？这是任何战争指导者都必须首先认识的问题。

中国古代著名军事家孙武子，早在2000多年前就精辟地概括："兵者，国之大事，死生之地，存亡之道，不可不察也。"在这里，孙子指出了战争与国家之间生死存亡的利害关系，但并没有回答战争的本质属性。

进入19世纪，资产阶级著名军事家克劳塞维茨提出："战争是政治通过另一种手段的继续。"他的结论，得到无产阶级革命家列宁的高度赞扬和肯定。毛泽东也评价说："战争是政治的继续。"在这点上说，战争就是政治，战争本身就是政治性质的行动，从古以来没有不带政治性的战争。

在延安窑洞里，毛泽东更加深入研究了战争的起源、发展，对战争的本质做出了更加深刻的理性阐述。他在《中国革命战争的战略问题》一文中提出："战争——从有私有财产和有阶级以来就开始了的，用以解决阶级与阶级、民族和民族、国家和国家、政治集团和政治集团之间，在一定发展阶段上的矛盾的一种最高的斗争形式。"在《论持久战》一文中，他说："由于阶级的出现，几千年来人类的生活中充满了战争，每一个民族都不知打了几多仗，或在民族集团之内打，或在民族集团之间打。打到资本主义社会的帝国主义时期，仗就打得特别广大和特别残酷。二十年前的第一次帝国主义大战，在过去历史

① 引自《论持久战》，见《毛泽东选集》第2卷，人民出版社1991年版，第480页。

上是空前的，但还不是绝后的战争。”“战争有其特殊性，在这点上说，战争不即等于一般的政治。‘战争是政治的特殊手段的继续。’政治发展到一定的阶段，再也不能照旧前进，于是爆发了战争，用以扫除政治道路上的障碍。”“政治是不流血的战争，战争是流血的政治。”基于对战争本质的科学认识，站在无产阶级政治斗争的高度，深刻考察战争和指导战争，使战争服从和服务于无产阶级政治斗争的需要，是毛泽东高于同时代中国军事家的伟大之处，也是他每每获得战争胜利的深层原因。

在井冈山斗争中，毛泽东一再告诫红军指战员，“红军的打仗，不是单纯地为了打仗而打仗，而是为了宣传群众、组织群众、武装群众，并帮助群众建设革命政权才去打仗的，离了对群众的宣传、组织、武装和建设革命政权等项目标，就失去了打仗的意义，也就是失去了红军存在的意义”。他从中国社会特殊的政治环境出发，揭示了农民革命在中国革命中的特殊地位，提出了在农村建立革命根据地，走农村包围城市道路的战略主张。在抗日战争中，他从全民族的利益出发，高举抗日旗帜，和平解决西安事变，实现了国共第二次合作和全民族统一抗战；与此同时，站在阶级立场上，又坚决提出共产党对民族抗战的领导权和自主权。在解放战争中，毛泽东深刻揭示了战争的性质是先进的社会制度与腐败落后的社会制度之间的较量，并以土地改革为动力，最大限度地团结中国社会的各种政治力量，最终以“小米加步枪”战胜了800万拥有美式装备的强大敌人，夺取了全国政权。

第2节　以正义战争消灭非正义战争

战争——这个人类互相残杀的怪物，人类社会的发展终久要把它消灭的，而且就在不远的将来会要把它消灭的。但是消灭它的方法只有一个，就是用战争反对战争，用革命战争反对反革命战争，用民族革命战争反对民族反革命战争，用阶级革命战争反对阶级反革命战争。历史上的战争，只有正义的和非正义的两类。我们是拥护正义战争反对非正义战争的。一切反革命战争都是非正义的，一切革命战争都是正义的。[①]

1921年中国共产党成立之初，党的早期领导人进行了革命武装斗争的探索，但是由于陈独秀主张参加到国民党的政治活动之中，希冀依靠资产阶级革命运动来逐步推进无产阶级的政治目标。因此，我党始终没有建立起自己的独立的武装力量，致使以蒋介石为首的反动势力掉过枪口向共产党、工人阶级、农民阶级射击。鲜血教育了中国共产党人：必须开展武装斗争，以正义战争去对抗反革命的屠杀。随即，我党便组织了“三大起义”为主的革命武装斗争。

1927年8月1日凌晨，周恩来、贺龙、叶挺、朱德、刘伯承等领导国民革命军第4集团军第2方面军第11军大部、第4军一部、第20军全部和第5方面军第2军军官教导团一部，共2万余人，在南昌举行起义，经过5个小时的激烈战斗，全歼南昌守敌，打响了武装反抗国民党反动派的第一枪。

毛泽东是中国共产党高层领导中最先积极主张并开展武装斗争的。他在八七会议上尖锐批评了陈独秀右倾投降主义的错误，提出“政权是由枪杆子中取得的”这一著名论断。南昌起义之后，他组织和领导了秋收起义，并在起义失败后坚定地把部队带上井冈山，创建了中国共产党第一个工农革命根据地，点起了中国革命战争的星星之火；他亲手缔造了中国工农红军，并以无产阶级政治改造和领导这支军队，使之真正成为中国共产党完成其政治任务的有力武器；他亲自实践，摸索中国革命战争的规律，创造性地提出了一系列人民战争的战略战术，成为克敌制胜的法宝。1927年12月11日，中国共产党又在广州领导工人、农民和革命士兵举行了反抗国民党反动派的武装起义，这是在城市建立苏维埃政权的大胆尝试，在国内外引起了很大震动。中国革命的特殊环境，造就了一批具有军事领导才能的坚强的政治家，毛泽东对革命战争性质和意义

① 引自《中国革命战争的战略问题》，见《毛泽东选集》第1卷，人民出版社1991年版，第174页。

的正确认识，又成为指导他们开展武装斗争的科学经验。

在许多军事理论著作中，毛泽东都阐述了他的这一认识。在《矛盾论》中，他说："在阶级社会中，革命和革命战争是不可避免的，单纯改良不能完成社会发展的飞跃，不能推翻反动的统治阶级，而使人民获得政权。"在《战争和战略问题》一文中他指出："我们是战争消灭论者，我们是不要战争的；但是只能经过战争去消灭战争，不要枪杆子必须拿起枪杆子。"面对日本帝国主义发动的侵华战争，他在《中国共产党在民族战争中的地位》一文中讲道："中国共产党人必须将爱国主义和国际主义结合起来。我们是国际主义者，我们又是爱国主义者，我们的口号是为保卫祖国反对侵略者而战。对于我们，失败主义是罪恶，争取抗日胜利是责无旁贷的。"在抗美援朝战争中，毛泽东指出："中国人民是不会和美国军队作战的，既然美国侵略者已经向我们进攻了，我们就不能不举起反侵略的旗帜，这是完全必要和正义的。"

第3节　人民战争必胜

人民，只有人民，才是创造世界历史的动力。①

战争的伟力之最深厚的根源，存在于民众之中。②

毛泽东被中外军事家誉为"人民战争之王"。孟加拉《新世纪》周刊曾撰文写道："为了夺取人民战争的胜利，毛泽东同志写下了大量关于人民战争的著作，这些都是从事革命斗争的人必读的作品。"朱德元帅曾经将毛泽东军事思想概括为"人民战争、人民军队和人民战争的战略战术三大组成部分"。

① 引自《论联合政府》，见《毛泽东选集》第3卷，人民出版社1991年版，第1031页。

② 引自《论持久战》，见《毛泽东选集》第2卷，人民出版社1991年版，第511页。

毛泽东对人民战争的认识与实践，是基于他无产阶级革命家、政治家的坚定立场与信念，基于他马克思历史唯物主义的世界观。他从政治的角度考察战争，认为战争是阶级斗争的产物，具有正义的和非正义的两种性质，历史上的一切正义战争都是符合人民群众利益的，必然会得到广大人民群众的拥护和支持；一切非正义的战争都是违背人民利益和意愿的，必然遭到人民反对。“得道多助，失道寡助”，因此，符合人民利益的正义战争必然会最终取得胜利。任何一支军队，无论多么强大，都必须得到人民群众的拥护，否则，是不可能夺得战争胜利的。

毛泽东把这种理念应用到中国革命战争实践之中，在每一次战争中，他都从全社会的领域，最大限度地动员和发动广大人民群众参军参战，把人民军队和人民群众有机地组织起来，建立起人民战争的武装力量体制，采用军民整体作战的战略战术，陷敌于人民战争的汪洋大海之中，从而战胜了任何国内外武器装备远远优于自己的强敌。

第4节　一切反动派都是纸老虎

一切反动派都是纸老虎。①

安娜·路易斯·斯特朗，美国进步作家和记者。从1925年起多次访华，1946年6月第五次到中国访问。当时，中国上空正笼罩着内战的阴云，美国刚刚在日本投下了原子弹，现在又紧锣密鼓地武装国民党军队，妄图消灭中国共产党。在延安枣园毛泽东窑洞门外的石几上，毛泽东接见了这位熟悉的美国女

① 引自《和美国记者安娜·路易斯·斯特朗的谈话》，见《毛泽东选集》第4卷，人民出版社1991年版，第1195页。

记者，因为在这次谈话中毛泽东提出了“一切反动派都是纸老虎”的著名论断，这位女记者也在中国成为家喻户晓的著名人物，她自己也为毛泽东和中国共产党的精神所折服，于1958年来到中国定居。

毛泽东吸着烟，对安娜说：“原子弹是美国反动派用来吓人的一只纸老虎，看样子可怕，实际上并不可怕。当然，原子弹是一种大规模屠杀的武器，但是，决定战争胜败的是人民，而不是一两件新式武器。一切反动派都是纸老虎。看起来，反动派的样子是可怕的，但是实际上并没有什么了不起的力量。从长远的观点看问题，真正强大的力量不是属于反动派，而是属于人民。”毛泽东的这篇讲话和“一切反动派都是纸老虎”的论点，武装了中国人民的思想，增强了中国人民的胜利信心，在人民解放战争中起到了极其伟大的作用。同列宁把帝国主义看作“泥足巨人”一样，毛泽东把帝国主义和一切反动派看作纸老虎都是从本质上说的。这是人民革命的一个根本战略思想。从第二次国内革命战争时期以来，毛泽东曾经多次指出，革命者必须在战略上、在全体上藐视敌人，敢于同他们斗争，敢于夺取胜利；同时，又要在战术上、在策略上、在每一个局部上、在每一个具体斗争问题上重视敌人，采取谨慎态度，讲究斗争艺术，根据不同的时间、地点和条件，采取适当的斗争形式，以便一步一步地孤立敌人和消灭敌人。1958年12月1日，在中共八届六中全会期间，毛泽东又做了《关于帝国主义和一切反动派是不是真老虎的问题》的讲话，更加系统地阐述了这一战略思想。

在同美帝国主义、蒋介石的斗争中，毛泽东率领中国人民经过三年多时间打败了貌似强大的敌人，解放了全中国；紧接着又在朝鲜半岛上，指挥中国人民志愿军与朝鲜人民军并肩直接同不可一世的美国军队作战，迫使最现代化的美国军队第一次在谈判桌上签字。

第5节　人是战争的决定因素

这就是所谓“唯武器论”，是战争问题中的机械论，是主观地和片面地看问题的意见。我们的意见与此相反，不但看到武器，而且看到人力。武器是战争的重要的因素，但不是决定的因素，决定的因素是人不是物。力量对比不但是军力和经济力的对比，而且是人力和人心的对比。军力和经济力是要人去掌握的。①

人类进入20世纪之后，科学技术飞速发展，坦克、飞机、兵舰等先进武器也接踵而来，伴随着帝国主义的掠夺战争，走上了世界军事的舞台。资产阶级的政治家、军事家都迷信先进武器的作用，将其看作是赢得战争的决定因素。面对武器装备精良的日本侵略者，毛泽东在《论持久战》中批驳了“唯武器论”，提出了“决定的因素是人不是物”的重要论点，并领导中国人民艰苦抗战，打败了日本侵略者。

为了显示先进武器的军事威力以称霸世界，美国于1945年在日本广岛、长崎投下了两颗原子弹，震惊了世界。面对这种大规模杀伤的破坏性武器，人类战争的本质和规律究竟发生了何种变化？毛泽东在《抗日战争胜利后的时局和我们的方针》中谈道：“原子弹能不能解决战争？不能。原子弹不能使日本投降。只有原子弹而没有人民的斗争，原子弹是空的。”“我们有些同志也相信原子弹了不起，这是很错误的。这些同志看问题，还不如一个英国贵族。英国有个勋爵，叫蒙巴顿。他说，认为原子弹能解决战争是最大的错误。我们有些

① 引自《论持久战》，见《毛泽东选集》第2卷，人民出版社1991年版，第469页。

同志比蒙巴顿还落后。这些同志把原子弹看得神乎其神，是受了什么影响呢？是资产阶级的影响。这种影响是从哪里来的呢？是从资产阶级的报纸、通讯社来的。有两种世界观、方法论：无产阶级的世界观、方法论和资产阶级的世界观、方法论。这些同志把资产阶级的世界观、方法论，经常拿在手里；无产阶级的世界观、方法论，都经常丢在脑后。我们队伍中的唯武器论，单纯军事观点，官僚主义脱离群众的作风，个人主义思想等等，都是资产阶级的影响。对于我们队伍中的这些资产阶级的东西，也要像打扫灰尘一样，常常扫除。”

毛泽东领导中国人民以小米加步枪的劣势武器装备战胜了飞机加坦克的蒋介石800万军队，紧接着又战胜了拥有原子弹和更加先进武器的美帝国主义及其仆从国军队，都充分证明了他“决定的因素是人不是物”的科学论断。与此同时，毛泽东又高度重视人民军队武器装备现代化的建设，认为人民军队一旦得到新式武器装备，就会更加强大，就能够打败一切侵略者。新中国成立后，在他的领导下，中国人民很快就拥有了自己的原子弹、氢弹和其他陆海空军先进武器，使中华民族自立于世界民族之林，成为任何人也不敢小视的国家。

第6节　弱军可以战胜强军

中国战史中合此原则而取胜的实例是非常之多的。楚汉成皋之战、新汉昆阳之战、袁曹官渡之战、吴魏赤壁之战、吴蜀彝陵之战、秦晋淝水之战等等有名的大战，都是双方强弱不同，弱者先让一步，后发制人，因而战胜的。[①]

公元前203年，汉王刘邦和楚王项羽相持于河南成皋县境内。当时，项羽

① 引自《中国革命战争的战略问题》，见《毛泽东选集》第1卷，人民出版社1991年版，第204页。

接连攻下荥阳、成皋，刘邦几乎溃不成军。后来，刘邦终于抓住楚军汜水半渡的时机，大破楚军，复取成皋。

公元23年，东汉光武帝刘秀在今河南省叶县境内的昆阳击破王莽的军队。这次战争双方军力悬殊，刘秀只有八九千人，而王莽有40余万人。但刘秀利用王莽的将军王寻、王邑轻敌懈怠，用精兵3000突破王莽军队的中坚，乘胜进击，大破敌军。

公元200年，曹操军队和袁绍军队会战于今河南省中牟县境内的官渡。当时袁绍拥军10万，而曹操兵少粮缺。但曹操利用袁军的轻敌无备，实行轻兵偷袭，烧了袁军的辎重，乘袁军慌乱之机，曹军出击并歼灭了袁军的主力。

公元208年，曹操率兵50余万，号称80万，进攻孙权。孙权和曹操的敌人刘备联合，出兵3万，利用曹军瘟疫流行、不习水战的弱点，在今湖北省嘉鱼县东北的赤壁地区，火攻曹军船只，大破曹军。

公元222年，吴将陆逊在今湖北宜昌县东的彝陵大败蜀汉的刘备。这次战争开始时，刘备军连战皆捷，进到彝陵，已入吴境五六百里，陆逊守到七八月不战，直待刘备"兵疲意沮，计不复生"，火烧连营700里，大破蜀军。

公元383年，东晋将军谢玄大败前秦王苻坚于安徽淝水。当时苻坚有步兵60余万、骑兵27万、卫队3万余骑，东晋只有水陆军8万。在两军屯于淝水对峙的时候，晋军将领利用敌军的骄傲轻敌，要求淝水以北的前秦军让出一片战场来，以便晋军渡水决战。秦军果然应允，但一退即不可遏止，晋军乘机渡水攻击，大败前秦军。

以上中国古代战例是毛泽东在《中国革命战争的战略问题》一文中，为了证明"弱军可以战胜强军"所列举的。在中国革命战争的战场上，毛泽东自己也一次又一次地指挥弱小的人民军队战胜强大的国内外敌人，创造了无数以弱胜强的战争奇观。毛泽东认为，战争是力量的竞赛，又是人的主观能动性的竞赛。战争的胜负，主要地取决于作战双方的军事、政治、经济、自然诸条件，这是没有问题的。然而不仅如此，还取决于作战双方主观指导的能力。军事家不能超过物质条件许可的范围外企图战争的胜利，然而军事家可以而且必须在物质条件许可的范围内争取战争的胜利。军事家活动的舞台建筑在客观物质的条件上面，然而军事家凭着这个舞台，却可以导演出许多有声有色威武雄壮的活剧来。他要求，“我们不许可任何一个红军指挥员变为乱撞乱碰的鲁莽家；我们必须提倡每个红军指挥员变为勇敢而明智的英雄，不但有压倒一切的勇气，而且有驾驭整个战争变化发展的能力”。

第7节　战争有规律可循

学习战争全局的指导规律，是要用心去想一想才行的。[①]

毛泽东与中国共产党内的许多军事家不同，他没有进过讲武堂，没有在军队当过军官。但是，毛泽东却是大家公认的最会打仗的人，他用兵如神，变幻莫测，无论是战斗、战役还是战略，都能够调度自如，指挥有方，就连他的敌人也不得不惧怕和敬畏。这是什么原因呢?

毛泽东认为，“战争不是神物，仍是世间的一种必然行动”，是有规律的，可以认识的。“战争的规律——这是任何指导战争的人不能不研究和不能不解决的问题。”“我们现在是从事战争，我们的战争是革命战争，我们的革命战争是在中国这个半殖民地半封建的国度里进行的。因此，我们不但要研究一般战争的规律，还要研究特殊的革命战争的规律，还要研究更加特殊的中国革命战争的规律。”

毛泽东认为，研究战争规律，重要的问题在善于学习。“为什么要学习战争规律？因为要使用这些规律于战争。”在军事斗争实践中，他刻苦地阅读古今中外的各种兵书，从中吸取有益的经验。叶剑英元帅曾经说，毛泽东曾两

① 引自《中国革命战争的战略问题》，见《毛泽东选集》第1卷，人民出版社1991年版，第177页。

次向他大量借阅兵书，系统研究战争理论：一次是在1933年宁都会议之后，毛泽东被“左”倾机会主义赶下台，失去了在红军中的领导地位，他向叶剑英借阅兵书，看了许多中外的军事条令条例。第二次是在1936年，10月22日毛泽东致信叶剑英、刘鼎，让他们想方设法在西安买10到15种通俗的社会科学读物，作为学校与部队提高干部政治文化水平之用。他系统钻研，从理论上做好批判“左”倾机会主义的准备，并全面总结红军成立以来的作战经验。毛泽东不仅重视学习中国古代的作战经验，而且认真学习西方的包括马克思列宁主义的以及资产阶级的作战理论。在延安时期，还组建了克劳塞维茨军事思想研讨班，并经常参加活动。

毛泽东非常注重学习战争的方法。他指出：“一切带原则性的军事规律，或军事理论，都是前人或今人做的关于过去战争经验的总结。这些过去的战争留给我们的血的教训，应该着重学习它，这是一件事。然而还有一件事，即是从自己经验中考证这些结论，吸收那些用得着的东西，拒绝那些用不着的东西，增加那些自己所特有的东西。这后一件事是十分重要的，不这样做，我们就不能指导战争。”他强调指出：“读书是学习，使用也是学习，而且是更重要的学习。从战争学习战争——这是我们的主要方法。”他把学习战争比喻为在大海中游泳：“指挥员在战争的大海中游泳，他们不使自己淹没，而要使自己决定有步骤地达到彼岸。指导战争的规律，这是战争的游泳术。”

第8节　一切从战争实际出发

军事的规律，和其他事物的规律一样，是客观实际在我们头脑中的反映，除了我们的头脑以外，一切都是客观实际的东西。①

① 引自《中国革命战争的战略问题》，见《毛泽东选集》第1卷，人民出版社1991年版，第183页。

毛泽东是一位马克思主义者，历史唯物主义和辩证唯物主义是他的世界观、方法论，也是他认识和考察战争的认识论武器。毛泽东反对战争问题上的唯心论和形而上学，坚持战争规律是战争物质存在的内在规律，是第一性的；战争指导规律是基于战争规律产生出来的，是第二性的。研究战争规律，必须从战争实际出发，而没有其他的办法。

毛泽东指出：“我们不能要求事实上的常胜将军，这是从古以来就很少的。我们要求在战争过程中一般地打胜仗的勇敢而明智的将军——智勇双全的将军。要达到智勇双全这一点，有一种方法是要学的，学习的时候要用这种方法，使用的时候也要用这种方法。什么方法呢？那就是熟识敌我双方各方面的情况，找出其行动的规律，并且应用这些规律于自己的行动。”

毛泽东高度评价中国古代军事家孙武子研究战争的方法，他说：“中国古代大军事家孙武子书上‘知彼知己，百战不殆’这句话，是包括学习和使用两个阶段而论的，包括从认识客观实际中的发展规律，并按照这些规律去决定自己行动克服当前敌人而说的，我们不要看轻这句话。”

毛泽东认为，只有经过战争实践，才能学习战争经验，才能学会指挥战争所需要的本领。他在《实践论》中阐述道：“战争的领导者，如果他们是一些没有战争经验的人，对于一个具体的战争（例如我们过去十年的土地革命战争）的深刻的指导规律，在开始阶段是不了解的。他们在开始阶段只是身历了许多作战的经验，而且败仗是打得很多的。然而由于这些经验（胜仗，特别是败仗的经验），使他们能够理解贯穿整个战争的内部的东西，即那个具体战争的规律性，懂得了战略和战术，因而能够有把握地去指导战争。此时，如果改换一个无经验的人去指导，又会要在一些败仗之后（有了经验之后）才能理会战争的正确的规律。”毛泽东一再告诫：秀才用兵，必败无疑。

第9节 着眼其特点，着眼其发展

我们研究在各个不同历史阶段，各个不同性质、不同地域和民族的战争的指导规律，应该着眼其特点和着眼其发展，反对战争问题上的机械论。①

中国共产党在开展武装斗争初期并没有战争的经验。党内一部分人是从旧军队来的，他们打仗习惯“照着反动的中国政府或反动的中国军事学校出版的那些条令去做就得了”，不知道“这些条令仅仅是一般战争的规律，并且还是抄了外国的，如果我们一模一样地照抄来用，丝毫也不变更其形式和内容，就一定是削足适履，要打败仗”。还有一部分人是从苏联学习回来的，“他们说，只要研究俄国革命战争的经验就得了，具体地说，只要照着苏联内战的指导规律和苏联军事机关颁布的军事条令去做就得了。他们不知道：苏联的规律和条令，包含着苏联内战和苏联红军的特殊性，如果我们一模一样地抄了来用，不允许任何的变更，也同样是削足适履，要打败仗”。还有一部分人是参加过北伐战争的，他们说：“一九二六年和一九二七年的北伐战争的经验是最好的，我们应该学习它，具体地说，学北伐战争的长驱直入和夺取大城市。他们不知道北伐战争的经验是应该学习的，但是不应该刻板地抄用，因为我们现时战争的情况已经变化了。”这些人看不起毛泽东从井冈山斗争和三次反“围剿”的实践中总结出来的一整套人民战争的战略战术，认为是“山沟里的马列主义”，把毛泽东排斥出红军的领导决策层，请第三国际代表德国人李德来指挥作战，结果未能打破蒋介石的第五次“围剿”，丧失了革命根据地，迫使中

① 引自《中国革命战争的战略问题》，见《毛泽东选集》第1卷，人民出版社1991年版，第173页。

央红军进行长征，使红军几乎损失殆尽。实践证明，毛泽东的战略战术和研究战争的方法是正确的。

毛泽东说："我们应该研究一般战争的规律；也应该研究革命战争的规律；最后，我们还应该研究中国革命战争的规律。""战争情况的不同，决定着不同的战争指导规律，有时间、地域和性质的差别。从时间的条件说，战争和战争指导规律都是发展的，各个历史阶段有各个历史阶段的特点，因而战争指导规律也各有其特点，不能呆板地移用于不同的阶段。从战争的性质看，革命战争和反革命战争，各有其不同的特点，因而战争规律也各有其特点，不能呆板地互相移用。从地域的条件看，各个国家各个民族特别是大国家大民族均有其特点，因而战争规律也各有其特点，同样不能呆板地移用。我们研究在各个不同历史阶段，各个不同性质、不同地域和民族的战争的指导规律，应该着眼其特点和着眼其发展，反对战争问题上的机械论。"

毛泽东在不同历史时期，针对不同战争的性质和特点、不同作战对象，具体情况具体分析，提出了不同的作战指导方针、原则。在土地革命时期，他总结了"十六字诀"，提出了一套游击作战的理论；抗日战争时期，他亲自撰写了《论持久战》《抗日游击战争的战略问题》等指导性文章；解放战争中，他总结提出了著名的"十大军事原则"。这些军事理论来源于实践，符合战争实际，对战争胜利起到了重要的指导作用。

第10节　反对战争问题中的唯心论和机械论

战争问题中的唯心论和机械论的倾向，是一切错误观点的认识论上的根源。他们看问题的方法是主观的和片面的。或者是毫无根据地纯主张地说一顿；或者是只根据问题的一侧面、一时候的表现，也同样主观地把它夸大起来，当作全体看。但是人们的错误观点可分为两类：一类是根本的错误，带一贯性，这是难于纠正的；另一类是偶然的错误，带暂时性，这是易于纠正的。但既同为错误，就都有纠正的必要。因此，反对战争问题中的唯心论和机械论的倾向，采用客观的观点和全面的观点去考察战争，才能使战争问题得出正确的结论。①

"左"倾机会主义使红军未能战胜蒋介石的第五次"围剿"，被迫长征，给党和人民造成了巨大的损失。为了总结经验教训，使党和军队成熟起来，坚持正确的路线，毛泽东在胜利到达陕北后，经过充分的理论准备，开始了从思想上、军事上对"左"倾机会主义路线的批判。

1936年12月，毛泽东在陕北的红军大学做了"中国革命战争的战略问题"的演讲；1937年7月和8月，毛泽东又先后在延安的抗日军事政治大学做了"实践论""矛盾论"的演讲。他认为，"左"倾机会主义在军事指挥上的错误的深刻根源，是其思想上、认识上犯了唯心论、机械唯物论的错误。他深刻指出，"唯心论和机械唯物论、机会主义和冒险主义，都是以主观和客观相分裂，以认识和实践相脱离为特征的，以科学的社会实践为特征的马克思列宁主义的认识论，不能不坚决反对这些错误思想"。后来，毛泽东在《论持久战》《战争和战略问题》等著作中，又继续深入地进行了这方面的深刻批判。

从毛泽东的几乎所有军事论著中，我们会深刻地感受到马克思辩证唯物主义和历史唯物主义哲学思想的内在动力，领略到一个无产阶级军事家的思想内涵及其认识论基础。与此同时，在毛泽东的哲学著作中，我们又不时地看到大量的中国革命战争正反两方面经验的例证，以及充满了辩证思维的战争哲理和警句。从中，可以得出一个结论：毛泽东既是一个伟大的无产阶级军事家，更是一个伟大的无产阶级思想家、哲学家；他的战争观、方法论是建筑在马克思主义世界观、方法论基础上的军事哲学。

---

① 引自《论持久战》，见《毛泽东选集》第2卷，人民出版社1991年版，第447页。

第二篇

政治建军基本原则

政治建军是毛泽东留给中国人民解放军的法宝，是他作为无产阶级革命家、政治家在建军问题上的本质体现。当毛泽东在秋收起义中第一次领导武装斗争的时候，他不仅看到了这支军队的弱小，而且认识到了它在政治思想基础上的软弱，从而用无产阶级的政治思想改造和建设一支新型的人民军队，并取得中国革命战争的胜利。毛泽东亲手缔造了一支新型的人民军队，创立了一整套政治建军理论，使这支军队从小到大、从弱到强逐步发展壮大起来，最终战胜了国内外一切强敌，成为一支战无不胜的伟大军队。

1937年5月，中国共产党召开全国代表会议　（视觉中国供图）

第1节　支部建在连上

红军所以艰难奋战而不溃散，“支部建在连上”是一个重要原因。[①]

1927年9月29日，一支约1000人的部队在毛泽东带领下，来到了江西省永新县三湾村。9月初，这支由原武汉国民政府警卫团，平江工农义勇队，崇阳农民自卫军，安源工人纠察队、矿警队以及醴陵、萍乡、安福、莲花、浏阳农民约5000人组成的号称“工农革命军第1军第1师”的武装，进行了湘赣边界秋收起义，遭到失败，总指挥卢德铭牺牲，部队伤亡惨重。此时，作为党中央代表的毛泽东更为着急的是，这支部队的思想基础薄弱，军官军阀作风严重，官兵灰心丧气，士气低落。为保留和巩固这支革命武装，使之成为实现党的政治任务的火种，毛泽东开始了改造这支军队的尝试。

在三湾村，毛泽东主持召开了中共前委会议，决定部队进行改编。毛泽东宣布：一、改编军队组织，将原来的一个师缩编为一个团；二、在部队中建立党的各级组织，班、排有小组，连设党支部，营、团以上建立党委，连以上设党代表，全军由党的前敌委员会统一领导；三、在军队内部废除旧制度，实行民主制度，建立士兵委员会，官长不准打骂士兵，官兵待遇平等。“三湾改编”使党在军队基层建立了组织，从而使党在政治上掌握军队有了基础。

1929年12月，毛泽东在《古田会议决议》中又一次重申：“每连建立一个党支部，每班建立一个党小组，是红军中党的组织的重要原则之一。”“党代表制度，经验证明不能废除。特别是连一级，因为党的支部建设在连上，指导

① 引自《井冈山的斗争》，见《毛泽东选集》第1卷，人民出版社1991年版，第65页。

民运工作，同时要担任党的支部书记。事实证明，哪一个连的党代表较好，哪一个连就较健全，而连长在政治上却不易有这样大的作用。”1930年底，中共中央颁发《中国工农红军政治工作暂行条例草案》，明确规定连队党支部的性质、组成和任务。1932年，党中央颁发的《关于红军中党的工作的训令》提出，“支部是党在红军中的堡垒，连队是党的基本组织”，强调支部“要以提高战斗力为中心进行自己的工作，要根据战斗力的各种情况，在政治机关的领导之下，抓住工作的中心，以巩固部队的政治情绪，提高部队的战斗力”。1933年，总政治部制定并颁布了《支部工作纲要》，对支部的工作、支委工作、党小组长工作、党员训练、发展党员等做了详细规定，有效地加强了连队党支部的建设。这一根本制度在以后各次政治工作会议中都被强调。

“支部建在连上”，能保证党的领导深入群众。军队中党的任务，就是要团结和带领全军官兵为加强军队建设、完成党赋予的各项任务而奋斗。连队是军队的基层组织，是完成战斗和各项任务的基本单位。离开了连队，离开了基层，军队就会失去战斗力。党的支部不建在连上，党就抓不住士兵群众，军队就经不起各种艰难困苦的考验。支部是党的领导机关和群众联系的桥梁，是团结与领导广大官兵的核心。只有把支部建在连上，才能把党的路线、方针、政策贯彻到基层，发挥基层党组织团结教育群众和党员的先锋模范作用，动员和组织官兵坚持党的基本路线、方针、政策，把党对军队的一系列重大决策变成广大官兵的实际行动。也只有把“支部建在连上”，才能使党的基础扎根在群众之中，倾听士兵群众的意见、要求，了解他们的思想情绪，掌握他们的工作、生活情况，并迅速反映到党的领导机关来，做出符合实际的决定，解决官兵迫切需要解决的问题，密切党与群众的血肉联系，紧密团结广大官兵，实现党对军队的绝对领导。

第2节　三大民主

红军的物质生活如此菲薄，战斗如此频繁，仍能维持不敝，除党的作用外，就是靠实行军队内的民主主义。官长不打士兵，官兵待遇平等，士兵有开会说话的自由，废除烦琐的礼节，经济公开。

中国不但人民需要民主主义，军队也需要民主主义。军队内的民主主义制度，将是破坏封建雇佣军队的一个重要的武器。①

1927年10月1日，毛泽东兴奋地来到部队，参加了工农革命军第1师第1团士兵委员会的成立大会。此时的毛泽东心情激动，他正着手建立一支历史上从来没有过的、实行官兵平等的人民军队，他将亲手废除剥削阶级军队中的一切恶习。就在这几天，他对这支部队进行了两大革命：一是建立中国共产党的各级组织；二是在连以上建立由士兵群众民主选举产生的士兵委员会，实行政治、经济、军事民主。

在历史上所有的统治阶级的军队中，广大士兵从来没有任何地位和尊严，受到军官随意的欺压、打骂和体罚。毛泽东在江西永新县三湾村“泰和祥”杂货铺对部队实行的整顿和改编，主要内容之一就是在部队内部实行民主制度，官兵平等，待遇一样，吃一样的饭菜，穿一样的衣服，规定官长不准打骂士兵，士兵有开会说话的自由。在连以上建立的士兵委员会有很大的权力，可以参加对部队的行政管理和经济管理，首长要受它的监督，遇有重要事情，士兵委员会可召集大家讨论，上至各级首长，下到伙夫、马夫，都有充分发表意见

① 引自《井冈山的斗争》，见《毛泽东选集》第1卷，人民出版社1991年版，第65页。

的权利。通过上述规定，确立了军官与战士同是战友，同是阶级兄弟的新型的官兵关系。此外，“伙食尾子”使士兵很满意。所谓“伙食尾子”是指从每日五分的油盐柴菜钱中节余部分发给士兵做零用，情况好时，每人每日约得六七十文。

民主制度的确立，使部队的战斗力极大提高，精神得到解放的士兵在战场上更为勇猛了。尤其是新来的俘虏兵，虽然感觉红军的物质条件不如白军，但民主的力量使他们焕发出战士的刚强。红军就像一个大熔炉，三大民主的实行更使它真正成为工农大众谋解放的革命的军队、人民所喜爱的军队。于是，战无不胜的威武之师、文明之师的逐渐强大和发展，就是必然的了。

第3节　三大纪律、八项注意

三大纪律：（一）一切行动听指挥；（二）不拿群众一针一线；（三）一切缴获要归公。

八项注意：（一）说话和气；（二）买卖公平；（三）借东西要还；（四）损坏东西要赔；（五）不打人骂人；（六）不损坏庄稼；（七）不调戏妇女；（八）不虐待俘虏。[①]

中国人民解放军高度重视纪律建设；所不同的是，解放军的军纪不是由条令部门所制定，而是由革命领袖毛泽东提出来，并根据革命斗争任务逐步完善，为全国人民所熟悉的。这就是“三大纪律、八项注意”。

从1927年9月29日至10月3日，毛泽东利用5天时间对秋收起义失败后的部

① 引自《中国人民解放军总部关于重行颁布三大纪律八项注意的训令》，见《毛泽东选集》第4卷，人民出版社1991年版，第1241页。

队进行了整编，并确定了进军井冈山、开展游击战争、建立革命根据地的方针。当时，井冈山上还有一支“土匪部队”，即由王佐、袁文才率领的贫苦农民组成的武装。经何长工做工作和送100支枪，王佐部队接受了收编。10月24日，毛泽东向经历了秋收起义失败的“失败之旅”和这支“土匪部队”郑重提出了军纪，规定了三项纪律：一切行动听指挥，不拿群众一个红薯，打土豪要归公。三项纪律的提出和执行，维护了起义军的形象，有效地争取了人民群众的支持。在率领部队攻占江西遂川县城后，毛泽东于25日针对部队中存在的问题，进一步总结了群众工作经验，提出了六项注意：上门板，捆铺草，说话和气，买卖公平，借东西要还，损坏东西要赔。1928年4月3日，在湖南省桂东县沙田村，毛泽东向全体官兵正式宣布三大纪律六项注意，将“不拿群众一个红薯”，改为“不拿工人农民一点东西”。1929年初，红四军向赣南和闽西进军时，在六项注意中又增加了“洗澡避女人”“不搜俘虏腰包”，从而完善了三大纪律八项注意。各地红军也先后执行了这些规定，但其具体内容在各地红军略有不同。1947年10月10日，中国人民解放军总部颁发了由毛泽东起草的关于重新颁布三大纪律八项注意的训令，对其内容做了统一规定，并要求部队深入教育，严格执行。根据“三大纪律八项注意”，我军还编写了《三大纪律八项注意》歌。毛泽东要求全党、全军人人会唱，并多次亲自带头唱，要求大家照着去做，维护军队的高度团结和统一。他说，我们军队里头要经常进行三大纪律、八项注意的教育。只要你空几个月不搞，就松松散散了。一定要鼓几次气。新兵来了，要进行教育。就是老兵，老干部，只要你不整风，他的思想也要起变化。

《三大纪律八项注意》通俗易懂，言简意赅，具有很强的操作性，易于每一个士兵牢记和执行，强调每个人都要自觉遵守，并且在日常生活中随时随地检查执行情况，如行军前都有专人检查门板上了没有，稻草捆了没有，房子打扫了没有……《三大纪律八项注意》包含了丰富的思想内容，集中体现了我军政治工作中官兵一致、军民一致、瓦解敌军的三大原则。它还突出反映了军队与人民的关系，体现了人民军队的基本性质和宗旨，使军队真正做到了秋毫无犯，这也是毛泽东所率领人民军队受到中国最大多数民众热烈拥护和衷心爱戴的重要原因。正如朱德元帅说的那样："我们的军队是中国人民的革命的产儿，它像儿子忠于母亲一样地忠实人民，所以人民爱戴和拥护它，帮助它克服困难，在极端艰苦的环境之中，不断地巩固和壮大起来。"过去老百姓看到军队就害怕，就逃跑，现在看到红军就欢迎，就喜爱，军民成了一家人。

第4节 三大任务

中国的红军是一个执行革命的政治任务的武装集团。特别是现在，红军决不是单纯地打仗的，它除了打仗消灭敌人军事力量之外，还要负担宣传群众、组织群众、武装群众、帮助群众建立革命政权以至建立共产党的组织等项重大的任务。①

中国人民解放军永远是一个战斗队，又是工作队、生产队。这是毛泽东在建军之初就为红军制定的"三大任务"，是人民军队建军宗旨的具体体现。

最初，这是一支构成十分复杂的武装，官兵的政治素质很不平衡，甚至有不少投机者和意志薄弱者。1927年12月26日，部队在攻打茶陵时，团长陈浩、副团长徐恕等企图投降，毛泽东及时制止了他们。12月底，部队到达宁冈砻市，前委召开大会，处决陈浩等人。毛泽东总结经验教训，提出了工农革命军的三大任务：第一，打仗消灭敌人；第二，打土豪筹款子；第三，做群众工作，帮助群众建立革命政权。在毛泽东的指示精神指导下，茶陵的革命形势出现了新局面，创建了井冈山地区第一个苏维埃政权，并成立了县工会、农会和赤卫队。

进军井冈山，部队的任务是什么？这是毛泽东在秋收起义后率队进到江西

---

① 引自《关于纠正党内的错误思想》，见《毛泽东选集》第1卷，人民出版社1991年版，第86页。

宁冈县古城时就考虑过的问题，还召开了前委会议进行讨论。会上毛泽东提出，党和军队要执行开展武装斗争、深入土地革命和建设革命根据地三项任务。毛泽东不是一个行伍出身的军人，他是一个充满了革命激情的知识分子，一个无产阶级革命家，他是为了实现党的政治任务而走上武装斗争这一条路的，然而他心中的目标却永远只有一个——中国人民的解放事业。

1928年1月，毛泽东率领工农革命军攻占遂川县城后，即分兵发动群众，组织群众打土豪、分浮财，建立各种革命群众组织（工会、农会、妇联、青年团、儿童团等）和赤卫队，成立了遂川县委和苏维埃政府，极大地促进了当地革命形势的发展。1929年12月，毛泽东在古田会议决议中，从理论上阐述了我军在打仗的同时，做群众工作以及建设革命政权工作的重要性。他指出："红军的打仗，不是单纯地为了打仗而打仗，而是为了宣传群众、组织群众、武装群众，并帮助群众建立革命政权才去打仗的，离开了对群众的宣传、组织、武装和建设革命政权等项目标，也就失去了打仗的意义，也就失去了红军存在的意义。"从此，三大任务便正式确定下来。

抗日战争时期，为了打破日伪军和国民党顽固派的封锁，毛泽东为我军规定了参加生产的任务。1939年，毛泽东在为"抗大"的题词中写道："现在一面学习，一面生产，将来一面作战，一面生产，这就是抗大的作风，足以战胜任何敌人的！""一面学习，一面生产，克服困难，敌人丧胆！"1943年11月，毛泽东又在《组织起来》一文中讲道："我们有打仗的军队，又有劳动的军队。打仗的军队，我们有八路军新四军；这支军队也要当两支用，一方面打仗，一方面生产。我们有了这两支军队，我们的军队有了这两套本领，再加上做群众工作一项本领，那么，我们就可以克服困难，把日本帝国主义打垮。"

解放战争后期，革命形势急剧发展，我军迅速解放大片的土地和一座座城市。在这些新解放的地区建立起革命政权，特别是接收和管理城市，都需要大批的干部。针对这种情况，毛泽东于1949年2月发出了"把军队变为工作队"的指示。在这个指示中，毛泽东把我军"打仗"的任务用"战斗队"来表述，把"做群众工作"的任务用"工作队"来表述。

"战斗队、工作队、生产队"作为我军同时担负的三大基本任务，是在中国革命战争的特殊历史条件下产生的，充分体现了人民军队的本质和特色，是建设无产阶级新型人民军队的一个创举。

第5节 政治工作是生命线

中国共产党在中国人民解放军中的政治工作是我军的生命线。①

1929年6月下旬，在福建龙岩城伦明堂召开的红四军第七次党代表大会上，毛泽东没有被选为前委书记。会后，他离开红四军主要领导岗位，到闽西蛟洋养病去了，同时帮助和指导闽西特委工作。

毛泽东的这次“下台”，事出有因。从1927年井冈山革命根据地建立，到1929年，朱德、陈毅率领的南昌起义部队、彭德怀率领的平江起义部队先后与毛泽东秋收起义部队在井冈山会合，部队战斗力大为增强。然而，这些部队是由旧军队投入革命队伍中的，加之根据地条件艰苦，面对强大敌人的不断进攻，军队中的思想问题十分突出，单纯军事观点、流寇思想、极端民主化、军阀主义残余等非无产阶级思想泛滥。毛泽东坚决要求设立军委，加强党对军队的领导和政治思想建设，把红军的任务定位在三大任务上。而红四军不少领导并没有认识到这些问题的重要性，以致发生分歧，毛泽东因此受到了排挤。

8月下旬，新当选的红四军前委书记陈毅抵达上海，与周恩来进行了多次交谈。周恩来代表党中央充分肯定了毛泽东领导红四军建立以来的成绩和经验，并由陈毅代表中央起草了给红四军前委的《九月来信》。信中肯定了毛泽东关于建设无产阶级革命军队的一系列正确主张，指出在红军中应“纠正一切

① 引自毛泽东1954年审阅《中国人民解放军政工条例》送审稿时增写的一句话。

不正确的倾向”，并宣布由毛泽东继续担任红四军前委书记。

10月22日，陈毅从上海返回红四军，在广东蕉岭与红四军前委见面，传达周恩来指示，并派来人把中央指示交毛泽东，请毛泽东回红四军主持工作。12月28日，根据中共中央《九月来信》精神，在福建上杭古田曙光小学召开了红四军第九次党代表大会，毛泽东在会上做了政治报告。古田会议决议确立了政治工作在军队中的生命线地位，成为党和红军建设的纲领性文献。中共十一届六中全会决议评价指出：毛泽东同志系统地解决了以农民为主要成分的革命军队如何建设成为一支无产阶级性质的、具有严格纪律的、同人民群众保持密切联系的新型人民军队的问题。

第6节　党指挥枪

在组织上，把红军的政治工作机关隶属于军事工作机关，提出“司令部对外”的口号。这种思想如果发展下去，便有脱离群众、以军队控制政权、离开无产阶级领导的危险，如像国民党军队所走的军阀主义的道路一样。①

1929年1月红四军开始转战赣南闽西时，党内的一些错误思想再度抬头，最突出的表现便是否定党对军队的领导。一些人对党委支部讨论和决定问题的制度不习惯，感到受约束，主张由长官说了算。更有人认为党委领导是“自上而下的家长制”，甚至把党的领导说成是“书记独裁”。这些问题的存在，引发了红四军第七次党代表大会上围绕党对军队领导等问题的争论。毛泽东毫不动摇地维护党对红四军的领导。

① 引自《关于纠正党内的错误思想》，见《毛泽东选集》第1卷，人民出版社1991年版，第86页。

1929年12月，毛泽东主持制定古田会议决议，从理论上阐明了党对军队领导的原则，并从政治上、思想上、组织上确立了党领导军队的一些基本制度和措施。1932年9月12日《中国工农红军总政治部关于红军中党的工作的训令》中，第一次出现了“保障党在红军中的绝对领导”的字句。

“三湾改编”的主要成果之一，是在红军中建立了党的各级组织，明确党的领导地位。但在坚持还是否定党的领导问题上，始终存在斗争，有时斗争还是很激烈的。一些人对军队与党的关系存在模糊认识，片面强调军队与军事工作的特殊性，忽视或轻视党对军队的领导。

在长征途中，张国焘自恃人多，拥兵自重，反对北上，向党闹独立，分裂党和红军，给党和人民军队造成了严重损失。1935年6月17日晚，党中央率红一方面军在经历了长时间的艰苦奋战、辗转颠沛之后，终于在四川懋功达维镇与红四方面军胜利会师，为发展革命战争，开创新的局面创造了有利条件。6月16日，毛泽东、周恩来、洛甫（张闻天）致电红四方面军领导人张国焘等：占领川、陕、甘三省，建立三省苏维埃政权应是我红一、四方面军今后的总方针。但此时的张国焘个人野心膨胀，他看到党中央率领的红一方面军只有2万多人，人劳马困，而红四方面军现有8万余人，则想以兵压党，篡夺党的最高领导权。他先是不同意党中央北上抗日的战略总方针，坚持向川康边发展的错误方针，进而不断向党中央提出要“速决统一指挥的组织问题”，要求自任军委主席之职，并有“独断决行”的权力。在毛泽东领导下，党中央粉碎了张国焘的野心图谋。1935年8月9日，中央在《关于一、四方面军会合后的政治形势与任务的决议》中指出：“中国工农红军是在中国共产党中央的唯一的、绝对的领导之下，生长与发展起来的，没有中国共产党就没有中国工农红军，就没有苏维埃革命运动。”

毛泽东认为，军队是“执行革命的政治任务的武装集团”，“共产党的这种绝对的领导权，是使革命战争坚持到底的重要条件。没有共产党的这种绝对领导，是不能设想革命战争能有这样的坚持性的”。

军队是实现党的纲领、保卫人民利益的工具。党指挥枪的原则，是人民军队实现自己的宗旨的保证。中国共产党以无产阶级和广大劳动人民的利益为自己的最高利益，以全心全意为人民服务为自己的根本宗旨。人民军队是无产阶级和人民大众的保卫者，是人民的子弟兵。只有坚持了党指挥枪，才能保持我军与广大人民群众的血肉联系，实现为人民服务的建军宗旨。

第7节　加强军队政治教育

军队的基础在士兵，没有进步的政治精神贯注于军队之中，没有进步的政治工作去执行这种贯注，就不能达到真正的官长和士兵的一致，就不能激发官兵最大限度的抗战热忱，一切技术和战术就不能得着最好的基础去发挥它们应有的效力。①

当国共军队即将进行战略决战的前夕，蒋介石、宋美龄四处奔走，乞求军援，而毛泽东也给部队准备了一颗“精神原子弹”：以“两忆三查”（忆旧社会给予劳动人民之苦、忆反动派给予劳动人民之苦，查阶级、查工作、查斗志）为形式开展新式整军运动。

1947年下半年，我军由解放战争初期的120万人发展到195万人。由于部队新成分增加，特别是从国民党军队中解放过来的士兵成分增多，部队在组织上、思想上、作风上产生了许多不纯的现象。地主、富农和资产阶级家庭出身的子弟中，大部分人经过党的教育，改变了阶级立场，但少数人进步较慢，旧的思想影响较多，一些人对土改抱抵触情绪；有的干部滋生了骄傲自满情绪和官僚主义、军阀主义作风，不尊重人民政府，不关心士兵生活，导致官兵关系不融洽。这些现象都需要尽快加以纠正。而此时我军正处于由战略防御转入战

---

① 引自《论持久战》，见《毛泽东选集》第2卷，人民出版社1991年版，第511页。

略进攻的关键时刻，亟须在全军进行一次全面的整顿。在这种情况下，毛泽东批转了东北民主联军辽东三纵队诉苦经验报告，明确指出："进行阶级教育的目的是使全体指战员站在劳动人民一边，一心一意为人民服务。这种民主的、群众性的新式整军运动，必须继续进行。"从而在全军发起了新式整军运动。

诉苦运动在各部队采用了多种形式。有的将"为谁当兵，为谁打仗"等一系列问题进行讨论，许多战士结合自己的身世进行算账、诉苦；有的邀请驻地苦大仇深的贫雇农到部队诉苦；排演了《血泪仇》《复仇立功》《白毛女》等剧目进行宣传鼓动；有的则是在诉苦后，号召大家站到劳苦大众的一边，一心一意为人民服务。经过诉苦教育，激发了官兵阶级仇恨，打破了头脑中的许多迷信、宿命思想和统治阶级的欺骗，使成千上万的俘虏打开了眼界，很快觉悟起来，要求加入人民解放军，与帝国主义和国民党反动派战斗。往往昨天还是战场上的敌人，今天当了俘虏，第三天就已经拿起了武器，向国民党军队英勇作战，并很快出现了大批的战斗英雄。这是我军在改造俘虏问题上所创造的历史奇迹。

在"两忆"教育的基础上，再结合实际进行"三查"，采取个人检查与群众帮助、普遍检查和重点批判相结合的方法，既查战士又查干部，既查非党群众又查共产党员，开展从下而上又从上而下的批评与自我批评。

以"两忆三查"为主要内容的新式整军运动，使人民解放军的面貌焕然一新，大大加强了全体官兵在中国共产党领导下的坚强团结。部队的纯洁性提高了，纪律整顿了，三大民主发扬了。随后，"两忆三查"运动也在解放区的城市和农村展开，并与土改运动结合起来，启发和教育了农民的阶级觉悟，增强了对国民党统治集团的仇恨，促进了解放战争的进程，出现了参军拥军的热潮。毛泽东的"精神原子弹"很快就在大决战中产生威力，把蒋介石用洋枪洋炮"武装到牙齿"的军队炸得土崩瓦解，溃不成军。

第8节　三大原则

八路军的政治工作的基本原则有三个，即：第一、官兵一致的原则……。第二、军民一致的原则……。第三、瓦解敌军和宽待俘虏的原则……。①

1937年10月25日，毛泽东在陕北延安会见英国记者贝特兰时的谈话中，将自己关于军队政治工作的做法概括为“三大原则”。他自豪地向贝特兰介绍说：“八路军更有一种极其重要和极其显著的东西，这就是它的政治工作。八路军的政治工作的基本原则有三个：第一，官兵一致的原则，就是在军队中肃清封建主义，废除打骂制度，建立自觉纪律，实行同甘共苦的生活，因此全军是团结一致的。第二，军民一致的原则，就是秋毫无犯的民众纪律，宣传、组织和武装民众，减轻民众的经济负担，打击危害军民的汉奸卖国贼，因此军民团结一致，到处得到人民的欢迎。第三，瓦解敌军和宽待俘虏的原则。我们的胜利不但是依靠我军的作战，而且依靠敌军的瓦解。”

政治工作的三大原则，来源于“三湾改编”，经过井冈山斗争、古田会议和二万五千里长征，最终为广大红军指战员所接受，成为凝聚军心、鼓舞士气、战胜敌人的重要法宝，也成为所有红军指战员的共同行动和准则。

政治工作，说到底是做好人的工作，改善人与人之间的相互关系。毛泽东从一支军队的角度出发，把其基本关系定位在军民关系、官兵关系、敌我关系三个方面，要求我军正确处理好这三个关系，从而最大限度地调动自己军队的积极性，瓦解敌军的军心士气，这就使得政治工作成为军队战斗力的重要保

① 引自《和英国记者贝特兰的谈话》，见《毛泽东选集》第2卷，人民出版社1991年版，第379页。

证。后来，毛泽东又提出了开展拥政爱民运动的号召，其实质也是“三个关系”的延伸。

第9节 根本宗旨

这个军队之所以有力量，是因为所有参加这个军队的人，都具有自觉的纪律；他们不是为着少数人的或狭隘集团的私利，而是为着广大人民群众的利益，为着全民族的利益，而结合，而战斗的。紧紧地和中国人民站在一起，全心全意地为中国人民服务，就是这个军队的唯一的宗旨。[①]

张思德是中共中央警卫团的一名普通战士，1932年参加革命，经过二万五千里长征，负过伤。1944年9月5日，在陕北安塞县山中烧炭时因炭窑崩塌而牺牲。9月8日，毛泽东和许多中央领导参加了他的追悼会，毛泽东亲自做了讲话。他说：“我们的共产党和共产党所领导的八路军、新四军是革命的队伍。我们这个队伍完全是为着解放人民的，是彻底地为人民的利益工作的。张思德同志就是我们这个队伍中的一个同志。”后来，他的这篇讲话被定名为《为人民服务》。解放战争前夕，毛泽东更把“为人民服务”作为军队的“唯一的宗旨”提了出来。他要求全军在这个宗旨下面，产生出一往无前的精神，要压倒一切敌人，而决不被敌人所屈服；产生出一个很好的内部和外部的团结；产生出一个夺取敌军官兵和处理俘虏的政策；形成为人民战争必需的一系列的战略战术；形成为人民战争所必需的政治工作；实行军队作战所必需的一切保障。总之，军队的一切建设和行动，都必须服从和服务于这个唯一的根本

① 引自《论联合政府》，见《毛泽东选集》第3卷，人民出版社1991年版，第1039页。

宗旨。

毛泽东把自己的建军思想归结在“为人民服务”的思想内涵之中，使其具有最深刻的政治内容，这也是一个无产阶级革命家、政治家、军事家治军思想的本质体现和最高境界。

第10节　加强军事教育

随营学校非常必要，你们所需干部主要靠此供给。我们从前线部队抽出大批高级干部开办红大训练，储为将来之用。[①]

毛泽东历来重视军队的作战经验总结和教育训练工作。他一贯主张“应当用大力进行一切可能与必要的军事训练与政治训练”。秋收起义上井冈山不久，毛泽东给中央的报告中把开办军校作为亟待解决的问题，并亲自在宁冈创办了红军第一个教导队。1931年秋，在中央革命根据地开办了中央红军学校，他要求“红军学校应当使之成为比过去更能训练大批高级的与初级的军事政治干部的学校”，从而明确了我军院校的办学目的和方向。中央红军学校后来发展为红军大学，后又更名为抗日军政大学，毛泽东担任教育委员会主席，并亲自为学员授课。在抗日军政大学提出了“三大作风”（坚定正确的政治方向、艰苦朴素的工作作风、灵活机动的战略战术），1943年题写了“八字”（团结、紧张、严肃、活泼）教育方针和校训，这些都是他重视军队教育训练的方针、原则。抗大成为我军培养中高级干部的摇篮，向前线输送了大量干部。在战争年代的艰苦条件下，我军坚持开办军事学校，为战争服务，为部队服务，取得

① 引自《开办随营学校非常必要》，见《毛泽东军事文集》第1卷，军事科学出版社、中央文献出版社，1993年版，第603页。

了显著的成绩，为我军的现代化、正规化建设做出了重要贡献。在此基础上，毛泽东形成了自己的军事教育思想。在各个不同的历史时期，毛泽东根据当时的具体情况和条件为我军制定了不同的军事训练内容，目的就是要通过严格要求和军事训练，来提高我军的素质，增强军队的战斗力，以履行作战和现代化、正规化建设的任务。几十年来的实践证明毛泽东对我军军事训练内容的规范是符合实际的，适应了我军作战和训练的需要，对加强军队建设起到了极大的作用。

毛泽东将人民军队称为“大学校”，还有更深层次的意思。中国社会的实际情况，迫使中国无产阶级和广大劳动人民必须在中国共产党的领导下走暴力革命的道路，武装斗争成为中国革命的主旋律。作为武装斗争的主角，人民军队对中国革命组织、思想等的影响和决定作用是深刻的。中国革命需要大量具有高度政治觉悟和军事素质的人才。从这个意义上说，人民军队确确实实就是一所“大学校”。它不仅限于培育中国革命的将帅，也培育了中国革命军队的每一个指战员，并深深影响着每一个民众。这一点，不仅在新民主主义革命胜利之前表露无遗，在革命成功，建立全国政权后，也深刻体现着。

第三篇
人民战争战略

战争是力量的竞赛，然而有了一支强大的军队就能赢得战争吗？毛泽东不这样认为，他强调："战争的伟力之最深厚的根源，存在于民众之中。"他站在马克思历史唯物主义的高度，从战争的本质出发，深刻揭示了战争中军队与人民、人与武器装备之间的相互关系，提出并实行了人类历史上最大规模、最彻底的人民战争，领导中国人民战胜了一切国内外强敌，实现了民族解放和阶级解放的伟大任务，创造了以弱胜强的战争奇观。

20世纪40年代，武工队在敌后坚持抗日斗争。八路军坚决执行精兵简政的政策，精简部队后，仍派出大量武工队，分散到敌后坚持抗日斗争　（视觉中国供图）

第1节　工农武装割据

所谓割据，必须是武装的。哪一处没有武装，或者武装不够，或者对付敌人的策略错了，地方就立即被敌人占去了。这种斗争，一天比一天激烈，问题也就非常地繁复和严重。①

近现代中国历史是一个凭“枪杆子”说话的时代。在国际上，帝国主义列强用“枪杆子”疯狂地瓜分地球，中国在一次次战败中沦为半殖民地。在国内，孙中山领导的资产阶级革命虽然推翻了清朝政权，但是由于缺少“枪杆子”，新生的共和政权很快就被袁世凯所篡夺。“袁大帅”竟然冒天下之大不韪，公然称帝。紧接着，在“反袁”的旗帜下，各路军阀群雄并起，逐鹿中原，中国陷入了一场持久的军阀混战。孙中山从不重视军事到“专做军事”，认识上产生了飞跃，但在把国民革命军搞起来后，就撒手西去了，留下“革命尚未成功，同志尚须努力”的遗训。蒋介石凭借军事实力篡夺了孙中山的位置，背叛了孙先生的事业，把枪口对准共产党和工人阶级。面对一个又一个帝国主义、封建军阀、资产阶级政客的枪口，中国人民的反帝、反封建、反剥削的路应当怎样走呢?

1920年3月，在中国共产党诞生之前，年轻的毛泽东就意识到：“从中国现在全盘局势而论，稍有觉悟的人，应该就从如先生所说的‘根本解决下手’。”3月14日，他在给周世钊的信中更明确地说：“现在我于种种主义，种种学说，还没有得到一个比较明确的概念。”“我觉得俄国是世界第一个文

① 引自《井冈山的斗争》，见《毛泽东选集》第1卷，人民出版社1991年版，第63页。

明国，我想两三年后，我们要组织一个游俄队。”

毛泽东没有去俄国，因为中国也有了共产党。1927年，蒋介石、汪精卫的叛变，使中国共产党清醒了，毛泽东最先组织湖南农民、安源工人拿起枪杆子，走武装斗争的道路。秋收起义虽然失败了，但毛泽东并没有退却，他率领队伍上了井冈山，建立了第一个“工农武装割据”，对抗着“地主或资产阶级的集团或政党”。“星星之火，可以燎原”，工农武装割据，最终发展为中国历史上最大规模、最为持久的人民战争，彻底推翻了三座大山。

第2节　农村包围城市

中国的特点是：不是一个独立的民主的国家，而是一个半殖民地的半封建的国家；在内部没有民主制度，而受封建制度压迫；在外部没有民族独立，而受帝国主义压迫。因此，无议会可以利用，无组织工人举行罢工的合法权利。在这里，共产党的任务，基本地不是经过长期合法斗争以进入起义和战争，也不是先占城市后取乡村，而是走相反的道路。①

1958年，叶剑英在一次讲话中说到，毛泽东比孙中山高明，孙中山在辛亥革命后之所以失败，是因为始终找不到同盟军，只是围着城市转。毛泽东认识到，中国革命是农民革命，农民是无产阶级的同盟军，他走了一条“之”字形的路，从农村包围城市，结果获得了成功。早在1926年6月，毛泽东在广州农民运动讲习所授课时就指出：“辛亥革命之失败（政权落于军阀之手），完全未得三万万二千万之农民来帮助和拥护。由此可知，不做实际民众的运动，则

① 引自《战争和战略问题》，见《毛泽东选集》第2卷，人民出版社1991年版，第541页。

不能得到人民之同意和拥护，这样一定要失败，我们宜注意。”

毛泽东被称为“农民运动之王”。当许多中国共产主义者赴欧洲、俄国考察时，他留在中国农村广阔的土地上进行调查；当国共合作进行北伐时，他却在组织农民运动讲习所的工作；当一些人攻击湖南农民运动是“痞子运动”时，他写下了《湖南农民运动考察报告》，高度赞扬农民运动“好得很”；中国共产党开展武装斗争后，大多数人学习苏联老大哥的经验，一次又一次在大城市发动起义，他却把秋收起义的部队带进深山，开展了农村革命战争。

实践是检验真理的唯一标准。中国革命的最终成功为毛泽东的战略做出了历史评价。一些西方战略家都承认，毛泽东是战略大师，因为他懂得“以迂为直”的道理。其实，他们仅仅看到了表面问题。毛泽东真正的高明之处，在于他准确把握了中国社会的性质和革命方向，从无产阶级政治的高度确定了军事战略。

第3节　建立根据地

在这样的敌人面前，革命的根据地问题也就发生了。因为强大的帝国主义及其在中国的反动同盟军，总是长期地占据着中国的中心城市，如果革命的队伍不愿意和帝国主义及其走狗妥协，而要坚持地奋斗下去，如果革命的队伍要准备积蓄和锻炼自己的力量，并避免在力量不够的时候和强大的敌人作决定胜负的战斗，那就必须把落后的农村造成先进的巩固的根据地。[①]

在井冈山，毛泽东为中国共产党人提供了如何开展武装斗争的范例。即在党的领导下，以人民军队为骨干，依靠农民和其他人民群众，在农村建立根据

① 引自《中国革命和中国共产党》，见《毛泽东选集》第2卷，人民出版社1991年版，第635页。

地，把武装斗争、土地革命和根据地建设相结合，坚持根据地斗争，发展壮大根据地。中国革命战争的历史，从一定意义上来说就是不断开辟、巩固和扩大根据地的进程。

游击战争的根据地是什么呢？它是游击战争赖以执行自己的战略任务，达到保存和发展自己、消灭和驱逐敌人之目的的战略基地。没有这种战略基地，一切战略任务的执行和战争目的的实现就失掉了依托。

“红米饭、南瓜汤”，井冈山的生活非常艰苦。一些从旧军队过来的人忍受不了艰苦清贫的日子，有的投敌叛变，有的私自离队当逃兵，还有不少人喜欢下山打家劫舍当流寇。毛泽东坚决反对那种单凭军队的力量，盲目地四处出击的流寇式游击习气。他认为，中国共产党独立领导的武装斗争，是在强大敌人的包围和夹缝中进行的，弱小的革命力量欲在农村立足，求得发展，就必须在农村建立巩固的革命根据地。“根据地虽小却有很大的政治上的威力，屹然和庞大的国民党政权相对立，军事上给国民党的进攻以很大的困难。”而且，中国革命战争的“长期性加上残酷性，处于敌后的游击战争，没有根据地是不能支持的”。“没有根据地，游击战争是不能够长期地存在和发展的。”“只有克服了流寇主义，提出并实行建立根据地的方针，才能有利于长期支持的游击战争。”

根据地的建立给中国革命带来了新的生命力，为革命力量的积蓄找到了可靠的基地，并不断把革命推向新的高潮。

在井冈山革命根据地的带动下，党领导人民先后创立了赣南、闽西、湘鄂边、洪湖、襄枣宜、巴兴归、鄂豫边、豫东南、皖西、赣东北、湘鄂赣、左右江、东江、海南岛、川东、苏北、黔东、川陕、陕甘边、陕北、湘鄂川黔等20余个革命根据地。由于坚持了毛泽东根据地斗争路线，这些如雨后春笋般建立起来的根据地，获得了很大的发展，先后粉碎了国民党反动派的三次“围剿”，土地革命形成了第一个高潮。

抗日战争时期，党领导人民先后创立了晋察冀、晋西北、晋冀豫、晋西南、冀鲁边、陕甘宁边区、冀鲁豫、山东、皖中、皖东、鄂豫边、豫皖苏、皖东北、苏南、苏北、湘鄂豫、苏浙皖以及东北、华南等20余个较大的根据地，广泛开展了游击战争，有效组织了根据地军民反“扫荡”、反“清乡”、反“蚕食”和反封锁斗争，挫败了国民党的三次反共高潮，革命力量不断壮大，形成了晋冀豫、冀鲁豫、晋察冀、晋绥、山东、华中等解放区，组织了声势浩大的“百团大战”，进行了决定性的战略反攻。

开辟、巩固和不断扩大革命根据地，是中国革命战争取得彻底胜利的最重要因素。解放战争胜利后，毛泽东感慨地说：“解放战争就是北方一亿人民支援打胜的。”没有根据地，人民军队就无以生存和发展；没有根据地，人民军队的作战就展不开拳脚，就存在招致反动派包围和摧残的危险。

第4节　“波浪式”推进

……单纯的流动游击政策，不能完成促进全国革命高潮的任务，而朱德毛泽东式、方志敏式之有根据地的，有计划地建设政权的，深入土地革命的，扩大人民武装的路线是经由乡赤卫队、区赤卫大队、县赤卫总队、地方红军直至正规红军这样一套办法的，政权发展是波浪式地向前扩大的等等的政策，无疑义地是正确的。[①]

开辟、巩固和发展根据地，站稳脚跟，根据革命形势的变化不断向外扩展战略空间。毛泽东、朱德这种犹如波浪推进一般的创立中央苏区的战略过程，也成为抗日战争、解放战争的发展形式。毛泽东充分认识到，中国革命战争中军事力量对比的突出特点是敌强我弱，敌优我劣。革命力量要由小到大、由弱到强，最终实现解放全中国的目标，需要一个长期发展的过程。因此，必须反

---

① 引自《星星之火，可以燎原》，见《毛泽东选集》第1卷，人民出版社1991年版，第98页。

对进攻时的冒进主义和防御时的保守主义。党和军队不能企图通过不停顿的进攻而速胜，而必须根据实际情况，采取“波浪式”推进的战略方针，逐步扩大军队，逐步发展红色区域，逐步形成革命高潮。他在《井冈山的斗争》一文中说，在统治阶级内部发生破裂时期，“我们的战略可以比较地冒进”，而在统治阶级政权比较稳定的时期，“我们的战略必须是逐渐地推进的”。

毛泽东认为，革命战争的发展规律同其他事物一样，不是径情直遂的，而是曲折的螺旋式上升的。因此，在敌强我弱的形势下，不要幻想革命能一蹴而就，在进行军事斗争和建立红色政权时，只能采用“波浪式推进政策”。

土地革命战争时期，毛泽东把武装斗争、土地革命和根据地建设紧密地结合起来，以土地革命为主要内容，以武装斗争为主要形式，以农村根据地为主要阵地，实行“工农武装割据”，确立了人民军队由赤卫队到地方红军再到正规红军的“波浪式推进”建军路线，并逐渐形成了游击战争的战略战术原则。

1929年，为实现“波浪式推进”，建立红军更加广阔的革命根据地，毛泽东将目光投向了赣南、闽西地区。这里山林起伏，地域广阔，人口众多，物产丰富，而且因为远离大城市，交通不便，敌军调动困难，反动统治力量薄弱。这些客观条件却有利于开展游击战争，便于形成较大的战略后方和补给基地。

蒋桂战争爆发后，红四军前委决定利用军阀混战的机会，重点建设赣南、闽西根据地，在更大范围的农村实行“工农武装割据”，以促进全国革命高潮的到来。至1930年5月，赣南、闽西根据地已发展成为全国最大的根据地，并为后来形成中央苏区奠定了坚实基础。

第5节 “三结合”武装

这个军队之所以有力量，还由于有人民自卫军和民兵这样广大的群众武装组织，和它一道配合作战。在中国解放区内，一切青年、壮年的男人和女人，都在自愿的民主的和不脱离生产的原则下，组织在……民兵的队伍中。没有这些群众武装力量的配合，要战胜敌人是不可能的。

这个军队之所以有力量，还由于它将自己划分为主力兵团和地方兵团两部分，前者可以随时执行超地方的作战任务，后者的任务则固定在协同民兵、自卫军保卫地方和进攻当地敌人方面。这种划分，取得了人民的真心拥护。如果没有这种正确的划分，例如说，如果只注意主力兵团的作用，忽视地方兵团的作用，那末，在中国解放区的条件下，要战胜敌人也是不可能的。[①]

在中国革命战争中，毛泽东创造性地提出了“三结合”的人民战争武装力量体制，即主力兵团和地方兵团相结合，正规军和游击队、民兵相结合，武装群众和非武装群众相结合。“三结合”武装是毛泽东在领导中国革命战争的实践中独创的战争组织形式和斗争形式。

1927年底，毛泽东率领经过三湾改编的部队辗转到达井冈山后，第一件事就是大力抓好军队和地方的党建工作。毛泽东深知，没有一个坚强的党组织形成核心，军队也好，根据地也好，都会松散无力，难以巩固和发展。到1928年2月，湘赣边界各县党组织初步恢复发展起来，有力提高了根据地人民的政治觉悟和部队的军政素质，使我党拥有了一支比较正规的军队。

1927年11月，毛泽东带领部队攻占茶陵，开始着手进行根据地政权建设，同时将袁文才、王佐两支地方武装团体改造为正规红军。这样，到1928年2月，工农革命军由不足1个团发展为1个师2个团，并同当地农民运动紧密结合，摧毁了茶陵、遂川、宁冈三县的旧政权，建立起新的工农政权以及赤卫队、游击队。“三结合”的武装力量体制已具雏形。

为加强各种武装力量之间的配合，毛泽东指出：“现在各县赤卫队的枪支还是很不够，不如豪绅的枪多，红军必须继续在武器上给赤卫队以帮助。在不降低红军战斗力的条件下，必须尽量帮助人民武装起来。”在毛泽东指示下，红军在与敌人作战的同时，帮助地方建立和发展武装，发动农民进行土地革

① 引自《论联合政府》，见《毛泽东选集》第3卷，人民出版社1991年版，第1040页。

命，建立党的各级组织和各级政权，使根据地得到进一步巩固和扩大。“经过一年多时间，创造了富有斗争经验的地方武装，这是十分难得的；这个地方武装的力量，加上红军第四军的力量，是任凭什么敌人也不能消灭的。”“三结合”的军事体制此时已走向成熟。

抗日战争时期，毛泽东更强调“三结合”，指示要将部队融入人民群众中去，依靠人民群众来保存自己，消灭敌人。根据这个方针，八路军主力兵团主要实施机动作战任务，根据地内的地方兵团则固定在一定地区内执行保卫地方、巩固后方和配合主力兵团作战的任务，民兵游击队通常不远离家乡，或配合正规作战，或单独开展游击活动，保卫生产，保卫家乡。三种武装力量既有分工，又互相配合，机动灵活地打击了敌人，大量消耗、歼灭了其有生力量，确保了抗战的胜利。

解放战争时期，毛泽东的“三结合”武装力量体制发挥出无穷的威力。1947年10月，晋察冀野战军在石家庄以北的清风店歼敌1.7万余人，“创晋察冀歼灭战新纪录”。此战的取胜，一个很重要的因素是野战军与地方兵团、人民群众很好地实现了“三结合”。在民兵和人民群众配合下，我军赢得了时间，两条腿的步兵赛过了敌人的摩托化部队，抢先到达清风店，占据有利地势，最终赢得了战斗的胜利。

第6节　战争政治动员

如此伟大的民族革命战争，没有普遍和深入的政治动员，是不能胜利的。①

这个政治上动员军民的问题，实在太重要了。我们之所以不惜反反复复地说到这一点，实在是没有这一点就没有胜利。没有许多别的必要的东西固然也

① 引自《论持久战》，见《毛泽东选集》第2卷，人民出版社1991年版，第480页。

没有胜利，然而这是胜利的最基本的条件。[①]

毛泽东历来重视对军民的战争政治动员。

土地革命战争时期，毛泽东都把这项工作当作每一次反“围剿”斗争中的“第一个重要问题”，通过明确阐述敌人进攻的必然性、迫切性和危害的严重性，充分分析敌人的弱点和红军的优良条件，号召军民为保卫根据地而斗争。在抗日、解放战争中，政治动员以其特有号召力量，更显出了强大的威力。

政治动员首先要把战争的政治目的告诉军队和人民，使每一个士兵和每个人明白为什么打仗，打仗和他们有什么关系。其次要说明达到此目的的步骤和政策，即要有一个政治纲领。没有一个明确具体的政治纲领，是不能动员全体军民激发出他们最大的战斗潜力的。毛泽东认为进行政治动员时要采取群众喜闻乐见的形式。他说：“怎样去动员？靠口说，靠传单布告，靠报纸书册，靠戏剧电影，靠学校，靠民众团体，靠干部人员。现在国民党统治地区有一些，沧海一粟，而且方法不合民众口味，神气和民众隔膜，必须切实地改一改。其次，不是一次动员就够了，抗日战争的政治动员是经常的。不是将政治纲领背诵给老百姓听，这样的背诵是没有人听的；要联系战争发展情况，联系士兵和老百姓的生活，把战争的政治动员，变成经常的运动。这是一件绝大的事，战争首先要靠它取得胜利。”

抗日战争期间，为巩固和发展陕甘宁抗日根据地，我党除大力开展群众工作，广泛进行抗日宣传活动外，还特别注重对友军和当地的上层人物进行统战工作，使东北军、西北军和其他国民党军队让出了一些地区。针对边区匪患严重的实际，除军事上进行大力清剿外，在政治上主要进行宣传号召，争取、瓦解了一部分土匪，匪患基本得到肃清。我党对日军也大开宣传号召之门，把他们的士兵称为“兄弟”，进行“攻心”工作。日军不得不承认：“因为华军的宣传，总觉得士兵思想似乎发生动摇，实在难于指挥。”

解放战争中，政治动员工作更显出无比强大的威力。通过在解放区进行土地改革的号召，获得土地的农民参加革命的热情高涨，“母亲叫儿打东洋，妻

① 引自《论持久战》，见《毛泽东选集》第2卷，人民出版社1991年版，第513页。

子送郎上战场”已成为解放区人民的自觉行动。在中国共产党“民主、团结、和平”口号的感召下，国民党统治区大规模的爱国民主运动蓬勃发展，不但在各大城市掀起了声势浩大的反美、反蒋运动，而且在农村爆发了民变武装斗争，形成了反对蒋介石反动统治斗争的第二条战线，与解放区的人民斗争遥相呼应，使蒋介石政府在两条战线上作战，处于全国人民的重重包围之中。

1950年6月28日，朝鲜战争爆发。毛泽东严厉谴责了美帝国主义的侵略罪行，他号召：“全国和全世界的人民团结起来，进行充分的准备，打败美帝国主义的任何挑衅。”对于当时百废待兴的新中国而言，卷入朝鲜战争将会付出极大的代价。但正因为有了充分的政治动员，军民热情高涨，人民志愿军积极备战，全国人民从人力、物力、财力上都给予了积极支援。可以说，政治动员在这里发挥的巨大作用，是任何东西都无法比拟的。

第7节 非正规作战

军事上的第一要义是保存自己消灭敌人，而要达到此目的，必须采用独立自主的游击战和运动战，避免一切被动的呆板的战法。[①]

毛泽东认为，非正规作战是弱军对付强敌，保存自己、消灭敌人的必由之路。游击战是非正规作战最重要的形式。土地革命战争时期，游击战作为非正规作战的主导，起着非常重大的作用。毛泽东说：“我们三年来从斗争中所得的战术，真是和古今中外的战术都不同。用我们的战术，群众斗争的发动是一天比一天广大，任何强大的敌人是奈何我们不得的。我们的战术就是游击的战术。”随着游击战的不断发展，其战略战术也得到不断的丰富，“大要说来

① 引自《和英国记者贝特兰的谈话》，见《毛泽东选集》第2卷，人民出版社1991年版，第379页。

是：‘分兵以发动群众，集中以应付敌人。’‘敌进我退，敌驻我扰，敌疲我打，敌退我追。’‘固定区域的割据，用波浪式的推进政策。强敌跟追，用盘旋式的打圈子政策。’‘很短的时间，很好的方法，发动很大的群众’”。

抗日战争初期，由于力量相对较弱，不能以正规作战抵挡日军的进攻，开展敌后游击战便成为我军打击日寇的有效作战形式。毛泽东明确指出：“今日红军在决战问题上不起任何决定作用，而有一种自己的拿手好戏，在这种拿手好戏中一定能起决定作用，这就是真正独立自主的山地游击战（不是运动战）。”他认为，游击战这种非正规作战形式，主要不是在内线配合正规军作战，而是在外线单独作战，是大规模的、长期的、残酷的，将来还要向运动战发展，成为反攻的重要力量。游击战不仅有战术意义，而且有伟大的战略意义，不仅要解决游击战的战术问题，而且要解决游击战的战略防御、战略进攻、根据地建设、向运动战发展等一系列问题，在敌人后方起到削弱敌人、钳制敌人、妨碍敌人后方运输的作用，能够给予正规军和全国人民精神上的鼓励等。

1941年和1942年，日寇极力实行所谓军事、政治、经济、文化、特务一体的“总力战”，加紧了对我根据地的扫荡，残酷推行“三光”政策，实施“治安强化运动”，妄图彻底摧毁抗日根据地和消灭抗日军民。同时，国民党制造皖南事变，发动第二次反共高潮，不断向共产党、新四军摩擦进攻。共产党领导的敌后人民革命力量处在极端困难的境地。针对敌人的思想侵蚀，党中央派出武装工作队和小分队深入敌后，在当地党组织的统一领导下，实行以“政治攻势为主，游击战为辅”的方针，以军事为骨干，结合政治、经济、文化，反击敌人的“总力战”。一是对日伪军和伪组织进行宣传，瓦解日军，分化、争取伪军与伪组织，变伪组织为革命的“两面派”，在伪军组织内积蓄力量，以待时机，配合我之反攻或组织其及时反攻；二是向敌占区广大人民进行宣传教育，建立秘密抗日政权和群众团体，开辟秘密抗日游击根据地，把敌占区人民和各阶层人士尽量团结在党组织及秘密抗日政权周围；三是镇压罪大恶极的汉奸特务，摧毁伪政权和日伪据点，打击小股敌人，或以隐蔽突然的动作打击日伪的指挥机关等要害和后方。各抗日根据地军民在当地党委的统一领导下，认

20世纪40年代，太行山区武工队深入敌后作战 （视觉中国供图）

真贯彻执行党中央为战胜困难而提出的“争取群众，组织群众的游击队。在这个总方针下，实行有条件的集中作战”的方针，广泛地开展群众性游击作战，创造了武工队，发展了麻雀战、地雷战、地道战、联防战等斗争形式，发挥了非正规作战的巨大威力，粉碎了敌人的“扫荡”和“蚕食”，打退了国民党发动的第二次反共高潮及各次摩擦，挫败了日伪夹击的阴谋。

第8节　敌后战场

我们要在这样广大的被敌占领区发动普遍的游击战争，将敌人的后方也变成他们的前线，使敌人在其整个占领地上不能停止战争。[①]

解放战争中，陈毅曾风趣地对他的对手、国民党将军王耀武说：“战争是毛主席和蒋介石下棋，黄河为界，举手无悔，而毛主席的战略指挥总是高于蒋介石。”当时，正是刘（伯承）邓（小平）大军强渡黄河，千里挺进大别山，插入国民党战略腹地，开辟敌后战场的那一刻。善于钻到强大敌人的战略后方去打击敌人，发展壮大自己，正是毛泽东基于对人民战争正义性的认识，在土地革命战争、抗日战争中多次使用的战略手段。敌后战场也是毛泽东善断时局、灵活机动、转劣为优、出奇制胜的战争指挥艺术的生动体现。

抗日战争开始后，日军凭借其强大的实力，大举进攻，步步进逼，进展颇快，迅速占领中国广大地区，并从战略上形成对中国军队的第一层包围。而国民党军实施片面抗战，屡战屡败，节节败溃。在此情况下，毛泽东为扭转敌我力量对比，摆脱战略上的被动地位，争取战争主动权，指挥共产党军队挺进敌后，广泛建立抗日根据地，开辟敌后战场，与友军配合，夹击日军，使其腹背

① 引自《抗日游击战争的战略问题》，见《毛泽东选集》第2卷，人民出版社1991年版，第418页。

受敌，穷于应付。其中，八路军集中向冀察晋绥四省交界的恒山地区挺进，开辟山区敌后战场。山区敌后战场初步巩固之后，为进一步发展平原游击战和水上游击战，钳制和打击敌人，配合正面战场友军作战，毛泽东又指示八路军在平原和河湖港汊广泛开辟敌后战场。至此，山地、平原和水上“三位一体”的敌后战场相互配合，相辅相成，使敌人处于我军的全面打击之中。

敌后战场的形成，表明中国共产党领导的八路军、新四军及其创建的抗日根据地已以独当一面的战略姿态屹立于敌后，使侵华日军从此陷入了正面战场与敌后战场的两面夹击之中，给日军以沉痛的打击，牵制和消耗了大量日军，是中国抗日战争成功地由战略防御转入战略相持的重要因素。

第9节 统一战线

统一战线，武装斗争，党的建设，是中国共产党在中国革命中战胜敌人的三个法宝，三个主要的法宝。①

统一战线是毛泽东称之为中国革命取得胜利的三大法宝之一，是“为了唤起民众、同仇敌忾，对付强大敌人，而最大限度地联合全国不同阶级、阶层（包括工农商学兵、民族资产阶级、开明地主，甚至国民党）的人士，广泛结成共同对敌的阵线”。是发动民众，实行全民皆兵，进行人民战争的主要途径，是进行民族战争的首要条件。

毛泽东和中国共产党人注重团结人民群众中一切可以团结的力量，用人民战线这张无形的天网，把敌人压垮、挤垮、打垮。中国共产党在建立自己的武装队伍之初，就开始注意做争取国民党军队士兵的工作。在1928年《中央通告

① 引自《〈共产党人〉发刊词》，见《毛泽东选集》第2卷，人民出版社1991年版，第606页。

第五十一号》和1929年《中央关于军阀战争中的救死扶伤运动给各省委的指示信》等文件中，中共中央都强调了做好兵运工作的重要性，要求在国民党内部建立秘密的党组织和群众性组织，在兵变条件成熟时组织起义。1931年12月，国民党第26路军在赵博生、董振堂率领下发动宁都起义。这次起义是中国共产党多年兵运工作的重要成果。起义军被及时改编为红五军团，壮大了红军队伍，对粉碎国民党“围剿”起了重大作用。这是共产党在早期军事统一战线中的一次重大胜利。

抗日战争时期是统一战线结得最广泛、运用得最成功的时期。1935年8月1日，共产党发表了《为抗日救国告全体同胞书》，呼吁无论各党派间在过去和现在有任何政见和利益的不同，无论各界同胞间有任何意见或利益上的差异，无论各军队间过去和现在有否敌对行动，都应当立即停止内战，集中一切国力为抗日救国的神圣事业而奋斗。同年12月，中共中央召开瓦窑堡会议，明确提出党的基本策略是“建立广泛的民族革命统一战线”。中国共产党和红军为实现抗日民族统一战线、促成全国共同抗战所做的努力，得到了全国人民的拥护和社会各阶层爱国人士以及海外侨胞的支持。抗日民族统一战线建立后，最大限度地发动了全国人民的抗日热潮，各党派、军队之间抛弃前嫌，一致对外，共同抗日。随着中国人民反抗日本侵略者的斗争的深入，抗日民族统一战线不断巩固和发展，广大人民积极投入抗日斗争的洪流中，出钱、出粮、出人、出力，极大地弥补了军队技术装备不足，克服了大量困难，使敌人陷入人民战争的灭顶之灾，最终取得了中国近代历史以来反侵略战争的第一次全面胜利。

解放战争时期，毛泽东的统一战线思想获得了极大发展。他提出的“依靠进步势力，争取中间势力，孤立顽固势力”统一战线政策，最广泛地争取和获得了人民的支持。1945年4月23日，中共七大召开，毛泽东做了《论联合政府》的政治报告，提出结束国民党一党专政、建立民主联合政府的纲领，对争取中间势力起到了重大作用。中国共产党在全国范围内建立的反对国民党专制统治的最广泛的爱国民主统一战线，在国统区内形成了反对国民党统治集团的第二条战线，有力支持了战场上对国民党政权的打击，其历史地位和作用是相当重要的。

1949年9月21日，中国人民政治协商会议在中南海怀仁堂举行，人民统一战线进一步得到巩固和发展，成为我国的一项基本政治制度。

第10节 全民皆兵

全党抓军事，实行全民皆兵。①

动员了全国的老百姓，就造成了陷敌于灭顶之灾的汪洋大海，造成了弥补武装等等缺陷的补救条件，造成了克服一切战争困难的前提。②

历史已经证明，人民军队的许多战役战斗的胜利，都是把敌人陷于人民战争的汪洋大海的战略环境的必然结果。“在中国解放区，在民主政府领导之下，号召一切抗日人民组织在工人的、农民的、青年的、妇女的、文化的和其他职业和工作的团体之中，热烈地从事援助军队的各项工作。这些工作不仅包括动员人民参加军队，替军队运输粮食，优待抗日军人家属，帮助军队解决物质困难，而且包括动员游击队、民兵和自卫军，展开袭击运动和爆炸运动，侦察敌情，清除奸细，运送伤兵和保护伤兵，直接帮助军队的作战。同时，全解放区人民又热烈地从事政治、经济、文化、卫生各项建设工作。在这方面，最重要的是动员全体人民从事粮食和日用品的生产，并使一切机关、学校，除有特殊情形者外，一律于工作或学习之暇，从事生产自给，以配合人民和军队的生产自给，造成伟大的生产热潮，借以支持长期的抗日战争。”

以晋察冀北岳区的妇女为例。抗战期间，她们积极组织起来参加各种抗日救国斗争，其1、2、3分区在1938年的半年里就做军装77 500件，军鞋12万双，

---

① 引自1978年8月11日《人民日报》第2版。

② 引自《论持久战》，见《毛泽东选集》第2卷，人民出版社1991年版，第480页。

袜子2.7万双，手套1.1万双，子弹袋3000条。1938年至1942年，全区妇女慰劳子弟兵的粮食达27万斤，钱1万元。1942年4月间，唐县共出现12件送郎、送哥参军的事。1938年至1942年，3个县动员丈夫、儿子上前线的达6952人。唐县各庄妇女一天查出32个奸细，一个月破坏电线30里、交通30里。妇女还参加战场抬担架，各村建立了秘密情报网，保障了抗日通信等工作。

解放战争时期，东北人民掀起了支前热潮。辽沈战役中，支前民工达183万余人，出动担架13.7万副、大车12.9万余辆，运送粮食1.1亿斤。淮海战役中，浩浩荡荡的支前大军日夜活跃在战场上，支前民工共543万人，担架20.6万副，大小车辆88.1万辆，挑子30.5万副，牲畜76.7万头，船只8539艘，由后方向前线运送弹药1460万斤，筹运粮食9.6亿斤，由前线向后方转运伤员11万余名。陈毅元帅曾深情地说：淮海战役是靠老百姓用独轮车推出来的。平津战役中，共组织了154万民工和38万辆大车，2万副担架，为人民解放军筑路、修桥、运输物资、转运伤员，并调集了3.1亿斤粮食到前线。

紧紧地和中国人民站在一起，全心全意地为中国人民服务，是中国共产党和人民军队的唯一宗旨，这一宗旨决定了中国革命可以进行真正的人民战争。在战争实践中，中国共产党和党领导的人民军队形成和发展了人民战争所必需的一系列战略战术和政治工作，善于按照变化着的具体条件从事机动灵活的游击战争，也善于打运动战，善于团结自己、团结朋友、团结人民和瓦解敌军，从而使战争取得最终胜利有了根本保证。压迫和剥削人民的帝国主义及一切反动派，都是与人民群众的根本利益相对立的，这就注定了他们失败的结局。相反，代表人民利益和意志的中国共产党，以及在她领导下的来自人民、得到人民拥护和爱戴的人民军队，在此基础上发动的广泛的人民战争，是革命最终取得胜利的根本保证。

有了人民群众的支持、帮助，才有一切可以反击、限制和消耗敌人的力量，造成“汪洋大海”之势，使敌人陷于泥潭，永远难以自拔，直至力竭心疲，毙于历史车轮之下。人民群众是历史的创造者，一切正义的战争、为人民群众利益的战争必胜，为人民而战必胜。

第四篇

积极防御战略

在很长的一个历史时期内，敌强我弱、敌攻我守既是中国革命战争的基本特点，又是战争的基本形式。面对强大敌军的重重“围剿”，革命的星星之火随时都有被反革命的狂风暴雨浇灭的可能。如何在军事上粉碎敌人的进攻，保卫红色根据地，是摆在中国革命事业面前的一张难以作答的考卷。对此，毛泽东以积极防御的光辉战略思想做出了正确回答。中国革命战争的历史证明，积极防御是弱军战胜强敌唯一正确的战略指针。

1945年8月，八路军、新四军进行大反攻　（视觉中国供图）

第1节　攻势防御

积极防御，又叫攻势防御，又叫决战防御。消极防御，又叫专守防御，又叫单纯防御。消极防御实际上是假防御，只有积极防御才是真防御，才是为了反攻和进攻的防御。①

著名德国军事理论家克劳塞维茨从理论上首先提出了"积极防御"的概念。他说："防御这种作战形式决不是单纯的盾牌，而是由巧妙的打击组成的盾牌。"恩格斯说："防御不应当是消极的，而应当从机动中吸取力量，并且只要一有机会，防御就应当采取进攻行动。"

1935年在瓦窑堡召开的中共中央扩大会议上，毛泽东起草了《关于军事战略问题的决议》，总结了第五次反"围剿"失败的经验教训，系统提出了红军作战指挥应遵循的基本原则。他把自己自井冈山以来多次粉碎国民党军队进剿、"会剿""围剿"的作战方法，概括为积极防御。1936年，他在其著作《中国革命战争的战略问题》中写道："据我所知，任何一本有价值的军事书，任何一个比较聪明的军事家，而且无论古今中外，无论战略战术，没有不反对消极防御的。只有最愚蠢的人，或者最狂妄的人，才捧了消极防御当法宝。"

毛泽东积极防御战略的奥妙在于变守为攻，变战略上、整体上的防御为战役战斗上、局部上的进攻。在敌人向我进攻时，我主动地退让一步，不以重兵进行面对面的防御，充分利用人民战争的有利条件，寻找和创造进攻机会，以战役战斗的外线速决的进攻战，歼灭敌人的有生力量，争取局部主动，逐步

① 引自《中国革命战争的战略问题》，见《毛泽东选集》第1卷，人民出版社1991年版，第198页。

转化敌我力量对比，改变战略上的被动态势；而后适时转入战略反攻和战略进攻，在有利条件下实行战略决战，夺取战争的最后胜利。这一战略思想的实质，是在战略防御的过程中实行攻势防御或决战防御。积极防御的积极性体现于在被动的战略防御形式中包含有主动进攻的内容。

中国革命战争的实践证明，在敌众我寡、敌强我弱的态势下，只有实施积极防御，才能集中兵力打歼灭战，逐步改变敌我力量对比，并最终取得胜利。按照毛泽东积极防御战略思想，红军在第一、二、三、四次反“围剿”和其他许多次作战中都取得了胜利，而“左”倾机会主义者在第五次反“围剿”时，放弃了毛泽东的战法，先是在“围剿”之初实行“分兵把口”“两个拳头打人”“御敌于国门之外”的冒险主义进攻路线；在这种进攻路线受挫后，又施行所谓节节抵御，以阵地战代替运动战，以消耗战代替歼灭战的消极防御方针。这一系列错误的战略方针导致主力红军与优势敌人死打硬拼，伤亡惨重，丧失了战场主动权和大片革命根据地。

第2节　决战防御

只有决战，才能解决两军之间谁胜谁败的问题。①

毛泽东积极防御的战略思想包含着攻势防御和决战防御两个核心。攻势防御是从作战形式上来讲的，即变“内线持久的防御战”为“外线速决的进攻战”，把战略上的全局上的防御，演变为战役战斗上的局部上的进攻，从而以歼灭敌人有生力量为主要目标，而不以保守地方为主要目标。但是，有了攻势

① 引自《中国革命战争的战略问题》，见《毛泽东选集》第1卷，人民出版社1991年版，第214页。

行动是不是就可以了呢？这要看攻势行动，也就是战役或战斗上的进攻的程度能不能从根本上粉碎敌人整个的作战计划和部署，迫敌放弃战略上的进攻，这就是决战防御要解决的问题。

毛泽东在批评第五次反“围剿”失败时指出：“只有第五次反‘围剿’时敌人仍旧会继续对我进行‘围剿’，我仍旧没有摆脱被敌消灭的危境。”毛泽东把每一次反“围剿”都看作是一次关系红军生死存亡的战略行动（按规模为战役），制订出全盘的作战计划，针对敌人的进攻部署，找到其力量构成的要害，以积极的、有重点的攻势行动，达到决战决胜的效果。如第一次反“围剿”歼灭了张辉瓒师；第二次反“围剿”首先歼灭较弱的第5路军，然后向东横扫；第三次反“围剿”歼敌第3路军主力，都带有决战的性质。有时，决战可以通过一次作战行动来解决，有时则要通过连续数日的数个作战行动来解决，这要依战略性还是战役性的决战来定。真正意义上的战略决战，则要通过辽沈、平津、淮海战役这样的战略性战役来完成。

“全不知初战关系之大，震惊于黎川一城之失，从挽救的企图出发，北上就敌，于洵口不预期遭遇战胜利（消灭敌一个师）之后，却不把此战看作第一战，不看此战所必然引起的变化，而贸然进攻不可必胜的硝石。开脚一步就丧失了主动权，真是最蠢最坏的打法。”在这里，毛泽东批评的问题是，第五次反“围剿”时红军指挥员没有决战的企图，从救援的目的出发，无意之中消灭敌人一个师，然后盲目攻歼硝石。而国民党依托坚固堡垒据守，红军攻坚数日不克，伤亡严重，主力阻止敌南城援军的目的也未达到，敌四个师进抵硝石，使红军被迫撤出战斗，从而陷入全局上的被动。

毛泽东为什么在攻势防御的基础上，特别强调决战防御呢？这是因为，在敌人多兵进行战略（战役）的进攻时，如果不能以一次卓有成效的决战行动，使敌作战力量遭到重创，无力实现其原定的作战计划，那么，在敌强我弱的情况下，被迫与敌胶着，被迫打消耗战，始终不能摆脱被动挨打的局面。

第五次反“围剿”作战，在王明“左”倾错误路线的指导下，中央红军贯彻“御敌于国门之外”的作战方针，对于敌人的进攻，处处设防、路路对抗，把有限的作战力量到处撒胡椒面，最终结果是什么地方也守不住，最后只能来

1947年，晋冀鲁豫野战军挺进大别山，揭开了人民解放军战略反攻的序幕 （视觉中国供图）

个战略大转移，被迫万里长征。

决战防御，是弱小的一方扭转不利局面，最终战胜强敌的有效方法。在长期的革命战争中，红军、八路军、解放军等按照“决战防御”的要求，取得了一个又一个的防御作战胜利。

孟良崮战役堪称是决战防御的典范。

1947年3月下旬，国民党纠集45万余人，对我山东解放区实施“重点进攻”，妄图消灭或迫使解放军北渡黄河，实现其占领整个山东解放区的目的。

面对强敌压境，陈毅、粟裕按照毛泽东决战防御的思想，指挥部队不断后撤，耐心寻找战机。5月10日，当国民党三个兵团发起攻击时，我即对敌采取中间突破，以5倍于敌优势兵力，全歼了号称国军五大主力之一的74师。击毙师长张灵甫，共歼敌3万余人，当即引起了蒋介石的恐慌和震怒，在将兵团司令汤恩伯撤职的同时，也不得不下令暂时停止对山东解放区的进攻。

第3节　先期准备

对于敌人的一次有计划的“围剿”，如果我们没有必要的和充分的准备，必然陷入被动地位。临时仓促应战，胜利的把握是没有的。因此，在和敌人准备“围剿”同时，进行我们的反“围剿”的准备，实有完全的必要。我们队伍中曾经发生过的反对准备的意见是幼稚可笑的。[①]

当革命的“星星之火”刚刚燃起的时候，以蒋介石为首的国民党反动派极为恐慌，他们集中主要军事力量“围剿”革命根据地，往往一次“围剿”尚未

① 引自《中国革命战争的战略问题》，见《毛泽东选集》第1卷，人民出版社1991年版，第200页。

结束，新的“围剿”行动就已经开始部署了。

从井冈山斗争开始，毛泽东就多次领教了敌人的这一行动特点，并在反“会剿”、反“围剿”斗争中，总结了极为丰富的经验。未雨绸缪，积极备战，充分做好准备，就是毛泽东总结出来的实行积极防御战略的一条重要原则。

针对敌人进攻的战略防御准备主要包括以下内容：

1．组织侦察。预先掌握敌人进攻的情报，尤其是敌指挥官、兵力、番号、发起进攻的时机和路线。

2．计划展开准备的时机。敌人的“围剿”准备是秘密进行的，红军难于知道他们将在何时开始进攻。因此，准备工作开始迟了，不但减少进攻的利益，而且会带给红军和人民若干不良的影响。一般来说，开始准备的时机与其失之过迟，不如失之过早。“因为后者的损失较之前者为小，而其利益，则是有备无患，根本上立于不败之地。”断定准备的时机，“要从敌我双方的情况和二者之间的关系着眼”，认真分析敌人的政治、军事、财政和社会舆论等方面的材料。

3．准备好红军的退却。“就是说不要使红军向着不利于退却的方向，不要进攻得太远了，不要使红军过于疲劳。”“这时红军的注意力，主要地放在创造战场，征集器材，扩大自己和训练自己的计划上。”

4．进行政治动员。“政治动员是反‘围剿’斗争中第一个重要问题”，要明确而充分地告诉军队和人民，关于敌人进攻的必然性和迫切性，敌人进攻危害人民的严重性，关于敌人的弱点，红军的战胜条件。除军事秘密外，政治动员必须是公开的，尽可能家喻户晓，尤其是干部。

5．征集新兵。

6．准备粮食和经费。

7．控制政治异己分子。“但也不可过于恐惧他们的叛变，而采取过分的警戒手段。”

毛泽东认为，反“围剿”斗争胜利的程度，是和准备阶段中任务完成的程度密切地联系着的。由轻敌而发生的对准备的放松和由被敌人进攻所吓倒而发生的惊慌失措，都是应该坚决反对的不良倾向。

在毛泽东组织领导中国革命战争的各个历史时期，无论是土地革命战争中的反“围剿”，抗日战争中的反“扫荡”、反“清乡”，还是解放战争中的防御作战，都是按这一经验组织根据地军民做好战争准备的。

第4节　战略退却

战略退却，是劣势军队处在优势军队进攻面前，因为顾到不能迅速地击破其进攻，为了保存军力，待机破敌，而采取的一个有计划的战略步骤。①

战略退却的目的是为了保存军力，准备反攻。退却之所以必要，是因为处在强敌的进攻面前，若不退让一步，则必危及军力的保存。②

毛泽东在战争中认识到：在敌人进攻时，“首先而且严重的问题，是如何保存军力，待机破敌。所以战略防御问题成为红军作战中最复杂和最重要的问题”。“完全有计划的战略退却，在形式上是被逼出来的，在内容上是保存军力，待机破敌，是诱敌深入，准备反攻。”这是“保存自己，消灭敌人”这一战争原则的具体化。只有保存了自己的力量，才能有机会消灭敌人。在此，“保存”是前提，“待机”是过程，“破敌”是最终目标。面对气势汹汹的敌人，若与之正面对抗，死打硬拼，必将被敌人消耗殆尽，最终无力歼灭敌人，反而有被敌人吞掉的危险。因此，必须先避其锋芒，保存实力，与敌周旋，牵制、疲劳敌人，挫其锋芒，相机寻找敌之薄弱环节，进而再集中我之兵力，在

① 引自《中国革命战争的战略问题》，见《毛泽东选集》第1卷，人民出版社1991年版，第203页。

② 引自《中国革命战争的战略问题》，见《毛泽东选集》第1卷，人民出版社1991年版，第206页。

局部上形成对敌优势，最终各个击破。

1930年11月，国民党军队开始对红军进行第一次“围剿”。11月5日开始进攻，7日各路敌军分别进至清江、黄土街、罗坊、新余、分宜等地。由于红军已先期转移，敌人扑了个空。敌总指挥鲁涤平发觉红军主力东渡赣江后，生恐红军夺占樟树镇、临川，急忙调整部署，令第三纵队继续在赣江西岸进攻，第一、第二纵队集中到赣江东，寻求红军主力作战。敌人大规模进攻开始后，红军即以少数兵力配合地方武装迟滞、消耗、疲惫、迷惑敌人，主力于11月中旬分别从赣江以东的崇仁、南城、南丰、吉水之间地区和赣江以西的路口、油田地区，逐次向苏区中部的东固、龙冈地区转移，以保存军力，待机破敌。11月18日至20日，各路敌军分别进至吉安、吉水、永丰、乐安、宜黄、南城等地，结果又扑了一次空。12月1日，红军将第20军分散在富田、东固、龙冈地区活动，并协助当地群众在东固附近各山头构筑工事，以迷惑敌人；主力秘密转移到苏区中部黄陂、小布、洛口地区隐蔽集中。12月上旬，蒋介石到南昌，召集其党、政、军高级官员举行会议，亲自组织对中央苏区的进攻。蒋介石认为，赣南地区为红军主力所在地，“此股一经扑灭，其余自易解决”。12月16日，各路敌军开始向苏区中部进攻。19日，新编第5师进占东固。20日，第18师进到东固，第50师进到招携，第60师进到万安县赣江西岸地区，第61师进到泰和。21日，第24师进到草台岗，第8师进到新丰市、三坑。敌人在进攻过程中，不断遭到红军小股部队和人民武装的袭扰、阻击。为不失时机转入反攻，红一方面军主力于12月21日集中到黄陂、麻田地区隐蔽待机；同时，派出第12军之35师独立活动于兴国东北约溪地区，严密监视敌人的行动，并将敌人的注意力吸引到西面。敌人经过几天的整补性休息以后，又继续向苏区中心推进。红一方面军经过“龙冈战斗”“东韶战斗”等几次大小战斗后，歼灭敌军近四个旅，活捉了前线总指挥兼18师师长张辉瓒，红军打破了敌人的第一次“围剿”。

第5节　预设战场

退却的军队能够选择自己所欲的有利阵地，使进攻的军队不得不就我范围，这是内线作战的一个优良条件。弱军要战胜强军，是不能不讲求阵地这个条件的。[①]

只要是打仗，就有战场。趋利避害，选择有利于己、不利于敌的战场，是交战双方的共同想法。

毛泽东说："弱军要战胜强军是不能不讲求阵地这个条件的。"毛泽东所谓"讲求阵地这个条件"，就是要创造有利战场。

综观我军在打破敌人进攻的防御作战中创造战场的规律，不外乎两个方面：首先是取得"人和"条件，其次是取得"地利"。

争取"人和"，也就是争取人民的支持和帮助。在某种意义上来说，这是创建根据地的工作。毛泽东指出，根据地是什么呢？它是革命战争"赖以执行自己的战略任务，达到保存和发展自己、消灭和驱逐敌人之目的的战略基地"。没有这种战略基地，一切战略任务的执行和战争目的的实现就失掉了依托。

革命根据地的建立使得诱敌深入以弱制强的战略战术得以施展。人民战争本来就不是单纯的军队活动，它需要人民群众通过各种斗争方式给予支持与配合。有了根据地就能够通过根据地的地方政权，把人民群众充分地动员和组织起来，配合正规部队的作战。在作战中，充分利用根据地人民的参战热情和他们熟悉地理环境的特点，把敌人诱入根据地内部，蒙蔽敌人、袭扰敌人、疲困

① 引自《中国革命战争的战略问题》，见《毛泽东选集》第1卷，人民出版社1991年版，第207页。

敌人，使敌人变成瞎子、聋子和疯子，在根据地内乱闯乱撞。而我军有了好的群众基础，运动自由，消息灵通，补给充分，就有了打胜仗的基本条件。

从1928年1月到1931年9月，蒋介石先后三次对井冈山革命根据地进行“围剿”。毛泽东指挥中央红军，依靠人民的支持，一次又一次地打败了国民党军队。蒋军吃尽根据地的苦楚，正如第三次“围剿”时西路军总司令陈铭枢所说的“国军处处黑暗，红军处处明亮”，真的是“肥的拖瘦，瘦的拖死”。连蒋介石也不得不哀叹：“剿匪之难，甚于大战。盖彼利用地形之熟识、与民众之协从，避实就虚，随所欲为；而官兵则来往追逐，疲于奔命矣。”

争取“地利”，就是要选择能够消弭敌方人员和装备的有利地形，预设战场，给敌致命一击。土地革命战争、抗日战争和解放战争前期，我军打的大的歼灭战，多数是预选有利地形，采取伏击的形式组织的，创造了许多置敌于死地的光辉战例。

1930年12月底，毛泽东指挥红军在浓雾遮天、山高林密的井冈山地区预先设伏，仅用3个多小时，全歼张辉瓒师，不漏一兵一卒。1937年9月25日，林彪率八路军第115师，在平型关长长的峡谷中伏击日军精锐第5师团第21旅团一部，歼敌1000余人，缴获步枪1000余支、机枪20余挺，击毁汽车100余辆、马车200余辆，取得了全民族抗战以来第一个歼灭战的胜利。1947年3月下旬，彭德怀指挥西北野战军主力埋伏在延安青化砭张网以待，引诱敌李纪云第31旅进入青化砭30里大川，一举全歼。像这样预选阵地，打歼灭战的例子举不胜举。

第6节　隐形示形

退却的最后一个要求，是造成和发现敌人的过失。须知任何高明的敌军指挥员，在相当长时间中，要不发生一点过失，是不可能的，因此我们乘敌之隙的可能性，总是存在的。敌人会犯错误，正如我们自己有时也弄错，有时也授敌以可乘之隙一样。而且我们可以人工地造成敌军的过失，例如孙子所谓“示形”之类（示形于东而击于西，即所谓声东击西）。[①]

孙子曰：“兵者，诡道也。故能而示之不能，用而示之不用，近而示之远，远而示之近。利而诱之，乱而取之，实而备之，强而避之，怒而挠之，卑而骄之，佚而劳之，亲而离之。攻其不备，出其不意。此兵家之胜，不可先传也。”

毛泽东认为，战争的双方都力争主动，力避被动。主动或被动是和战争力量分不开的，因而也是和主观指导的正确和错误分不开的。在战争中，要利用敌人的错觉和不意来争取自己主动和逼敌处于被动的情形。“错觉和不意，可以丧失优势和主动。因而有计划地造成敌人的错觉，给以不意的攻击，是造成优势和夺取主动的方法，而且是重要的方法。”

在战争中，毛泽东总是善于充分运用人民战争的有利条件，采取多种隐形示假的方法、手段，使敌人陷于错觉和不意之中，就我范围。如在土地革命战争时期的反“会剿”、反“围剿”中，毛泽东首先都要发动群众，封锁消息，掩护我军，使敌无从知道我军将在什么地方什么时候发起攻击。当敌人认为自己的力量强大，采取多路分进合击，企图速战速决时，毛泽东则示形于弱，诱敌一路陷于孤立而歼灭之。如第一次反“围剿”中，当敌采取“稳扎稳打，步步为营”的方针时，毛泽东则以红军一部配合地方武装和赤卫军、少先队，广泛开展游击战，并使敌人陷于疲劳、饥饿状态，迫敌分散兵力，急于求成而出现为我歼击的战机；第二次反“围剿”中，当敌采取“长驱直入”的方针时，毛泽东则使我军主力隐蔽起来，使敌主力找不到决战的目标，劳师远征，疲于奔命，拉长战线，分散兵力，造成我各个击破的战机；几次反“围剿”作战，毛泽东总是根据实际情况“示形”造势，陷敌于错觉和不意之中，从而丧失其力量上的优势和主动。毛泽东多次强调，弱军同强军作战绝不能搞乞丐同龙王

① 引自《中国革命战争的战略问题》，见《毛泽东选集》第1卷，人民出版社1991年版，第209页。

的比宝。“我们不是宋襄公，不要那种蠢猪式的仁义道德。我们要把敌人的眼睛和耳朵尽可能地封住，使他们变成瞎子和聋子，要把他们的指挥员的心尽可能地弄得混乱些，使他们变成疯子，用以争取自己的胜利。”

第7节　诱敌深入

敌我强弱悬殊，我们在保存军力待机破敌的原则下，才主张向根据地退却，主张诱敌深入，因为只有这样做才能造成或发现利于反攻的条件。①

我们历来主张“诱敌深入”，就是因为这是战略防御中弱军对强军作战的最有效的军事政策。②

弱军要战胜强军，为什么要首先实行诱敌深入呢？毛泽东对此分析道：第一，诱敌深入能够选择和造成有利于我、不利于敌的若干条件；第二，诱敌深入能够造成弱军的兵力集中，拣弱的打；第三，诱敌深入可以使退却的军队能够选择自己所欲的有利阵地，使进攻的军队不得不就我范围；第四，诱敌深入能够造成和发现敌人的过失；第五，诱敌深入能够造成敌我力量对比的变化。诱敌深入的战略战术，是后发制人，即先退一步，发现和利用敌人的弱点，集中优势兵力，做好准备，有把握地歼灭敌人。它包括了退却、反攻到进攻的全过程。诱敌深入是毛泽东积极防御战略思想的重要内容，是土地革命战争时期中国工农红军反“围剿”的基本战略方针，在抗日战争和解放战争中也被广泛运用。

1931年4月初，蒋介石调集18个师零3个旅，共10万人，由军政部长何应

① 引自《中国革命战争的战略问题》，见《毛泽东选集》第1卷，人民出版社1991年版，第210页。

② 引自《论持久战》，见《毛泽东选集》第2卷，人民出版社1991年版，第498页。

钦坐镇南昌，采取“稳扎稳打，步步为营”的作战方针，从江西吉安到福建建宁连成东西800里的战线，分四路向江西革命根据地推进，进行第二次“围剿”。重兵压境，红军对敌作战方针却久久不能统一意见。毛泽东坚持主张应该继续采用第一次反“围剿”的成功经验，集中兵力，依靠根据地军民打破800里连营。通过大量的说服工作，苏区中央做出了在根据地内进行反“围剿”战争的决定，确定先歼灭较弱的王金钰一路。4月中旬，红一方面军3万多人悄悄埋伏在东固山区，等待王金钰部队入围。20多天后，王金钰的一个师和一个旅以为红军都已逃遁山野，终于忍不住离开了在富田的坚固阵地，向东固开来。在敌28师大胆前进时，红三军主力神不知鬼不觉地沿小道插到敌人后面。当敌进至我伏击圈，红三军主力突然从山上猛扑下来。敌人根本没想到红军在他们附近埋伏了20多天，面对从天而降的飞将军，毫无作战准备，到下午5时，大部被歼。红军首战便取得了胜利。之后，又连续四战，彻底打破了蒋介石的第二次“围剿”。

1932年底，蒋介石在连续三次“围剿”失利后，成立了赣粤闽边区“剿匪”总司令部，分兵三路，组织对中央苏区和红一方面军的第四次大规模“围剿”。1933年1月底，蒋介石亲自到南昌组织这次“围剿”，准备采取“分进合击”的方针，企图一举歼灭红军主力于黎川、建宁地区。1月下旬，红一方面军在金溪以南地区以运动战寻歼敌人第14师、第90师等部，均因敌行动谨慎，未能达到目的。2月22日，红军得悉敌中路军以第一纵队由宜黄、乐安地区迂回红军后方，以第二纵队主力集中南城，一个师前出新丰街，在第三纵队策应下同红军在南丰地区进行决战。毛泽东、周恩来、朱德鉴于敌人兵力密集，在南丰地区与之决战于我不利，毅然决定撤出南丰，采取退却步骤，以第11军伪装主力，在时圩塔和新丰街之间东渡抚河，向黎川前进，以迷惑敌人；一方面军主力则陆续秘密转移到中央苏区前部的东韶、洛口地区，待机歼敌。敌军一时摸索不清红军主力去向，盲目向苏区中部深入。红军主力集中优势兵力，打击深入腹地之敌，通过“黄陂之战”“草台岗战斗”等，歼灭蒋介石嫡系部队近3个师，俘敌1万余人，从而胜利地打破了敌人的“围剿”。这次胜利，是毛泽东诱敌深入这一兵法具体运用的结果。

第8节 并力一向

照我的意见，在有强大敌军存在的条件下，无论自己有多少军队，在一个时间内，主要的使用方向只应有一个，不应有两个。[①]

毛泽东历来十分强调集中优势兵力于一个方向。

“红军分散是不利的。我们的经验，分兵几乎没有一次不失败，集中兵力以击小于或等于我或稍大于我之敌，则往往胜利。”集中兵力之所以必要，是为了改变敌我的态势：第一，改变进退形势。即在敌进我退的形势下，为达到我进敌退的目的，必须集中兵力一战而胜，并通过战斗的胜利给全战役以影响。第二，改变攻守形势。即红军退却到退却终点以后，在未脱离战略防御的形势下，集中兵力实施反攻。第三，改变内外线形势。处于战略上内线作战的军队，特别是处于被“围剿”环境的红军，蒙受着许多的不利。但我们可以而且完全应该在战役或战斗上，把它改变过来。通过集中兵力，将敌军对我军的一个大“围剿”，改为我军对敌军的许多个别的小“围剿”；将敌军对我军的战略上的分进合击，改为我军对敌军的战役或战斗上的分进合击；将敌军对我军的战略上的优势，改为我军对敌军的战役或战斗上的优势。

毛泽东始终强调用一个拳头打人，反对同时用两个拳头打人。用两个拳头打人力量分散，不能给敌人致命打击，而以一个拳头打人则能形成合力，重创敌人。军事斗争也是这个道理。力量相对弱小的军队在打击强敌时，必须把兵力集中，形成合力突击于一个方向或打击某一股小于自己弱于自己的敌人，迅

① 引自《中国革命战争的战略问题》，见《毛泽东选集》第1卷，人民出版社1991年版，第225页。

速歼灭之。“并力一向”就是指集中优势兵力使用于某一方向或同时打击同一方向。集中优势兵力是人民军队在历次革命战争中战胜敌人的法宝。

1946年7月12日，胡宗南部整编第1师两个旅及整编第27师分别进至闻喜、水头、堰掌（今埝掌）、夏县。西北野战军乘敌部署分散之机，于13日至22日举行了闻喜战役，集中6个团在堰掌、胡张地区歼敌右翼突出的整编第27师第31旅全部及由闻喜、水头镇来援的整编第1师一部，余敌退守闻喜、夏县、安邑等地。接着，又乘阎锡山自晋南抽调兵力对付我军在晋北的攻势，同蒲路、灵石至洪洞间兵力薄弱之机，挥师北上，于8月14日突然发起同蒲战役。至9月1日，连克洪洞、赵城、霍县、灵石、汾西等城，共歼敌1万多人，控制铁路100多公里，切断了阎、胡的联系，为继续歼击北进的胡部开辟了有利战场。

当我军在灵石、洪洞间发动攻势时，胡宗南于8月中旬匆忙将整编第30师及整编第1师1旅共4个旅自黄河以西调到运城地区，沿同蒲路及东侧北犯，进至临汾、翼城地区，企图配合由平遥、介休南下的阎锡山部夹击我军于洪洞、赵城地区。我第四纵队及太岳军区部队决心以第24旅在灵山、平遥间阻阎锡山部南下，将主力3个旅隐蔽集中于洪洞东南地区，在临汾、浮山间捕歼敌第1旅。9月22日，胡宗南部整编第1师的第167旅及整编第30师的第27旅，在由临汾向浮山东进的第1旅第2团策应下，分别由史村（今襄汾）、翼城攻占我浮山城。我军除以一部兵力牵制浮山之敌外，集中主力包围了进至临汾、浮山之间官雀村的第1旅第2团，当夜歼灭其一部。23日，浮山之敌全力西援，第1旅旅部率第2团由临汾东援，我以一部阻击西援之敌，以一部主力将东援之敌包围于临浮之间的陈堰村。当日黄昏，我对官雀、陈堰两地之敌发起总攻，经一夜激战，至24日晨，歼敌所谓“天下第一旅”的整编第1师第1旅共4000余人，俘中将旅长黄正诚。

9月25日，军委通报指出：晋南战场我军只有3个主力旅及一个山地旅，敌军兵力四五倍于我，我军仍能够连续成旅地歼灭敌人。这一事实再次证明：只要集中优势兵力坚决歼敌一路，在指挥上既灵活又勇敢，敌人的进攻是能够打破的。

第9节 初战之原则

反攻的第一个战斗，关系非常之大。第一个战斗的胜败给予极大的影响于全局，乃至一直影响到最后的一个战斗。①

许多资产阶级军事家都主张慎重初战，不论在战略防御或战略进攻皆然，而以防御为尤甚。②

中央革命根据地五次反“围剿”记录：

第一次反“围剿”：敌人以约10万人之众，由北向南，从吉安、建宁之线，分8个纵队向红军根据地进攻。当时我军约4万人，实行中间突破，将敌人的阵线打开一缺口后，敌之东西诸纵队便被分离为远距离两群。第一仗消灭张辉瓒的主力两个旅和一个师部，连师长张辉瓒在内9000人全部俘虏，不漏一人一马。

第二次反“围剿”：进剿军20万人，何应钦为总司令。我军3万余人。第一仗在富田地区歼灭王金钰、公秉藩共11个团。接着15天内走了700里，打了5仗，缴枪2万余支，痛快淋漓地打破了“围剿”。

第三次反“围剿”：蒋介石亲自出马任总司令，进剿军30万人，采取“长驱直入”战略。我军采取“避敌主力，打其虚弱”的方针，首先打了较弱的上官云相，接着打了郝梦龄师和毛炳文师，三仗皆胜，缴枪万余，为以后的战局

① 引自《中国革命战争的战略问题》，见《毛泽东选集》第1卷，人民出版社1991年版，第220页。

② 引自《中国革命战争的战略问题》，见《毛泽东选集》第1卷，人民出版社1991年版，第216页。

发展创造了条件。

第四次反“围剿”：我军首战歼灭李明、陈时骥两个师，尔后又消灭敌一个师，就基本打破了“围剿”。

毛泽东为红军制定了慎重初战“三原则”：第一，必须打胜；第二，初战的计划必须是全战役计划的有机的序幕；第三，还要想到下一战略阶段的文章。

关于第五次反“围剿”的第一仗，毛泽东评论说：“只有第五次反‘围剿’时全不知初战关系之大，震惊于黎川一城之失，从挽救的企图出发，北上就敌，于洵口不预期遭遇战胜利（消灭敌一个师）之后，却不把此战看作第一战，不看此战所必然引起的变化，而贸然进攻不可必胜的硝石。开脚一步就丧失了主动权，真是最蠢最坏的打法。”

第10节　各个击破

在战术的部署方面，当着我军已经集中绝对优势兵力包围敌军诸路中的一路（一个旅或一个团）的时候，我军担任攻击的各兵团（或各部队），不应企图一下子同时全部地歼灭这个被我包围之敌，因而平分兵力，处处攻击，处处不得力，拖延时间，难于奏效。而应集中绝对优势兵力……选择较弱的一点（不是两点），猛烈地攻击之，务期必克。得手后，迅速扩张战果，各个歼灭该敌。[①]

毛泽东认为，进行战略防御的作战，必须全局在胸，“在打第一仗之先，

① 引自《集中优势兵力，各个歼灭敌人》，见《毛泽东选集》第4卷，人民出版社1991年版，第1198页。

必须想到第二、第三、第四以至最后一仗大体上如何打法，我首次的一仗胜了，敌军全局将起如何变化，假若败了，又将起如何变化。虽然并不见得乃至决不会尽如所期，然而必须依据双方全局，仔细地切实地想明白”。“战略指导者当其处在一个战略阶段时，应该计算到往后多数阶段，至少也应计算到下一阶段。”

我们再来看一看毛泽东亲自指挥反“围剿”的战例。

第一次反“围剿”：敌军有公秉藩、张辉瓒、谭道源3个师。毛泽东认为，张、谭两师是主力军，消灭此两师，“围剿”就基本打破了。两师各约14 000人，张师又分置两处，我一次打一个师是绝对有把握的。毛泽东把战场选择在龙冈，5天内打了两仗，全歼张师，追击谭师消灭一半，“齐声唤，前头捉了张辉瓒”，诸敌畏打，纷纷撤退，第一次“围剿”结束。

第二次反“围剿”：毛泽东指挥我军从富田打起，向东横扫，先打王金钰、公秉藩11个团。胜利后，接着打郭、打孙、打朱、打刘。15天之中（1931年5月16日至30日），走了700里，打5个仗，缴枪2万余，痛快淋漓地打破“围剿”。

在我军的战争史上，“各个击破”的战例俯拾皆是，如“拔钉子战术”“钳马打胡”“围点打援”，等等。

1947年，国民党军放弃对解放区的全面进攻，缩短战线，集中兵力对陕北和山东实施重点进攻，企图首先占领该地区。在山东战场，由陆军总司令顾祝同集中24个整编师编成3个机动兵团，由南向北向鲁中山区推进。5月11日，顾祝同放弃原定的稳扎稳打战法，不待第二、第三兵团统一行动，即以整编第74师为骨干，在第83师、第25师的掩护下自垛庄北进，先后占领杨家寨、佛山角等地，准备14日攻占坦埠。

人民解放军华东野战军积极寻找战机。13日晚，担任迂回穿插任务的第1纵队、第8纵队以一部兵力对敌整编第74师正面实施阻击，主力从其两翼楔进。第1纵队第3师攻占曹庄及其以北高地，逼近蒙阴，构成对外正面阻击整编第65师；纵队主力攻占黄斗顶山、尧山、天马山等要点，割断了整编第74师与整编第25师的联系，并歼整编第25师一部。第8纵队主力攻占桃花山、磊石山等要点，割断了整编第74师与整编第83师的联系。同时，第4纵队、第9纵队从正面发起攻击，扼制了整编第74师的进攻。整编第74师被围后，敌统帅部认为该师战斗力强，且与左右邻靠近，正是与我进行决战的良机。于是一面令该师坚守阵地，吸引我军主力，一面督令临沂、泗水、莱芜、新泰、蒙阴、河阳等地的10个整编师分路向孟良崮驰援，企图里外夹击，聚歼我军。我主攻部队对被围之敌加速猛攻，以求迅速全歼该敌。15日，敌我双方对孟良崮附近各制高点进行反复争夺，战况空前激烈。第74师在抵抗无效后，于当日下午倾全力先后向南、西、东突围，均未得逞。我乘机攻占了雕窝、大碾等重要阵地，将敌压缩在孟良崮、芦山等几个山头上。16日，我军在猛烈炮火掩护下，对敌实施连续冲击，终于在下午5时，将整编第74师及整编第83师一个团共3.2万人全部歼灭，击毙第74师中将师长张灵甫。

孟良崮战役创造了中国人民解放军在敌重兵集团密集并进的态势下，从敌战线中央割歼其进攻主力的范例。这一战役的胜利，是在诱敌深入、持重待机、最大限度集中兵力于能应付各种可能情况的机动位置这一指导思想下取得的，是“各个击破”战法运用的最好体现。

第五篇
持久战战略

孙子云：“兵贵速，不贵久。”然而，毛泽东所遇到的战争，都是敌我力量对比悬殊的情况，要战胜强敌，非采取持久战不可。毛泽东在长期的持久作战中，形成了对中国革命战争规律深刻把握基础上的持久作战理论，为历代兵家中的独创。

1938年5月，毛泽东在延安写《论持久战》　（视觉中国供图）

第1节　战略三阶段

中日战争既然是持久战，最后胜利又将是属于中国的，那末，就可以合理地设想，这种持久战，将具体地表现于三个阶段之中。第一个阶段，是敌之战略进攻、我之战略防御的时期。第二个阶段，是敌之战略保守、我之准备反攻的时期。第三个阶段，是我之战略反攻、敌之战略退却的时期。①

1937年抗日战争全面爆发后，国内散布着两种不利于抗战的论调，一是亡国论，一是速胜论。这两种论调都缺乏根据，脱离实际，危害性很大。为给持这两种论调的人士泼冷水，使他们头脑清醒，毛泽东发表了《论持久战》一文，对抗战做了全面的分析，指出："中日战争的长期性将表现于在敌则进攻，相持，退却；在我则防御，相持，反攻，这样三个阶段之中。"明确预见了抗日战争的发展进程。

"战略三阶段"是毛泽东对抗日战争做出的科学的战略规划。它的提出，使中国人民看清了抗日持久战的各个发展阶段，进一步认清了持久战的本质，增强了必胜的信心，为抗日战略决策提供了科学依据。此后八年艰苦抗战的历程，也正如毛泽东预料的那样："中国由劣势到平衡到优势，日本由优势到平衡到劣势，中国由防御到相持到反攻，日本由进攻到保守到退却——这就是中日战争的过程，中日战争的必然趋势。"

毛泽东在抗战初期就指出："我之战略防御的第一阶段，敌之企图是攻占广州、武汉、兰州三点，并把三点联系起来。"

---

① 引自《论持久战》，见《毛泽东选集》第2卷，人民出版社1991年版，第462页。

果然，日军于1938年9月攻占广州的同时，积极策应华中日军向武汉进攻。对毛泽东的精辟分析，无人不为之叹服。后来整个抗日战争战局的发展变化与毛泽东的预言精确吻合。

战争初期，日军虽然侵占了中国的大片领土和许多重要城市，但未能摧毁中国军民的抗战意志和抵抗力量，反而使自己付出了巨大的兵力、物力、财力，遭受了沉重的打击。到1938年底，百万侵华日军已伤亡45万余人，损耗飞机700余架，舰艇100余艘。侵华战争的挫折，加剧了日本统治集团内部的矛盾。日本帝国主义的速胜战略宣告破产，不得不改变侵华战略方针，重新调整战略部署，基本停止了正面战场的战略进攻。但当时中国军队还远不具备实施战略反攻的力量和条件，抗日战争便开始由战略防御阶段转入战略相持阶段。

“中国将变为独立国，还是沦为殖民地，不取决于第一阶段大城市之是否丧失，须取决于第二阶段全民族努力的程度。如能坚持抗战，坚持统一战线和持久战，中国将在此阶段中获得转弱为强的力量。”这是毛泽东对抗战相持阶段的独特而又极具预见性的理解。

中国军队战略反攻的序幕，是从八路军、新四军发起1944年春季攻势开始的。1944年初，根据中共中央指示，我各抗日根据地的军民乘敌军兵力减少、战斗力下降之机，积极主动向敌发起攻势作战，打击和牵制日伪军，扩大了抗日根据地，壮大了我军力量。

在华北，我军发起了拔除根据地内敌军据点的春夏季攻势，向敌占城镇和交通线推进的秋冬季攻势。经过一年的攻势作战，山东军区共歼灭日军4800余人、伪军5.4万余人，争取伪军1.1万余人反正，攻克日伪军据点1200余处，收复县城9座，解放国土4万余平方千米、人口930万。晋冀鲁豫边区部队（八路军第129师所属各军区部队）共毙伤日伪军3.8万余人，俘日伪军3.49万人，攻克县城11座，收复国土6万平方千米，解放人口500余万。晋察冀军区部队进行大小战斗4000余次，歼日伪军4.5万余人，攻克和逼退据点、碉堡1600余个，袭入或攻克城镇40余座，解放村庄9900余个、人口达758万。晋绥军区部队共进行战斗290余次，攻克和挤退日伪军据点48处，毙伤日军490余人，伪军410余人，俘虏日军20余人、伪军1000余人，收复村庄446个、土地770余平方千米，解放人口5万余人。在华中，我新四军部队发起了恢复和扩大根据地的攻势作战。在1944年的攻势作战中，共歼灭日伪军5万余人，解放国土7400余平方千米、人口160余万，攻克日伪军据点570处，巩固和发展了华中抗日根据地。1944年的攻势作战为而后进行的战略大反攻奠定了基础。

如果说抗日战争中毛泽东的持久战略筹划得到了印证，那么，解放战争中他的持久战略筹划更是神机妙算。

1945年，中国人民正沉浸在抗战胜利的喜悦之中，而蒋介石却违背民意，逆潮流而动，与美帝国主义相勾结，再次把热爱和平的国民推向内战的深渊。针对蒋介石的阴谋，以毛泽东为首的党中央一方面积极争取和平，另一方面着手准备反击国民党军队的进攻。

1946年，国民党统治集团撕毁停战协定和政协决议，悍然发动了全面内战。对此，毛泽东又一次做出了战略防御、战略相持、战略反攻的持久战战略“三部曲”部署。

1946年6月，蒋介石调集重兵向中原解放区、华东解放区以及华北、东北大举进攻，妄图一举全歼人民解放军。人民解放军在毛泽东正确指挥下，采取“向北发展，向南防御”的战略方针，避敌锋芒，诱敌深入，集中优势兵力，在运动中各个歼灭敌人。经过中原突围、苏中战役、鲁南战役、定陶战役等著名战役，歼敌71万余，度过了战争最困难阶段。至1947年2月，彻底粉碎了国民党的全面进攻。

1947年3月开始，力不从心的蒋介石不得不放弃对解放区的全面进攻，把进攻重点对准了山东解放区和陕甘宁解放区，企图压迫华东解放军至胶东狭窄地区消灭之，并攻占延安，一举摧毁中共的“军事根据地”和“政治根据地”。面对敌人的汹汹气势，人民解放军指战员根据毛泽东的指示，大打外线速决的进攻战，以歼灭敌人有生力量为主要目标，先后取得了青化砭、羊马河、蟠龙镇三战三捷，及至孟良崮战役胜利后，共歼敌30余万，有力挫败了国民党军队的重点进攻，并开始了局部反攻。

1947年6月，惨遭痛击的国民党军已是强弩之末，处于被动挨打的境地。毛泽东适时决策，开始了战略的反攻。1947年7月，三路大军挺进中原，拉开了战略进攻的序幕。三路大军纵横驰骋于江淮河汉广大地区，歼灭了大量敌人，中原地区由国民党军队进攻解放区的重要后方变成了人民解放军夺取全国胜利的前进基地。在战略进攻中，人民解放军相继取得了辽沈战役、淮海战役、平津战役和渡江战役的胜利，国民党800万军队基本被歼，解放战争取得了决定性胜利。

第2节　国力抗衡

这样看来，长期而又广大的抗日战争，是军事、政治、经济、文化各方面犬牙交错的战争，这是战争史上的奇观，中华民族的壮举，惊天动地的伟业。①

毛泽东熟谙古今中外兵法之要髓，深知两国交战必定是国力的综合较量。抗战伊始，他敏锐地意识到，中日之间这场旷日持久的战争也脱离不了一般的战争法则，它将是中日两国政治、经济、军事、文化、民族意志和国际外交等诸多方面的综合较量。1938年，毛泽东在《论持久战》和《论新阶段》中多次论及综合较量的战略思想。

“中日战争不是任何别的战争，乃是半殖民地半封建的中国和帝国主义的日本之间在二十世纪三十年代进行的一个决死的战争。”伟大的抗日战争就是两国综合实力的抗衡与较量。毛泽东清楚地认识到战争不是孤立存在的，它与国家力量的各个方面有着千丝万缕的关系。要把握住中日战争的发展规律，必须紧密结合两国的军力、经济力、政治组织力以及国际援助等诸多因素来考虑。

① 引自《论持久战》，见《毛泽东选集》第2卷，人民出版社1991年版，第474页。

中日两国的实力决定了中日战争的持久性，决定着战争形势在各个阶段的发展变化，更决定着两国各自的前途与命运。毛泽东分析说：“这样看来，日本的军力、经济力和政治组织力是强的，但其战争是退步的、野蛮的，人力、物力又不充足，国际形势又处于不利。中国反之，军力、经济力和政治组织力是比较地弱的，然而正处于进步的时代，其战争是进步和正义的，又有大国这个条件足以支持持久战，世界的多数国家是会要援助中国的。——这些，就是中日战争相互矛盾着的基本点。这些特点，规定了和规定着双方一切政治上的政策和军事上的战略战术，规定了和规定着战争的持久性和最后胜利属于中国而不属于日本。战争就是这些特点的比赛。”随后，毛泽东又乐观地指出：“加上日本是小国，地小、物少、人少、兵少，中国是大国，地大、物博、人多、兵多这一条件，于是在强弱对比之外，就还有小国、退步、寡助和大国、进步、多助的对比，这就是中国决不会亡的依据。强弱对比虽然规定了日本能够在中国有一定时期和一定程度的横行，中国不可避免地要走一段艰难的路程，抗日战争是持久战而不是速决战；然而小国、退步、寡助和大国、进步、多助的对比，又规定了日本不能横行到底，必然要遭到最后的失败，中国决不会亡，必然要取得最后的胜利。”

“综合较量、国力抗衡”，是毛泽东从全局上和战略上分析中日战争得出的结论。它使全中国人民清醒地认识到，抗日战争是一场融长期性、艰巨性和综合性为一体的战争，从而为抗战做出了包括政治、军事、思想、文化、外交等全方位的斗争准备，为抗日战争的全面胜利夯实了基础。抗日战争就像毛泽东导演的一部戏，战争的发展随着中日两国综合实力的改变，似乎按照毛泽东的导演，上演了战略防御、战略相持和战略反攻三部曲，直至日本的败亡，中国的胜利。

1937年，七七事变发生，日军全面侵华，中华民族拉开了全面抗战的序幕。战争初期，日军凭借其强大的经济实力和政治组织力，打造出庞大的战争机器，拥有优势的装备、大量的军用物资，以及充足而教养良好的兵源，口出狂言，要在3个月内灭亡中国，并由东北而华北，华南而西南，由华东至华中，华中至西北，进展迅速。中国军民虽然进行了英勇顽强的抵抗，但因国力相对弱小，终未能抵挡住日军的铁蹄。日军所到之处，烧杀掳掠，无恶不作。中国人民遭受了巨大损失。

随着日军日益深入中国腹地，战线不断拉长，战争消耗逐渐加大，日本国小、人少、兵少、物资匮乏等弱点不断暴露，其国力开始衰退，不堪战争之重负。此时的日军已是强弩之末，无法再展开大规模进攻，被迫进行战略收缩。我广大军民则积极深入敌后，继续广泛开展游击战，粉碎敌人的疯狂“扫荡”，不断杀伤消耗敌人。

1941年12月，太平洋战争的爆发进一步加剧了日军的困难，日本综合国力被大幅削弱，赖以维持战争机器运转的经济、政治、军事力量濒临崩溃边缘。此时的日军已是穷途末路了。中国恰好相反，大国、人多、兵多、物博的优势崭露头角，综合国力已胜过极端困难的日本。

1944年始，中国军队适时开展攻势作战，实行局部反攻。我军民不断扩大抗日根据地，把日军从广大农村挤压到城镇和主要交通线上。

1945年，随着日本的盟友——德、意法西斯的倒台，日本帝国主义也逐渐走向灭亡。中国军队开始向日伪军占领的城市、交通要道展开大规模进攻，给日军以彻底的歼灭。最后，日本宣布无条件投降，伟大的抗日战争胜利结束。

抗日战争的伟大胜利，是中华民族的胜利，也是中国综合国力的胜利。

第3节　权衡大势

指挥全局的人，最要紧的，是把自己的注意力摆在照顾战争的全局上面。①

---

① 引自《中国革命战争的战略问题》，见《毛泽东选集》第1卷，人民出版社1991年版，第176页。

毛泽东战争指挥艺术的高超，源于他对时局的准确判断和对全局的权衡能力。他善于从战争的全局出发，把国际国内各种力量关照于战争之中，趋利避害，因势利导，指导战争从一个胜利走向另一个胜利。

1937年7月7日的卢沟桥事变，是日本帝国主义发动全面侵华战争的开始。面对日军蓄意制造的侵略挑衅，中国共产党在第二天即向全国发出通电，要求“国共两党亲密合作，抵抗日寇的新进攻”“建筑民族统一战线的坚固长城，抵抗日本的侵略”。

7月15日，中共中央向国民党提交了《中共中央为公布国共合作宣言》，重申中国共产党关于发动全民族抗战、实行民权政治、改善人民生活的三项主张。国民党方面则幻想对日求和，把卢沟桥事变限制在“地方事件”范围，就地谈判解决，还把希望寄托在英、美等国的干涉上。但以毛泽东为首的中国共产党及国民党内的一些有识之士，努力提倡并坚决实行抗日民族统一战线政策，迫使蒋介石不得不改变自九一八事变以来对日本的不抵抗政策，但在行动上仍拒绝一切有利于抗战的根本改革，反对广泛动员全国人民起来共同抗战。

针对国民党当局的片面抗战路线，中国共产党一再提出要动员全国军民，“实行全面对日抵抗”。7月23日，毛泽东发表《反对日本进攻的方针、办法和前途》一文，提出实行坚决抗战、反对妥协退让的方针，实行全国军队、全国人民的总动员，建立抗日民族统一战线等八项办法，为全国抗日战争指明了正确方向。

为进一步确立全面抗战的纲领和政策，中共中央于1937年8月22日至25日在陕西洛川召开政治局扩大会议，通过了《关于目前形势与党的任务的决定》和《抗日救国十大纲领》。根据洛川会议精神，中共中央一面下令八路军迅速向华北敌后挺进，广泛开展游击战争；一面根据形势的发展和国民党政策的转变，加紧同国民党就南方红军游击队改编为抗日武装问题进行的谈判，并于1937年10月达成协议，将南方8省14个地区的红军游击队改编为国民革命军陆军新编第四军，即中国共产党领导的另一支抗日劲旅——新四军。

1944年春，世界反法西斯战争转入大规模战略反攻，同盟国军队在各个战场上都取得了重大胜利。在欧洲战场，苏联红军总兵力已超过德军近四分之一，解放了三分之二的国土。从1944年1月中旬开始，苏军在南北4500千米的战线上给德军以连续毁灭性打击，完全掌握了战争的主动权。美、英联军已肃清北非的德、意军队，控制了地中海和大西洋的战局，并在意大利南部登陆成功，正集结力量准备在西欧登陆，开辟第二战场。随着墨索里尼的垮台，意大利对德宣战。欧洲反法西斯战争胜利在望。

在亚洲、太平洋战场，根据1943年11月中、美、英三国政府《开罗宣言》的规定，美军于1944年1月攻占马绍尔群岛等主要岛屿，突破了日军在太平洋正面的外围防线，向马里亚纳群岛和菲律宾进逼，并轰炸日本本土，危及其本土及海上交通安全。在此前后，中国的远征军以及英军向印缅战场的日军展开大规模反攻。整个国际形势对中国的反攻极为有利。

为挽救深入南洋的孤军，消除美军远程轰炸机对本土的威胁，打通中国大陆交通线，并摧毁华南的中美空军基地，日军调集5个军16个师团和若干旅团共40余万兵力，发动了新的战略性进攻。4月中旬，日军从豫北中牟向平汉路南段进攻；5月下旬，由武汉地区沿粤汉铁路南下，开始进行湘桂作战；9月，又从广州地区向西向北进攻。

由于日军抽调主力对正面战场发动进攻，这就相对减轻了我敌后战场的压力，为抗日根据地军民转入局部反攻造成了有利条件。中国共产党领导的敌后军民，经过长期的艰苦斗争，已度过最困难时期。在华北战场，八路军粉碎了日伪军的1943年秋季大“扫荡”。日军逐渐失去主动权，除局部地区外，已无力再进行大规模的“扫荡”。八路军已在若干地区逐渐占有优势。

针对国际国内形势新的变化，毛泽东指出：“现在的任务是要准备担负比较过去更为重大的责任。我们要准备不论在何种情况下把日寇打出中国去。为使我党能够担负这种责任，就要使我党我军和我们的根据地更加发展和更加巩固起来，就要注意大城市和交通要道的工作，要把城市工作和根据地工作提到同等重要的地位。”中共中央确定1944年的斗争方针是：继续团结国民党共同抗日，集中力量打击日伪军，巩固与扩大抗日根据地。毛泽东审时度势，领导八路军、新四军及时发动了攻势作战，取得重大胜利。

1944年，由于坚持了内线和外线同时反攻，集中主要兵力于主要进攻方向，实行先打根据地所包围之敌据点，再向根据地边缘推进和先打弱敌、后打强敌的作战指导原则，解放区军民不仅攻克了许多残留于根据地内和根据地边缘的敌军据点，而且将进攻目标扩及敌纵深守备薄弱的城镇和交通线，重创了敌军，大大增强了反攻力量。

第4节　同仇敌忾

政治上动员全军全民起来奋斗，是最重要的具体的条件之一。[①]

毛泽东深知，中国共产党领导的革命战争，是反抗阶级压迫和民族压迫的正义的进步的战争，代表着广大人民群众的根本利益。从某种意义上说，这种战争是群众的战争，只有动员群众、发动群众、依靠群众才能进行战争。毛泽东认为："依靠民众则一切困难能够克服，任何强敌能够战胜，离开民众则将一事无成。中国今后的进步，还必须充分体现在发动民众力量这一方面。"

1937年8月22日，中共中央政治局在陕北洛川召开扩大会议，通过《关于目前形势与党的任务的决定》。《决定》指出，"这一阶段的最中心的任务是：动员一切力量争取抗战的胜利""今天争取抗战胜利的中心关键，在使已经发动的抗战发展为全面的全民族的抗战""只有全民族的抗战，才能使抗战得到最后的胜利"。会议制定并通过了著名的《抗日救国十大纲领》。这是一个动员全国军民的政治纲领，它是全面的、全民族的抗战路线的具体体现，也是争取抗战最后胜利的正确措施。

同仇敌忾是毛泽东人民战争理论的前提和基础。它的提出，凝聚了人心、

① 引自《论持久战》，见《毛泽东选集》第2卷，人民出版社1991年版，第512页。

民心，为革命战争提供了源源不断的人力、物力和财力，使革命得以持久进行。同仇敌忾，唤起民众，可以陷敌于民众包围的汪洋大海之中，最大限度地弥补我军技术装备落后的状况，使我军由劣势逐步变为优势，最终战胜一切貌似强大的敌人。

沁源地处太岳根据地腹地。1942年10月，日军集中1万余人“扫荡”太岳根据地时，留下第69师团一部据守该城及其周围的阎寨、交口、中峪店等据点，企图以此为基地不断“蚕食”、袭扰太岳根据地。据此，太岳区党委和军区于11月中旬决定：“在党的一元化领导下，依靠广大群众，广泛开展游击战争，实行长期围困，战胜敌人。”确定以县委为核心，与太岳军区第38团共同组成县围困指挥部，统一领导围困斗争。为便于指挥，全县还以第38团为骨干并第25、第59团各一部，结合县区基干队和民兵等组成13个游击集团。从此，沁源广大群众便在指挥部和游击集团的带领下，对城关及各据点之敌进行了长期的围困战，大量消耗、疲惫了敌人，迫使敌人两易防务，三次收缩阵地，最后被困于沁源城不到半平方千米的西山头上。至1945年春，沁源军民对敌展开了更加猛烈的围困战，以1.5万颗地（石）雷密布雷阵，采取狙击、夜袭等各种手段困扰守敌。被围日军终因弹尽粮绝和水源断绝，被迫于4月11日在沁县援军的接应下狼狈逃窜。在两年半的围困中，沁源地方武装和民兵在太岳军区一部配合下，共作战2730次，毙伤日伪军4000余人。延安《解放日报》为此专门发表了《向沁源军民致敬》的社论，称赞此战“是敌后抗战中的模范典型之一”。

第5节　敌后出击

在敌后方，必须坚持游击战争，战胜敌人的“扫荡”，破坏敌人的占领地，实行激进的有利于广大抗日民众的政治改革和经济改革。[①]

1937年，中华民族拉开了全民族抗日战争的大幕。可是，在华北战场上，面对日军的大举进攻，国民党军屡战屡败，节节后退。面对疯狂野蛮的日本强盗和居心叵测的国民党顽固派，毛泽东陷入了深思：弱小的中国共产党军队该以怎样的作战方式阻击猖狂的日寇？他深知，我军尚未具备正面抗击日寇的足够力量，也不能阻止敌人占领我广大地区。唯深入敌后，建立根据地，广泛开展敌后游击战争，方能取得最大成果。

毛泽东认为，挺进敌后，建立根据地，开展游击战，是由以下因素决定的：一是政治因素。国共两党虽为了共同的民族利益，实现了停止内战，一致对外，结成抗日统一战线，但两党之间阶级利益的不同，决定了合作之内必然暗藏着斗争，蒋介石“攘外必先安内”的图谋并没有根本改变，无时无刻不想借抗日战争削弱乃至消灭共产党。所以必须奉行独立自主的抗日政策，到敌后去开展游击战争。二是战略因素。“由于敌之战略进攻和外线作战，我处战略防御和内线作战地位，无疑我是处在敌之战略包围中。”要打破敌人的包围，摆脱战略上的被动地位，争取战争主动权，最好的办法是以友军正面抗敌，我军深入敌后打击敌人，形成内外夹击敌人之势，变战略上的被包围为战略上的反包围。三是敌军因素。日军侵略的野蛮性必然激起我敌后广大民众的仇恨，必定唤起民众，助我抗战。再者，日军以少兵临大国，虽占领我广大地区，但兵力不足，顾此失彼，只能控制数量有限的“点”和“线”，为我深入敌后创建根据地，开展游击战提供了广阔的活动空间。

“敌后出击”在抗日战争中发挥了极大的作用。它不仅在战略上与友军配合，造成对敌夹击之势，把敌人对我的包围变为我对敌人的反包围，摆脱被动，恢复主动，而且在战术上更趋灵活，避敌锋芒，保存军力，有效地打击、消耗、牵制了大量敌军，促进了抗日战争从相持阶段向反攻阶段转变。抗日战争的实践证明，敌后游击战争是敌强我弱条件下，保存与发展自己，消耗与削

---

① 引自《目前形势和党的任务》，见《毛泽东选集》第2卷，人民出版社1991年版，第616页。

弱敌人，配合正规战争，夺取战争最后胜利的有效作战形式。我军正是坚决地执行了毛泽东“基本的是游击战，但不放松有利条件下的运动战”的正确战略方针，才会取得敌后抗战的伟大胜利。

在华北，为坚持敌后抗战，八路军遵照中共中央军委关于控制晋东北、晋西北、晋东南、晋西南，对占据中心城市和交通要道的日军采取四面包围态势和分兵发动群众，建立根据地，准备反围攻等指示，以一部兵力牵制和打击日军，大部兵力迅速分散发动群众，建立抗日民主政权与群众武装，扩大部队创建抗日根据地。在谈到创建抗日根据地的重要性时，毛泽东强调：“无后方作战，本来是敌后游击战争的特点，因为它是同国家的总后方脱离的。然而，没有根据地，游击战争是不能长期地生存和发展的，这种根据地也就是游击战争的后方。”

至1938年4月底，四块抗日根据地基本形成。同时，部队也迅速扩大，先后成立了晋察冀军区和晋冀豫军区，组建了八路军总部炮兵团和8个步兵团，以及两个相当于旅的纵队和20个相当于团的游击支队，总兵力达12万余人，从而对华北日军后方构成严重威胁。日军为解除后顾之忧，以数万人的兵力，对八路军初创的晋察冀、晋西北、晋冀豫等根据地进行多路围攻。八路军采取广泛的游击战与有利条件下的运动战相结合、主力军与民兵相结合、内线与外线相结合的作战方针，相继挫败了日军的围攻，巩固了抗日根据地。

在华中（苏皖豫鄂地区），新四军也同时展开了艰苦卓绝的敌后武装斗争。1937年12月25日，新四军军部在湖北汉口成立，叶挺任军长，项英任副军长，辖4个支队1个特务营。1938年2月15日，毛泽东致电新四军以溧阳、溧水地区为中心，向南京、镇江、丹阳、金坛、宜兴、长兴、广德线上之敌作战，建立根据地，扩大新四军基地。据此，新四军各支队陆续向皖南、皖中集中。3月至4月，第1、第2、第3支队先后到达安徽省歙县岩寺地区，第4支队进至安徽省霍山到流波疃地区，军部由南昌进驻岩寺（同年夏，移驻泾县云岭）。4月，第4支队进抵皖中舒城、桐城、庐江、无为地区，5月12日取得了蒋家河口战斗的胜利。4月下旬，军部组织先遣支队挺进苏南敌后执行侦察任务。6月17日，第1、第2支队相继进入江南敌后镇江、句容、丹阳、金坛和江宁、当涂、溧水、高淳地区，创建以茅山为中心的苏南抗日根据地。第3支队在策应第1、第2支队挺进苏南后，即进抵皖南抗日前线，开展对敌作战。9月，中共河南省委派彭雪枫率新四军竹沟留守处部队东进，10月，与豫东抗日游击3支队一部和先遣大队合编为新四军游击支队，开辟豫皖苏边抗日根据地。

由于我广大军民深入敌后，广泛开展游击战，大量创建敌后抗日根据地，对日军构成较大威胁，有效地牵制、打击了日军，积极配合了正面作战。

第6节　创造战场

为准备战胜必然要来的大举进攻，除集中和整训部队外，必须创造更广阔的战场……将创造战场的任务当作战略任务。①

毛泽东认为，战争指挥者的主观能动性是改变敌我力量对比、实现时空转换的决定因素。“竞赛结果，有胜有败，除了客观物质条件的比较外，胜者必由于主观指挥的正确，败者必由于主观指挥的错误。”其中创造战场是一个重要的战略手段和任务。

1927年9月，毛泽东领导的秋收起义由于敌强我弱，加上起义军决策有误，三路进攻部队全部受挫。9月17日，在起义部队面临存亡的紧急关头，毛泽东果断下令各路起义军向浏阳东南文家市集中。部队收拢后，毛泽东分析了敌我形势，认为进攻长沙，起义军必定再次失败。于是，决定放弃进攻长沙的计划，迅速沿罗霄山脉南移。毛泽东认为，要想改变敌强我弱的态势，只有向敌人力量相对薄弱的地区进军，通过建立根据地，不断积蓄力量，革命的火种

① 引自《将创造战场当作战略任务》，见《毛泽东军事文选》（内部本），第273页。

才能成燎原之势。经过仔细权衡，毛泽东率领部队向井冈山挺进。从此，中国工农红军不断发展壮大，中国革命也走上了农村包围城市的道路。历史证明，毛泽东创建井冈山战略战场的决策，有效地改变了敌我军事斗争的形势，为抗击强大敌人的进攻争取了主动地位。

1937年7月，卢沟桥事变发生，日军全面侵华。同年8月，国共两党实现第二次合作，结成抗日民族统一战线。8月底，红军主力改编成国民革命军第八路军，开赴抗日战场。在敌强我弱的情况下，敌人处于主动进攻的地位，在战略上已形成对我的包围。八路军应如何进行战略部署才能改变这种不利态势呢？毛泽东深思熟虑之后，遂做出惊世之举：挺进敌后，开辟敌后战场！在毛泽东指挥下，八路军深入敌后，与正面作战的国民党军相互呼应，在战略上形成对日军夹击之势，使日军腹背受敌。毛泽东的这一英明决策，把日军对我的包围变为我对日军的反包围，摆脱了战略上的被动地位，掌握了战争的主动权。

1944年，中日力量对比虽未发生根本性转变，但战争形势却发生了有利于中方的变化。首先，敌为打通中国大陆交通线，不得不从解放区战场抽调大量兵力，导致后方兵力减弱；其次，中国军队在战胜了1941年至1942年的困难之后，经过1943年的恢复和发展，力量有所增强；最后，世界反法西斯战争形势发生了有利于我而不利于敌的根本性转变。在此形势下，毛泽东敏锐意识到，反攻的时机已经到来了。为此，以毛泽东为首的党中央决定发起对日局部反攻，并有效拔除了日军在广大农村的据点，迅速扩大了各个解放区，把日军挤压到主要城市和交通线上，为实施全面反攻创造了良好条件。毛泽东又一次充分发挥了他的战争指挥艺术，从时间和空间上扭转了敌优我劣态势，领导中国人民赶走了日本侵略者。

1945年，抗日战争还未完全取得胜利，蒋介石一方面急着抢占抗战胜利果实，另一方面和美国狼狈为奸，积极酝酿内战。毛泽东早已识破蒋介石的阴谋诡计，也做了两手准备：一方面与国民党积极接触，争取和平，避免内战；另一方面积极备战，提出“向北发展，向南防御”的战略方针。“向北发展”，就是全部控制热河、察哈尔两省，力争控制东北。“向南防御”，就是收缩南部防线，巩固华北、华东和华中解放区，以对付国民党的进攻，保证向北发展任务的完成。东北地区资源丰富，是中国当时比较发达的重工业区，战略地位极为重要。1945年9月，毛泽东强调："东北是很重要的，从我们党，从中国革命的最近将来的前途看，东北是特别重要的。如果我们把现有的一切根据地都丢了，只要我们有东北，那么中国革命就有巩固的基础。"如果国民党抢占在先，则形成对我解放区南北夹击的态势，对我作战极为不利。为转劣为优，毛泽东立即做出"迅速地、坚决地争取东北，在东北发展我党的强大力量"的重大决策，先于蒋介石一步入驻东北，使我军掌握了主动，避免了被动，为日后进行战略决战创造了条件。

第7节　变换形式

抗日战争的作战形式中，主要的是运动战，其次就要算游击战了。①

这里说的"形式"，指作战形式，即运动战、游击战、阵地战等。在一场旷日持久的战争中，敌对双方的作战形式都是随其力量的变化而变化的，选择哪一种作战形式，都使战争的效果和进程大不相同。为此，战争指导者必须依据战争中敌我双方的实际情况，来决定自己的作战形式。

抗日战争之初，在党内就作战形式问题发生过激烈争论。一部分同志热情很高，主张积极开展运动战，配合国民党的正面阵地战；毛泽东则从实际出发，主张以敌后游击战为主要作战形式。1937年10月25日，他在和英国记者贝特兰的谈话中指出："战略战术问题，我们采取了其他中国军队所没有采取的

① 引自《论持久战》，见《毛泽东选集》第2卷，人民出版社1991年版，第498页。

行动，主要的是在敌军翼侧和后方作战。这种战法，比较单纯的正面防御大有区别。我们不反对使用一部分兵力于正面，这是必要的。但主力必须使用侧面，采取包围迂回战术，独立自主地消灭敌人，才能保存自己的力量，消灭敌人的力量……现在八路军采用的战法，我们名之为独立自主的游击战和运动战。”他指出：“如果兵力众多的国民党军队采用运动战，而八路军则用游击战以辅助之，则胜之券，必操我手。”

针对党内外许多人轻视游击战争的重大作用，而只把自己的希望寄托于正面战争，毛泽东于1938年5月撰写了《抗日游击战争的战略问题》一文，指出抗日游击战争正确的发展道路。在《论持久战》一文中，他更加精辟地指出：“抗日战争三个战略阶段的作战形式，第一阶段，运动战是主要的，游击战和阵地战是辅助的。第二阶段，则游击战升到主要地位，而以运动战和阵地战辅助之。第三阶段，运动战再升为主要形式，而辅之以阵地战和游击战。”“八路军的方针基本的是游击战，但不放松有利条件下的运动战。”

八路军、新四军贯彻了毛泽东确定的战法，在战争的不同阶段，灵活变换作战形式，既有力地打击了日本军队，又积极迅速地扩大了抗日人民武装。

第8节　乘敌之隙

自古无不犯错误的将军，敌人之有岔子可寻，正如我们自己也难免出岔子，乘敌之隙的可能性是存在的。[①]

“微隙在所必乘，微利在所必得。”“趁火打劫”是我国古代兵书之要髓。兵书《六韬》指出：“兵胜之术，密察敌人之机，而速乘其利，复疾击其

① 引自《论持久战》，见《毛泽东选集》第2卷，人民出版社1991年版，第504页。

不意。”意即用兵制胜的奥妙，在于周密地察明敌人的可乘之机，迅速抓住有利战机，给敌人以迅猛且意想不到的攻击。毛泽东熟谙此法。

在中国革命战争中，毛泽东知道我军将长期在敌强我弱的状态下作战。弱军要战胜强军，就要善于观察战场形势，乘敌之隙，“制人而不制于人”；就要善于发现有利于我的战机，乘虚而入，集中优势兵力，各个歼灭敌人。

再强大的敌人都会有弱点和空虚之处。毛泽东在《论持久战》中指出：“自古无不犯错误的将军，敌人之有岔子可寻，正如我们自己也难免出岔子，乘敌之隙的可能性是存在的。”又说，“然而敌之指挥错误，是事实上已经存在过，并且还要发生的，又可因我之努力制造出来，都足供我之利用，抗日将军们应该极力地捉住它。”以日军为例，10个月的战争，日军“已经犯了许多错误。计其大者有五：一是逐渐增加兵力。这是由于敌人对中国估计不足而来的，也有他自己兵力不足的原因。……二是没有主攻方向。……三是没有战略协同。敌之华中、华北两个集团中，每一集团内部是大体协同的，但两集团间很不协同。……四是失去战略时机。这点显著地表现在南京、太原两地占领后的停顿，主要的是因为兵力不足，没有战略追击队。五是包围多歼灭少”。

乘敌之隙是弱军对付强敌的有效战法，它充分利用敌人的失误和弱点，避敌锋芒，乘虚而入，常常打敌个措手不及。这一战法具有普遍性，在毛泽东的灵活运用下，无论在土地革命战争、抗日战争还是解放战争中都发挥了极大的威力。

毛泽东善于洞察全局，明察秋毫，时时操纵和把握着战机。在漫长的中国革命战争中，他运筹帷幄，料敌如神，牢牢地捕捉到了敌人的可乘之“隙”，亲手绘制出一幅幅脍炙人口的战争艺术杰作。

第9节 积小胜为大胜

也只有每战集中优势兵力，不论在战略防御时期也好，在战略反攻时期也好，一律采取战役和战斗中的外线作战，包围敌人而消灭之，不能包围其全部，也包围其一部，不能消灭所包围之全部，也消灭所包围之一部，不能大量俘虏所包围之敌，也大量杀伤所包围之敌。集合很多这样的歼灭战，才能转变敌我形势……集合许多小胜化为大胜，则是正规战游击战所共同的。[①]

荀子在《劝学》篇中说道："积土成山，风雨兴焉；积水成渊，蛟龙生焉；积善成德，而神明自得，圣心备焉。"毛泽东深知这个道理。在作战指导上，他善于积小胜为大胜，在同侵华日军和国民党军队的生死较量中，一个一个地拔掉了铁钉一样的日军，一口一口地将"800万"蒋军吃了个精光。

"积小胜为大胜"是毛泽东、朱德、彭德怀等老一辈无产阶级军事家一贯坚持的战争指导上的辩证思想。毛泽东讲道："'集中大力，打敌小部'，仍然是游击战争战场作战的原则之一。由此也就可知，从整个的抗日战争来看，只有将正规战和游击战的战役和战斗的进攻战集合了很多，即从进攻战中打了很多的胜仗，才能达到战略防御之目的，最后战胜日本帝国主义。"

毛泽东在《一切反动派都是纸老虎》中有一段形象的比喻："打仗只能一仗一仗地打，敌人只能一部分一部分地消灭。工厂只能一个一个地盖，农民犁田只能一块一块地犁，就是吃饭也是如此。我们在战略上藐视吃饭：这顿饭我们能够吃下去。但是具体地吃，却是一口一口地吃的，你不可能把一桌酒席一

① 引自《抗日游击战争的战略问题》，见《毛泽东选集》第2卷，人民出版社1991年版，第410页。

口吞下去。这叫作各个解决，军事书上叫作各个击破。”他指出：“我们的战争，在于力求每战争取不论大小的胜利，在于力求每战解除敌人一部分武装，损伤敌人一部分人马器物。把这些部分地消灭敌人的成绩积累起来，成为大的战略胜利，达到最后驱敌出国，保卫祖国，建设新中国的政治目的。”

1937年11月，上海、太原相继被侵华日军攻陷，华北国民党军节节败退。针对这种形势，毛泽东在11月13日给中共中央北方局和八路军总部、各师的电报中明确指出，八路军当前任务是“发挥进一步的独立自主原则，坚持华北游击战争，同日寇力争山西全省大多数乡村使之化为游击根据地，发动群众，收编群众，收编溃军，扩大自己，自给自足，不靠别人，多打小胜仗，兴奋士气，用以影响全国”，促进全面抗战的实现。之后，我军将领徐向前针对当时部属参战心切的心理，在与部下谈话时指出：“不着急，日后有的是仗打。先‘占山为王’，像鄂豫皖初期那样，发动群众，搞游击战。到了山区，我们放开手脚干，独立自主嘛！这是毛主席的主意，要珍惜力量，注意研究日军的战术特点，积小胜为大胜，决不可死打硬拼。”其实早在鄂豫皖时期，徐将军就运用这一战法打击了敌人，发展了自己。那时，他在红31师任副司令，和戴克敏、曹学楷一起，带着几百人的队伍，神出鬼没，袭击敌人。“游击战零敲碎打，地主民团、反动枪会等战斗力不很强，我们今天在这里打一家伙，明天又到那里打一家伙，不断打胜仗，积小胜为大胜……一步一步地发展壮大自己。”

无论在抗日战争，还是解放战争，我军都面临着敌强我弱，敌优我劣的形势。因此，我军与敌人死打硬拼显然不行，必须从实际情况出发，量力而行，多打小仗。小仗虽小，但却在一点一点地、一部分一部分地消灭敌人。小的胜仗多了，就能变成大的胜仗，并最终扭转敌我力量的对比。

解放战争第一年，我军运用小战歼敌，大量地歼灭和牵制了敌军，敌总兵力由战争初期的430万人降到373万人，其中正规军由200万降至150万。其兵力的三分之二深陷山东、晋冀鲁豫、陕北战场，在长江以南及新疆、青海、宁夏等9个省境内只有21个旅的兵力担负维持战略后方安全的任务。与敌相反，在对敌不断的消耗之中，我军总兵力已由127万增加到195万多人，武器装备得到明显改善，民心归顺，士气大振。针对这种形势，毛泽东做出了战争第二年开展战略反攻的决定，仅两年多时间，就取得全国解放的大胜。

抗美援朝时期，“积小胜为大胜”的战法得到了进一步发展。五次战役实践证明，在敌人拥有现代化装备的条件下，我军有些传统的战法受到了严重制约，不能充分发挥作用，因而难以歼灭敌人的重兵集团。毛泽东同志针对新情况，及时提出了打小歼灭战，“零敲牛皮糖”的战法。其寓意就是像吃牛皮糖一样，对具有优势装备之敌一点一点地歼灭，经过一定时间的“零敲”，最后“吃掉”敌人。1951年5月26日，毛泽东在致彭德怀的电报中指出：“历次战役证明，我军实行战略或战役性的大迂回，一次包围美军几个师，或一个师，甚至一个团，都难达到歼灭任务。……似宜每次作战野心不要太大，只要求我军每一个军在一次作战中歼灭美、英、土军一个整营至多两个整营也就够了。……过去我们打蒋介石的新一军、新六军、五军、十八军和桂系的第七军，就是经过这种小歼灭到大歼灭的过程的。”要“在若干个被选定的战术要点上，集中我军优势的兵力火力，采取突然动作，对成排成连成营的敌军，给以全部和大部歼灭的打击”。朝鲜战争的实践证明，“零敲牛皮糖”“积小胜为大胜”是我军以劣势装备战胜优势装备之敌的最有效战法。

第10节　收复失地

收复失地，主要地依靠中国自己在前阶段中准备着的和在本阶段中继续地生长着的力量。然而单只自己的力量还是不够的，还须依靠国际力量和敌国内部变化的援助，否则是不能胜利的。[①]

① 引自《论持久战》，见《毛泽东选集》第2卷，人民出版社1991年版，第465页。

1938年5月，毛泽东在《论持久战》一文中指出，持久战“第三阶段，是收复失地的反攻阶段”。强调“单只自己的力量还是不够的，还须依靠国际力量和敌国内部变化的援助”，并且预见抗日战争的最终结局是“直至打到鸭绿江边，才算结束了这个战争”。

抗日战争的进程与毛泽东同志的预见极其相似。

从1937年卢沟桥事变，日本发动全面侵华战争，中国军民经历了战略大退却后，中国共产党领导的抗日武装在西北、华北、胶东、东北的广大敌后，国民党军队在西南正面，与日本相持了数年。到了1944年后，日军在太平洋战场节节败退，被美军打得丢盔弃甲，狼狈不堪；国内百业凋敝、民不聊生，反战力量逐步发展，侵略战争难以为继。

这时，国民党正面战场虽然还是节节失利，但八路军、新四军和一切共产党领导下的抗日军队，已经有能力，而且也已经开始对日伪军发起各种形式的反攻了，解放区在不断扩大，仅1945年就歼灭日伪军40余万人，收复县城70余座。敌强我弱虽然还未完全逆转，但国际国内形势已明显朝着有利中国的方向发展。侵华日军已是强弩之末，到1944年下半年，再也无力发动大规模进攻了。中国人民发起战略反攻，收复失地的时候到了。

1944年12月15日，毛泽东在陕甘宁边区参议会上演说时，向解放区军民号召：“无论哪一个解放区的附近，或其较远之处，都还有许多被敌伪占领而又守备薄弱的地方，我们的军队应该进攻这些地方，消灭敌伪，扩大解放区，缩小沦陷区。我们必须把一切守备薄弱、在我现在条件下能够攻克的沦陷区，全部化为解放区，迫使敌人处于极端狭仄的城市与交通要道之中，被我们包围得紧紧的，等到各方面的条件成熟了，就将敌人完全驱逐出去。”

根据毛泽东提出的战略方针和任务，华北战场八路军各部队于1945年上半年发起全面攻势作战，攻克和逼退日军许多据点，抢占了许多中小城市。日军被迫收缩到大中城市和交通要道及沿海地区。

1945年8月8日，苏联发表对日宣战宣言，苏联红军滚滚铁流，越过中苏、中蒙边境，以摧枯拉朽之势，横扫盘踞东北、号称精锐的日本关东军，日军全线溃退。

中国抗日战争随即进入全面反攻阶段。这时，国民党主要集中在中国的西南、西北地区，而日军占领的大部分城镇、交通要道和沿海地区都处在共产党领导的抗日根据地包围中，因此全面反攻的任务，自然地主要由敌后的抗日根据地的人民军队来进行。1945年8月9日，毛泽东发表《对日寇的最后一战》的声明。

根据延安总部的指示和命令，各抗日根据地对日伪军发起猛烈的全面反攻，共收复县以上城市150座。国民党军队也适时而动，向日军发动了反攻。

抗日战争终于在毛泽东军事思想的指导下取得了最后的胜利。特别是第三阶段的收复失地的进程和方式，与毛泽东当年在《论持久战》中所说的几乎不差分毫：经过全中国军民的共同浴血奋战，加上国际盟友的支持和助战，加上日本军国主义本身内外交困，中国人民不但将日本侵略军打出了山海关外，而且打回了鸭绿江，还将他们赶下了海，赶回了日本。

第六篇
游击战争战略

历代兵家都以游击战作为辅助的作战形式，而以正规战作为夺取战争胜利的主要作战形式。毛泽东所领导的战争，是以弱小的军队对付强大的敌人的争取阶级解放、民族解放的战争，他把游击战当作克敌制胜的主要作战形式，提高到战略地位来认识。毛泽东认为，游击战是一种非正规作战，较正规战具有更大的主动性、灵活性、进攻性、速决性和机动性，是弱军与强敌斗争的有效手段。革命战争的游击战，是被压迫的人民或被侵略的民族，反抗压迫或侵略的一种群众性的武装斗争形式，它在革命战争中具有十分重要的战略地位。

抗战时期，冀中民兵在埋地雷　（视觉中国供图）

第1节　十六字诀

我们三年来从斗争中所得的战术，真是和古今中外的战术都不同。用我们的战术，群众斗争的发动是一天比一天扩大的，任何强大的敌人是奈何我们不得的。我们的战术就是游击的战术。大要说来是：“分兵以发动群众，集中以应付敌人”。“敌进我退，敌驻我扰，敌疲我打，敌退我追。”……三年以来，都是用的这种战术。[①]

1930年10月，蒋介石调集10万兵力，分进合击，向中央苏区进行第一次“围剿”。12月上旬，面对气势汹汹的敌人，毛泽东在黄陂主持的反“围剿”誓师大会上，自信而乐观地挥毫作对：

敌进我退，敌驻我扰，敌疲我打，敌退我追，游击战里操胜算

大步进退，诱敌深入，集中兵力，各个击破，运动战中歼敌人

上联的“敌进我退，敌驻我扰，敌疲我打，敌退我追”16个字，也叫作十六字诀。十六字诀是毛泽东在革命战争当中，总结出来的第一条作战原则，毛泽东对它很看重，他说：“从1928年5月开始，适应当时情况的带着朴素性的游击战争基本原则，已经产生出来了，那就是所谓‘敌进我退，敌驻我扰，敌疲我打，敌退我追’的十六字诀。后来我们的作战原则有了进一步的发展。到了江西根据地第一次反‘围剿’时，‘诱敌深入’的方针摆出来了，而且应用成功了。等到战胜敌人的第三次‘围剿’，于是全部红军作战的原则就形成了。这时是军事原则的新发展阶段，内容大大丰富起来，形式还有了许多改

① 引自《星星之火，可以燎原》，见《毛泽东选集》第1卷，人民出版社1991年版，第103页。

变，主要是超越了从前的朴素性，然而基本的原则仍然是那个十六字诀。十六字诀包举了反‘围剿’的基本原则，包举了战略防御和战略进攻的两个阶段，在防御时又包举了战略退却和战略反攻的两个阶段。后来的东西只是它的发展罢了。”

井冈山是十六字诀的发源地，正是当时对敌斗争正反两方面的经验，为游击战争作战原则奠定了实践基础。1928年1月，毛泽东在遂川主持召开遂川、万安两县县委联席会议。会上，有同志提出了十六字诀的主要内容，即“坚壁清野，敌来我退，敌走我追，敌驻我扰，敌少我攻”，毛泽东将其进行了文字上的概括，形成了十六字诀。

十六字诀是土地革命战争前期红军游击战争的基本指导原则。它是人民军队在创建初期，能够依托革命根据地，在敌强我弱的条件下，保存自己，消灭敌人，扬长避短，避强击弱，按照战场实际情况，主动灵活地打击敌人，逐步改变敌我力量对比，能动地夺取作战胜利的可靠保证。十六字诀也是毛泽东兵法的起源和作战思想的核心。

第2节　化整为零

一般地说来，游击队当分散使用，即所谓“化整为零”时，大体上是依下述几种情况实施的：（一）因敌取守势，暂时无集中打仗可能，采取对敌实行宽大正面的威胁时；（二）在敌兵力薄弱地区，进行普遍的骚扰和破坏时；（三）无法打破敌之围攻，为着减小目标以求脱离敌人时；（四）地形或给养受限制时；（五）在广大地区内进行民众运动时。但不论何种情况，当分散行动时都须注意：（一）保持较大一部分兵力于适当的机动地区，不要绝对地平均分散，一则便于应付可能的事变，一则使分散执行的任务有一个重心；

（二）给各分散部队以明确的任务、行动的地区、行动的时期、集合的地点、联络的方法等。[①]

化整为零是军队在强敌跟追时，为避免被敌人聚歼，将部队有计划地分散，机动隐蔽，以摆脱不利局势的一种战法。毛泽东站在游击战争的高度上，给化整为零赋予更丰富的内涵，即分兵发动群众，集中应付敌人。

毛泽东说："集中了才能消灭大一点的敌人，才能占领城镇。消灭了大一点的敌人，占领了城镇，才能发动大范围的群众，建立几个县在一块的政权。这样才能耸动远近的视听（所谓扩大政治影响），才能于促进革命高潮发生实际的效力。"

分兵与集中的关系，毛泽东认为好比渔人撒网，"要随时打开，又要随时收拢。打开以争取群众，收拢以应付敌人"。"打开"的目的有二：一是保存军力，待机破敌；二是争取群众，放手发动群众。正如毛泽东说的："这里所谓的'打开'，就是指近距离的分兵……至于远距离的分兵，则要在好一点的环境和比较健全的领导机关两个条件之下才有可能。因为分兵的目的，是为了更能争取群众，更能深入土地革命和建立政权，更能扩大红军和土地武装。"化整为零的战法不仅在土地革命战争，而且在抗日战争中发挥了重要作用。

1937年9月，在八路军日夜兼程开赴华北抗日前线时，沿平绥路西犯之敌关东察哈尔派遣兵团先后突破国民党军第7集团军之天镇、阳高等地防线，于9月13日占领大同，并以一部在伪蒙军配合下向绥远进攻，以切断中苏联系，并保障沿平汉路进攻军队的翼侧安全，主力则沿同蒲铁路南下，向雁门关、茹越口进攻。与此同时，由平绥路上之宣化、新保安、怀来向晋东北进犯之敌华北方面军第5师团，占领了蔚县、广灵、涞源，并向平型关进犯，企图配合关东军察哈尔派遣兵团击溃国民党军第2战区主力，实施右翼迂回，威胁平汉路沿线国民党军第1战区主力的侧背。

在此形势下，如果八路军按既定计划进行兵力部署，必然遭到日军的集

① 引自《抗日游击战争的战略问题》，见《毛泽东选集》第2卷，人民出版社1991年版，第413页。

中打击，后果不堪设想。毛泽东决定改变八路军的战略部署，化整为零，避开强敌。

9月17日，毛泽东致电八路军总部：敌之战略计划是以大迂回姿势，企图夺取太原，威胁平汉线中央军而最后击破之，夺取黄河以北。以此姿势，威胁河南、山东之背，而利于最后夺取山东，完成其夺取华北五省之企图；判断恒山山脉必为敌军夺取冀察晋三省之战略中枢。因此，过去八路军全部在恒山山脉创造游击根据地的计划，在上述敌我情况下，已根本上不适用了。此时如依原计划执行，将全部处于敌之迂回包围中，将完全陷入被动地位。他要求八路军改变战略部署，将原定3个师集中部署于冀察晋绥四省交界地区的计划，化整为零，改变为分别依托恒山、管涔山、太行山、吕梁山，向着敌占交通线和中心城市取四面包围态势。这对于八路军摆脱敌之迂回包围，扩大回旋余地，以及各师的相互响应，保持战略上的主动地位和迅速实现战略展开，创建敌后抗日根据地，都具有重要的战略意义。

第3节 “打圈子”战术

强敌跟追，用盘旋式的打圈子政策。①

“打圈子”战术是游击战中的一种战法。当强敌进攻时，红军为避敌锋芒，采取退却和转移行动，并利用有利的地形和群众条件与敌人周旋，发现和制造敌人的弱点，抓住战机，集中兵力消灭之。这种走打结合的“打圈子”战术，是军队摆脱被动、恢复主动的有效战法。

---

① 引自《星星之火，可以燎原》，见《毛泽东选集》第1卷，人民出版社1991年版，第104页。

以“打圈子”的办法迷惑、牵制敌人，必须具备两个条件：一是依托根据地，与敌周旋。根据地是敌人力量薄弱之所在，红军常活动其中，对地形、路线较为熟悉，在根据地内打转轻车熟路，游刃有余。如果我活动于根据地以外，则失去这一得天独厚的优势，易于被敌发现，进而围追堵截，分割歼灭。二是依靠人民群众，利用地形。根据地的民众有较高的政治觉悟，拥护共产党与红军。因此，要充分发动群众，坚壁清野，断敌补给，加大敌人的饥饿与疲惫，增加敌人的困难。利用群众收集敌情，通风报信；对我情则三缄其言，守口如瓶，封锁消息。“打圈子”时，应该选择“难、险”之地。难险复杂之地，有利于发挥我军小型、轻装、能走、善打的优势，而敌却队伍庞大，辎重繁多，受地形所限，步履维艰，难以展开。山地对我而言是隐蔽藏身之地，对敌而言则成了不可逾越的天然屏障。两相对比，我“打圈子”的速度快于敌，敌人想追上我无能为力，要打我也鞭长莫及。如此这般“打圈子”就可达到牵制、疲惫、消耗敌人之目的。

第4节　山地游击战

山地建立根据地之有利是人人明白的。……我们必须到一切处于敌后的山岳地带去发展游击战争，并建立起根据地来。[①]

毛泽东可谓对“进山”情有独钟。早在1927年7月4日，毛泽东就提出要准备上山开展武装斗争，可他的意见当时并未受到党中央的重视。后来，不管别人走什么路，毛泽东真的进井冈山打游击了。

① 引自《抗日游击战争的战略问题》，见《毛泽东选集》第2卷，人民出版社1991年版，第419页。

打游击战必须以有利地形为前提，而山地正是展开游击战最为优越的地方。游击战一旦与山地结合，就可以发挥最大的优势。抗日战争中，在强调山地是游击战不可替代的良好基地时，毛泽东说：“山地建立根据地之有利是人人明白的，已经建立或正在建立或准备建立的长白山、五台山、太行山、泰山、燕山、茅山等根据地都是。这些根据地将是抗日游击战争最能长期支持的场所，是抗日战争的重要堡垒。我们必须到一切处于敌后的山岳地带去发展游击战争，并建立起根据地来。”

1937年8月22日，红军主力改编为国民革命军第八路军。同年9月，陆续从山西开赴华北前线。八路军向敌后挺进的目标首先指向了山区。山区是良好的自然屏障，有利于八路军的隐蔽与机动，却不利于日军机械化优势的发挥。因此，毛泽东从全国抗战一开始就强调要实行独立自主的山地游击战，并确定八路军集中向冀察晋绥四省交界的恒山地区挺进。但鉴于日军的战略计划是以大迂回的姿态包抄太原，为避免陷于日军迂回包围之中，毛泽东早在平型关战斗之前，即果断变更部署，改集中配置为分散配置，指示八路军各师分别转至山西四角的管涔山、吕梁山、恒山南段和太行、太岳山脉。太原失守后，八路军根据毛泽东和中共中央指示，向山西四角实施战略展开，创建山区抗日根据地。

第一个山区抗日根据地是聂荣臻领导创建的以恒山山脉为依托、以五台山区为中心的晋察冀边区抗日根据地。平型关战斗后，第115师副师长聂荣臻奉命率该师独立团、骑兵营等部约3000人挺进晋察冀交界地带的五台山区。同年11月7日，成立了八路军晋察冀军区，聂荣臻任司令员兼政治委员。次年1月中旬，在河北阜平选举产生了第一个边区抗日民主政权——边区临时行政委员会，标志着八路军第一个抗日根据地——晋察冀边区抗日根据地正式形成。晋察冀根据地尚未完全形成之际，日军曾调集2万余人，于1937年11月对根据地实行八路围攻，企图将根据地扼杀在摇篮之中。晋察冀军区部队与地方武装相结合，广泛开展游击战，集中力量打击敌之一路。经一个月作战，歼灭日军2000余人，粉碎了敌之围攻。

在晋察冀根据地之后陆续建立的山区抗日根据地，还有贺龙、关向应领导第120师创建的以管涔山为依托的晋西北根据地，刘伯承、张浩领导第129师创建的以太行、太岳山脉为依托的晋冀豫根据地，罗荣桓领导第115师主力创建的以吕梁山脉为依托的晋西南根据地。日军对这些根据地同样进行了大举围攻，军民依托“一种自己的拿手好戏”，奋起反击，成功地捍卫了根据地。

从平型关告捷到1938年4月，八路军在敌我力量对比悬殊的情况下，以游击作战的形式，歼敌3万余人，不仅有力地配合了友军作战，而且完成了在山西四角的战略展开，创建了四个山区抗日根据地，使八路军成功地在山区站稳了脚跟。

第5节　袭击战

讲到战术，则游击战争的基本作战形式不是别的，乃是袭击。袭击是攻击的一种，游击战争不注重正规的阵地攻击这种形式，而注重突然袭击或名奇袭的这种形式，这是因为游击战争是战略上以少胜多以弱胜强的，非如此不能达到目的。[①]

孙子曰：“凡战者，以正合，以奇胜。故善出奇者，无穷如天地，不竭如江河……战势不过奇正，奇正之变，不可胜穷也。”意思是说，作战的方式方法不过“奇”“正”两种，但“奇”“正”的变化是无穷的，善用“奇兵”者易于取胜。毛泽东之袭击战法是游击作战方式中典型的“奇”战。

袭击战是乘敌不备，对其实施突然攻击的战法。通常选择战斗力不强、防备不严、便于袭击的驻止之敌或运动之敌。其战术要求是“出其不意，攻其

① 引自《论抗日游击战争的基本战术——袭击》，见《毛泽东军事文集》第2卷，军事科学出版社、中央文献出版社，1993年版，第138页。

不备”，以迅速而突然的动作，速战速决，快打快撤。毛泽东认为，在敌人处于外线进攻和我处于内线防御的情况下，“我之部署应是以次要兵力钳制敌之数路，而以主要兵力对付敌之一路，采取战役和战斗的袭击战法（主要是埋伏战），于敌行动中打击之。敌人虽强，经过多次袭击，也就削弱下来，往往途中撤退，此时游击队又可于追击敌人时继续袭击，再行削弱他”。毛泽东十分强调对运动之敌的袭击，他说：“游击战争取得最大胜利的时机，还以袭击正在行动中的敌人为多，所以游击队不应放弃一切当着正在行动而又条件适合的敌人的袭击机会。”毛泽东认为，这种袭击战术按其性质都是遭遇战，但分埋伏与急袭两种，“埋伏是预期遭遇的性质，但采取埋伏的形式。急袭是不预期遭遇而发生的，采取急袭的形式”。

袭击战是游击战的灵魂，是引导游击战争走向胜利的关键战法。没有袭击战法，游击战争就不能充分发挥它的独特作用。毛泽东等老一辈革命家不仅对袭击战术从理论上做出了精辟阐述，而且在实际运用中达到了登峰造极的地步。抗日战争时期，八路军第129师夜袭阳明堡机场和新四军所属江南抗日义勇军第2路夜袭虹桥机场，就堪称袭击战术的经典战例。

1937年10月上旬，日军突破山西省北部国民党军防线，侵占代县、崞县后，继续南犯。国民党军退守忻口一带，阻止日军进攻太原。为配合国民党军作战，八路军第129师第385旅769团奉命在代县、崞县以东地区，执行侧击南犯日军后方的任务。该团进至滹沱河南岸苏龙口、刘家庄地区，发现日军飞机不断由阳明堡前线机场起飞，轰炸忻口国民党军阵地。经侦察，了解到机场共有飞机24架，白天轮番出动轰炸，晚上停放在机场的东南侧，场内警卫分队和地勤人员有200余人，大部驻在机场北端。据此，769团团长陈锡联决心以第3营为突击队，夜袭敌阳明堡机场，打击日军的猖狂气焰。10月19日夜间，他指挥3营偷渡滹沱河，秘密进入机场，突然发动猛烈攻击；1营钳制崞县之敌；2营（欠7连）为预备队，并以8连破坏王董堡的桥梁，保障3营侧后安全。经1个小时激战，将敌机24架全部烧毁，并歼敌100余人，有效支援了国民党军的忻口防御作战。

1939年7月，新四军第1支队派遣第6团团长叶飞率部从苏南茅山地区向无锡、江阴、苏州敌后挺进，直逼上海近郊。7月下旬，新四军一部在追击日伪军时袭入虹桥机场，先将机场内伪警察、伪办事人员俘获，随后分路搜索，发现机场一角停放飞机4架，决定予以烧毁。此时，驻守机场四角碉堡内的日军发觉，用步枪机枪射击。袭击部队迅速接近敌机，点燃汽油，将飞机烧毁，安全撤出战斗。这一胜利，极大地鼓舞了上海人民的抗日斗志，扩大了新四军的政治影响。

第6节　袭扰战

扰乱是游击战争袭击战术的附属部分，但也是必要部分，目的在于增加敌人不安，减杀敌人威势，以造成我们消灭敌人或逼退敌人的条件。[①]

袭扰战是游击队、民兵和群众相配合，以各种手段杀伤、毁坏、恐吓、扰乱、疲惫敌人的一种战法，通常由游击队和民兵以单兵或小组进行袭扰活动，制造各种假象，虚张声势，迷惑敌人。袭扰战的组织形式和最终目的是：“将游击队分为数起，或派遣许多游击小组，不时进袭驻止之敌，使之一夕数惊，发生疲劳情绪，然后选择适当之时机袭击之。”

毛泽东总结袭扰战的方法主要有：“（1）在夜间袭击不成功时，则改变其任务为扰乱。高喊口号，大声唱歌，四面放枪，都是方法。退去之前可散发标语传单于空地上。（2）在配合正规军作战，为分散敌人兵力使其胶着一地不能增援其他方向时，亦可采用扰乱的方法。此时可将游击队分为若干起，轮番于黄昏、半夜、拂晓等时间，潜至敌人驻地附近，突然地射击与呐喊，

① 引自《论抗日游击战争的基本战术——袭击》，见《毛泽东军事文集》第2卷，军事科学出版社、中央文献出版社，1993年版，第145页。

使其惊疑不定，无法增援或迟滞其增援时间。（3）还有一种办法，就是虚张声势。其法是在敌人驻地附近多插旗帜，多举烟火，即古人所谓设疑兵的办法。”

在抗日战争中，广大军民广泛采取袭扰战对付日军的“扫荡”，使狂骄的日寇充分尝够了袭扰战的苦头。

1938年8月，日军华中派遣军总司令部派遣风山大佐指挥“扫荡”部队进逼新四军。日军扫荡兵力雄厚，队形密集。在敌强我弱的情况下，陈毅、粟裕决心用袭扰战法实施反扫荡。他们指挥新四军1支队派出十几支精干的奇袭队奔袭南京，并明确指示：敌人总是在部署上有错误的，要善于利用敌人的错误。

日寇以为新四军白天不敢来南京游击，三五成群地在集镇上看热闹，十分大意，各袭击队便白天化装分散进城，出其不意地进行袭扰战。新四军同一天攻击了南京的麒麟门、尧化门、仓波门、高桥门、江东门，并引爆了雨花台日军军火库。日军华中派遣军总司令又气又怕，忙拍电报给正在江宁扫荡的风山大佐，令他迅速带兵回援南京。

风山大佐这时正在江宁官陡门、湾沚一线“围剿”新四军第2支队。在官陡门，风山大佐追上了第2支队，忙指挥5000多名日军合围上去。夜幕很快降临，日军已完成合围，只听前方枪声大作。风山大佐判断新四军要突围了，急令勇猛冲锋，哪知对方火力异常猛烈。风山大佐急了，督队猛冲。整整一夜，官陡门一线炮火连天，杀声震地。双方拼力厮杀，火力凶猛，竟是谁也没有冲到对方阵地前。战至凌晨，风山大佐认出与自己打了一夜的竟是日军驻横溪的部队，忙命部队停火。此时，战场上密密麻麻的有2000多具日军尸体。风山大佐收到日军华中派遣军总司令命他驰援南京的电报，只好收兵回南京。行军到陶吴镇，四处地雷乱响，日军大队人马顿时乱了套，四处闪躲地雷，又引起一连串爆炸声，几百日军瞬间伏尸道路。这时，新四军似翻江倒海一般冲过来。风山大佐损兵折将，无心恋战，率残敌逃回南京。

原来，粟裕指挥新四军2支队把风山引到官陡门后，率大部队乘黑夜撤出包围圈，只留下一个营的兵力分两路同时攻击日军风山部队和横溪部队。两部敌人追来时，这一个营悄悄地撤走，结果两部敌人夜暗中都把对方看成是新四军激战起来，两部日军共损失了2000人。新四军1支队以袭击南京调动风山部队回援，卢胜和陶勇的新四军四团埋设地雷阵，又在陶吴镇伏击了风山部队，再一次予敌重大杀伤，彻底粉碎了日军的扫荡计划。

第7节　破击战

大规模地破坏敌之交通线，妨碍敌之运输，直接帮助正规军的战役作战，也在这个时候。①

破击战是以破坏敌方重要军事目标为主的一种战法，也称破袭战。破击战的目标通常是敌方的交通运输线、后方补给系统、通信指挥系统和重要技术兵器基地等，目的是为了造成敌方交通瘫痪，指挥失灵，补给困难，使敌人力量削弱和军心动摇。进行破击战，必须有周密细致的组织计划和充分的准备，以出敌不意的方法和行动实施之。

抗日战争中，破击战是我军主动对敌占“点”“线”进攻的一种作战方式。采取这种作战方式时，首先充分发动群众，最大限度地发挥地方部队和游击队及群众的积极性，并把参战的部队和群众区分为破路队、掩护队、预备队，以工兵在技术上加以指导。在破击行动中，应掌握先破（路）后袭（击）的原则，即首先将敌之交通破坏，达到目的后，利用敌交通中断，无法互相支援的有利时机，选取若干薄弱点加以攻击。

破击战在战争中占有相当重要的地位，对正规军作战有着极为重要的协

---

① 引自《抗日游击战争的战略问题》，见《毛泽东选集》第2卷，人民出版社1991年版，第431页。

助作用，所以进行破击战斗的部队也要求具有相当的战斗力。抗战期间，毛泽东十分重视对实施破击战的兵力运用，强调："以小部队与敌进行极不规则的小战，迟滞和疲惫敌人，以相当有力部队转入敌之后方交通线，打击敌之运输。"

1939年冬，日军加紧对交通线的控制，在交通线上及其两侧地区建立据点，以此为依托，对我根据地进行分割、封锁，以实现其由"点、线"占领扩展到"面"的计划。在晋冀豫边区，敌主要加紧对平汉铁路、邯（郸）长（治）公路、白（圭）晋（城）铁路以及武（安）沙（河）公路的控制。为打破敌之企图，八路军第129师首长号召本区军民面向交通线，实行主力军、地方军和广大民兵群众相结合，开展广泛的交通破击战，以打破敌对抗日根据地实行分割、封锁的"囚笼"政策。在129师统一指挥下，晋冀豫边区军民从1939年冬至1940年6月，先后进行了邯长公路、平汉铁路、白晋铁路、武沙公路4次破击战。其中邯长公路破击战和白晋铁路破击战最为成功。

邯长公路跨越冀晋两省，横穿太行山，是驻晋南日军后勤补给的重要交通线。敌控制邯长公路之后，将我太行根据地分为南北两部分。为打破敌之分割，1939年冬，我军乘驻白晋铁路及邯长公路之敌第20师团与第36师团及独立混成旅第1旅团换防之机，发起了邯长公路破击战。第129师及晋冀豫军区部队各一部，并指挥第344旅，自12月8日起，以地方自卫队、游击小组对敌进行不间断的袭扰，转移敌之注意力，掩护主力集结。14日开始，第688团、第689团和特务团袭击潞城、赵镇店、黎城、停河铺、东阳关、响堂铺等敌军据点，并破坏敌之交通；第769团切断黎城至涉县的公路，并攻击响堂铺据点之敌。22日10时，第129师特务团以一部结合当地游击队，于下桂花、麦仓方向钳制黎城之敌，主力分两路经东、西水洋向赵店镇迂回；第687团及第688团各一部，经东岭沟分3路直袭赵店镇，击溃守敌500余人，于22日攻克该镇。23日，师特务团主力转向下桂花、麦仓方向，分两路进袭黎城，第769团一部由靳家街急袭戚里店。15时，我军对黎城发起攻击，守敌900余人弃城东窜。25日，我第769团及第344旅一部袭击涉县，先遣支队及地方游击队袭击井店镇及响堂铺，相继攻克涉县及响堂铺、井店镇。至此，邯长路交通完全中断，破击战胜利结束。是役，共歼敌700余人，拔除敌据点23处。

日军在冀南修筑公路的同时，积极抢修山区的白晋铁路，并计划修筑临（汾）邯（郸）铁路，企图将太行、太岳抗日根据地分成四块，尔后依托这些铁路线进行分区“扫荡”，逐一加以摧毁。为破坏敌之修路计划，5月初，第129师在太岳、太行抗日根据地2万群众和民兵配合下，发起了白晋铁路破击战。其部署是：以师特务团和部分地方武装，破击东观至来远段；以第385旅平汉纵队主力与晋冀豫边纵队第1、第3团破击来远至权店段，并攻击南关镇；以第386旅及决死队第1纵队，破击权店至柳村段。5月5日，我军民向100多千米的铁路线展开大破击，并袭击了白晋铁路沿线的沁县、固亦、漳原、权店、南关、来远等敌军据点。7日，白晋铁路破击战结束。是役，军民共破坏铁路数十千米，毁大小桥梁50余座，炸毁火车1列，歼敌350余人，打破敌修路计划和分割太行、太岳根据地的企图。

第8节　陷敌于水网

依据河湖港汊发展游击战争，并建立根据地的可能性，客观上说来是较之平原地带为大，仅次于山岳地带一等。历史上所谓“海盗”和“水寇”，曾演过无数的武剧，红军时代的洪湖游击战争支持了数年之久，都是河湖港汊地带能够发展游击战争并建立根据地的证据。①

陷敌水网是南方军民进行游击战的独特方式，是广大军民的主观能动性与具体革命实践相结合的产物，是敌后游击战争的又一具体作战形式，它要求

① 引自《抗日游击战争的战略问题》，见《毛泽东选集》第2卷，人民出版社1991年版，第421页。

充分利用水网密布这一特殊有利条件。我国江南、江北以及华南地区，水网密布，敌人的重型装备不易机动，而且不适合出动太多兵力。相反，游击队人员少，装备轻便，利于行动，加上生长于水乡的军民识水性，熟水路，进退自如。因此，利用水网地带开展游击战，可弥补军队兵力弱、装备少、技术差等客观不足，与山地、平原一道广泛开展游击战，就将使敌人处于无立足之境地。毛泽东强调："江北的洪泽湖地带、江南的太湖地带和沿江沿海一切敌占领区域的港汊地带，都应该好好地组织游击战争，并在河湖港汊之中及其近旁建立持久的根据地，作为发展游击战争的一面。缺少了这一面，无异供给敌人以水上交通的便利，是抗日战争战略计划的一个缺陷，应该及时补足之。"

水网地带作战主要围绕两个目标：一是破坏敌水路交通；二是反日伪"扫荡""蚕食"和"清乡"，袭击、杀伤敌人。1940年，广州游击2支队就围绕第二个作战目标，巧妙利用华南地带之水网，使敌深陷其中，不能自拔。

1940年，广州市郊游击第2支队独立第1中队进驻顺德西海，在西海成立了广游2支队司令部，建立了抗日民主政权，四处游击，打击日伪。广游2支队的游击活动，对日伪军珠江的交通运输构成了威胁。从1941年夏季开始，日军以伪军2000余人进驻西海外围的三善、古坝、碧江等地，逐步形成了对西海的包围，于10月5日至15日，各以1个营的兵力对西海进行两次试探性进攻，但均被广游2支队击退。尔后，南顺中心县委召开了军事会议，对反围攻作战计划进行了周密部署。当时，广游2支队留驻西海的兵力为5个中队，加上民兵共300余人，而伪军的兵力却有1000余人。针对敌强我弱的形势，中心县委决定充分利用西海周围的水网地形和甘蔗田形成的"青纱帐"，以伏击、袭击等手段杀伤与消耗来犯之敌。当敌发起进攻时，我依托西海周围的既设工事阻滞与消耗敌人，待敌消耗到一定程度并疲惫时，集中兵力歼敌一路，得手后再实施全面反击。同时，把西海群众也组成各种保障队，参加战斗。10月17日晨，伪军一部1000余人，分三路向西海进犯，遭到广游2支队预伏部队的阻击。战至11时，伪军仅占领一座糖厂，其余均被压缩在稻田、鱼塘等开阔地里，不能前进。下午，广游2支队趁敌疲惫并即将撤退时，集中兵力实施反攻，伪军陷入我游击队、民兵和群众的包围之中，争相逃命，一部分被我击伤击毙，一部分掉进鱼塘、河沟溺水而死，残敌逃回原据点。此战，广游2支队，充分利用水网地形，毙伤伪军团长以下300余人，俘营长以下300余人，缴枪300余支，保卫了西海根据地。

第9节 地道战

敌在冀南之“蚕食”政策，其目的在于缩小我之活动区域，扩大其占领地，若不予以击破，则我在平原将立足困难。①

抗日战争时期，华北军民结合当地平原地形广泛开挖地道，巧妙地与日本强盗“捉迷藏”。广大军民依托“地下迷宫”打击日寇，战斗位置变幻莫测，战斗人员神出鬼没，把日寇打得晕头转向。

地道战是广大人民群众在艰苦的抗日战争中创造的一种游击战法。根据地军民依托地道和地面战斗设施，避开敌人的优势装备，利用地道工程隐蔽机动兵力、兵器，选择有利时机和地点，秘密、突然地给敌以打击，有效保存自己，神出鬼没地打击敌人。冀中抗日根据地军民广泛开展的平原游击战争，就是典型的以地道战为主体的游击作战。

1942年是全面抗战的第五年，日本侵略者经不起持久战的消耗，急于要把华北经营成兵站基地，大规模地掠夺人力和物力资源。从5月1日起，日军集中兵力对冀中抗日根据地发动了更加残酷、更加疯狂的“大扫荡”。为化被动为主动，八路军冀中部队主力兵团转移到外线作战，牵制敌人的进攻，并为大规模歼灭敌人创造条件。少数地方部队仍然留在原来的地区，与广大民兵一起坚

① 引自《河北平原反“蚕食”斗争的政策》，见《毛泽东军事文集》第2卷，军事科学出版社、中央文献出版社，1993年版，第648页。

持斗争。日军妄图用杀光、抢光、烧光这种极其野蛮的“三光政策”把抗日军民吓倒，把游击战火扑灭，并采取“囚笼”政策，广设据点、炮楼，建公路和开挖封锁沟，力图阻隔各解放区之间的相互联系。美丽富饶的冀中平原，竟成了“抬头见岗楼，迈步登公路，无村不戴孝，到处是狼烟”的恐怖世界。

残酷的斗争现实向抗日军民提出了一个亟待解决的问题：在敌细碎分割、严密封锁、反复清剿、炮楼林立的大平原上，游击战争还能不能坚持下去，怎样坚持？刚开始时，党和八路军武工队组织人民群众把各家各户打的藏身洞连接起来，形成了初具规模的地道，但仍不能抵挡日伪军的搜寻攻击，只能被动地吃亏挨打。于是，军民共同努力，把现有地道改造成能防水、防毒、防火、防钻，能地下藏、能地上打的立体地道工事，每个村庄构成一个战斗堡垒，从屋内到房顶，从地面到地下，任我自由来往，到处可以监视敌人，到处都能伸出复仇的枪口。

1942年5月初，驻保定、白团一带的日寇和汉奸，以一个团的兵力进攻冉庄。民兵们依托地道，采取灵活机动的战术，先在村沿打了一阵埋伏，给敌人以杀伤后，转入村内地道工事。敌人像疯狗似的朝村里扑来，正当一群鬼子拿出小镐妄图破坏村东地堡时，守在那里的两个民兵猛地把雷绳一拉，轰的一声，几个鬼子立即丧命，剩下的几个吓得抱头鼠窜。这时守在村北口的民兵，从暗室、高房工事里也一齐开火。在枪击雷炸下，鬼子丢下50多具尸体，狼狈逃跑了。

敌人不甘心失败，过了几天，又以两个团的兵力，气势汹汹地向冉庄扑来。这一次，敌人改变了作战方式，远距离就开了火，把村子打得烟雾滚滚。敌人的炮火虽凶，但民兵们守卫在自己的阵地上，一动不动。敌人仗着兵多势众，尽管攻进了村子，却找不到一个民兵，只好像无头的苍蝇，东冲西撞地乱打枪。当一个伪团长带着一伙匪徒进入东街时，被守卫在小庙工事里的民兵发现并击毙。另一个伪军过去搬尸，也被民兵打倒。战斗越打越激烈，敌人看到自己的人一个个被击毙，却看不到打枪的人在哪里。这时从村外又来30多个敌人。这些敌人刚刚进村，由七颗地雷组成的雷阵，同时在敌人的脚下爆炸了。其余的敌人见此景况，都十分恐慌，有的躲进厕所里，有的趴在地上装死不动。中午以后，敌人妄想集合逃跑，刚退到十字路口，地道里的民兵爆炸组又拉响了连环雷，把敌人炸得血肉模糊，横七竖八地倒下一大片。结果，敌人准备抢东西用的100辆大车，没抢着东西，却拉回了70多具尸体。

第10节 地雷战

民兵的重要战斗方法是地雷爆炸，地雷运动应使之普及于一切乡村中。普遍制造各式地雷，并训练爆炸技术，成为十分必要。[①]

地雷战是以地雷为主要武器杀伤敌人的战法，通常与地道战、麻雀战结合运用，以杀伤、消耗敌人，封锁和限制敌方的行动为作战目的。地雷战是抗日战争中广大群众在缺少制式武器的情况下，充分发挥自己的主观能动性和聪明才智创造出来的战法，是敌占区军民广泛采用的作战方式和重要作战手段，极大地弥补了抗日军民武器装备不足的弱点，有力地配合了主力部队的作战。

1945年5月18日，山东海阳县赵疃村民兵得知400多名日伪军要来进犯，爆炸大王赵守福和于化虎等同志立即集合民兵做好战斗准备，布下了两个雷阵：一个设在村北河套的树林里，多数是绊雷；第二个设在村里的街巷和十字路口上，多数是用踏发雷和箱子雷。中午，敌人气势汹汹地扑来了。可是，敌人刚踏进树林，地雷就爆炸起来，前面的鬼子多数被炸死，后面的鬼子有的掉头就跑，有的趴在地上不敢抬头。这时候，隐蔽在村口的民兵对准鬼子就是一阵齐射。一个骑着洋马的日本军官，挥着洋刀哇啦哇啦地叫着和一群鬼子冲向村里。一到街心十字路口，轰的一声巨响，特大的箱子雷在马肚子底下爆炸了，

① 引自《一九四五年的任务》，见《毛泽东军事文集》第2卷，军事科学出版社、中央文献出版社，1993年版，第741页。

日本军官和大洋马，一起被炸死。接着，街巷的地雷也先后被鬼子踏响，又有十几个鬼子被炸死。敌人看到这个阵势，吓得连忙收尸，仓皇逃命。

没过几天，日寇从青岛调来了工兵，每次出动都先派工兵在前面排雷。民兵们针对这一情况，就在同一个雷坑里埋上真假两个雷，假的在上面，真的在下面。敌人排雷时，一挖上面的假雷，下面的真雷就炸。敌人吃尽了苦头，不敢再贸然排雷了，见可疑的地方，便用白粉撒个圈，让后面大队鬼子绕道而行。民兵们发现了，就将计就计，也在路上画圈圈，并在圈与圈之间埋上地雷，鬼子从这里通过时，东躲西闪、又蹦又跳，地雷也随鬼子的躲闪蹦跳，连续爆炸。

敌人不甘心失败，趁降雨的时候进行偷袭。民兵们摸到了鬼子的这个规律，便在一次暴雨前，将100多个地雷用蜡封好，埋在敌人必经之处。雨刚停，敌人就来了，但他们万万没想到，民兵在雨前就给他们准备好了地雷。结果，有几个鬼子进村一推门，就被挂雷炸飞了；另外几个鬼子跑到菜地里抢菜，也被地雷炸翻了。敌人见势不妙，乱哄哄地往村外窜，哪知村头上的连环雷又响成一片。敌人死伤过半，剩下的向路边逃跑，然而路边也有地雷等着。一时间，雷响鬼子叫，乱作一团。这时，埋伏在山坡上的民兵们用土枪土炮向鬼子展开了猛烈的射击。这场战斗以敌人死伤60多人而结束。日寇损失惨重，不得不另改计划。每天一早，他们出来不敢进村，却偷偷地爬上赵疃村附近的盆子山，修工事，筑碉堡，到下午4点才偷偷地溜回据点。民兵们摸到敌人的这一情况，也采取了新的对付办法。

6月26日晚上，民兵们带着地雷爬上盆子山，利用草木、石块和敌人的工具，设好绊发雷，又在鬼子修理工具的席棚里埋了一个15.6斤重的大号雷，雷弦系在风箱内的“猴头”上。第二天，鬼子照例上山修筑工事，一拿工具，地雷响了，炸得鬼子四处乱窜，越窜地雷炸得越厉害，几十个鬼子被炸死在山顶上。剩下的鬼子惊魂未定，胆战心惊地到席棚里去烧水，一拉风箱，埋在煤堆里的那颗大号地雷发出震天巨响，烟火笼罩了盆子山，30多个鬼子又被炸得血肉横飞。从此，鬼子再也不敢到赵疃村和盆子山去。赵疃村的民兵们正是这样，和邻村民兵一起，配合部队先后奋战105天，用地雷炸死炸伤日伪军303人。他们的英勇事迹，自此闻名全省乃至全国。

第七篇
运动战战法

运动战是毛泽东最擅长的战法。

解放战争开始的时候，毛泽东根据多年来同蒋介石军队作战的经验告诉全军："战胜蒋介石的作战方法，一般地是运动战。"什么是运动战呢？毛泽东指出："运动战，就是正规兵团在长的战线和大的战区上面，从事于战役和战斗上的外线的速决的进攻战的形式。同时，也把为了便利于执行这种进攻战而在某些必要时机执行着的所谓'运动性的防御'包括在内，并且也把起辅助作用的阵地攻击和阵地防御包括在内。它的特点是：正规兵团，战役和战斗的优势兵力，进攻性和流动性。"

1940年，百团大战，攻克河北涞源东团堡后，八路军指战员在长城烽火台上欢呼胜利　（视觉中国供图）

第1节 打不赢就走

“打得赢就打，打不赢就走”，这就是今天我们的运动战的通俗的解释。天下也没有只承认打不承认走的军事家，不过不如我们走得这么厉害罢了。对于我们，走路的时间通常多于作战的时间，平均每月打得一个大仗就算好的。一切的“走”都是为着“打”，我们的一切战略战役方针都是建立在“打”的一个基本点上。①

1964年的一天，毛泽东在北京十三陵水库回忆起当年指挥千军万马作战的体会时，对罗瑞卿大将说，打仗没什么，就是打得赢就打，打不赢就走。

“三十六计，走为上计”是中国古代兵法谋略中重要的一计。它指在敌我力量悬殊不利形势下，采取有计划的撤退，避开强敌，以退为进，寻找战机。《战略考·南宋》有言：“敌势全胜，我不能战，则：必降；必和；必走。降则全败，和则半败，走则未败。未败者，胜之转机也。”其中蕴含着“以退为进”的思想。可见，毛泽东的运动战是对古代兵法的继承和发扬。

“打得赢就打，打不赢就走”，这是毛泽东在第二次国内革命战争中就常挂在嘴边的战法。由于敌强我弱，红军没有固定的作战线，只有在运动中求歼敌军，而实行运动战的基本特点是“走”。通过“走”来调动敌人，改变不利态势；通过“走”来摆脱被动，恢复主动，另寻战机。“走”可以发挥我军的优长，趋利避害，避免与敌人进行不利决战；“走”可以牵着敌人的鼻子，使其晕头转向、大乱方寸，而我则牢牢掌握战场的主动权。在“走”和“打”的

① 引自《中国革命战争的战略问题》，见《毛泽东选集》第1卷，人民出版社1991年版，第230页。

关系上，“走”是手段，“打”是目的。好打时就打，坚决消灭敌人；不好打时就走，调动敌人创造战机。

华东解放区是国民党军进攻的主要方向之一。因为该区对国民党统治中心宁沪杭地区构成直接威胁，若将其摧垮，蒋介石日夜不宁。他的作战方针是集中装备精良的优势兵力由南向北、由西向东逐步压缩，先占苏皖解放区，消灭华中野战军或迫其北撤，随后在山东寻求与解放军决战，占领山东、占领整个华北。针对国民党军进攻的特点，华东解放军采取打一仗，歼敌一部，后退一步，“边打边走”的战法，有步骤、有计划地由解放区前沿退至解放区纵深，以暂时放弃苏北、鲁南解放区大部城镇为代价，换取了大量歼灭国民党军有生力量的胜利。这一时期，华东战场进行的主要作战有苏中、鲁南和莱芜战役。

第2节 拖瘦拖死

如果进攻之敌在数量和强度上都超过我军甚远，我们要求强弱的对比发生变化，便只有等到敌人深入根据地，吃尽根据地的苦楚，如同第三次“围剿”时蒋介石某旅参谋长所说的“肥的拖瘦，瘦的拖死”，又如“围剿”军西路总司令陈铭枢所说的“国军处处黑暗，红军处处明亮”之时，才能达到目的。①

拖瘦拖死是运动战的典型打法。其要旨是后发制人，即先退一步，与敌周旋，使敌战线拉长、兵力分散、士气沮丧、饥饿疲惫、急躁忙乱等弱点都暴露无遗，创造我军反攻的必要条件和有利态势。

而我军则以逸待劳，从容选择有利时机和地点，在广大群众的配合下，集

① 引自《中国革命战争的战略问题》，见《毛泽东选集》第1卷，人民出版社1991年版，第208页。

中优势兵力，有把握地歼灭敌人。正如军事理论家克劳塞维茨所言："我们把主动向本国腹地退却看作是一种特殊的间接抵抗方式，采用这种抵抗方式时，与其说是用我们的剑消灭敌人，还不如说是让敌人通过自己的劳累拖垮。"毛泽东对此赞赏道："这是完全正确的，我们对此没有任何的增加。"

拖瘦拖死，其主要目的就是在运动中拖累拖垮敌人，消耗敌人战力，暴露敌人弱点，磨钝敌人锐气，使强敌变成弱军，进而乘机歼灭之。此战术的关键在于"拖"，但"拖"只是手段，不是目的，它是为"打"创造条件。

在东北国民党军继续贯彻"先南后北"的战略方针，集中兵力进攻南满解放区的时候，东北民主联军为粉碎其进攻，于1946年12月至1947年3月举行了三下江南、四保临江作战，采取南拖北打、南北呼应的战法，迫使东北国民党军机动部队在严寒条件下来回抵抗、救援。东北民主联军则在运动中捕捉战机，共歼国民党军4万余人。彻底粉碎了国民党"南攻北守，先南后北"，各个击破东北民主联军的战略计划。三下江南、四保临江作战，是东北战局发展过程中一个战略上的转折点。此后，国民党军由于机动兵力更加减少，不得不放弃攻势，转取守势，这就为东北民主联军转入战略反攻创造了条件。南满解放区的保存，北满、东满、西满解放区的巩固和发展，使东北解放区日益成为巩固的战略根据地。三下江南、四保临江作战之所以能够取得胜利，就在于南、北满在战略上主动而密切的配合，使国民党军疲于奔命，兵力更加分散；始终贯彻了积极主动、先机歼敌的战术思想，每战集中绝对优势的兵力，歼敌一部。

第3节　蘑菇战术

我之方针是继续过去办法，同敌在现地区再周旋一时期（一个月左右），目的在使敌达到十分疲劳和十分缺粮之程度，然后寻机歼击之……这种办法叫

"蘑菇"战术，将敌磨得精疲力竭，然后消灭之。[①]

蘑菇战术是弱军对强敌进行积极歼击的有效办法，是运动战的具体战法之一。使用此法，必须具备两个条件：一是良好的群众基础。没有这个条件就不能扰乱、疲惫敌人，不能迷惑欺骗敌人，不能传递情报、封锁消息。二是要有有利的地形。利用山地、丘陵、河湖港汊等优越自然条件，才能与敌兜圈子，拖垮、磨瘦敌人。

打"蘑菇战"有三要诀：一是"磨"。用小兵力佯动、示形，诱敌前进，牵引敌主力，在利于我的地域内打转，以拖瘦、拖垮敌人，创造伺机歼敌的条件。二是"蔽"。在牵制敌人的过程中，要隐蔽我军主力及其行动企图。若我军主力被敌发现，非但达不到"磨"的目的，反而有被敌歼灭的危险。三是"歼"。"蘑菇战术"的最终目标不是"磨"，而是通过牵着敌人兜圈子，拖瘦、拖垮敌人，分散、孤立敌人，创造战机，达到聚歼敌人之作战目的。"蘑菇"战术的灵魂在于"磨"字。"磨"，首先是"磨心"，通过牵敌鼻子、磨敌心志，让敌围着我团团转，欲寻我主力不见，欲与我决战不能，而敌心又不甘、不能怠慢，继续打转，最后精神沮丧、斗志锐减。其次是"磨身"，即通过牵拖敌人，使敌疲于奔命，殚精竭虑；加上我发动全民坚壁清野，使敌补给无力，"达到十分疲劳和十分缺粮之程度"。

1947年3月初，蒋介石在西北地区集结了34个旅25万兵力，进攻陕甘宁解放区，企图攻占延安，"摧毁匪党、政、军神经中枢，动摇其军心，瓦解其意志，削弱其国际地位"，借以掩饰其全面进攻的失败，提高日益衰颓的士气。3月18日黄昏，胡宗南的枪炮声已清晰可闻，毛泽东决定先退避三舍。临行前，他微笑着对彭德怀说："我们走后，你要检查一下群众纪律，把延安打扫得干干净净，迎接胡宗南的进来，这叫不容怠慢。"

3月18日夜，毛泽东主动撤离延安，向延安东北的甘谷驿、青化砭、蟠龙地区转移，待机歼敌。国民党军进入延安后，发现是一座空城，不见了解放军主力的踪影，于是兵分两路，向蟠龙镇追赶而来。25日，敌27师31旅进至青化

---

① 引自《关于西北战场的作战方针》，见《毛泽东选集》第4卷，人民出版社1991年版，第1222页。

砭山谷，见地形险要，便派出飞机和部队对山谷侦察了一番，并未发现严密伪装的我军，于是将机枪、小炮牢牢地捆在骡马身上，拖长队形，大摇大摆地沿山谷向北而来。

10时许，当敌人全部进入伏击圈后，随着指挥员的一声令下，刚才还悄无声息的两侧山峰，冲锋号四起，喊杀声铺天盖地，无数炮弹、子弹、手榴弹打向敌人。敌人还没明白怎么回事，就被打得人仰马翻。只用1小时47分钟，敌31旅旅部及92团共2900余人就全部被歼，旅长李纪云被活捉。西北野战军首战告捷后，随即以部分兵力吸引疲惫敌人，主力部队转移到蟠龙西北地区休整，隐蔽待机。

胡宗南以为找到了我军主力，急令整编第1军、第29军主力共11个旅，由安塞掉头向东，分3路进军。为避免重蹈31旅的覆辙，敌一改分兵冒进的方法，采取“方阵”战术，将8万多兵力集中于正面、纵深各为15～20千米的地段内，以“滚筒”的队形并列前进。然而，敌人每到一地都是屡屡扑空，尤其是沿途人民群众坚壁清野，更是找不到一粒粮食，只能啃干粮，挨饿受冻，真是苦不堪言。

为了破坏敌人的补充计划，进一步陷敌于更加疲惫、饥饿的境地，彭德怀指挥西北野战军对途经永坪地区的整编第29军施以突然袭击，歼敌600余人，随即将主力转移至蟠龙、瓦窑堡大道两侧地区隐蔽待机。敌军发现我军主力仍在附近地区活动后，便以1军、29军的8个旅向青化砭西北地区攻击，以135旅南下配合其行动，企图达到合围我军的目的。

南下的135旅怕被伏击，行动十分谨慎，该旅404团和405团分别沿瓦窑堡、蟠龙大道两侧高地逐山跃进。为把敌引入我伏击圈，4月14日晨，我伏击部队组织了一支诱敌分队，与敌135旅先头部队接触后，且战且退，9时许，将两路敌人全部引入了我军伏击圈，以绝对优势兵力包围于羊马河以北的三郎岔附近地区。战至16时，被围的敌135旅共4700余人全部被歼，敌代旅长麦宗禹及两个团长被俘。

4月26日，蒋介石认为西北野战军主力正向绥德附近集结，当即命令胡宗南主力9个旅迅速北上，榆林邓宝珊部南下配合，形成南北夹击之势，妄图一举围歼我军。胡宗南为了抢得头功，仅留下167旅及地方保安团队约7000人守备蟠龙，自己指挥主力部队向绥德方向疾速开进。

彭德怀根据敌情变化，将计就计，以一部分兵力抗击敌第1军和29军主力，诱敌北进；主力则隐蔽于瓦窑堡附近地区，准备攻打敌军在陕北的重要补给基地蟠龙。5月2日，敌军主力9个旅进入绥德，已距蟠龙300里之遥，蟠龙成为孤立无援的据点。当天午夜，西北野战军主力从四面向蟠龙之敌发起攻击。战至4日24时，全歼167旅等敌共6700余人，活捉敌旅长李昆岗。

至此，西北野战军灵活运用毛泽东的运动战思想，三战连捷，歼敌1.4万多人，稳定了西北战场的局面。

第4节　大踏步进退

已经因为估计和处置错误，或者因为不可抗的压力，被迫处于被动地位了的时候，这时的任务就是努力脱出这种被动。如何脱出法，须依情况而定。在许多情况下，"走"是必须的。……走是脱离被动恢复主动的主要的方法。[①]

在长期的战争中，大多数情况是敌以强大兵力围追堵截人民军队，我处被动，敌处主动。面对严峻的战场形势，毛泽东认为只有大踏步地"走"，才能甩掉敌人，捕捉战机，改变战场形势。不会走，不能走，只能陷于被动不能自拔。

解放战争时期华东野战军创造的莱芜大捷，就是典型的大踏步进退的运动战战役。1947年1月，国民党制订了"鲁南会战"计划，集中23个整编师与3个旅共31万人的兵力，以山东临沂、蒙阴为目标，南北对进，夹击华东野战

① 引自《抗日游击战争的战略问题》，见《毛泽东选集》第2卷，人民出版社1991年版，第412页。

军。南线以整编第19军军长欧震指挥8个整编师20个旅为主要突击集团，北上临沂；北线以第二绥靖区副司令官李仙洲指挥9个师为辅助突击集团，南下莱芜、新泰地区，威胁临沂侧后，配合南线进攻。蒋介石亲自到徐州部署，并派参谋总长陈诚坐镇指挥。1月31日，欧震集团开始北进，采取“集中兵力，稳扎稳打，齐头并进，避免突出”的作战方针。2月2日，李仙洲集团分两路南下，先头部队于4日占领莱芜。

华东野战军司令员兼政治委员陈毅、副司令员粟裕根据中央军委指示和战场实际，拟订了三个作战方案：

（1）以第2纵队进攻白塔埠，歼灭起义后又叛变的国民党军郝鹏举第42集团军所属4个师（相当于整编旅），威胁海州，吸引欧震集团东援，寻机歼其一路。

（2）如敌仍坚持密集推进，则将主力转移至临沂以北地区，待欧震集团北进时，再寻战机。

（3）欧震集团北进缓慢，无战机可寻，则留1个纵队在南线迷惑敌人，主力北上寻机歼灭李仙洲集团。

华东野战军指挥部一面将方案上报中央军委，一面令第2纵队于2月6—7日进攻白塔埠，一举歼灭郝鹏举部两个师，俘郝鹏举。但欧震集团不仅没有东援，反而靠得更紧。此时，毛泽东批准了华东野战军的第三方案，并指示：对外装作打南线模样，待敌第12军占领莱芜，第73军、第46军占领新泰、博山一线后，秘密移动全军，首先歼灭第46军、第73军、第12军，尔后攻占胶济铁路全线。据此，华东野战军指挥部根据李仙洲集团孤军深入的情况，立即转兵北上，以第2纵队、第3纵队在临沂以南，采取宽正面部署，佯装主力，摆出要与欧震集团决战的姿态，迷惑敌人；集中主力冒严寒，踏山路，夜行晓宿，边走边动员，边准备，于19日到达莱芜地区，形成对莱芜的合围态势。20日，发起全线进攻，战至23日17时，将李仙洲集团大部歼灭，俘李仙洲。此役，华东野战军伤亡8800余人，歼灭国民党军一个绥靖区前进指挥所、2个军部、7个师共5.6万余人，连同南线及胶济线路东段作战，共歼国民党军7万余人，解放13座县城，粉碎了国民党军的“鲁南会战”计划，取得了打大规模运动战的经验。

第5节 伏击制敌

埋伏即伏击，是游击队有计划地隐蔽配置于敌人必经道路的一旁或两旁，待敌通过时而突然袭击之。这种动作，就叫作伏击。[①]

伏击战是运动战的战法之一。它强调出其不意，攻其不备，以逸待劳，出奇制胜，巧打巧赢。毛泽东对伏击战法做过精辟论述：“我之部署应是以次要兵力钳制数路，而以主要兵力对付敌之一路，采取战役和战斗的袭击战法（主要的是伏击战），于敌行动中打击之。”

伏击战通过机动兵力牵制敌人，诱使敌人“自觉”地钻进我军布设好的口袋（埋伏圈）中，进而歼灭之。伏击可分为待伏、诱伏和逼伏三种类型。待伏是指预先在敌必经的道路上埋伏好，待其通过而袭击之。诱伏是指以主力埋伏好，而以一小部故意示弱，诱敌至伏击圈内，然后袭击之。逼伏是指以一部较强兵力猛烈攻击运动之敌，使其无法前进，并虚留退路，又以另一部兵力设伏于退路两侧，待溃逃之敌被逼退至我埋伏圈内时，再行袭击。

实施伏击一般以一小部分兵力（30%以下）占领险要地点，用火力杀伤和钳制敌人，而以主力埋伏于便于出击的地点，突袭敌人。伏击敌人大部队时，一般放过先头及本队，袭其后尾；对敌小部队，则前堵后截，力求全歼。出击前，必须保持肃静与隐蔽，战场观察所最好设两个，开始出击的信号、各分队的任务、出击道路，都要有明确规定，选择利于己、不利于敌的时机和地点，按统一号令行动，动作要迅速猛烈，打敌措手不及。伏击战必须贯彻速战速决

① 引自《论抗日游击战争的基本战术——袭击》，见《毛泽东军事文集》第2卷，军事科学出版社、中央文献出版社，1993年版，第146页。

的作战原则，伏击成功后，立即集合部队，迅速打扫战场，撤出战斗。如不成功，则应马上停止出击，断然撤退，以保存自己实力。

在中国革命战争史上，我军创造了无数个出敌不意的伏击战。如：

1938年2月中旬，日寇3万余人沿平汉、同浦、道（道口，今滑县）清（清化，今博爱）等铁路线，向晋南、晋西发动进攻。国民党军在日寇进攻面前不战而逃，至3月上旬，日寇先后侵占长治、临汾、风陵渡等地，并继续向晋西黄河各渡口进犯，企图渡过黄河，直取潼关、西安和陕北地区。八路军第129师遵照中央和毛泽东的指示，南移至武乡、襄垣地区，破坏敌后方补给线，寻机歼敌，以策应115师、120师在晋西、晋西北作战，钳制日军向潼关进攻。

3月5日，邓小平、刘伯承和徐向前来到386旅，与旅长陈赓商讨作战计划，认为邯长公路横贯太行山脉，是日军运往前方作战物资的必经之路，且这里日军的守备兵力比较薄弱，地形复杂，又有浊漳河与黎城相隔，是伏击敌人的理想地区。根据这一情况，决定以385旅的769团一部佯攻黎城之敌，主力阻击涉县之敌；以386旅在邯（郸）长（治）公路线上的黎城、潞城间的神头岭地区设置埋伏，歼灭由潞城向黎城增援之敌。

386旅受命后，陈赓带领大家到现场察看地形，具体部署作战任务。他们穿过公路，翻过一座山梁，来到神头岭跟前，神头岭的地形使他们大吃一惊：实际地形与地图上标记的截然相反！公路根本不在山沟里，而是铺在一条几千米长光秃秃的山梁上，山梁宽度不过一二百米。路两边，地势比公路略高，没有什么遮蔽物，仅有一些过去国民党布下的工事散存于路边。

看完神头岭地形，有的同志认为，这里不利于部队隐蔽，应另选地方。但陈赓认为，这种不太理想的地形，也正是敌人麻痹的地方。我军可以利用敌人早已司空见惯的旧工事，把部队隐蔽在敌人的鼻子底下，达到出其不意、攻其不备的目的。同时，预备队可以隐蔽在山梁北侧的山沟里，需要时可很快加入战斗。刘伯承也亲自到神头岭察看地形，并同意陈赓的分析判断。

3月15日黄昏，八路军第386旅主力由上遥镇出发，沿着山间小道，向漫流岭、申家山、神头村进发。部队都按规定时间进入设伏地区，隐蔽在公路两侧的工事和草丛内待机。

16日4时，负责佯攻的769团1营在副团长孔庆德指挥下，分两个方向从西北角和西南角突入黎城，向黎城守敌发起了猛烈攻击。激烈的火力搅得城内的日军不知所措，认为是八路军129师主力前来攻城，便匆匆向邻近的涉县、潞城守备日军发出了求援电。

8时30分，增援黎城的潞城日军1500多人，沿公路向我设伏地区开来。9时，日军主力纵队先头到达神头村附近集结，并派骑兵向附近地区进行侦察搜索。由于八路军设伏部队坚定沉着和严密伪装，日军一点也没有察觉到，继续向前机动。

9时30分，日军全部进入我伏击圈。旅首长感到歼敌时机已经成熟，当即向部队发出攻击信号，各团立即向敌人发起了突然猛烈的攻击，将敌队形截成数段。敌人被我突然猛烈的四面伏击打蒙了，整个队形陷入混乱状态，部队失去了指挥，官兵四处逃窜，不一会儿就被消灭了一半多。战至11时30分，除有百十个敌人从伏击阵地的尾部逃跑外，其余全部被歼。

第6节　动中歼敌

力求在运动中歼灭敌人。①

“动中歼敌”是指抓住战机，尽可能歼敌于运动之中。毛泽东认为，“一般应不打驻止中之敌，而打运动中之敌”。动中之敌一般比较麻痹，成行军队形，部队分散，指挥不便，展开战斗部署不便，一旦遭到打击，即成混乱溃散之势，是最弱的敌人，易打之敌数其第一。

1950年10月，志愿军突然出现在朝鲜战场上，令美国当局和在东京的麦克

① 引自《目前形势和我们的任务》，见《毛泽东选集》第4卷，人民出版社1991年版，第1248页。

阿瑟大吃一惊，他们既搞不清志愿军在朝鲜有多少部队，也搞不清志愿军在朝鲜的军事目标是什么。但是他们仍然错误地估计了中国人民反抗侵略的决心和力量。他们经过分析判断认为，中国无意也不敢同美国较量，最大的可能，只是象征性出兵，或只是为了保护鸭绿江边和长津湖地区的电力设备，在朝鲜的中国志愿军最多不过几万人，“不是一个不可侮的势力”。于是美国当局决定麦克阿瑟继续执行占领全朝鲜的任务，发动一次攻势，打到鸭绿江边。麦克阿瑟集中了13个师又3个旅和1个团共22万人的兵力，继续分东西两线发动总攻势，计划在12月15日圣诞节前结束朝鲜战争，并于11月6日开始了试探性进攻。

毛泽东主席和彭德怀司令员针对美国决策当局和麦克阿瑟战略上的判断错误，决心利用美军恃强骄傲的心理，将计就计，示弱于敌，采取诱敌深入的方针，将敌诱至志愿军第一次战役已熟悉的战场，尔后举行反击，歼击7～8个团，将战线推至平壤、元山一线，以德川、球场、宁边以北以西区域为后方，使志愿军站稳脚跟，以利坚持长期作战。为达此目的，调以宋时轮为司令员兼政治委员的第9兵团（辖第20军、第26军、第27军）入朝，全部担负东线长津湖地区作战，以改变东线战局；以先期入朝的第38军、第39军、第40军、第42军、第50军、第66军共6个军担负西线地区作战。志愿军东西两线总兵力38万余人。

志愿军于11月7日开始诱敌深入，主力全部向后转移，以一部在第一线以节节抗击方式，步步诱敌。当发现敌军行动谨慎，进展较缓时，则停止反击，继续后撤，造成了敌军更大的错觉。至11月21日，“联合国军”西线部队已全部到达预定攻击开始线，完成战役展开，其东线部队进至长津湖以东以南地区，美第7师先头第17团已进占鸭绿江边的惠山镇，并向中国境内开枪射击。11月24日，麦克阿瑟宣布发起总攻势，东西两线全面发起了进攻。西线由美第8集团军指挥美英军和南朝鲜军8个师又3个旅和1个团，东线由美第10军指挥美军和南朝鲜军5个师。此时，志愿军西线部队完成了反击准备，东线第9兵团主力在长津湖地区秘密完成集结。

11月25日黄昏，志愿军西线部队按计划突然发起了反击。首先以第38军、第42军在第40军的配合下，向“联合国军”西线进攻的右翼发起攻击，将进至德川、宁远两城的南朝鲜第7师、第8师分割包围，大部歼灭，打开了战役缺口。尔后以正面各军抓住当面之敌分割歼击之，以第38军、第42军由东而西分别向军隅里和三所里、顺川和肃川实施战役迂回，截断进至清川江以北的美第9军、第1军的退路，以利配合正面主力歼击。至28日夜，志愿军从北、东、南三面包围了美第9军指挥的美第2师、第25师和土耳其旅全部及美骑兵第1师、南朝鲜第1师各一部，在军隅里附近的清川江南北地区展开了围追堵截战。

被围的美第9军部队，在空军支援下，组织坦克和炮兵火力开路，拼力向南突围，位于顺川和平壤的美骑兵第1师和英第29旅也各以一部向北救援，但仍未能逃脱志愿军的沉重打击，美第2师和土耳其旅被歼过半，美第25师被歼三分之一。美第9军被迫丢弃大量重装备，转道向西会同美第1军经安州、肃川撤往平壤。至12月2日，西线作战结束，志愿军歼敌2.3万余人，缴获各种炮500余门、坦克100余辆、汽车2000余辆、各种枪支5000余支。

在东线，志愿军第9兵团的第20军、第27军，完成攻击准备后，于11月27日晚突然发起反击，一夜之间，即将沿长津湖东西两岸北进的美海军陆战队第1师（也是美军的“王牌”部队）大部和美第7师1个多团分割包围于新兴里（长津湖东岸）、柳潭里（长津湖西岸）和下碣里（长津湖南岸）三个点上，冒着-30℃～-20℃的严寒同敌军展开激战。被围美军为免于被歼，则以坦克、汽车组成环形防御，以坦克和大炮火力掩护步兵拼死抵抗，固守待援。战至29日，志愿军第9兵团歼敌1000余人。30日晚，第9兵团集中第27军5个团，对被围新兴里的美第7师31团及第32团1个营，发起猛烈攻击，战至12月1日下午，将该敌3100余人全歼，创造了志愿军一次战斗全歼美军1个多团的范例。

新兴里之敌被歼后，美第10军的进攻全线动摇，12月1日开始全线向南撤退。志愿军第9兵团3个军即在长津湖以南80千米的地段上，对突围的美海军陆战队第1师展开了层层阻截、步步紧追。至12月12日，美海军陆战队第1师被歼过半，在空军和美第3师掩护接应下，最后突破志愿军的阻截而狼狈逃窜。志愿军第9兵团在东线作战共歼敌1.3万余人，彻底扭转了东线战局。毛泽东在12月17日的电报中给予高度评价，指出：“九兵团此次在东线作战，在极困难条件之下，完成了巨大的战略任务。”

至此，麦克阿瑟发动的总攻势已彻底失败，12月1日，全线向三八线撤退。志愿军抓住战机扩大战果，西线于12月6日进占平壤，23日全线进抵三八线；东线第9兵团于12月17日进占咸兴，24日收复兴南及沿海港口，美军第10军指挥的部队在300艘舰船的接应下，从海上撤往釜山。志愿军第二次战役结束。

此次战役，志愿军大获全胜，歼灭南朝鲜军两个师大部，予美军4个师和土耳其旅以歼灭性打击，共歼敌3.6万余人，其中美军2.4万余人，把以美国为首的“联合国军”从鸭绿江边打回到三八线，打出了中国人民的士气和志愿军的威风，根本扭转了朝鲜战局，奠定了援朝战争胜利的基础。美国最高军事当局认为，这次失败“是丢脸的失败”，是美军“历史上最可耻的一次失败”。

第7节 围城打援

围城打援是歼灭敌人重要方法之一。……普遍寻找敌之薄弱据点，采用围城打援方法，大量歼敌，转变敌我形势，甚为必要。①

“围城打援”，是以一部兵力围困或进攻敌人的城市或重要据点，诱使邻近地区的敌人前来增援，集中主力歼灭援敌于运动之中的一种打法。“围城打援”，围城是虚，打援是实。对此，毛泽东一语点破：“……作战方针应着重歼灭敌有生力量，然后敌占各据点自然容易为我收复。为实现此方针应采取围城打援办法。围攻城之目的不在得城，而在打援。”但是，围城也并非虚而无实，如

① 引自《围城打援是歼敌的重要方法之一》，见《毛泽东军事文集》第3卷，军事科学出版社、中央文献出版社，1993年版，第612页。

果围城兵力达不到敲山震虎，调动敌人的目的，打援也就是一句空话。“围城打援”总的要旨是：“攻敌所必救，消灭其救者，攻敌所必退，消灭其退者。”

实施“围城打援”的战术必须做到以下三点：一是正确选择围攻目标。这里所说的目标主要指敌军的要害部位，我攻击之，敌人非救不可。选择围攻目标一般包括敌部署的战略战役要点、交通咽喉、通讯枢纽、后勤基地、敌之首脑机关，等等。一旦我对上述目标发起围攻，一般都能调动敌人前来支援，造就我于运动中消灭援敌之条件。二是正确选择打援战场。“打援地区，自然要选定在敌人派援队到被援地路线的中间，使敌两地不能策应；并要距派援地略远一些，因为派援地的兵力，比被援地多，策应也灵动些。”三是正确部署兵力。围城之目的在于打援，因此，围城的兵力部署相对要少，能迷惑敌人，对敌造成压力，使其上当受骗即可。而兵力部署的重点应放在打援上，集中绝对优势兵力打击增援之敌，以保证有足够的兵力迅速迂回包抄一路或多路援敌，求得全歼。

1947年10月中旬，晋察冀野战军遵照毛泽东“调动敌人打运动战”的指示，采取围攻徐水以吸引南北两面敌人增援，歼灭运动之敌的方法，在清风店地区一举歼灭了由石家庄出动向北增援的国民党第3军主力。

10月13日晚向徐水城发起总攻，两日攻击未果，遂采取紧缩包围。

此时，敌94军主力共约6个团，集结于固城一带，15日可能沿铁路南下增援徐水，第16军主力4个团由大清河北调往容城以北杨村地区，拟向徐水增援。根据以上情况，野司于10月14日17时调整部署，2纵继续攻击徐水，3、4纵为机动部队，于固城、徐水间及徐水东北地区歼灭固城南援之敌。10月15日，固城、杨村之敌（固城3个团、杨村一部二路）向我固城、容城方向1、2、3号阵地攻击。野司原计划待敌攻不动向回收拢之机，我3、4两纵各抓敌一把，但敌非但没后撤，经数日激战，敌我双方于固城、徐水、容城地区反而形成僵峙局势。

正在这时，野司电报：野战军成立后的第一仗（即大清河北战役）没打好，现又形成对峙，我们意见调整部署，以3纵攻击涞水，2纵、4纵机动，寻机歼敌。3纵认为，此时攻击涞水，涿县与固城之敌势必对我形成夹击，难以奏效。建议“现地坚持，争取情况的变化”，意见被野司采纳。重新调整了部署：2纵为右翼守备部队，4纵西移集结待机，3纵主力仍位于现地区不动，并控制2号阵地西侧作为夹击力量。正因为这坚持一下的努力，战机出现了。

蒋介石对付我军的战略方针，是分成守备和机动两种兵团，用少于1/3兵力守备，多于1/2兵力机动。按此方针，罗历戎是想将第三军部和一个师、十六军一个团从石门调往保定，不仅使华北有了机动兵力，而且又把死兵变成活兵，既有利于华北战局，又能有效支援石门保卫战，企图通过调动兵力争取主动。

野战军司令员杨得志和政治委员罗瑞卿、杨成武令第2纵队的4旅、5旅继续围攻徐水，以进一步调动敌人。

此时，蒋介石认为我军兵力不足，已陷入被动，与我军决战的时机已到，急令驻守石家庄第3军军长罗历戎率领该军主力，立即向保定以北开进，南北夹击，围歼我军。

晋察冀野战军指挥员全面分析情况后认为，第3军主力孤军远程北上，处于运动状态，有利于我歼灭该敌，随即当机立断，决心组织主力部队秘密向南机动，力求歼敌第3军主力于保定以南的清风店地区。同时，仍以部分兵力伪装成野战军主力围攻徐水，抗击敌94军和16军的援兵，拖住敌人，为主力聚歼该敌争取时间。

18日晨，野战军首长亲自率领第4纵队，第2纵队的第4旅、第6旅及第3纵队的第9旅共6个旅，星夜兼程，疾驰南下，长途急行军200—250里，于19日晨分别到达指定地区，完全堵住了敌第3军北上的去路。

19日午后，敌人进到清风店时，方知我军已先期占领附近有利地形，意识到情况的严峻和复杂，部队迅速猬集于清风店及其以东大小20多个村庄内，构筑工事，组织防御。

我军抓住敌人后，决心早打快打，速战速决，避免遭敌南北夹击。为此，19日晚，迅速调整部署，将敌人围得水泄不通，完成了对敌人的战役合围。20日拂晓，乘敌人立足未稳，四面发起攻击。至21日12时，敌1万余人全部龟缩在这个不足400户人家的村庄里。22日3时，我军以5个旅的兵力，对敌发起了最后总攻击。在猛烈的炮火掩护下，我第6旅主力由北向南攻，第4旅及12旅部分兵力由南和西南向北和东北攻，第10旅、11旅由东和东北向西和西南攻，第9旅由西向东猛攻，使敌人四面八方处处受击，被动应付。

敌军长罗历戎见大势已去，带领残兵败将300余人仓皇向东南突围，途中被我34团和独立第8旅歼灭。战至11时30分，我军歼敌第3军军部、第7师全部、第16军第22师66团全部。俘敌第3军军长罗历戎、副军长杨光钰、第7师师长李用章以及官兵11 400余人，毙伤敌2000余人，连同保定以北的阻击战，共歼敌1.7万余人。

第8节　虚实周旋

而且我们可以人工地造成敌人的过失，例如孙子所谓“示形”之类（示形于东而击于西，即所谓声东击西）。①

孙子曰：“兵者，诡道也。”毛泽东打运动战时深悟其道，最善与敌虚虚实实反复周旋，直至引诱敌人做出错误判断，然后乘机歼敌。

毛泽东认为，运动战的最大特点是其“流动性”。这种流动，有时并不一定有全盘的计划，而是根据战场情况，敌变我变，调动敌人。毛泽东强调，部队“如果可以打时，就在当地打仗；如果不能打时，就应不失时机，迅速地转移到另一方向去。有时为着各个击破敌人，有刚才在这里消灭了敌人，又立即转移到另一方向去消灭敌人的；也有在这里不利于战斗，要立即脱离此敌到另一方向去进行战斗的。如果情况特别严重，游击部队不应久留一地，要像流水和疾风一样，迅速地移动其位置。兵力转移，一般都要秘密迅速。经常要采

① 引自《中国革命战争的战略问题》，见《毛泽东选集》第1卷，人民出版社1991年版，第209页。

取巧妙的方法，去欺骗、引诱和迷惑敌人，例如声东击西、忽南忽北、即打即离、夜间行动等”。

四渡赤水就是毛泽东运用虚实周旋最为成功的战例。

1935年1月19日，红一方面军由遵义出发，分三路向川黔边境的赤水方向开进。29日，红军各路纵队经土城、元厚场向西第一次渡过赤水河。

2月初，川军以10多个旅和黔军的一部兵力，分多路尾追红军，滇军3个旅也向这一方向急进，四面围追堵截，企图将红军歼灭在川黔边境。针对这一情况，为保存军力，待机歼敌，毛泽东决定向川黔滇三省边境敌军设防空虚的扎西（今威信）地区集结。2月18日至20日，红军在太平渡、二郎滩第二次渡过赤水河，回师黔北，迅速向桐梓、遵义方向前进，完全出敌意外，使追击之敌已落在红军后面3天至4天的路程。

2月24日，红军突然进攻桐梓，并很快夺下。26日，红军击溃进攻娄山关之敌，28日晨重占遵义城，并控制了城南的红花岗、老鸦山一线高地。

此时，蒋介石的嫡系部队第1纵队星夜兼程增援遵义，其59师和93师充当先锋，已接近我前沿阵地。毛泽东当即决定乘援敌孤军冒进，队形分散，而尾追之敌又被阻于娄山关以北的有利时机，集中主力歼敌于遵义以南地区。

28日，红军以部分兵力坚守阵地抗击敌人攻击，以红1军团主力从敌人战斗队形间隙实施猛烈反击，并直插敌第1纵队指挥所。敌纵队指挥官吴奇伟见状惊慌万分，丢下59师，率93师残部约1个团向烂板凳（地名）方向逃窜，红1军团穷追不舍，俘敌1800余人和大批武器，敌残兵败将逃过乌江。

5日之内，中央红军连下桐梓、娄山关、遵义，击溃和歼敌两个师又8个团，俘敌3000余人，缴获枪2000余支，取得了长征以来最大的胜利。毛泽东为此赋词《忆秦娥·娄山关》：“西风烈，长空雁叫霜晨月。霜晨月，马蹄声碎，喇叭声咽。雄关漫道真如铁，而今迈步从头越。从头越，苍山如海，残阳如血。”

中央红军取得遵义战斗胜利后，蒋介石于3月2日由武汉飞往重庆，亲自策划对中央红军新的围攻行动，企图采用堡垒推进和重点进攻相结合的战法，南北夹击，围歼红军于遵义、鸭溪地区。

毛泽东洞察其奸，将计就计，一方面派红9军团在桐梓、遵义地区徘徊寻敌，吸引川军向东；另一方面以主力由遵义西进寻机歼敌第2纵队，进一步扩大战果。15日，我军主力向位于鲁班场地区的敌第2纵队发起猛攻，但攻击未能奏效。为避免援敌来袭，毛泽东决定放弃打敌第2纵队，移兵他向。16日下午至17日中午，红军在贵州的茅台地区附近三个渡口第三次渡过赤水河，再次向四川南部的古蔺、叙永方向前进，途中击溃川军一个团的拦阻，尔后迅速进入附近山沟丛林里隐蔽集结。同时，派出一个团的兵力伪装主力继续向西北挺进，佯装红军又要北渡长江，使蒋介石上当受骗。

鉴于我调动敌人向西的目的已经达到，毛泽东当机立断，决定“秘密、迅速、坚决、出敌不备折而向东”“渡过赤水东岸，寻求主动”。3月21日至22日，红军主力由大村、两河口地区北上，在二郎滩、太平渡等地第四次渡过赤水河，并从敌人重兵集团之间分路向南急进，直逼敌防守空虚的贵阳城。尔后红军主力乘虚从贵阳、龙里之间，迅速穿过湘黔公路，大踏步地由黔南向云南前进。从此，中央红军转入无堡垒地区机动作战，取得了行动的自由权。

毛泽东指挥的四渡赤水，是运动战中灵活用兵的光辉典范，在中国革命战争史上留下了光辉的一页。聂荣臻元帅在回忆四渡赤水时说：“使我军由被动变为主动，以后陈毅同志对我说过，毛主席说四渡赤水是他一生中的得意之笔。我也深感毛泽东同志在军事指挥艺术上运用之妙，他确实才思过人，值得我们很好学习。”

第9节　敌进我进

诱敌深入，利于歼击。[①]

---

① 引自《诱敌深入利于歼击》，见《毛泽东军事文集》第6卷，军事科学出版社、中央文献出版社，1993年版，第146页。

运动战是正规兵团以歼击敌人有生力量为目标的战役战斗。当敌对我施以强大的进攻压力，而我从全局上无法与敌进行广泛周旋的时候，即应果断采取“敌进我进”的积极进攻行动，先发制人，变被动为主动。抗美援朝第一阶段的作战行动，即是最好的范例。

1950年10月下旬，毛泽东发现以美国为首的“联合国军”及其指挥的南朝鲜军前进甚速，志愿军已来不及先敌占领预定防御地区，且敌尚未发现志愿军入朝作战，正在分兵冒进，为志愿军在运动中歼敌提供了有利机会。毛泽东于是当机立断，于10月21日指示志愿军改变原定防御计划，采取在运动中歼敌的方针，指出：现在是争取战机问题，是在几天之内完成战役部署，以便几天之后开始作战的问题，而不是先有一个时期部署防御，然后再谈攻击的问题。10月25日，志愿军发起抗美援朝第一次战役，以一个军的主力配合朝鲜人民军在东线进行阻击，集中五个军又一个师于西线给“联合国军”以突然性打击，将其从鸭绿江边驱逐到清川江以南，挫败了“联合国军”企图在感恩节（11月23日）前占领全朝鲜的计划，初步稳定了朝鲜战局。

初战获胜后，彭德怀估计“联合国军”将继续进攻，决定采取诱敌深入的方针，以一部兵力节节抗击，主力后撤待机，准备在预定战场上各个歼灭敌人，并将刚入朝的3个军部署在东线，其余6个军部署在西线。毛泽东批准了这一方针和部署。此时，志愿军在前线的作战兵力达38万多人，与“联合国军”22万人相比，数量占有优势；敌错误估计志愿军最多有六七万人，遂于11月24日发起圣诞节前结束朝鲜战争的总攻势，志愿军按预定计划，故意示弱，将敌诱至预定地区后，立即发起反击，给以出其不意的打击，“联合国军”兵败于西部战线的清川江两岸和东部战线的长津湖畔，被迫弃平壤、丢元山，分陆路、海路退至三八线以南。志愿军赢得抗美援朝战争第二次战役的重大胜利，扭转了朝鲜的战局。

紧接着，毛泽东决定志愿军立即越过三八线，于1950年除夕发起抗美援朝第三次战役。志愿军集中6个军，在人民军3个军团的协同下，对依托三八线既设阵地进行防御的“联合国军”发起全线进攻，将其从三八线击退至北纬37°线附近地区，占领汉城（今首尔），并适时停止了战役追击。

第10节 运动防御

为着节节抵抗以求消耗敌人和争取余裕时间之目的，而采取半阵地性的所谓“运动性的防御”，更是属于运动战的必要部分。[①]

运动防御是指敌向我进攻时，我大纵深设防，节节抵抗，不在一处阵地与敌死拼，逐步迟滞消耗敌人。运动防御相对固守防御、专守防御而言，更具有灵活性和流动性。它不是在固定的点或线上死守，不以保守某座城镇或某一阵地为作战目标，而是以消灭敌人有生力量为主旨。毛泽东说：“关于丧失土地的问题，常有这样的情形，这是只有丧失才能不丧失，这是‘将欲取之必先予之’的原则。如果我们丧失的是土地而取得的是战胜敌人，加恢复土地，再加扩大土地，这是赚钱的生意。”因此，运动防御所表现出来的主动性和灵活性是前所未有的。它可因敌情变化而变化，可以大踏步地前进，也可以大踏步后退，不拘泥于某一地域，只要能够在运动中捕捉战机，歼灭敌人，即达到防御之目的。

中国人民志愿军入朝后，在不到三个月的时间内，连续进行三次战役未得休整，于是，在第三次战役结束后，除留少数部队在第一线担负警戒外，志愿军和人民军主力撤退至汉城、横城一线以北地区转入休整，准备春季攻势。

此时，美国当局对朝鲜战争形势已悲观到了极点，担心如果志愿军再次发动攻势，将会把美国第8集团军赶出朝鲜，同时也担心苏联会乘机攻击日本，而美国能够用于保卫日本的部队只有在朝鲜作战的第8集团军。鉴于这种担心，他们不得不考虑，一旦战场形势所迫，美第8集团军不得不撤回日本。美

① 引自《论持久战》，见《毛泽东选集》第2卷，人民出版社1991年版，第500页。

国决策者们为此大伤脑筋。

在战场上，于1950年12月下旬接替车祸死亡的沃尔顿·沃克出任美第8集团军司令官的马修·李奇微，对他的部队进行了整顿。为探明中朝军队的实力和部署，于1951年1月15日开始，发动了试探性进攻。当他探明志愿军第一线兵力不足，物资补给困难，短时间内不会发动进攻后，遂于1月25日开始，集中“联合国军”地面部队16个师又3个旅和1个空降团共23万余人，将美英军和南朝鲜军混合配置，以美军为主力，以西线为重点，在空军支援下发动了全线反扑。为了粉碎敌军的进攻，志愿军和人民军立即停止了休整，转入第四次战役。此时，志愿军的兵力没有得到任何补充，物资补给的困难状况没有得到任何改善，中朝军队第一线兵力共28万人，与敌军相比已没有多少优势。彭德怀司令员与金日成首相协商确定了“力争停止敌人前进，稳步打开战局，并从各方面加紧准备，仍做长期打算的方针”。

根据这一方针，并针对敌军进攻特点，彭德怀决定采取西顶东放的作战方针，以韩先楚副司令员指挥第38军、第50军和人民军第1军团在西线汉城东西地区汉江两岸，坚决阻击敌军进攻，牵制美军主力，掩护志愿军主力在东线寻机歼敌；以邓华副司令员指挥第39军、第40军、第42军、第66军向横城以北地区集结，在人民军第2军、第3军、第5军团配合下，诱敌深入，寻机歼敌一部。

韩先楚指挥的志愿军和人民军各部，在兵力单薄、粮弹补给困难的情况下，依托野战工事展开了顽强阻击。虽然敌军有飞机和地面火力的强大支援，但志愿军和人民军仍守住了汉江南岸的基本阵地，并毙伤敌1万余人，有力地牵制了美军主力，掩护了志愿军主力在东线的展开。2月11日晚至13日晨，东线志愿军主力4个军在人民军3个军团配合下，于横城以北地区全歼南朝鲜第8师3个团和美第2师1个营，并歼南朝鲜第3师、第5师各一部，共歼敌1.2万余人。尔后以人民军3个军团和志愿军2个军继续向南发展，以志愿军6个团围歼横城以西砥平里美第2师1个多团和法国营。志愿军对砥平里之敌连攻两夜，虽予其重大杀伤，但未能全歼。15日，敌军援兵赶到，增加了志愿军攻击的困难。同时敌军在整个战线上构成新的防线和完成了纵深防御部署，志愿军即使攻克砥平里，也难打退敌军的整个进攻。为避免同敌军拼消耗，志愿军遂于16

日拂晓前主动撤出对砥平里的攻击，志愿军和人民军全线转入运动防御，掩护志愿军后续兵团开进集结。

在第四次战役开始以后，毛泽东和周恩来鉴于战场上敌军在遭到志愿军打击后撤退快，而志愿军停止攻击后其转入反扑也快，不允许志愿军进行休整的情况，于2月中旬决定，志愿军在朝鲜实行轮番作战的方针，由以杨得志为司令员、李志民为政治委员的第19兵团（辖第63军、第64军、第65军），陈赓为司令员兼政治委员的第3兵团（辖第12军、第15军、第60军，陈赓未到职，由王近山副司令员率领）和在朝鲜休整的第9兵团为第二番作战部队，命令第19兵团、第3兵团于2月中旬和3月中旬先后入朝，准备4月中旬前后接替第一线作战。

为掩护志愿军第二番作战部队开进集结，创造下次战役的有利条件，志愿军和人民军第一线部队以空间换取时间，从南至汉城、横城一线，北至三八线地区，部署三道防线，每道防线纵深20～30千米，采取兵力前轻后重，火力前重后轻的配置，逐山逐水节节抗击，迟滞敌军进攻，顽强防御两个月。至4月21日，将敌军阻止于三八线地区。志愿军第二番作战部队第3兵团、第9兵团、第19兵团到达前线已完成战役展开，第四次战役遂告结束。

此次战役，志愿军在极为困难的情况下，灵活运用坚守阻击、战役反击和运动防御等多种作战方式，同人民军一起共歼敌7.8万余人，圆满完成了防御任务，为后续兵团的开进集结争取了时间。

第八篇
歼灭战战法

歼灭战是争取战场主动权，改变战场态势的重要作战样式之一。它能以摧枯拉朽之势作用于敌人，引起敌人强烈的震撼，对任何敌人都立即产生重大影响，有效地打击敌人士气，增强广大军民的胜利信心，也可以解决弱军武器装备和兵员的补充，逐步改变战争力量的对比。毛泽东十分注重歼灭战原则在战争中的运用，他指出："对于几乎一切都取决于敌方的红军，基本的方针是歼灭战。"

1937年9月25日，八路军115师首战平型关，歼灭日军坂垣师团1000余人，图为战斗最激烈的地点——乔沟 （视觉中国供图）

第1节　伤十不如断一

对于人，伤其十指不如断其一指；对于敌，击溃其十个师不如歼灭其一个师。①

毛泽东反复强调，战争的根本目的就是要保存自己、消灭敌人。只有大量消灭敌人的有生力量，才能逐渐改变敌我力量对比，赢得战争的最后胜利。为了更有效地贯彻消灭敌人的原则，在具体战役战斗的指导原则上，毛泽东特别强调要打歼灭战，以完全歼灭敌人整军、整师、整团为目标。他说：“总之，不打则已，打则必须有所缴获，与其击溃敌许多团，不如干净消灭敌一个团。”

毛泽东认为，弱军与强敌作战，尽量避免打消耗战或击溃战。因为“击溃战，对于雄厚之敌不是基本上决定胜负的东西”，而“歼灭战，则对任何敌人都立即起了重大的影响”。我军与强敌相比，无论在兵力数量上，还是在技术装备上都不如敌人，若与强敌打消耗战，则会被敌人“消耗”掉。为此，毛泽东说：“‘拼消耗’的主张，对于中国红军来说是不适时宜的。‘比宝’不是龙王向龙王比，而是乞丐向龙王比，未免滑稽。”又说：“对于几乎一切都取决于敌方的红军，基本的方针是歼灭战。”

打击溃战不能达到改变敌优我劣的目的。击溃敌人，虽暂时赶跑敌人，但敌人通过休整补充，又可恢复战斗力，很快又卷土重来。所以打击溃战对于敌军，犹如隔靴搔痒，未能釜底抽薪、去其根本。只有“全歼，方能最有效地打

① 引自《中国革命战争的战略问题》，见《毛泽东选集》第1卷，人民出版社1991年版，第237页。

击敌军，使敌军被歼一团少一团，被歼一旅少一旅。对于缺乏第二线兵力的敌人，这种战法最为有用。全歼，方能最充分地补充自己，这不但是我军目前武器弹药的主要来源，而且是兵员的重要来源。全歼，在敌则士气沮丧，人心不振；在我则士气高涨，人心振奋”。

“伤十指不如断一指”是对毛泽东打歼灭战战法的生动比喻和经典概括。我军在历次革命战争中都坚决贯彻这一作战思想，创造了无数个彪炳史册的战例。

1946年10月中旬，国民党军8个师10万余人，分三路向南满解放区发起进攻。辽东军区为打破国民党军的重点进攻，决定撤离安东、凤城等城市，集中兵力坚守东部山区，第4纵队奉命以一部兵力实行运动防御，迟滞国民党军中路的进攻。国民党军号称“千里驹师”的第25师，立功心切，在各路敌军中骄悍冒进。第4纵队在完成掩护各后方机关转移的任务后，决定利用第25师恃强骄横、孤军冒进的弱点，将其诱至新开岭以东地区进行围歼。先由第11师在25师正面示弱，且战且退，诱其冒进，然后集中纵队三个师的兵力，将25师合围在新开岭以东、爱阳边门以西的狭长谷地，发起猛烈攻击。敌25师先后组织向南、向西突围，均被第11师和第12师主力击退。第10师强行攻占制高点老爷岭。经两日激战，将25师全部歼灭。此役，辽东军区第4纵队伤亡2000余人，全歼国民党号称“千里驹师”的第25师共8000余人，俘师长以下5000余人，开创了东北民主联军在一次作战中歼国民党军一个整编师的先例。

第2节　拣弱的打

弱军对于强军作战的再一个必要条件，就是拣弱的打。[1]

① 引自《中国革命战争的战略问题》，见《毛泽东选集》第1卷，人民出版社1991年版，第208页。

拣弱的打，是毛泽东歼灭战思想的又一个重要原则。其要义是，在作战目标的选择上，应当首选我能够确保全歼的敌人，而不能贪大求多，从而保证实现打歼灭战的目的。

1946年2月上旬，东北国民党军集中4个美械装备师，分三路沿北宁铁路沟帮要道新民段向两侧地区发动进攻，企图驱逐东北民主联军部队，维护铁路运输，为其后续部队开进东北和进占沈阳创造条件。东北民主联军总司令林彪、政治委员彭真决心集中兵力，寻机歼敌一部。2月9日，国民党军第89师第265团第1营首先进入法库县城西南秀水河子村。11日，该师第266团及师属山炮连、运输连也进入秀水河子。东北民主联合军乘其远离总部、突出孤立之机，于13日黄昏以第3师第7旅、第11师及保安第1旅第1团等部共7个团的优势兵力，突然实施包围，各路猛攻，战至14日晨全歼守军。与此同时，担任阻援的第20团和保安第1旅第1团于秀水河子以南小荒地将援军第52军第2师第6团击溃，歼其一部。此次战斗是东北民主联军实施的第一个歼灭战，共毙伤国民党军1600人，缴获各种炮30余门，轻重机枪100余挺，步枪800余支，汽车20余辆。

在投入中国革命战争的实践之初，毛泽东就认识到，在敌强我弱的情况下，绝不能贪图一时的痛快，不顾敌我力量对比，选择强大的敌人作为作战目标。他反对一味地组织弱小的革命武装去进攻敌人的中心城市，提出了“农村包围城市”的重要战略思想。当敌人向我根据地发动“会剿”“围剿”时，面对数倍于己、多路“进剿”之敌，毛泽东每一次都把转危为安的攻击目标选择在敌数路中最弱的一路，从而确保首战告捷，各个击破。

解放战争中，他在“十大军事原则”中指出：“我们的军事原则是：（1）先打分散和孤立之敌，后打集中和强大之敌。（2）取小城市、中等城市和广大乡村，后取大城市。（3）以歼灭敌人有生力量为主要目标，不以保守或夺取城市和地方为主要目标。保守或夺取城市和地方，是歼灭敌人有生力量的结果，往往需要反复多次才能最后地保守或夺取之……（7）力求在运动中歼灭敌人。”上述四条都是告诫各级指挥员如何去选择作战目标。

强和弱是相对而言的，是可以转化和变化的。毛泽东认为，敌人不是铁板一块，而是有许多弱点和矛盾可以利用的。当敌人暂时比较强大，不便于歼击时，就要充分发挥主观能动性，通过“走”的过程，调动敌人，消耗、疲惫和分散敌人，使敌发生错误，暴露弱点，然后，我抓住稍纵即逝的战机，将由强变弱的敌人予以歼灭。

第3节 集中兵力

集中兵力看来容易，实行颇难。人人皆知以多胜少是最好的办法，然而很多人不能做，相反地每每分散兵力，原因就在于指导者缺乏战略头脑，为复杂的环境所迷惑，因而被环境所支配，失掉自主能力，采取了应付主义。①

拿破仑说：多兵之旅必胜。集中优势兵力是实施歼灭战的基本条件。毛泽东认为：“在全体上，我们是劣势（就数量来说），但在每一个局部上，在每一个具体战役上，我们是绝对的优势，这就保证了战役的胜利。随着时间的推移，我们就将在全体上转变为优势，直到歼灭一切敌人。”

“我们的战略是‘以一当十’，我们的战术是‘以十当一’，这是我们制胜敌人的根本法则之一。”“我们主张的集中兵力，是建立在保证对于战场作战的绝对或相对优势的原则上。对于强敌，或关系紧要的战场作战，应以绝对优势的兵力临之……对于弱敌或不关紧要的战场作战，临之以相对优势的兵力也就够了。”实行这一法则，首先要克服指挥员思想上的轻敌观念，既不能脱离敌我力量对比的实际情况，把口张得太大；也不能平分兵力，从而造成处处都无法解决敌人的结果。实行这一原则还要求指挥员必须把主力集中到主要的

① 引自《中国革命战争的战略问题》，见《毛泽东选集》第1卷，人民出版社1991年版，第222页。

作战方向或主要的突击方向上去，即“在有强大敌军存在的条件下，无论自己有多少军队，在一个时间内，主要的使用方向只能有一个，不应有两个”。这样，就必须在次要的、钳制方向上节约兵力，并在这个方向上主动放弃一些地方或城市，以保证主力遂行重要的作战任务。

毛泽东对集中的兵力数量非常重视，根据敌人战斗力的强弱，决定己方作战集中的兵力数量，并要求确保实现歼灭战的目标。例如1930年12月30日第一次反“围剿”的第一仗，集中4万人打张辉瓒的9000人；1931年5月29日第二次反“围剿”的最后一仗，在建宁打刘和鼎师，红军只用了1万多人。解放战争开始时，由于多年来没与蒋介石军队交手，对其战斗力水平心中无数，毛泽东十分关注各个战场上战役战斗的情况。苏中七战七捷后，他亲自向粟裕了解蒋军战斗力情况，详细询问每一仗敌我兵力数量。在《三个月总结》中，毛泽东指出：“集中优势兵力，各个歼灭敌人，是过去三个月歼敌25个旅时所采用的唯一正确的作战方法。我们集中兵力必须六倍、五倍、四倍，至少三倍于敌，方能有效歼敌。”1947年12月，基于我军战斗力的提高，蒋军战斗力的下降，毛泽东在“十大军事原则”中指出了：“每战集中绝对优势兵力（两倍、三倍、四倍，有时甚至是五倍或六倍于敌之兵力）。”抗美援朝战争中，他提出针对美军，要集中九倍于敌之兵力而歼灭之。

第4节　四面包围

每战集中绝对优势兵力（两倍、三倍、四倍，有时甚至是五倍或六倍于敌之兵力），四面包围敌人，力求全歼，不使漏网。①

① 引自《目前形势和我们的任务》，见《毛泽东选集》第4卷，人民出版社1991年版，第1247页。

古人云："捉贼而必关门……追贼者，贼有脱逃之机，势必斗死；若断其去路，则成擒矣。故小敌必困之。"其意为，追歼敌人，若敌能脱逃，势必拼命战斗；如果断其去路，敌军就易于歼灭了。所以，弱小之敌必要包围它。古代兵家有"关门捉贼"之计，世俗百姓有"关门打狗"之术，而今毛泽东有四面包围的战法。

毛泽东认为，四面包围是做到全歼速决最有效的办法。他说："为准备打一仗后，又打第二仗，又打第三仗，必须以主力一部抄敌后路，把敌包围消灭，免去追击。"在"十大军事原则"第四条中指出："四面包围敌人，力求全歼，不使漏网。"

四面包围是做到全歼敌人，无一漏网的最有效途径。贯彻四面包围的作战原则，除了必须尽可能选择分散孤立之敌作为歼灭目标外，还应尽量避免围歼敌之援兵容易到达的地区之敌，以防被外围之敌反包围，从而陷于不利地位。

1945年，新四军第3师歼灭两淮敌人的战役，就是一次典型的"四面包围"攻坚战斗。8月2日，部队由高良涧、蒋坝一线出发，向淮阴开进。与此同时，苏北地方武装5个团从东、北两面向淮阴逼近。27日6时，第10旅先头部队向淮阴外围敌人据点发动进攻，尔后主力陆续到达参战，在地方武装配合下，经3日激战，全部肃清淮阴外围据点，并对淮阴城构成包围态势。31日夜，第10旅调整部署，同时修筑高于城墙的多座火力点，开挖数条通道，直逼城下，合围敌人。9月6日14时，我军开始总攻，激战至15时30分，全歼伪军第28师师长以下约9000人，解放了淮阴城。随后，乘胜包围淮安县城，3师主力于15日进抵淮安城下。淮安位于淮阴东南17千米处，为运河线上水陆交通枢纽之一，城内和四周河流纵横，城墙高12米，是座水网坚城，守敌伪军共5000人。第7旅、第8旅及苏北军区武装一部经周密准备后，采取四面围攻部署，于22日18时开始总攻。各部在火炮掩护下，先后攻入城内，对敌实施多路穿插分割，各个围歼。战至15时，全歼伪军5000多人。在两淮战役中，第3师以极少代价，取得了歼灭伪军近1.4万人的重大胜利。

第5节 狠插猛割

……我军对其作战时，必须取集中优势分割歼灭方针……否则不易解决战斗，欲速不达。[①]

狠插猛割是毛泽东打歼灭战思想的重要体现。它通过穿插分割敌人，使我取得在局部上迅速形成绝对优势、易于达到全歼速决的效果，给敌以毁灭性打击，赢得战役战斗的决定性胜利。

狠插猛割的要旨是："合围就是防止敌人突围逃跑，割裂才能各个歼灭敌人。割裂必判断敌人防御体系，寻求其弱点（如敌人结合部、突出部、指挥部、展开态势的间隙、纵长队形与便于我军接近和割裂的地形之类），运用绝对优势兵力与火力，施行主要的向心的钳形突击，而使两个突破方向会合于一点。如此不断地割裂敌人成块而各个歼灭之，这就是围攻战斗指挥的要旨。"在保存的大量战争文电中，毛泽东多次特别强调要采用这一战法。例如，1947年8月，毛泽东在给西北野战军司令员兼政治委员彭德怀的电报中强调道："完全同意你的部署，但请注意分割该敌为几部分，逐一歼灭之。"又如，1948年12月，毛泽东在给华东野战军代司令员兼代政治委员粟裕、参谋长陈士榘和副参谋长张震等的电报中指出："此次对邱李孙作战，我各纵应大胆插入敌各军之间，分离各军，以利歼击。"

1946年，胶济铁路西段战役临近结束时，人民解放军山东兵团首长决心再歼已经陷于孤立的昌乐、潍县守敌。此时，敌第二绥靖区司令王耀武进一步加

① 引自《集中优势兵力分割歼灭敌人》，见《毛泽东军事文集》第3卷，军事科学出版社、中央文献出版社，1993年版，第368页。

强了兖州的防御，并调整编第75师位于泰安机动。潍县是山东境内沟通东西交通的咽喉，城防工事坚固，守敌为整编第45师（欠2个团）和保安部队，连同周围数十县的地主恶霸及反动武装，共3.8万余人。

山东兵团首长鉴于潍县之敌已深陷解放区的包围之中，决心集中第9纵队、渤海纵队、鲁中纵队等部共22个团的兵力和火炮893门围攻潍县，采取稳扎稳打的方针，首先分割潍县与昌乐外围据点的联系，扫平四关守敌，攻取敌重点守备的西城，然后依托西城攻取东城并扫清外围各据点之敌。以第7纵队、第13纵队一部与渤海、胶东军区部队阻击济南、青岛方向来援之敌；以第13纵队主力担任总预备队。

4月2日，攻城部队开始向潍县开进，对敌进行狠割猛插，至8日完成了对外围敌人的分割和对潍县的包围。激战至18日，先后攻占敌外围据点坊子等50余处，肃清了四周敌人。随后，我军暂停攻城，以此迷惑敌人，隐蔽实施近迫作业等攻城准备。23日，我军猛攻西城，以猛烈炮火结合坑道爆破，首先在北面打开缺口。24日晨，我继续组织后续梯队登城，与敌展开巷战，当夜全部占领西城。26日夜，我军又一举突破东城，残敌由东南越城逃跑，被我城外部队截歼。与此同时，昌乐、安邱等地被围之敌也相继被歼。

在我军发起战役后，青岛敌军5个旅于4月5日西援，被我阻援部队阻击在大沽河沿岸。王耀武亲率整编第84师及整编第75师、第73师于6日从济南东援，沿途被我歼灭3000余人。我军攻克潍县后，敌东西援兵分头撤回。

此役，我军首先分割潍县守敌与外围据点及由东西两面来援之敌的联系，然后采取重点突破的方法，先后突入西城和东城，割裂了城内守敌的联系，从而无论在战役的全局上还是在具体战斗中，都贯彻了分割围歼的指导思想，为取得战役的胜利创造了条件。

第6节　先袭要害

红军的作战一般是奇袭。[1]

俗话说，打蛇打七寸，擒贼先擒王。凡事总有个主要次要、轻重缓急，只要善于抓住主要矛盾，把握关节点，就能做到事半功倍。正如《为侯景叛移梁朝文》所言："抽薪止沸，剪草除根。"打仗也是如此，只要抓住其根本，把握其关节点，就能釜底抽薪，稳操胜券。

在指导战争的问题上，毛泽东不但强调要关照全局，同时也强调必须把握关节，二者不可偏废。所谓关节，就是指对战争全局起着决定作用的枢纽部，即关键点，也就是战争中诸多矛盾中的主要矛盾。毛泽东指出，要"抓住战略枢纽去部署战役，抓住战役枢纽去部署战斗"。刘伯承创造并采用的"五行术"，即对任务、敌情、我情、地形、时间等具体情况，进行综合分析，抓住主要矛盾去贯彻战略意图的方法，就是对毛泽东关于把握关节点的指导原则的具体运用。

在解放战争中，我军由战略防御转入战略进攻的时机、方向、样式、部署和协同，都充分体现了毛泽东善于抓住关节指挥作战的高超艺术。例如，在辽沈战役中，许多将领都主张先打长春，而毛泽东独具慧眼，找准关节，主张一定要先攻打锦州。毛泽东认为，攻打锦州即击中了国民党军的要害之处，"攻占义县锦州锦西是东北整个战局的关键。只要打下锦州，你们就有了战役上的主动权，而打下长春，并不能帮助你们取得主动，反而将增加你们下一步的困难。把作战重点放在锦州锦西方面是正确的"。先攻锦州的方案，"切断了东北敌人与关内的联系，在战略上又是中间突破，使两翼的卫立煌、傅作义相互

① 引自《中国革命战争的战略问题》，见《毛泽东选集》第1卷，人民出版社1991年版，第228页。

孤立”。锦州战役后，被俘的范汉杰，感叹道：“置长春不顾，集中兵力首先攻克锦州，这一条非雄才伟略之人是做不出来的。”

先袭要害，是毛泽东关于抓住主要矛盾的哲学思想在战役战斗指挥上的具体运用，在作战中起着牵一发而动全身的作用。在中国革命战争中，我军灵活运用此战法，并常常得到了事半功倍的良好效果，袭敌一点，伤至全身，为而后更大规模地彻底歼灭敌人奠定良好的基础。

第7节 速战速决

战役和战斗的原则与此相反，不是持久而是速决。在战役和战斗上面争取速决，古今中外都是相同的。在战争问题上，古今中外也都无不要求速决，旷日持久总是认为不利。[①]

毛泽东说：“战略的持久战，战役和战斗的速决战，这是一件事的两个方面，这是国内战争的两个同时并重的原则，也可以适用于反对帝国主义的战争。”他指出，在总体实力敌强我弱的情况下，必须采取持久作战的战略，但在具体的战役战斗上，必须积极贯彻速战速决的方针，实现速决与持久的有机统一。

毛泽东认为，实施战役战斗上的速战速决“主要的条件是准备充足，不失时机，集中优势兵力，包围迂回战术，良好阵地，打运动中之敌，或打驻止而阵地尚不巩固之敌。不解决这些条件，而求战役或战斗的速决，是不可能的”。只有在具体的战役战斗中努力贯彻速战速决的方针，才有可能在援敌未到达之前彻底消灭陷入我四面包围之敌，为我军迅速移兵他向，打赢下一场战

① 引自《中国革命战争的战略问题》，见《毛泽东选集》第1卷，人民出版社1991年版，第234页。

斗创造条件。

1946年8月中旬，国民党军以14个整编师32个旅约30万人，企图以优势兵力钳击晋冀鲁豫野战军于陇海路以北定陶、曹县地区，占领鲁西南，打通平汉线。

晋冀鲁豫野战军司令员刘伯承、政治委员邓小平认为，当前之敌虽占优势，但其第一线进攻兵力只有15个旅，若再深入解放区，必将更加分散，如能抓住战机，速战速决歼其1个师或2个师，即可打破敌之进攻。随即制订了集中4个纵队5万余人、4倍于敌的兵力，准备首先诱歼整编第3师于定陶以西，尔后视情况再歼整编第47师一部或大部的作战计划。

9月2日，国民党郑州绥靖公署主任刘峙将整编第3师、第47师合攻定陶的计划，改为整编第3师进攻菏泽，整编第47师进攻定陶，这样该两师的间隔即由原来的7.5～10千米扩大到10～12.5千米，其余各路敌人分别距整编第3师、第47师达40～100千米。刘伯承、邓小平当即决定：乘徐州、郑州两路敌军钳形攻势尚未合拢，整编第3师已经疲惫，且与整编第47师间隔大之机，放手诱整编第3师至大黄集，于9月3日23时30分开始对其发起攻击，至9月6日中午将整编第3师全部歼灭，俘师长赵锡田。然后，转用兵力于7日从侧后向整编第47师展开猛烈卷击，经1天激战，全歼其2个旅。同时，乘其他各路敌军撤退之机，追击整编第41师、第55师、第68师，8日上午又歼其约1个团。至此，国民党军进攻被挫败。定陶战役历时5天，晋冀鲁豫野战军歼灭国民党军1个整编师师部、4个旅共1.7万余人，其中俘1.2万余人。

第8节　连续歼击

我军以少数兵力牵制敌军的其余各旅（或团），使其不能向被我军围击的旅（或团）迅速增援，以利我军首先歼灭这个旅（或团）。得手后，依情况，或者再歼敌军一个旅至几个旅（例如我粟谭军在如皋附近……）。①

解放战争初期，由粟裕指挥的苏中七战七捷战役不仅重创了国民党军的进攻锐气，受到毛泽东的表扬，而且为毛泽东总结战争初期的经验，撰写《集中优势兵力，各个歼灭敌人》提供了宝贵的实战依据。

1946年6月下旬，全面内战爆发。7月上旬，国民党以正规军58个旅约46万人向华东解放区发起进攻。苏中解放区是华东解放区的一部分，南濒长江，北连淮阴、淮安，东临黄河，西抵运河，直接威慑国民党统治中的南京，是国民党军进攻的主要方向之一。第一绥靖区司令官李默庵指挥5个整编师共15个旅约12万人集结于长江北岸南通、靖江、泰兴、泰州一线，企图先占如皋、海安，尔后再沿（南）通（赣）榆公路和运河一线向北进攻，与向淮南、淮北进攻的国民党军相配合，夹击苏皖解放区首府淮阴。

华中野战军司令员粟裕、政治委员谭震林根据苏中地区物产丰富，补给方便，部队成分多系苏中人民子弟兵，熟悉地形、民情，在苏中作战比较有利的情况，决定集中第1师、第6师和第7纵队、第10纵队共19个团3万余人的兵力，在苏中军区部队和民兵的配合下，运用集中优势兵力、各个歼灭敌人的战法迎击多路来犯之敌。

第一仗，于7月13日集中五倍于敌之兵，抢在敌人7月15日进攻之前，突然向守备较薄弱的国民党整编第83师第19旅第56团、第57团及旅属山炮营发起攻击，共歼其3000余人，获初战胜利。

第二仗，主力转兵东指，不顾疲劳，远途奔袭，三夜强行军50千米，直插如皋以南，以四倍于敌的兵力出其不意地合击立足未稳的整编第49师侧后。经7月19—20日两夜攻击，歼灭整编第49师师部、第26旅全部及第79旅大部共万余人。

第三仗，经数日休整补充，8月10日获悉驻海安的敌新编第7旅和驻李堡的第105旅调防，秩序混乱，于当夜对敌发起攻击，至11日晨全歼新7旅，下午又歼灭第105旅1个团，前后20个小时共歼国民党军1个半旅8000余人。

第四仗，经短期休整后隐蔽南下，于8月21日晚突然向丁堰、林梓守军发

① 引自《集中优势兵力，各个歼灭敌人》，见《毛泽东选集》第4卷，人民出版社1991年版，第1197页。

起攻击，激战至22日，歼5个交警大队5000余人，切断南通至如皋的公路，打开了主力西进泰州、扬州的通道。

随后，苏中野战军采取先打弱敌后打强敌的战法，于8月26日集中兵力先歼灭了分开的第99旅，紧接着转用兵力，于27日将加力的第187旅和第79旅1个团大部歼灭，31日乘胜攻占黄桥，守军第160旅5个连投降。此三仗再歼敌2个半旅1.7万余人。

苏中七战七捷，在一个半月之内，歼灭国民党军6个旅及5个交警大队共5.3万人，占进犯苏中国民党军总兵力的44%。

第9节　半歼灭战与歼灭性打击

在目前情况下，给敌以歼灭与给敌以歼灭性打击，必须同时注重。给敌以歼灭是说将敌整旅整师干净全部地加以歼灭，不使漏网。[①]

兵无常势，水无常形。战争的发展，虽然有规律可循，但是它也包含着诸多变量和未知因素。若战争指挥者因循守旧，墨守成规，终将吃大亏。

毛泽东坚持打歼灭战，极力反对打击溃战，这是由当时的革命形势所决定的。然而，到解放战争时期，敌我双方力量对比有明显的改变，战争形势也发生较大变化，毛泽东因势而变。1947年8月提出了打半歼灭、半击溃战的战法，强调“给敌以歼灭与给敌以歼灭性打击，必须同时注重”。

对打半歼灭战，毛泽东有着独到的见解。他说：“在目前情况下，给敌以歼灭与给敌以歼灭性打击，必须同时注重。给敌以歼灭是说将敌整旅整师干净

① 引自《给敌以歼灭与歼灭性打击须同时注重》，见《毛泽东军事文集》第4卷，军事科学出版社、中央文献出版社，1993年版，第216页。

全部地加以歼灭，不使漏网……这是我军的基本方针，这是在敌军分散孤立、敌援兵不能迅速到达之条件下必须实行的正确方针。但在敌军分数路向我前进，每路相距不远，或分数路在我军前进方向施行防堵，每路亦相距不远之条件下，我军应当采取给敌以歼灭性打击的方针。这即是说，不要四面包围，只要两面或三面包围，而以我之全力用于敌之正面及其一翼或两翼，不以全部歼灭敌军为目标，而以歼灭其一部、击溃其另一部为目标。这样做，可以减少我军伤亡，其被歼灭之部分可以补充我军，其被击溃之部分可以使其大量逃散，敌能收容者不过一部分，短期内亦难恢复战斗力。”

在解放战争的第一年里，我军就坚决贯彻打半歼灭战的原则。要求一旦有歼灭敌人的机会，就不能放过任何一部分敌人，能歼灭则歼灭之，不能完全歼灭则击溃之，以达到我军逐步消耗敌人的战略目的。正是由于正确运用了这一原则，我军在解放战争的第一年得以大量地歼灭敌人，逐步改变敌我力量对比，为第二年转入战略进攻创造了极为有利的条件。

“歼灭战与歼灭性打击”是打歼灭战原则的组成部分之一，是中国革命战争发展到特定时期的产物。此战法在我军战争史上所运用的比重并不很大，但在解放战争中期曾发挥过重大作用。

1947年9月，在西北战场上，胡宗南部经沙家店战役的打击后，主力自绥德地区南撤延安。此时，在延安以东、以北的绥德、子长、清涧、延川、延长等城，只有敌整编第76师师部、第24旅及第165旅残部等不足两个旅的兵力担任守备任务；在黄龙山区东起黄河，西至洛川、同官（铜川）之间广大地区只有6个团的兵力分散驻守。上述敌情对我军歼灭敌人提供了极为有利的条件。

9月23日，中央军委决定西北野战军除以一部南下黄龙山区，以减少陕北粮食消耗并牵制敌人外，主力在一段时间内仍然留在陕北内线作战和筹集粮草，为而后转入外线作战做准备。遵照中央军委的指示，西北野战军决定以第1纵队、第3纵队继续留在内线执行作战任务，以第2纵队、第4纵队向黄龙地区挺进，配合主力在内线歼敌。

9月下旬，我西北野战军第2纵队、第4纵队进入黄龙地区以后，纵队首长根据敌我双方的实际情况，决定尽量歼灭该地区敌之有生力量，打小规模歼灭战或给敌以歼灭性打击，以配合内线部队在陕北地区作战。9月25日至10月21日，第2纵队、第4纵队先后在白水、石堡（今黄龙）、韩城、宜川等城镇向敌人发动进攻，歼敌整编第90师一部，俘虏宜川守敌中将指挥官许用修，缴获野炮6门、山炮4门及大批军用物资。我军鉴于敌整编第1军军长董钊率整编第1师、第90师及整编第27师1个旅由延安支援宜川，为保持主动，乃决定将第4纵队撤至固临地区，第2纵队由圪针滩东渡黄河，进行休整。

黄龙战役中，由于我军针对敌我双方的实际情况，正确采取打半歼灭战或给敌以歼灭性打击的作战原则，作战目标恰到好处，当战役进行到一定程度后又适可而止，从而取得了胜利，达到了预期的战役目的。

第10节　零敲牛皮糖

打美英军和打伪军不同，打伪军可以实行战略或战役的大包围，打美英军则在几个月内还不要实行这种大包围，只实行战术的小包围，即每军每次只精心选择敌军一个营或略多一点为对象而全部地包围歼灭之。这样，再打三四个战役，即每个美英师，都再有三四整营被干净歼灭，则其士气非降低不可，其信心非动摇不可，那时就可以作一次歼敌一个整师，或两个三个整师的计划了。[①]

零敲牛皮糖，是指弱军对强敌作战时要像吃牛皮糖那样，一点一点地歼灭，经过一定时间的“零敲”，“集小胜、多胜为大胜”，最后“吃掉”敌人。

零敲牛皮糖是集中优势兵力打小歼灭战的一个形象化的提法，是毛泽东“打歼灭战”“持久与速决”“藐视与重视”等作战原则在抗美援朝战争中的

① 引自《对美英军在几个月内只打小歼灭战》，见《毛泽东军事文集》第6卷，军事科学出版社、中央文献出版社，1993年版，第282页。

运用和发展，是积极防御思想的具体体现，是以劣势装备之军战胜具有现代化优势装备之敌的有效战法。

零敲牛皮糖战术的实质是打小歼灭战。毛泽东说：“历次战役证明我军实行战略或战役性的大迂回，一次包围美军几个师，或一个整师，甚至一个整团，都难达到歼灭任务。这是因为美军在现时还有颇强的战斗意志和自信心。为了打落敌人的这种自信心以达最后大围歼的目的，宜每次作战野心不要太大，只要求我军每一个军在一次作战中，歼灭美、英、土军一个整营，至多两个整营，也就够了……这就是说，打美英军和打伪军不同，打伪军可以实行战略或战役的大包围，打美英军则在几个月内还不要实行这种大包围，只实行战术的小包围，即每军每次只精心选择敌军一个营或略多一点为对象而全部地包围歼灭之。”

零敲牛皮糖战术要求速战速决，以成建制地消灭敌人为主，每次战斗的企图不要太大，以每一战役平均一个军能全歼美军一个营，对韩军则要求每军平均能歼灭敌一个团为原则，积小胜为大胜，逐步向打大歼灭战过渡。毛泽东指出：

“此种作战，在若干被选定的战术要点上，集中我军优势的兵力火力，采取突然动作，对成排成连成营的敌军，给以全部和大部的打击；然后在敌人向我军举行反攻的时机，又在反复作战中给敌以大量杀伤；然后依情况，对于被我攻克的据点，凡可以守得住者固守之，不能守住者放弃之，保持自己的主动，准备以后的反攻。此种作战方法，继续实行下去，必能致敌死命，必能迫使敌采取妥协办法结束朝鲜战争。”

运用零敲牛皮糖战术，“必须有一定的时间进行必要的准备；必须在集中优势兵力、火力的同时，注意将战术分割包围同战役分割包围结合起来；必须有二梯队或预备队，以扩张战果，预防万一”。

抗美援朝战争中，中、朝军队坚决贯彻毛泽东的指示，用零敲牛皮糖战术，广泛开展了“你歼敌一个班，我歼敌一个排”的小歼灭战运动。彭德怀回忆当年深入贯彻毛泽东零敲牛皮糖战术时，感慨道：“构筑稳固的阵地线，在1951年夏季已经出现了，对敌军进行主席指示零敲牛皮糖战术开始了。即集中最大限度的火力、兵力，做好隐蔽进攻阵地，每次歼灭敌一部，大多是敌一个营。打了不少这样的歼灭战，每月四五次，集中起来也不少了，而且真正学会了阵地攻坚战。”1952年春夏巩固阵地作战，我军以积极的小部队战斗活动和狙击活动打击敌人，逐渐将作战重点推向敌人阵地，予敌以重大打击，这一时期使用的主要战法就是典型的零敲牛皮糖战法。

3月底以前，由于我军以坑道为骨干、支撑点式的防御体系还刚完成，阵地尚不巩固，因此，我军的作战活动主要是粉碎敌人的小规模进攻和小分队的侦察、袭扰活动。与此同时，我军也组织连以下小分队采取伏击、反伏击、偷袭等战术手段积极主动地打击敌人，并开展狙击活动（当时称冷枪冷炮活动），大量杀伤敌暴露的有生力量和摧毁敌之武器装备，以掩护我军的筑城活动。

在我坑道工事形成一定规模之后，志愿军司令部于3月19日发出指示，要求我第一线各军在3月底4月间各组织一两次小型的以歼敌连以下部队为目标的“有准备、有计划、有节制的主动攻击”战斗。3月26日，又明确提出以“采取积极手段，巩固现阵地，不放过任何有利战机，歼击运动的、暴露的敌人，相机挤地方”为我军的作战方针。此后，我军的小部队战斗活动有了更进一步的发展。

自4月初起，我军开始有组织、有计划地进行挤占敌我双方中间地带和攻取敌突出的连、排支撑点的作战活动。在我挤占中间地带、攻取敌前沿支撑点的同时，狙击活动也在全线普遍开展起来，并且日益活跃。这时，我军每一个阵地都组织了特等射手、神炮手依托阵地捕歼敌之暴露目标。此外，还组织了游动火炮，实施机动射击，打击敌运动中的坦克和车辆，并开始有计划、有组织地开展摧毁敌军炮兵阵地的战斗。根据不完全统计，5月到8月的狙击作战，我军共歼敌13 600余名（不含游动火炮狙击战果），大量杀伤了敌之有生力量，有效限制了敌在其基本阵地的昼间活动。

在以后的作战过程中，我军的战斗力虽然大大提高，每战歼敌数量越来越多，但使用的基本战法仍然是零敲牛皮糖。直到1953年夏季反击战役的第三次进攻作战，其基本战法仍然是如此。这次进攻作战（6月24日至7月27日），中国人民志愿军与朝鲜人民军在对敌展开的全线性有限目标的进攻中，第一线各军选准敌排、连支撑点和个别营防御枢纽部位共66个目标，在炮火支援下，集中兵力，依托阵地，突然行动，我军共作战45次，打退敌排以上兵力反扑作战480余次，毙、伤、俘敌7.8万余人，收复土地178平方千米，缴获坦克45辆、汽车279辆、各种枪支7400余支。

第九篇
战略进攻战法

解放战争的战略防御阶段，中国人民解放军坚决贯彻了毛泽东“以歼灭敌人有生力量为主要目标”的作战方针，在各个战场相互配合，积极歼敌，捷报频传。当敌我力量对比发生根本性扭转后，毛泽东指挥人民解放军适时转入战略反攻，进行战略决战，发动全线进攻和追击，解放了大陆。毛泽东兵法中也增添了战略反攻与进攻这浓重的一笔。

1949年，渡江战役中，解放军渡江的壮观场面 （视觉中国供图）

第1节　战略转换

目前军事形势，已向有利于人民的方向发展。……我军如能于今后数月内，再歼其四十至五十个旅，连前共达一百个旅左右，则军事形势必将发生重大的变化。[①]

1946年6月底，国民党反动派撕毁《停战协定》和“政协决议”，使用了全部正规军的80%，即193个旅（师）约160万人向解放区发动全面进攻，打响了中国历史上最大规模的全面内战。

针对国民党反动派的倒行逆施，毛泽东坚定地指出：黑暗即将过去，曙光就在前头；我们必须打败蒋介石，我们能够打败蒋介石。他为人民解放军制定了转换战略形势的正确的作战方针，即依靠解放区的有利条件，实行战略内线中的战役和战斗的外线作战；以集中兵力打运动战为主，以分散兵力打游击战为辅；以歼灭敌人有生力量为主要目标，不以保守或夺取地方为主要目标；每战必集中绝对优势兵力，四面包围，力求全歼；战略上的持久战，战役战斗上的速决战。

在毛泽东的正确指挥下，各解放区的人民军队先后粉碎了优势敌人的全面进攻和重点进攻，逐渐改变了敌强我弱的状态，并在部分战场上转入了战略反攻。

蒋介石以全面进攻、速战速决为战略方针，企图首先消灭关内各解放区的解放军，然后集中兵力解决东北问题。他依仗其军事优势，狂妄地宣称要在3

① 引自《迎接中国革命的新高潮》，见《毛泽东选集》第4卷，人民出版社1991年版，第1211页。

至6个月内打败人民解放军。面对此种形势，毛泽东指出："战胜蒋介石的作战方法，一般地是运动战。因此，若干地方，若干城市的暂时放弃，不但是不可避免的，而且是必要的。暂时放弃若干地方若干城市，是为了取得最后胜利，否则就不能取得最后胜利。"在这一战略方针指引下，我军在各个解放区展开了积极防御，经过8个月的内线防御作战，至1947年2月，经过160余次作战，敌虽占领了我105座城市，但我军却歼敌71万余人，打退了国民党军的全面进攻。

面对兵力分散、屡战屡败的局面，1947年3月，国民党军放弃对解放区的全面进攻，集中兵力对山东解放区和陕甘宁解放区实行重点进攻。针对敌之企图，人民解放军在陕北、山东战场上采取诱敌深入的方针，捕捉战机，集中优势兵力各个歼敌；在其余战场上积极反攻，配合陕北、山东战场作战。

在陕甘宁解放区，国民党军集中34个旅25万人由南、西、北三面进攻。西北野战军在彭德怀指挥下，针对胡宗南急于寻求我军主力决战的心理，采取"蘑菇战术"与敌周旋，在撤离延安后的45天里，先后取得青化砭、羊马河、蟠龙镇的三战三捷，歼敌2万余人，稳定了陕北战局。此后，西北野战兵团又进行了陇东、三边战役，再歼敌军4700多人，收复了大片失地。

在山东解放区，敌集中24个整编师约45万人，采取密集靠拢、加强联系、稳扎稳打、逐步推进的战法，向鲁中山区进攻，企图消灭华东野战军主力或逼其北渡黄河，全部占领山东解放区。华东野战军在鲁南、鲁中地区实行"耍龙灯"式的高度机动回旋，持重待机，主力部队集中5倍于敌的兵力发起了孟良崮战役，从5月13日战至16日，全歼号称国民党军"五大主力"之一的整编第74师，共歼敌3.2万余人，击毙中将师长张灵甫。

其他解放区趁敌守备薄弱之机，相继展开了攻势作战。晋冀鲁豫野战军于3月至5月先后发动豫北攻势和晋南攻势，歼敌5万余人，收复和解放城市30余座。晋察冀野战军于4月至5月向石家庄外围及正太路东段出击，共歼敌3.5万余人，随后又进行青仓战役、保北战役，歼敌2万人。东北民主联军于1947年5月至6月发动了大规模的夏季攻势，经过50余天连续作战，歼敌8万余人，收复城市42座。

在解放战争第一年的总结中，毛泽东说：“第一年作战，敌人以248个正规旅中的218个旅160多万人，近百万的特种兵（海军、空军、炮兵、工兵、装甲兵）以及伪军、交通警察部队、保安部队等，向我解放区大举进攻。我军正确地采取战略上的内线作战方针，不惜付出30余万人的伤亡，大块土地的被敌占领，使自己随时随地立于主动地位，因而争取了歼敌112万人，分散了敌军，锻炼和壮大了我军，并且在东北、热河、冀东、晋南、豫北举行了战略性的反攻，收复和新解放了广大的土地。我军第二年作战的基本任务是：举行全国性的反攻，即以主力打到外线去……”

第2节　外线出击

努力争取于五一以前在内线解决蒋军主力，并完成外线作战的一切准备条件。[①]

1947年7月21日，陕北靖边县的小河村在炎炎夏日中寂静无声。而此时，在一间普通乡村的民房中，一场会议却开得异常热烈。参加会议的人员有毛泽东、周恩来、任弼时、彭德怀、贺龙等。毛泽东阐述了他谋划已久的战略决定：“向中原出动，转变为外线作战！”

外线出击是毛泽东把握时局，适时决策的重大战略举措。它指在我军实力相对敌军有较大改变的情况下，为达成战略反攻，以主力部队主动进攻敌军，变内线歼敌为外线作战，把战争引向敌占区去。毛泽东说：“和全民为敌的蒋介石政府，现在已经发现它自己处在全民的包围之中。无论在军事线上，或者

① 引自《准备于五月开始转为外线作战》，见《毛泽东军事文集》第3卷，军事科学出版社、中央文献出版社，1993年版，第638页。

是在政治线上，蒋介石政府都打了败仗，都已被它所宣布为敌人的力量所包围，并且想不出逃脱的方法。”因此，“我军第二年作战的基本任务是：举行全国性的反攻，即以主力打到外线去，将战争引向国民党区域，在外线大量歼敌，彻底粉碎国民党将战争继续引向解放区、进一步破坏和消耗解放区人力物力、使我不能持久的反革命战略方针”。执行外线出击战略，必须坚持多打胜仗和争取群众同时并重。毛泽东指出：“到国民党区域作战争取胜利的关键：第一是在善于捕捉战机，勇敢坚决，多打胜仗；第二是在坚决执行争取群众的政策，使广大群众获得利益，站在我军方面。只要这两点做到了，我们就胜利了。”

1947年6月，毛泽东指示刘邓、陈（赓）谢（富治）、陈（毅）粟（裕）三路大军挺进中原，实施战略展开，开始了外线出击。具体部署是：“除刘邓大军直趋大别山外，陈粟的华东野战军向豫皖苏挺进，陈谢率晋冀鲁豫野战军一部强渡黄河，向豫西挺进，陕北、山东也一齐动手，全面配合。”

在中央军委的部署下，1947年6月30日，刘伯承、邓小平指挥晋冀鲁豫野战军4个纵队12万余人，在山东阳谷以东张秋镇至菏泽以北临濮集地段一举突破敌黄河防线，发动鲁西南战役，揭开了我军战略进攻的序幕。刘邓大军采取攻敌一点、吸敌来援、各个击破的战法，首先夺取郓城、定陶、曹县等地，摆脱背水作战的不利局面，然后抓住敌王敬久兵团主力正在运动中和兵力分散的弱点，集中兵力取得六营集、羊山集两仗的胜利。至7月28日，歼敌4个整编师师部、九个半旅6万余人，迫使蒋介石从陕北、山东等地抽调7个整编师17个旅驰援鲁西南，有力配合了西北和山东人民解放军粉碎敌人重点进攻的作战，打乱了敌人的战略部署，为挺进大别山开辟了道路。8月7日，刘邓大军突然甩开敌军，经巨野、定陶之间跳出敌合围圈，然后兵分三路迅速南下，越过陇海路、涉过黄泛区，跨过沙河、涡河、汝河、淮河等重重障碍，以“狭路相逢勇者胜”的英雄气概直插大别山中心地区。至27日，刘邓大军全部渡过淮河进入大别山区，完成了千里跃进的任务，粉碎了敌人围追堵截的计划。之后，遵照中央军委关于“分散大敌，使敌主力疲于奔命”和“歼灭小敌，发动群众，解决物资”的指示，放手发动群众，创建和巩固根据地，并抓住战机取得了张家店、高山铺等战役的胜利。至11月下旬，共歼敌3万余人，解放县城24座，建立了33个县的民主政权，初步完成了战略展开。至此，刘邓大军终于在中原地区站稳了脚跟，“恰似一把利剑插进蒋介石反动统治的心脏”。

为调动陕北胡宗南部并协助刘邓大军经略中原，陈赓、谢富治指挥晋冀鲁豫野战军8万余人，于8月22、23日在垣曲东西地区突破敌黄河防线，挺进豫西，转战豫陕鄂边区。经过3个多月作战，至11月底，陈谢集团共歼敌5万多人，解放县城10余座，建立了豫陕鄂边区行政公署、8个专署和39个县政权，完成了战略展开，开辟了豫陕根据地，有力配合了刘邓大军和西北野战军的作战。

为改变鲁西南局势，迅速南下豫皖苏地区，陈毅、粟裕指挥华东野战军外线兵团8个纵队18万人，于9月初发起沙土集战役，歼敌一个整编师9000余人，取得了外线作战第一个胜仗。9月下旬，陈粟大军又以6个纵队越过陇海路南下，挺进豫皖苏地区。经过两个多月的作战，共歼敌2万余人，解放和收复县城24座，完成了在豫皖苏地区的战略展开。

人民解放军战略反攻兵团采取独特的战略反攻样式，跳跃式直插敌战略纵深，形成了“品”字形的战略布局。三路大军采取“敌向内，我向外，敌向外，我亦向外”的方针，广泛发动群众，积极打击和拖住敌人，在4个月的作战中共歼敌19.5万人，在中原地区落地生根，完成了外线出击的战略任务。

人民解放军战略反攻兵团东慑南京、西逼武汉、南扼长江。瞰制中原，把战线由黄河南北推进到长江北岸，使中原地区由国民党军队进攻解放区的重要后方，变成了人民解放军夺取全国胜利的前进基地。经过约半年的作战，共消灭敌军70万人，解放城镇百余座，创建了中原解放区，为转入战略决战创造了条件。

第3节　战略协同

中国人民解放军，在粉碎蒋介石的进攻之后，现已大举反攻。南线我军已向长江流域进击，北线我军已向中长、北宁两路进击。我军所到之处，敌人望风披靡，人民欢声雷动。整个敌我形势，和一年前比较，已经起了基本上的变化。①

历史的车轮滚滚向前。国民党军在对解放区的进攻中一次次受挫，终成强弩之末。毛泽东和他的战友们在西柏坡村那间不起眼的农舍里，组成了世界上最小的司令部，开始谋划对国民党的全线战略进攻。

战略进攻，即人民解放军在总体上处于进攻的地位，而国民党军则处于防御的地位，将国民党统治区作为我军歼灭敌人的主战场，将进攻方向直接指向国民党军的重兵集团，指向其要害而空虚的腹心地区。

从1947年7月开始，以刘邓、陈粟、陈谢三路大军挺进中原、开创新的中原解放区为主要战略重心，人民解放军分别在南线和北线各个战场逐步展开对各路国民党军的进攻。由此，中国人民解放军由战略防御转入战略进攻，拉开了全线进攻的序幕。

1947年8月，歼灭了胡宗南集团三大主力之一的整编第36师6000多人的沙家店战役，成为西北野战军转入战略进攻的转折点。沙家店战役进行时，毛泽东就在离战场只有20里的梁家岔。炮声一打响，他就兴奋地说："好！我看这回胡宗南怎么交代！"战斗一结束，他便来到西北野战军司令部，对未来陕北地区的攻势行动做了指示："沙家店一战，把敌人的嚣张气焰完全打掉了！形势对我们非常有利，我们要找机会再打几个这样漂亮的胜仗，到那时候，陕北的敌人就没有立足之地了。"

华东野战军内线兵团历经胶东保卫战、胶济路西中段战役，不但完成了钳制范汉杰兵团的任务，而且攻占了周村、潍县，迫使在山东的国民党军队缩据在济南、兖州、青岛、临沂等几个孤立据点之内，为实施华东地区的战略反攻和进攻开辟了良好局面。

在北线，从1947年9月至1948年3月，东北民主联军连续发动了秋季攻势和冬季攻势，歼敌20多万，收复县以上城市33座，把国民党军队压缩在长春、沈

---

① 引自《中国人民解放军宣言》，见《毛泽东选集》第4卷，人民出版社1991年版，第1235页。

阳、锦州三个狭小地区内，为下一步全歼东北国民党军创造了极为有利的形势。同一时期，晋察冀野战军首先在平汉线发动攻势，进行了清风店、石家庄两次战役，攻克河北重镇石家庄，完全控制了平汉铁路保定以南段，使晋冀鲁豫、晋察冀两大解放区联成了一片。接着又转移攻势，出击绥东、察南的国民党军队，截断了平绥铁路；留置内线的晋冀鲁豫野战军一部分及广大地方武装，先后攻占运城、临汾，使山西阎锡山部缩据在晋中、太原及其附近地区，完全处于守势。

1947年底，毛泽东高兴地宣布，“中国人民的革命战争，现在已经达到了一个转折点”，“这是一个历史的转折点。这是蒋介石二十年反革命统治由发展到消灭的转折点。这是一百多年以来帝国主义在中国统治由发展到消灭的转折点”。

第4节　攻克城镇

在攻城问题上，一切敌人守备薄弱的据点和城市，坚决夺取之。一切敌人有中等程度的守备、而环境又许可加以夺取的据点和城市，相机夺取之。一切敌人守备强固的据点和城市，则等候条件成熟时然后夺取之。①

解放战争初期，由于敌人异常强大，人民解放军当时的力量根本无法保守城镇特别是大城镇。因此，毛泽东采取的战略是“让开大道，占领两厢”，把大量城镇特别是大城镇让给了国民党军队，以农村为根据地发动对敌人的围攻。当战争进行到第二年的时候，毛泽东就开始考虑攻克和占领城镇的问题

① 引自《目前形势和我们的任务》，见《毛泽东选集》第4卷，人民出版社1991年版，第1248页。

了。他在《把军队变为工作队》一文中指出："今后将一反过去二十年先乡村后城市的方式，而改变为先城市后乡村的方式。军队不但是一个战斗队，而且主要的是一个工作队。军队干部应当全体学会接收城市和管理城市。"

在战争实践中，毛泽东对于攻占城镇形成了一整套的战略战术。其攻城的基本原则是："如果敌人还在守势之中，就可以进一步扩大我之新占领地区，攻击那些敌力薄弱的城市和交通线，依其情况而长久地或暂时地占领之。""先取小城市、中等城市和广大乡村，后取大城市。"攻城的主要战术有：实施攻坚，兵临城下，形成合围，狠插猛割，强行围歼，发动群众，长期围困，"我们的办法就是把所有被敌人占领的城市都包围起来，使他精疲力竭，干他五年、八年，来一个反攻，要他滚蛋"；地面攻击与地道作战相结合，"我们认为必须采取地道作战与地面作战相结合的方法，方能减少伤亡与保证胜利，如果单用地面攻击方法则伤亡必很大，而且不一定确实保证胜利"；围城打援，"即应临机改变作战计划，由攻城为主，改变为以打援为主，在打胜援敌后再攻城"。

1947年，经过清风店战役后，石家庄守军更加孤立，毛泽东据此及时做出了"攻石门（石家庄）、打援兵的部署"。在给晋察冀野战军首长的电文中，他讲道："清风店大歼灭战胜利，对于你区战斗作风之进一步转变有巨大意义。目前如北面敌南下，则歼灭其一部，北面敌停顿，则我军应于现地休息十天左右，整顿队势，恢复疲劳，侦察石门，完成打石门之一切准备。然后，不但集中主力9个旅，而且要集中几个地方旅，以攻石门打援兵姿态实行打石门，将重点放在打援上面。"1947年10月25日，野战军前委召开扩大会议，研究制订了作战计划。确定"以阵地战的进攻战术为主要方法"，采取稳打稳进的方针，以坑道作业接近碉堡，炮击和爆破相结合，各个摧毁敌工事；继之以步兵突击，夺取各道阵地。

11月6日拂晓，人民解放军对石家庄发起攻击，当日占领外围大部分据点。7日，占领了机场，断绝敌人的空援。8日，攻城部队在炮火掩护下，以连续爆破和连续突击的手段，迅速突破外市沟。10日16时，各突击部队在炮火掩护下，炸塌了内市沟，攻入市区。然后采取破墙连院，大胆实施小迂回、小穿插的战术，与敌进行巷战，多次打退敌人反扑。12日11时，攻占敌核心阵地，战役结束。

1948年3月6日，人民解放军陈（士榘）唐（亮）兵团和陈谢集团遵照中央军委关于在郑州潼关以南地区寻机作战的指示，进至登封、临汝、宜阳以南地区集结，并向中央军委提出了以两个兵团举行洛阳战役的建议。3月7日，中央军委同意以陈士榘、唐亮指挥第3纵队、第8纵队和陈谢集团的第4纵队、第9纵队及太岳军区第5军分区部队，共28个团的兵力，发起以夺取洛阳并准备歼灭孙元良援兵为目的的洛阳战役。毛泽东指示："洛阳这样的重要城市，顾祝同决不会不增援。你们……应以一部攻击洛阳，吸引敌人来援，集中全力歼灭援敌，重点放在打援上面。"8日，担任阻援任务的第8纵队、第9纵队，分别袭占偃师和新安、渑池，控制了阻援阵地。9日晚，担任攻城任务的第3纵队、第4纵队以奔袭手段完成了对洛阳的包围，并突入四关。11日黄昏，未待完全肃清外围之敌就开始围攻城垣。当晚，第3纵队担任主攻任务的部队以3个突击连组成1个突击营，在30门火炮支援下，采取连续爆破、连续突击的战术，扫清15道副防御设施首先突入东门。随后，后续部队相继入城，并向南门、北门、西门发展，与敌展开巷战。12日，第4纵队突破南门、西门城垣，会同第3纵队向纵深发展，歼灭敌人大部。残敌4000余人退据西北运动场核心阵地，至14日晚被我全歼，师长邱行湘被生俘。

在我主力准备攻占洛阳时，进至商水的胡琏兵团开始回援。3月14日，该敌进至府店镇，与孙元良兵团主力会合，并力西援，17日逼近洛阳。我因两敌靠拢，又兼雨雪交加，伊河、洛河水涨，不利再战，因而主动撤出洛阳。

3月下旬，刘邓野战军的第1纵队、第11纵队，向太康、柘城方向出动，牵制敌张轸兵团；第2纵队、第3纵队、第6纵队和华东野战军第10纵队，乘机袭取上蔡、汝南、驻马店等城镇，并转入豫陕鄂地区。为掩护刘邓野战军行动，陈唐兵团主力于4月上旬袭占许昌、新郑等地；陈谢集团于4月5日再克洛阳及偃师等城镇，共歼灭敌人整编第47军4600余人。

第5节 战略决战

实现这个胜负，依靠两军的决战。只有决战，才能解决两军之间谁胜谁败的问题。[①]

1948年5月27日，毛泽东前往河北平山县西柏坡。在这里，他组织指挥了震惊中外的三大战役，与国民党进行了殊死的战略决战。西柏坡也因此而继瑞金、延安之后，成为中国革命战争史上第三个红色政权的“首都”。

战略决战是决定战争双方最终命运的大会战，是两军主力为结束战争、分出胜负的殊死较量。大军决战从作战规模到作战结果，都有别于战役决战，“所以，不论在何方说来，决战阶段的斗争，是全斗争或全战役中最激烈、最复杂、最变化多端的，也是最困难、最艰苦的，在指挥上说来，是最不容易的时节”。

战略决战必须“实行有利决战，避免不利决战”，“不到决战的时机，没有决战的力量，不能冒冒失失地去进行决战”。对于决战问题，速胜论者往往急于求成，妄想及早决战，反而欲速不达。对此，毛泽东批评道：“速胜论者不知道战争是力量的竞赛，在战争双方的力量对比没有起一定的变化以前，就要举行战略决战，就想提前到达解放之路，也是没有根据的。其意见实行起来，一定不免于碰壁。”

毛泽东决定与国民党军进行战略决战，是建立在对作战双方基本情况科学分析基础上的。从1947年开始，经过一年多的反攻作战，敌军在战争中损失

① 引自《中国革命战争的战略问题》，见《毛泽东选集》第1卷，人民出版社1991年版，第214页。

的正规军和非正规军共计152万。至1948年秋，敌我双方力量对比又发生了质的变化，敌我兵力对比由解放战争初期的3.4：1下降到1.3：1。国民党军的卫立煌、傅作义、胡宗南、白崇禧、刘峙5个战略集团已经被人民解放军分割在东北、华北、西北、中原、华东5个相对孤立的战场上，彼此无法进行相互配合。人民解放军在兵力上虽然尚未占优势，但全国军事、政治和经济形势以及敌我双方的战略态势都有利于我而不利于敌，敌强我弱的悬殊情况已经发生了很大的变化，敌人处于被动挨打的局面，无力组织大规模的进攻，人民解放军举行战略决战的时机已经成熟。

1948年9月7日，毛泽东向东北野战军领导人指出，“确立打你们前所未有的大歼灭战的决心，即在卫立煌全军来援的时候敢于同他作战”“争取将卫立煌全军就地歼灭”。9月8日至13日，党中央在西柏坡召开中央政治局会议，决定在东北、华北和中原三个战区展开大歼灭战。之后，人民解放军先后发动了以歼灭国民党军重兵集团为目的的辽沈、淮海和平津三大战役。

9月12日至10月19日，东北野战军突然奔袭北宁路，包围锦州。10月14日，人民解放军从北、东、南三个方向对锦州发起总攻，激战31小时，攻克锦州，全歼敌东北“剿总”副总司令兼锦州指挥所主任范汉杰部10余万人。

攻锦作战的胜利，完全截断了东北国民党军的陆上退路，形成了东北人民解放军“关门打狗”之势，东北战局发生急剧变化。17日，长春国民党军曾泽生率一个军起义；21日，东北“剿总”副总司令郑洞国率余部放下武器，长春和平解放。

与此同时，人民解放军将援锦之敌“东进兵团”和“西进兵团”分别阻击于塔山、彰武、新立屯以东地区。10月26日，东北野战军10个纵队30余万人将敌廖耀湘“西进兵团”合围于黑山、大虎山以东，饶阳河以西，同时实施大胆穿插，分割包围。激战至28日晨，全歼包括号称国民党“五大主力”的新一军和新六军在内的10余万人。10月29日至11月2日，东北野战军分路快速向沈阳、营口疾进，全歼沈阳守军，逃至营口的敌第52军一部从海上逃走，一部被歼。至此，辽沈战役胜利结束。

正当辽沈战役方兴未艾之时，1948年9月24日，华东野战军代司令粟裕向

1948年9月，辽沈战役打响前，东北人民解放军指战员向锦州方向挺进 （视觉中国供图）

中央军委建议举行淮海战役，求歼两淮（淮阴、淮安）和海州、连云港之敌。中央军委批准这一建议，毛泽东做了重要指示："现在不是让敌人退至淮河以南或长江以南的问题，而是第一步（现在举行之淮海战役）歼敌主力于淮河以北，第二步（将来举行的江淮战役）歼敌余部于长江以北的问题。"

11月6日至22日，人民解放军将敌右翼黄百韬兵团包围在碾庄圩地区。经过激烈战斗，全歼黄百韬兵团，击毙兵团司令黄百韬。11月23日至12月15日，人民解放军采取诱敌深入的方针，将国民党军精锐部队之一的黄维兵团，于11月25日合围在以双堆集为中心的地区内。12月4日又以多路平行追击和迂回拦截的战法将杜聿明集团合围于陈官庄、青龙集、李石林一带。总前委决定，采取吃一个（黄维兵团）、挟一个（杜聿明集团）、看一个（李延年、刘汝明两兵团）的方针，先歼灭黄维兵团。从12月12日至15日，我全歼黄维兵团10万余人，生俘兵团司令官黄维。

1949年1月6日，人民解放军在徐州对拒绝投降的杜聿明集团发起总攻，至1月10日全歼邱清泉、李弥两兵团，生俘杜聿明，击毙兵团司令官邱清泉。淮海战役胜利结束。

当淮海战役鏖战正酣之际，毛泽东又组织了平津战役。当时华北战场傅作义集团总兵力60万人，其中50万人分布于张家口、北平、天津、唐山一线。受辽沈战役的震撼，该集团已成惊弓之鸟，一线展开，准备随时撤返江南或西撤绥远。

为围歼傅作义集团于平津地区，中央军委和毛泽东命令东北野战军55个师约80万人结束休整星夜入关，协同华北人民解放军进行平津战役，并停攻太原，抑留傅作义集团于平津地区。1948年11月29日至12月20日，人民解放军对傅作义集团实施分割包围，切断其退路；并对张家口、新保安围而不打，对北平、天津、通县隔而不围，将傅作义集团分割包围于张家口、新保安、北平、天津、塘沽五个地区，为而后各个歼敌创造了有利条件。12月21日至次年1月17日，人民解放军按照中央军委先打两头、后打中间的原则，歼灭新保安、张家口、天津之敌，塘沽守敌于1月17日乘船南逃。至此，北平之敌完全孤立，守军25万人陷于人民解放军层层包围之中，既逃不脱，又战不了。在中共中央及人民解放军的大力争取、中共北平地下组织和爱国民主人士的促进下，傅作义接受人民解放军提出的和平条件。1月31日，人民解放军开进北平，改编傅作义集团，平津战役胜利结束。

三大战役历时4个多月，歼敌154万人，大大加速了解放战争胜利的进程。

第6节　强渡长江

此次我百万大军渡江南进，关系全局胜利极大。希望我二野、三野全军将士同心同德，在总前委及二野三野两前委领导下完成伟大任务。[①]

毛泽东离开延安后，仅用两年多时间，经过辽沈、淮海、平津三大战役，蒋介石的主力部队已被歼灭，剩下100多万残余军队分散在从新疆到台湾的漫长战线上。中国的政治形势已经十分明朗：中国人民革命战争在全国范围内的胜利已经不需要太长的时间了，国民党政府正像一艘破船那样将从历史上沉没。

面对这种急转而下的不利形势，国民党反动派一方面施放和平烟幕，一方面加紧组织长江防御，部署了汤恩伯集团25个军，白崇禧集团15个军及其他海、空军部队约75万人，舰艇133艘，飞机300余架，妄图凭借长江天险和既设工事阻止人民解放军渡江作战，维持国民党在长江以南半壁河山的统治。

1948年12月30日，毛泽东发表《将革命进行到底》一文，揭批了蒋介石反动派假和谈的阴谋，表达了打过长江去，将革命进行到底的决心，“一九四九年中国人民解放军将向长江以南进军，将要获得比一九四八年更加伟大的胜利”。

① 引自《百万大军渡江南进关系全局胜利极大》，见《毛泽东军事文集》第5卷，军事科学出版社、中央文献出版社，1993年版，第546页。

强渡长江是人民解放军继辽沈、淮海、平津三大战役后的又一重大战略举措，它是在毛泽东“将革命进行到底”“向全国进军”的号召下，为粉碎蒋介石“划江而治”的阴谋而进行的伟大战略进攻。渡江作战主要由第二野战军、第三野战军和第四野战军一部，在长江中下游地区对国民党军进行的强渡江河的进攻战役，其目的是飞越“天堑”，南下歼敌。强渡长江对人民解放军南下作战、彻底歼灭国民党军的意义非常重大，“只要我军渡江成功，无论敌人采取何种处置，战局的发展均将发生于我有利之变化，并有可能演变成敌人全部混乱的局面”；“此着成功，既可使东线兵团不致孤立，使东线主力作战有必胜之把握，又可做到打乱敌人作战体系，达成割裂包围敌人之目的”。

1949年2月11日，毛泽东、中央军委决定：以第二野战军、第三野战军的7个兵团24个军及地方部队共100万人，准备于4月间发起渡江战役，歼灭汤恩伯集团，夺取京沪杭地区。以第四野战军第12兵团部率第40军、第43军10余万人组成先遣兵团迅速南下，会同中原军区部队钳制白崇禧集团，策应第二野战

1949年，渡江战役第二阶段，解放军在追击南逃之敌途中通过皖南青弋江　（视觉中国供图）

军、第三野战军渡江作战。担任渡江任务的各部队于3月初至4月初先后进抵长江北岸，全面展开战役的各项准备工作。各兵团还以一部兵力拔除了棕阳、仪征、三江营等长江北岸敌据点10余处，从北岸控制了长江航道，开辟了渡江通路。4月21日至6月2日，渡江部队在以刘伯承、陈毅、邓小平、粟裕、谭震林组成的总前委统一领导下，组成东、西、中三个集团，以百万雄师强渡大江。

4月20日，国民党政府拒绝在国内和平协定最后修正案上签字。当晚人民解放军中集团发起渡江作战，突破鲁港至铜陵段敌防线。次日，占领铜陵、繁昌、顺安等地。21日，毛泽东和朱德发布“向全国进军的命令”。是日晚，人民解放军东、西两个集团开始渡江。东集团迅速突破长山、天生港、扬中等敌防御阵地，于22日进至香山、南闸、百丈一线，并控制了江阴炮台。西集团主力于当夜在预定地段突破敌江防阵地，于22日占领彭泽、东流等地。中集团继续发展攻势，占领南陵，歼敌第88军大部。

敌江防被全线突破后，于22日下午仓皇实施总退却，分别向杭州、上海和浙赣铁路退却，企图在浙赣路和上海地区组织新的防御。人民解放军随即向敌防御纵深迅猛发展攻势，第8兵团一部于23日进占南京、镇江；东集团主力相继解放丹阳、常州、无锡等地，切断了宁沪铁路；中集团一部占领芜湖，主力在湾址地区歼敌第20军大部和第99军一部；西集团进占贵池、青阳等地，歼敌第8兵团一部。南京的解放，宣告了国民党反动统治的灭亡。

人民解放军渡江成功后，总前委迅速调整进攻部署，命令各军不为小股敌人钳制，继续勇猛追击。各部接到命令后，不顾疲劳，向指定地区兼程疾进。在追击作战中，我军先后歼灭敌第68军、第88军、第106军、第73军等各一部，残敌纷纷向福建、浙东逃窜。人民解放军即控制了义乌至东乡段400余千米的浙赣线，割断了汤恩伯集团和白崇禧集团的联系，粉碎了敌人在浙赣线组织防御的企图，对芜湖、南京、镇江之敌形成了合围之势。

退守上海及其周围地区的汤恩伯集团8个军25个师共20万人在蒋介石的亲自部署下，企图凭借上海丰富的资财和4000多个永备工事继续顽抗，以争取时间，抢运物资，并阴谋挑起国际事件。为歼灭上海之敌，总前委决定集中第三野战军之第9兵团、第10兵团及第8兵团一部共8个军攻取上海；以第7兵团进军浙东、浙南，解放浙江全省；以第二野战军主力在浙赣路金华、东乡段休整，保障围歼上海之敌。

第三野战军根据军委和总前委的命令，于23日夜对上海守敌发起总攻。我各部队采取快速勇猛的动作，多路直插市区，至26日第9兵团攻占了上海市区，敌淞沪警备副司令刘昌义率第21军、第123军各一部投诚。战至27日，上海战役结束，敌除汤恩伯率第54军等部约5万人登舰逃跑外，其余15万人全部被歼。

第7节　战略追击

奋勇前进，坚决、彻底、干净、全部地歼灭中国境内一切敢于抵抗的国民党反动派，解放全国人民，保卫中国领土主权的独立和完整。[①]

随着人民解放军突破长江天险，以摧枯拉朽之势南下歼敌，蒋介石划江而治的美梦破灭了。国民党军自感气数已尽，纷纷北窜南逃，龟缩于中南、西南、华南、西北等地，采取了保存实力、避免决战的作战方针，并随时有向边远省份，甚至逃亡境外的可能。面对这种情况，毛泽东向全国人民和全军指战员发出了追歼残敌的命令，号召人民军队勇猛追击，“奋勇前进，逮捕一切怙恶不悛的战争罪犯。不管他们逃至何处，均须缉拿归案，依法惩办。特别注意缉拿匪首蒋介石”。

对中南、西南之敌和华东、西北之敌，毛泽东分别采取了不同的作战方针：对中南、西南之敌采取大迂回大包围，即不顾敌人的任何临时部署，以主

① 引自《向全国进军的命令》，见《毛泽东选集》第4卷，人民出版社1991年版，第1451页。

力大胆从峡谷翼侧迂回到敌深远后方，断其退路，然后再回打。因“白（崇禧）匪本钱小，极机灵，非万不得已决不会和我作战”，所以“不要采取近距离包围迂回方法，而应采取远距离包围迂回方法，方能掌握主动，即完全不理白部的临时部署，而远远地超过他，占领他的后方，迫其最后不得不和我作战”。对华东、西北地区之敌，则穷追猛打，辅以小迂回的包围。

在毛泽东正确作战方针指导下，人民解放军以风卷残云之势向华南、西北进军，对残余敌人实行穷追猛打，肃清了华北残敌，解放了西北、华南大片地区，推进了解放战争的全面胜利。

西北方面：平津战役结束后，毛泽东、中央军委令第19兵团、第20兵团和第四野战军炮兵第1师会同第18兵团（原华北第1兵团）攻占太原，并组成了以徐向前为书记的总前委。此时，太原守军虽然仍维持有10万人之数，但战斗力已大为削弱。2月15日，阎锡山逃离太原，指令绥署副主任兼第15兵团司令官孙楚、太原防守司令兼第10兵团司令官王靖国统一指挥太原守军顽抗。3月底，我攻城部队全部到达太原前线，兵力增至32万人，各种火炮增至1100余门，兵力火力均已构成了相对于敌的绝对优势。4月20日，人民解放军按预定计划分10路向守敌发起猛烈攻击，至22日，摧毁敌全部城外据点。24日拂晓，人民解放军向城垣发起总攻，仅1小时即进入巷战，战至10时，全歼守敌，活捉孙楚、王靖国等人。

太原、大同解放后，华北地区国民党军仅剩下西北军政长官公署副长官兼国民党绥远省政府主席董其武率领的第9兵团部、第111军等共6万余人，分别驻守归绥、包头等地，处境孤危。董其武主张和平起义，但有些人主张西撤，极少数人主张就地顽抗。针对这一情况，毛泽东指示，要在较长时期内保留这一部分国民党军队，“再去按照人民解放军制度将这部分军队改编为人民解放军”。接着，党中央本着上述方针提出了和平解放绥远的具体政策，由华北人民政府和傅作义将军互派代表在北平谈判，拟订了《绥远和平协议》草案，并于6月8日签字生效。7月，华北人民政府组成联络处进驻归绥，协助董其武准备起义。9月19日，董其武在全国胜利形势的影响和中国共产党政策的感召下，率绥远军政各界领导人与各民族代表共39人联署通电起义。至此，华北全境获得解放。

华东方面：退据福建及东南沿海岛屿之敌统由东南军政长官公署长官陈诚指挥，其中舟山防卫司令石觉的3个军6万余人防守舟山群岛，福建省政府主席兼福州绥靖公署主任朱绍良的第6兵团、第8兵团、第22兵团防守福建沿海及近海岛屿。敌之企图是通过控制东南沿海地区及近海岛屿，屏障台湾，待机反攻。由司令员叶飞、政治委员韦国清指挥的第三野战军第10兵团于7月2日开始进军福建，追歼残敌。

对驻守福州的敌第6兵团共6万余人，我军采取钳形攻击战法，首先由两翼插到敌侧后，封锁闽江口，切断福厦公路，截断敌人海上和陆上逃路，然后压缩聚歼敌人。8月11日，战役发起。16日，人民解放军两翼迂回部队攻占连江、马尾、长乐、福清等地，逼近福州市区。当晚，敌弃城渡乌龙江南逃，分路向漳州、厦门、平潭逃窜。17日，福州解放。随后，人民解放军展开追击，敌除一部逃窜外，其余均被我歼灭于福清、永泰以北，乌龙江以南地区，共计4万余人。

驻守漳州、厦门地区之敌为第8兵团和第22兵团一部约3万人，另以3个军约3万人防守大、小金门。人民解放军第10兵团决心以第31军攻取漳州，以第29军一部攻歼厦门及其附近之敌，尔后两军会合攻取厦门岛。9月19日，漳、厦战役发起，至25日，我先后攻占同安、长泰、南靖、漳州等地，歼敌1.2万人，漳州守敌向东逃窜。此时，人民解放军已完全攻占了厦门外围阵地，对金、厦之敌形成了三面包围之势。由于退守金、厦之敌达4.5万人，兵力相对集中，人民解放军决心集中兵力先攻厦门，再取金门。经半个月准备后，于10月15日发起厦门战斗。经两天激战，10月17日攻占厦门，歼敌2.7万余人，残敌向东南海岛逃窜。

中南方面：为彻底歼灭白崇禧、余汉谋集团，毛泽东指示："我对白崇禧及西南各敌均采取大迂回动作，插至敌后，先完成包围，然后再回打之方针。"党中央决定成立第四野战军兼中南军区，由林彪、罗荣桓、邓子恢统一领导中南地区的工作。此时，白崇禧集团已撤退到湘南地区，企图依托湘江、资水，构成一条半弧形的湘粤联合防线，继续阻我前进。

针对白崇禧的作战特点和部署，人民解放军采取远距离包围迂回方法，以第13兵团为西路军，取道沅陵、芷江直插百色、南宁，实行断敌西退滇、黔的战略迂回任务，以第4兵团、第15兵团和两广纵队为东路军，夺取广州；以第12兵团为中路军，首先在湖南衡阳、宝庆地区展开攻击。9月中下旬，西路军和东路军开始向敌攻击，至10月初，将敌东逃广东、西逃贵州的道路切断。中路军由正面展开攻击，至10月11日，将白崇禧主力大部围歼于祁阳以北地区，解放了宝庆、衡阳。东路军两个兵团于10月14日解放广州，并对白崇禧集团的老巢广西形成三面包围的态势。

白崇禧集团5个兵团及余汉谋残部，总兵力近20万人，退据广西后，企图以桂林为中心，沿湘桂路及其两侧组织防御。人民解放军以第13兵团为西路，迂回百色、果德，断敌入滇退路；以第4兵团为南路，西进郁林（现玉林）、博白一线，阻止敌人经雷州半岛逃向海南岛；以第12兵团为北路，沿湘桂线南下围歼敌人于南宁、果德地区。在“决不让敌人跑掉”的口号下，人民解放军奋勇追击，于11月初发起战役进攻，12月4日解放南宁，14日攻占镇南关（现友谊关），共歼敌17万余人，解放了中南大陆，并为渡海作战，解放海南岛创造了有利条件。

第8节 越海夺岛

渡海作战完全与过去我军所有作战的经验不相同，即必须注意潮水与风向，必须集中能一次运载至少一个军（四五万人）的全部兵力，携带三天以上粮食，于敌前登陆，建立稳固滩头阵地，随即独力攻进而不要依靠后援。因为潮水需十二小时后第一次载运船只方能返回运第二次，而敌可用海空军切断我之运输，故非选择时机一次载运一个军渡海登陆，并能独力攻进，建立基地，取得粮食，便有后援不继，遭受重大损失之危险。[①]

1949年底，中南大陆国民党残余部队已被人民解放军彻底歼灭，但华东、东南沿海各大小岛屿仍猬集一部分国民党军，特别是海南岛更有薛岳兵团5个军10万兵力之众。为彻底干净地歼灭占据各岛敌军，粉碎蒋介石企图以所谓“立体防御”凭险固守，把沿海各岛当作反攻大陆的跳板，重整军备、卷土重来的迷梦，毛泽东命令人民解放军越海夺岛，坚决歼灭守岛之敌。

在20多年的革命战争中，人民解放军基本上都在内陆进行作战，对渡海登岛作战没有多少经验，也没有足够船只运载登陆部队，更没有强大的海、空力量做配合，而敌人有海空军环岛巡逻和海上封锁，可凭险固守。因此，毛泽东要求作战部队“以充分准备有把握而后动作为原则，避免仓促莽撞造成过失”。进攻海南岛则要吸取第三野战军一部“以三个半团9000人进攻金门岛上之敌3万，无援、无粮被敌围攻，全军覆灭”的教训，“既然在旧历年前准备工作来不及，则不要勉强……争取于春夏季内解决海南岛问题”，可采取“积极偷渡、分批小渡与最后登陆相结合”的战役指导方针。在毛泽东这一指导方针指引下，针对渡海登岛作战的不同特点，人民解放军积极进行作战准备，创造了渡海登岛作战的一系列战法，先后解放了舟山群岛、海南岛等岛屿，并发动了金门战斗、登步岛战斗等解放岛屿的战斗。

在解放岛屿的过程，人民解放军既有成功的经验，也有失败的教训。经过少数战斗的失利后，确立了正确的战役指导，充分做好战役准备，严密组织航渡，创造性地完成了越海夺岛的战斗任务。

解放海南岛　广西战役结束后不久，第四野战军决定以第40军、第43军配属加农炮、高射炮各1个团与工兵一部，共10余万人，组成渡海作战兵团，由邓华、赖传珠统一指挥，集结雷州半岛，准备解放海南岛。1950年3月，人民解放军采取“积极偷渡、分批小渡与最后登陆相结合”的战法，先后两次偷渡成功，使岛上我军增加了约1个师的兵力，为主力登陆作战创造了条件。4月16

① 引自《渡海作战必须注意的问题》，见《毛泽东军事文集》第6卷，军事科学出版社、中央文献出版社，1993年版，第63页。

1950年，解放海南岛期间，渡海作战前第12兵团副司令员兼第40集团军军长韩先楚（左三）、副军长解方（左一）率部队进行海上训练 （视觉中国供图）

日19时，登陆兵团主力分东西两路横渡琼州海峡，17日，突破敌人的所谓“立体防线”，随即向纵深发展，在我琼崖纵队配合下，战至5月1日，解放了全岛，敌大部由榆林港等地登舰逃往台湾。

解放舟山群岛 舟山群岛包括定海本岛和岱山、金塘、六横等大小300余个岛屿，守敌为舟山防卫司令石觉所部第75军、第87军、暂编第1军等3个军10个师约6万人。我决定以第22军并指挥第21军之61师担任攻占舟山群岛的任务，采取逐岛攻击的战法，先取外围，后取本岛。1949年8月18日，人民解放军开始向舟山群岛的外围岛屿发起攻击。战至11月6日，先后攻占大榭、梅山、金塘、六横、桃花等外围岛屿30余个，歼敌近万人。但在11月3日的登步岛战斗中，由于对敌据岛顽抗及援军迅速登岛估计不足，遭到敌守军、援军和海空军的联合反击，伤亡千余人，被迫撤出战斗。正当我军作战准备就绪，即将发起解放舟山本岛的战斗时，蒋介石为集中兵力固守台湾，于1950年5月13日将舟山之敌秘密撤往台湾。19日，人民解放军全部占领舟山群岛。

解放长山列岛和闽南东山岛 1949年8月11日至20日，山东军区一部和第24军之第72师，在山东军区首长的统一指挥下，解放了渤海湾的长山列岛，歼敌1500余人。与此同时，位于福建的第31军、第32军各一部解放了闽南东山岛，歼敌2000余人。

解放一江山岛 1949年，人民解放军在解放浙东舟山群岛后，又相继夺取了浙东沿海的一些岛屿。受朝鲜战争影响，一度停下了脚步。1952年7月，华东军区开始拟制解放闽浙沿海岛屿的战役计划，也因配合朝鲜战争停战协定签字，中央军委、毛泽东决定暂缓执行这一计划。1954年1月，华东军区又提出了陆、海、空联合攻打大陈岛的作战计划，经中央军委、毛泽东的批准后，即着手进行作战准备。华东军区参谋长张爱萍在作战会议中指出：大陈岛是浙东沿海岛屿守敌的指挥中心和防御核心，而一江山岛则是大陈岛的前哨和门户。从这个大门打进去，能击中敌人的要害，沉重地打击和震撼敌人，攻占一江山岛，就取得了进攻大陈岛的基地。大陈岛一解放，浙东沿海其他岛屿就可能不战而克，从而以小的代价换取大的胜利。因此，会议决定首先攻占一江山岛，以此作为大陈岛战役的第一步骤。中央军委批示：一江山登岛作战，“要充分准备，在确有把握后才开始实施”。根据中央军委的指示，为了统一指挥各军兵种的行动，成立了浙东前线指挥部，任命张爱萍为司令员兼政治委员。浙东前指下设登陆指挥所、海军指挥所、空军指挥所、政治工作组和联合后勤部。一江山岛战役是人民解放军首次实施三军联合登岛作战，为弥补我登岛作战经验不足，浙东前指根据毛泽东、中央军委的指示，组织各参战部队进行了长期、周密、细致的作战准备。重点放在三个方面：一是制订了详细的渡海登岛作战计划，并随着情况发展不断明确，及时地进行修正和补充，使其更加完善。二是筹集登岛器材。尤其是按照作战需要进行征集舰艇的抢修和改装。三是组织临战训练，历时近半年。1955年1月18日，人民解放军发起一江山岛登陆作战。8时开始实施第一次火力准备。3个轰炸机大队和2个强击机大队在歼击机掩护下，飞临一江山岛上空猛烈轰炸扫射。同时，1个轰炸机大队和1个强击机大队在大陈岛上空袭击大陈防卫区司令部、炮兵阵地和通信设施。一江山岛和大陈岛守军陷于瘫痪，阵地混乱。9时起，50余门火炮对一江山岛进行射击。12时许，登陆部队乘70余艘登陆艇从高岛、雀儿岙、头门山岛起航，在40余艘作战舰艇掩护下，分两批成三路防空队形向展开区驶去。14时，船载的10门火箭炮和轰炸机3个大队又1个中队、强击机2个大队对守军阵地进行第二次火力准备。14时20分，登陆部队在南江、北江两岛20多个登陆点实施登陆突击，迅速突破守军防御前沿阵地，并向纵深发展。由于受地形限制及支撑点内守军的凭险顽抗，登陆部队战斗队形被割裂，伤亡增多。登陆部队随即采取灵活的小群战术，主动协同，勇猛穿插，逐点逐地进攻，以手榴弹、喷火器摧毁暗堡，并开展战场喊话及利用俘虏军官喊话，在火力及政治双重攻击下，残存守军见大势已去，纷纷缴械投降。17时50分，浙东前指命令登岛部队清理战场并转入防御。战役共击毙国民党“一江山地区司令部”司令王生明以下519人，俘敌突击第四大队长王辅弼以下567人。此战的胜利，标志着国民党自诩“固若金汤”的大陈失去了屏障。2月8日，国民党军队在美国第7舰队和空军第5航空队的掩护下开始自大陈、渔山、披山等岛屿撤退。一江山岛战役，参战的有陆海空3个军种，17个兵种，28个战术群。其参战军兵种之多，战役组织准备以及协同动作之复杂，是前所未有的。战役的胜利改变了台湾海峡的斗争形势，也使我军初步取得了联合兵种协同作战的经验。

第9节　剿灭股匪

在时局紧张的情况下，必须限期剿没股匪，加速进行土改，发展地方武装和坚决镇压反革命活动，我党我军方能取得主动，否则有陷入被动的危险。[1]

在我军向全国举行大进军的过程中，国民党残余军队有计划地隐伏了一些特务，也有一些溃散的武装就地隐藏下来。这些反动武装打着所谓“救国军”“自卫军”的旗号，同国民党潜伏下来的特务相结合，勾结恶霸地主、反动分子和地痞流氓，形成一股猖獗的反动破坏势力。他们组织暴乱，烧杀抢掠，绑架勒索，造谣惑众，无恶不作，给新生的人民政权和社会秩序造成了严重的危害。新中国成立时，朱德总司令即向人民解放军发布了命令：“中国人民解放军全体指战员、工作员，坚决执行中央人民政府和伟大的人民领袖毛主席的一切命令，迅速肃清国民党反动军队的残余，解放一切尚未解放的国土，同时肃清土匪和其他一切反革命匪徒，镇压他们的一切反抗和捣乱行为。”

为迅速肃清匪特，党中央、中央军委确定了军事打击、政治争取、发动群众三者紧密结合的剿匪基本方针。在匪情严重的地区，以军事打击为主，政治争取为辅，军事政治双管齐下；在一般情况下，则以政治争取为主，军事打击为辅，在军事打击或政治争取的同时，充分发动群众，建立政权，加强地方武装，进行民主改革。对匪特实行镇压与宽大相结合的政策，即首恶者必办，胁从者不问，立功者受奖。策略指导的基本原则是：争取多数，打击少数，利用

---

① 引自《必须做到土改与剿匪相结合》，见《毛泽东军事文集》第6卷，军事科学出版社、中央文献出版社，1993年版，第209页。

矛盾，各个击破，以求达到打击、瓦解、争取与最后消灭匪特的目的。

1950年6月，毛泽东在中共七届三中全会上的报告中专门就剿匪任务做了部署，“人民解放军在新解放区仍有继续剿灭残余土匪的任务”，“坚决地肃清一切危害人民的土匪、特务、恶霸及其他反革命分子”。从1950年到1953年，我军积极贯彻执行党中央和中央军委的方针与政策，先后抽调39个军140多个师约150万人的兵力，在新解放区大规模展开了剿匪作战。经过集中优势兵力，重点进剿大股土匪；实行分区驻剿，歼灭小股土匪；结合土地改革，肃清潜藏散匪三个阶段，取得了歼灭匪特武装260余万人的重大胜利，平息了匪患，保卫了革命胜利果实，加强了人民民主专政。

华北地区剿匪 国民党撤逃前曾潜伏大批匪特，组成所谓“地下军”“游击军”，以数百人、数十人或三五人为一股活动。其中绥远、察哈尔、平原等省解放较晚的地区，土匪多为大股活动；在天津、北平、太原附近及平原省的新乡、安阳地区，多为小股土匪活动。从1949年5月至1951年底，人民解放军共歼灭华北地区土匪5.3万余人，基本肃清了华北匪患。

华东地区剿匪 在各省均有土匪为患，其中尤以浙江、福建为甚。1949年5月，人民解放军在鲁中南及胶东、渤海等地开始重点清剿，稍后在其他地区也开始了剿匪作战。到1951年6月，全区大股土匪基本肃清，我主力部队即转入休整，由地方部队和民兵继续肃清残匪。至1953年底，华东地区剿匪斗争基本结束。在历时4年多的剿匪作战中，华东军区和第三野战军先后动用5个军部、19个师、1个旅又15个团和海军一部等兵力，共歼灭土匪武装24.6万余人。

中南地区剿匪 中南地区多高山峻岭，海岸线长，是解放初期匪患较为严重的地区之一。至1949年7月，在已经解放的河南、湖北、江西地区共有土匪武装9.8万余人，解放较晚的湖南、广东、广西匪患更为严重。从1949年7月开始，中南军区和第四野战军在继续追击国民党残余部队的同时，陆续抽调部队进行大规模剿匪。到1949年底，即歼灭土匪33.64万人。中南军区于1950年3月全面总结剿匪斗争经验后，确定采取全面包干、打破省地界限、组织边沿地区“会剿”的办法，对各省剿匪部署做了调整。湖南军区集中1个军和地方武装

4万多人，从4月中旬开始对以沅陵为中心的湘西14个县境的2万多股匪展开重点清剿。广东军区集中部队对西江、东江、北江、潮汕等地区进剿的同时，于四五月间在粤闽边地区进行了重点清剿。广西剿匪部队集中兵力对十万大山、大容山、大瑶山的股匪进行了重点清剿。到1952年6月，中南地区剿匪斗争基本结束。该区在3年的剿匪斗争中，先后使用12个军部、1个纵队部和46个师的兵力，共歼土匪115万余人。

西南地区剿匪 1950年1月下旬，人民解放军进驻四川部队即开始了剿匪作战。中共西南局决定首先歼灭腹心富庶地区之匪，然后推展至边沿贫瘠地区，特别是要迅速净化四川腹地，以保证春耕生产。至7月，西南地区共歼灭土匪37万人。此后，又集中兵力对边沿地区的土匪进行了“围剿”和“会剿”，至10月底，全区又歼土匪31万人。从11月初起，全区开展了群众性的清匪反霸斗争，组成“天罗地网”，全面清剿散匪。到1953年底，西南（除西藏外）地区剿匪斗争胜利结束。西南地区3年多的剿匪斗争中，共动用13个军部、37个师又2个团的部队，歼灭匪特116万余人。

西北地区剿匪 人民解放军完成进驻西北的任务后，从1950年初开始，分驻西北五省的第一野战军各部队及各省独立师（旅）集中兵力对气焰嚣张的首要股匪进行了大规模进剿。到3月底，除新疆外，各省主要股匪被歼灭。但是，匪特不久又再次聚集，受其影响，少数起义部队甚至发生成建制的叛变。1950年5月，西北军区针对土匪活动的新情况，重新做出剿匪部署。至7月底，大股土匪基本被剿灭。随后，各地区组成党政军“分区联防‘围剿’指挥部”，结合社会改革，充分发动群众，展开联合清剿。至1950年7月底，西北地区基本肃清了匪患。西北地区在3年多的剿匪斗争中，先后投入11个军部、38个师又3个团的兵力，共歼灭土匪7万余人。

第10节 进军边陲

宜将剩勇追穷寇！[①]

从1948年12月30日毛泽东发出“将革命进行到底”的号召起，经过半年的进军作战，我军先后解放华北全境、华东大陆和西北、中南大部地区。国民党政府被迫由广州迁至重庆，妄图依托以四川为中心的西南地区与我“持久作战”，以便争取时间，组建新军，等待国际局势变化，实现其反攻全国的美梦。

针对蒋介石的部署，人民解放军展开了千里进军边陲的作战，并采取以军事进攻为主、政治攻势为辅，军事进攻与政治攻势相互结合的方针政策。对盘踞西南的胡宗南集团，以军事进攻为主，坚决予以歼灭。中央军委根据西南地理情况和国民党军力避决战的特点，对进军西南的作战方针和部署做了一系列指示：“胡宗南全军正向四川撤退，并有向昆明撤退消息，蒋介石、何应钦及桂系正在做建都重庆、割据西南的梦，而欲消灭胡军及川、康诸敌，非从南面进军断其退路不可。”“取大迂回动作，插至敌后，先完成包围，然后再回打之方针。”对新疆、西藏等地敌军则以“军事进攻的同时，利用一切可能，进行政治争取工作是十分必要的”，政治争取“在策略上应该继续能够起最大限度的争取作用和分化作用”。在我党我军强大的军事进攻和政治攻势下，退缩边陲之敌顽者被歼、顺者投诚，我军先后解放了四川、云南、贵州、西康、新疆、西藏等边远省份，达到了解放全国的战略目的。

① 引自《七律·人民解放军占领南京》，毛泽东作于1949年4月24日。

在西北方向，第一野战军从1949年夏开始进军西北。5月，解放西安。6月，打退国民党军胡宗南、马步芳、马鸿逵等部向西安的联合反扑。鉴于兵力仅占相对优势，一野指挥员彭德怀集中兵力，采取钳马打胡、先胡后马的方针，先后发动了一系列战役，经过10个月的作战，于9月26日完成解放大西北的历史任务。

陕中战役 人民解放军发起渡江战役后，胡宗南慑于被歼，开始收缩兵力，并准备撤至汉中。为不失歼敌时机，西北我军于5月16日前出到石桥、三原、泾阳地区，准备相机歼敌一部。17日，敌主力全线西逃，我乘势抢渡泾河，追击前进。20日解放西安，逼近宝鸡，胡宗南部主力撤至宝鸡及秦岭西段布防。我军逼近甘、宁边境，马步芳、马鸿逵深感唇亡齿寒，遂组成陇东兵团、陇南兵团和宁夏援陕兵团，由马继援统一指挥，联合胡宗南部共计30多个师（旅）20余万人的兵力，于6月初开始向我大举反扑。从6月10日起，我军且战且退，以运动防御的手段击退了敌人的反扑，结束了陕中战役。此间，孤悬陕北的榆林守敌经我长期争取后，由敌第22军军长左协中率领，于6月1日宣布起义，榆林和平解放。

兰州战役 马步芳集团在兰州地区有6个军约9万人，以主力第82军、第129军等部约5万人据守兰州城区；以第120军、第91军及马鸿逵部第81军共3万人保障兰州左翼安全并相机侧击我军；以新组成的骑兵军约2万人保障兰州右翼安全。自1949年8月10日前后起，我第一野战军主力分别向兰州、西宁挺进，先后攻克临洮、康乐、定西、榆中、临夏等地，前锋直指兰州。8月25日，我第一野战军第2兵团、第19兵团，对兰州之敌发起总攻，至26日全歼城内守敌2.7万余人，解放了兰州，余敌纷纷溃散。与此同时，我军担任钳制任务的部队直捣西宁，于9月5日解放西宁、青海。是役，我军共歼敌4.2万余人，西北敌军主力丧失大半，打开了我军西进新疆、宁夏的门户，加速了西北全境的解放。

宁夏战役 退守宁夏的马鸿逵部共4个军及若干地方部队约7万人，以银川为中心，依据黄河天险，构成三道防线，企图阻止我军解放宁夏。我第19兵团主力于9月2日开始由定西、兰州北进，向宁夏进军。19日，防守中卫的马鸿逵集团第81军接受和平条件，举行起义，其余大部被歼，残敌纷纷请降。至21日，敌精心设置的三道封防线均被我突破，我军即西渡黄河，直捣银川。9月23日，我军进驻银川，宁夏全部解放，结束了马氏家族对宁夏长达80年的封建统治。是役，共歼灭和和平改编敌军4万余人，马鸿逵部全军覆没。

和平解放新疆 驻守新疆的国民党军，为新疆警备总司令陶峙岳所部整编第42师、整编第78师、整编骑兵第1师及骑兵第9旅等部共7万余人。陕、甘、宁、青四省基本解放后，在我党的争取下，陶峙岳接受八项和平条件，于9月25日通电起义。次日，新疆省政府主席鲍尔汉率政府人员亦通电起义，新疆宣告和平解放。从1949年10月10日起，我进驻新疆部队第1兵团部率第2军、第6军（欠第18师），在4个汽车团和40架运输机的支援下，以空运、车运和徒步行军方式向新疆开进。11月6日，王震司令员率第1兵团部乘飞机抵达迪化（现乌鲁木齐）。至1950年3月，第2军进驻南疆的阿克苏、喀什、和田等地，第6军进驻北疆的哈密、吐鲁番、迪化、伊林等地，胜利完成了进军新疆的任务。

川、黔作战 1949年11月1日，我第二野战军第5兵团、第3兵团和第四野战军第42军、第47军、第50军等部在北起湖北巴东、南至贵州天柱约500千米的地段上，向敌实施多路攻击，打乱了敌在西南的整个防御部署。11月15日，我第5兵团和第10军解放了贵阳、思南。11月19日，我第42军、第50军将西逃之敌宋希濂部之第14兵团4个师，围歼于咸丰东北地区。我第3兵团主力和第四野战军第47军解放彭水、黔江后，于白寿渡追歼敌第14兵团残部。然后，我军乘胜追击，强渡乌江，占领南川，于11月30日解放重庆，在成都地区围歼胡宗南集团及四川境内之敌数十万人。战至12月下旬，我军解放了四川、贵州全省。第二野战军和第一野战军、第四野战军各一部，在刘伯承、邓小平、贺龙指挥下，先后共歼灭盘踞在云、贵、川三省的国民党军90余万人，粉碎了蒋介石以西南为反革命基地待机反攻的企图。

滇、康解放 在川黔作战的同时，我党我军加强了对西南地区国民党将领的争取。12月9日，国民党云南省政府主席卢汉、西康省政府主席刘文辉，西南军政长官公署副长官邓锡侯、潘文华等率部通电起义，云南、西康两省宣告和平解放。但敌第8军、第26军继续与人民为敌，并乘隙向昆明进犯。我第4兵团并指挥第四野战军第38军由广西南宁、百色西进，1950年1月11日，封锁了中越边境，到2月19日，在滇南地区将该敌歼灭，残敌一部逃往缅甸，云南全境解放。西康宣告和平解放后，国民党西昌警备司令贺国光所属的1个多师，并收容溃逃之敌第27军、第2军余部共3万余人，企图依托西康偏僻山区建立反革命根据地，继续顽抗。西南军区以第14军、第15军、第62军及桂滇黔边纵队各一部共13个团的兵力，于3月12日发起西昌战役。27日，我军解放西昌。战至4月7日，全歼西昌警备区残部万余人，其余敌人全部溃散。到此，我西南全境除西藏外全部解放。

在西藏方向，1950年10月初，第二野战军第18军由川西地区进至金沙江东岸一线，云南军区第126团进至贡山，青海骑兵支队进至玉树，新疆独立骑兵师进至于田，准备展开入藏作战。我党我军在采取军事行动的同时，注重政治争取，希望以和平方式解放西藏。但是，西藏地方当局中的反动势力在昌都布防，妄图凭借金沙江之险继续顽抗。为打击反动势力，促成西藏和平解放，我军于10月6日至14日发起昌都战役，一举攻占了藏东政治、经济中心昌都，歼灭藏军约5700人，打开了进军西藏的咽喉要道。昌都战役后，西藏上层统治集团内部的爱国派更加坚定，顽固派开始动摇。在我党民族政策的感召下，1951年5月23日，中央人民政府与西藏地方政府签订了《关于和平解放西藏办法的协议》，西藏宣告和平解放。我军根据协议规定，于8月至9月先后分路自西康、云南、青海、新疆等地出发，开始进军西藏。10月26日，我第18军进驻拉萨，其余部队亦先后抵达指定地域，胜利完成了进军西藏的任务。

第十篇
局部战争战略指导

新中国的诞生，极大地改变了世界格局，受到了世界人民的欢迎与支持，但也受到了国际上帝国主义的反对。帝国主义不甘心在中国的失败，采取经济上封锁、军事上包围、外交上孤立、政治上颠覆等种种手段，企图把新中国扼杀在摇篮里。为了保卫祖国主权和领土完整，维护和平，反对帝国主义的侵略行径，新中国成立后，毛泽东一次又一次指挥我军赢得了局部战争的胜利，同时也极大地丰富和发展了毛泽东兵法。

20世纪50年代初，抗美援朝时期，中国人民志愿军司令员彭德怀（前排右二）和朝鲜人民军最高司令官金日成（前排右三）一起商议中国人民志愿军在朝鲜作战部署后合影　（视觉中国供图）

第1节　深谋远虑

参战利益极大，不参战损害极大。[①]

局部战争是和平环境下的军事斗争，战争胜负对新中国的生存发展有着巨大的影响。面对国内外敌对势力的挑衅，毛泽东站在无产阶级政治家、军事家的高度，深谋远虑，勇于担当，做出了正确的战争抉择。

1. 曾经担任过美国总统国家安全事务助理和国务卿的亨利·基辛格，在其1994年出版的《大外交》一书中写道："毛泽东有理由认为，如果他不在朝鲜阻挡美国，他或许将会在中国领土上和美国交战；最起码，他没有得到理由去做出相反的结论。"

1950年10月1日这天晚上，首都北京天安门广场举行盛大的焰火晚会，毛泽东等党和国家领导人与首都群众共庆中华人民共和国的生日，也就在这时，朝鲜党和政府关于中国出兵给予援助的请求传到了北京，同时斯大林关于建议中国组成志愿军援助朝鲜的电报也发到了北京。在这种情况下，1950年10月上旬，在毛泽东的主持下，中共中央政治局多次举行会议，讨论是否出兵援助朝鲜的问题。会议出现了两种不同的意见：一种意见主张暂不出兵，主要的顾虑是国内困难太多。另一种意见则积极主张出兵援助朝鲜，理由是我们准备不够，帝国主义集团的准备也不够，他们想以打来巩固他们的意图，以打来扩大他们的影响，借以争取一些动摇的国家。美国在朝鲜积极进攻，正是怕暴露它

① 引自《志愿军入朝参战及参战后的战略方针问题》，见《毛泽东军事文集》第6卷，军事科学出版社、中央文献出版社，1993年版，第106页。

的弱点的表现。如果我们不及时给它以打击，一些动摇的国家和阶层就会倒向美帝国主义方面去。如果我们不积极出兵支援朝鲜革命政府和人民，国内外的反动气焰就会高涨起来，亲美派就会更加活跃。如果让美军侵占朝鲜，对我们就是一个直接的威胁，他就会把兵力转向越南、缅甸，到处搞鬼，我国就将陷于被动，国防、边防都处于极不利的地位。毛泽东在10月4日的政治局会议上说："你们说的都有理由，但是别人处于国家危急时刻，我们站在旁边看，不论怎么说，心里也难过。"毛泽东说，我们可以提出几十条、几百条甚至几千条顾虑，这些顾虑都是可能发生的。另外一条就是我们应该在朝鲜争取反美胜利，应该给美帝国主义这个世界各帝国主义侵略阵营的头子一个打击，把它的气焰压下去。他认为，尽管遇到那样多条的顾虑，但那是可以克服的困难，或者应该忍受的困难，也是我们为着争取这个伟大的胜利应该付出的代价。毛泽东认为，既然决定出动中国军队到朝鲜和美国人作战，第一，就要能解决问题，即要准备在朝鲜境内歼灭和驱逐美国及其他国家的侵略军；第二，既然中国军队在朝鲜境内和美国军队打起来（虽然我们用的是志愿军名义），就要准备美国宣布和中国进入战争状态，就要准备美国至少可能使用其空军轰炸中国许多大城市及工业基地，使用其海军攻击沿海地带。

总之，"我们认为应当参战，必须参战。参战利益极大，不参战损害极大。"美国军队对朝鲜的大规模入侵，严重威胁到了中国人民的生命财产安全与和平环境，会议经过充分讨论，意见逐渐趋于一致。中共中央决定，立即组成中国人民志愿军，向朝鲜境内出动，协助朝鲜同志，抗击美国侵略，争取反侵略战争的胜利。根据中共中央政治局的决策，中央军委作战部起草了组成中国人民志愿军入朝参战的命令，毛泽东对命令进行修改、审定后，于10月8日，以中国人民革命军事委员会主席毛泽东的名义签署下发。

"抗美援朝，保家卫国"的战略决策，是中共中央政治局根据当时的形势做出的，是基于支援朝鲜人民反抗美国侵略和保卫中国国家安全的共同需要做出的。这一决策，正确把握了局部的当前的利益与根本的长远的利益的关系，是革命胆略和科学态度相结合的产物，是爱国主义和国际主义相结合的产物。形式上，不是以中国人民解放军名义，而是以中国人民志愿军的名义参战，更加具有策略性，对中国更有利。周恩来曾说过："毛泽东下这个伟大的决心，是根据他科学的预见、实际的分析。"

毛泽东在抗美援朝进行了一年后说："我们不要去侵犯任何国家，我们只是反对帝国主义对于我国的侵略。大家都明白，如果不是美国军队占领我国的台湾，侵略朝鲜民主主义人民共和国和打到了我国的东北边疆，中国人民是不会和美国军队作战的。但是既然美国侵略者已经向我们进攻了，我们就不能不举起反侵略的旗帜，这是完全必要的和完全正义的，全国人民都已明白这种必要性和正义性。"

2. 炮击金门，是中国人民解放军于1958年8月23日至1979年1月，在东南沿海对国民党盘踞的金门岛实施的炮击作战。这场战役，虽然没有攻城略地，没有大量歼敌，却因持续了20多年而震惊世界，其深远影响一直延续至今。炮击金门之战，不仅是一场军事仗，更是一场政治仗、外交仗、宣传仗。通过炮击金门，牵制了美国的军事力量，惩罚了台湾当局，摸清了美国对华战略的底牌，更为防止"台独"、保持对台斗争的主动权，创造了一种军事为政治、战术为战略服务的方式方法，充分反映了毛泽东高超的战略指导艺术。

1955年中美大使级会谈开始后，除达成一项各自人员回国的协议外，其他毫无结果。这一期间我国集中力量进行经济建设，全军总数量至1958年已减至237万人。然而，我党和平统一祖国的呼吁一直未得到台湾方面的响应，国民党军对我大陆的袭扰也未完全停止。因此，毛泽东深谋远虑，决定通过一种军事手段的方式，对整个台湾海峡的形势予以强有力的战略推进。1958年7月15日，美国出兵黎巴嫩，毛泽东从在国际上发挥我国影响的目的出发，决定做出自己的战略反应。7月18日，毛泽东召集中央军委副主席和空军、海军负责人会议，指出：支援阿拉伯人民的反侵略斗争，不能只限于道义上的支援，还要有实际行动的支援。金门、马祖是中国领土，打金门、马祖，惩罚国民党军，是中国内政，敌人找不到借口，而对美帝国主义则有牵制作用。毛泽东同时还设想：以地面炮兵实施主要打击，准备打两三个月。7月17日，彭德怀根据毛泽东的指示传达了要求空军转场入闽和炮击封锁金门的指示。7月19日，我军炮兵开始行动。为掩护炮兵集结，空军从7月下旬转场进入福建各机场，从7月29日至8月22日同国民党空军进行了4次空战，击落国民党军飞机4架，击伤5架，自己被击落1架。我空军入闽取得了空战胜利，迫使国民党空军的活动线由福建内地退到海岸线以外。不久，海军鱼雷快艇部队也以“陆上行舟”的方式，由铁路输送进入厦门附近海面。

当时，彭德怀同志主持中央军委的日常工作，黄克诚同志是军委秘书长，毛主席写给他们一封信：

德怀、克诚同志：

睡不着觉，想了一下。打金门停止若干天似较适宜。看一看形势。彼方换防不打。等彼方无理进攻，再行反攻。中东解决，要有时日，我们是有时间的，何必急呢？暂时不打，总有打之一日。彼方如攻漳、汕、福州、杭州，那就最妙了。这个主意，你看如何？找几个同志议一议如何？政治挂帅，反复推敲，极为有益。一鼓作气，想得往往不周，我就往往如此，有时难免失算。你意如何？如彼来攻，等几天，考虑明白，再作攻击。以上种种，是不是算得运筹帷幄之中，决胜千里之外，我战则克，较有把握呢？不打无把握之仗这个原则，必须坚持。如你同意，将此信电告叶飞，仔细考虑一下，以其意见见告。晨安！毛泽东。

毛主席的这封信“是不是算得运筹帷幄之中，决胜千里之外，我战则克，较有把握呢？”①

在历次局部战争中，毛泽东都是坐镇中枢，亲历亲为，精心筹划，决胜千里。

时任福建省委书记兼福州军区政治委员叶飞上将担任炮击金门战役总指挥，他回忆说：

8月20日，北京来电话，要我立即去北戴河。我乘坐的专机因中途遇到雷雨，所以第二天中午才赶到北戴河。当天下午3时，毛主席找我去他的住处。我知道这是要我接受命令了。我一见到毛主席，就把炮击金门的准备情况，炮

① 引自《必须坚持不打无把握之仗的原则》，见《毛泽东军事文集》第6卷，军事科学出版社、中央文献出版社，1993年版，第377页。

兵的数量、部署和实施突然猛袭的打法，都一一详细汇报了。当时在座的还有彭德怀、林彪及总参作战部王尚荣部长。我记得作战地图没有挂在墙上，而是摊在地毯上。毛主席一面听我报告一面看地图，精力非常集中。汇报完了，他只提出这样一个问题："用这么多的炮打，会不会把美国人打死呢？"那时，美国顾问一直配备到蒋介石部队的营一级。所以毛主席一问，我立即回答："哎呀，那是打得到的啊！"听我这么一说，毛主席不说话了，考虑了十几分钟，又问我："能不能避免打到美国人？"我回答得很干脆："主席，那无法避免。"毛主席听后，再也不问其他问题了，也不做什么指示，就宣布休息。根据毛主席的习惯，这是他要进一步考虑问题了。

这天晚饭后，王尚荣同志拿了一张条子给我，那是林彪写给毛主席的。条子的内容是：他看到毛主席重视避免打到美国人的问题，因此提出是否可以通过王炳南给美国透露一点消息。当时王炳南同志正在华沙同美国进行大使级谈判。我一看这条子，不禁吃了一惊，因为告诉美国人就等于告诉了台湾，那就失去了这次炮击的奇袭效果，这怎么行呢？便问王尚荣同志："主席把这封信交给我看，有没有什么交代，是不是让我表态？"王尚荣同志说："主席没说什么，只说拿给你看。"我冷静下来考虑了一下，更加感到这次炮击行动非同寻常，不仅是敌我斗争，更是复杂微妙的国际斗争。但这关系到最高决策问题，既然没有要我表态，我就一句话没有说。

第二天，继续开会。看来毛主席下决心了，他说："那好，照你们的计划打。"毛主席交代我就留在北戴河指挥，并要我跟彭老总一起住。……王尚荣知道我为难，他说："我替你想个办法，把专线电话架到你的房间里。"这下就解决问题了，于是我们商定，前线直接同我通话，我再通过他转报毛主席，毛主席的指示也由他转告我。我问："彭老总那里怎么报告？主席交代我同他住在一起呀！"他说："你不要管了，此事由我办。"

所以，炮击金门，开始是在北戴河指挥的，是毛主席直接在指挥。

3. 中印边境自卫反击战，是新中国历史上继抗美援朝之后，在青藏高原的喜马拉雅山和喀喇昆仑山区进行的一场较大规模的局部战争。它融军事、政治和外交斗争于一体，各种矛盾错综交织，斗争极其艰巨复杂，其胜利和影响不止于军事方面。对于这场自卫反击作战，毛泽东在不同场合给予了充分的肯定，认为“打了一个军事政治仗，或者政治军事仗”[①]。这一仗，至少可以保持中印边境10年的稳定。中央军委也在给边防部队的贺电中嘉勉：你们发扬高度的爱国主义和革命的英雄主义精神，继承和发扬我军英勇善战不怕牺牲的传统战斗作风，把印军打得丧魂落魄。你们创造了我军在高原地区作战的光辉范例。你们的英雄业绩，将同喜马拉雅山、喀喇昆仑山一样，永垂千古。

中印边境自卫反击作战，是在特定的历史条件下发生的，它不同于国内进行的民族解放战争和人民解放战争，也不同于抗美援朝战争，有着一系列新的特点。

第一，这场战争是由印度企图以武力解决边界争端引起的，是政治军事仗。这就决定了这场战争具有很强的政治性。军事、政治、外交斗争融为一体，交织进行。军事斗争必须服从和服务于政治、外交斗争。这个特点，不仅制约着战争形式、进程和结局，而且影响着双方的战略指导。

第二，这场战争，中印双方力量对比虽互有优长，但从整体上看，中国综合国力、国防实力大于印度，中国军队的整体素质，特别是政治素质高于印度军队。这和我军以往经历过的战争不同。

第三，这场战争恶劣的自然条件和地理环境，严重影响着军队的作战行动，部队集结、机动、指挥和协同困难，战场容量较小，容易发生非战斗减员，武器技术性能难以发挥，后勤补给十分艰难。

第四，这场战争，是在地处祖国西部边疆主要为少数民族聚居的地区进行的，群众工作、民族和宗教政策，对战争影响很大。

第五，这场战争，中国军队的补给基本来源于内地，路线长，道路少，运输手段落后，这对战役规模和持续时间有极大制约。而印度军队后勤补给基地距战场较近，交通方便，利于持久作战。

毛泽东主席高瞻远瞩，审时度势，深谙这场战争的特点，把握其发展变化的规律，运筹谋划，做出一系列符合战争实际的决策，实施正确的战略指导。

---

① 引自《在听取中印边界东段自卫反击作战情况汇报时的插话》，见《建国以来毛泽东军事文稿》下卷，军事科学出版社、中央文献出版社，2010年版，第163页。

如今的西藏阿里地区，中印边境上的班公湖　（视觉中国供图）

第2节　未雨绸缪

不打无把握之仗这个原则，必须坚持。①

1. 美国出兵侵略朝鲜以后，毛泽东在1950年8月4日中央政治局会议上讲话。毛泽东和中共中央判断，朝鲜战局的发展有两种可能：一种可能是人民军一鼓作气，驱逐已经投入朝鲜战场的美军，歼灭南朝鲜军队，解放全朝鲜，结束战争，至少是告一段落。这样即使美国要大规模出兵干涉，扭转败局，也需要进行长时间的准备和调动很大的兵力，才能重新在朝鲜登陆。战争发展的这种前途对朝鲜最为有利。另一种可能是美国迅速大量向朝鲜投入部队，守住滩头阵地，人民军进攻受阻，战局呈僵持状态。在这种情况下，战争将会长期化，朝鲜局势有可能逆转，朝鲜国家有可能不保，美国还有可能直接进攻中国大陆。中共中央认为，无论哪种情况，中国都应该有所准备。在军事方面，中共中央审时度势，高瞻远瞩，未雨绸缪，做出了一个具有重大战略意义的决定：组建东北边防军。后来彭德怀在总结抗美援朝战争胜利的经验时曾指出：抗美援朝战争所以能取得伟大的胜利，“最重要的则是由于党中央和毛主席英明的决策、坚定的意志和正确的领导。当美帝国主义发动侵略战争时，我们即调了五个军置于鸭绿江北岸，待敌越过三八线向我国边境逼近时，出敌不意地给以痛击，取得第一个战役的胜利。这不仅挽救了当时朝鲜人民军败退的局面，而且取得了战争的主动权。如果预先无此准备，想要凭空扭转当时极不利极严重的局面，那是不可设想的”。8月中旬以后，朝鲜的形势已经变得不可

① 引自《必须坚持不打无把握之仗的原则》，见《毛泽东军事文集》第6卷，军事科学出版社、中央文献出版社，1993年版，第377页。

乐观，朝鲜人民军的作战已经没有后劲，战争长期化的趋势已经十分明显，在这种情况下，根据毛主席的指示，开始增调部队加强边防军的力量，并部署边防军的二线、三线部队。9月3日周恩来拟订了加强东北边防军的计划，向毛泽东并刘少奇呈送报告：关于加强边防军和二线、三线部队的部署，准备共动员部署11个军36个师，连同特种兵和后勤部队，共约70万人。第一线5个军15个师，第二线3个军12个师，第三线3个军9个师。周恩来还提出了东北边防军和二线、三线的兵员补充、步兵武器调整、弹药补充、增配火炮、后勤保障等方面的建议。毛泽东批准了这一计划。

2. 在炮击金门战斗中，从7月17日毛泽东定下决心，中央军委做出决策，到7月26日部队进入阵地，参战部队进行着紧张而有序的战前准备。而毛泽东仍决定“看一看形势，等彼方无理进攻，再行反攻”，强调“不打无准备之仗这个原则，必须坚持”。参战部队又进行了紧张的临战准备，并开始了以夺取制空权为主要内容的先期作战。空军部队迎头痛击窜入闽粤上空的国民党空军飞机，夺得了战区制空权，为陆海军参战部队展开部署创造了有利条件。

在调动陆海空三军部队的同时，毛泽东在选择前线指挥员，协调军队与地方的关系，统筹实施党政军一元化领导，实行人民战争动员和领导战争的体制上，也打破常规，采取了不同以往的指挥关系。参战的30个炮兵营全部提前进入了发射阵地，做好了射击准备。中央军委调原志愿军空军司令员聂凤智同志任福州军区空军司令员，指挥这次大规模的空军转场入闽行动。7月27日，空军首批转场部队顺利进入汕头、连城机场，接着便逐步向沿海机场推进，至8月中旬，一线机场已进驻6个歼击机团。经过几次空中较量，初步掌握了前线的制空权。海军东海舰队副司令员彭德清同志也调来厦门前指，指挥海军舰艇部队及海军航空兵、海岸炮兵入闽，在金门海域构成了强大的威胁力量。与此同时，炮兵调来3个师，还调来了1个坦克团，调动都是晚上行动。至8月上旬，地面炮兵全部进入了阵地。炮兵阵地从角尾到厦门、大嶝、小嶝，到泉州湾的围头，呈半圆形，大金门、小金门及其所有港口、海面都在我数百门火炮的射程之内。

3. 1962年春、夏季，印度政府疯狂反华，印军不断入侵、蚕食中国领土并挑起武装冲突，制造流血事件，边境局势日益恶化，大规模武装冲突一触即发。在这种严重形势下，中国边防部队保持了高度戒备，进行了一系列必要的准备。

（1）进行不间断的政治思想动员。1962年10月10日，针对中印边境斗争形势的发展，总政治部发出了《关于歼灭入侵印军作战的政治工作补充指示》。根据总政治部的指示和部队的任务，西藏军区下发了《歼灭入侵克节朗地区印军作战的政治工作指示》和《动员令》。新疆军区下发了《反击印度侵略军的战斗动员指示》和《全部清除入侵残余印军的政治工作指示》。据此，进一步向部队进行了思想动员，更加激发了广大指战员的斗志和求战热情，决心不惜一切，奋勇杀敌。

西藏、新疆边防部队在进行思想动员的同时，针对战区民族特点、社会情况，进行了“三大纪律，八项注意”和民族、边防以及俘虏等政策教育。这些都为反击作战的胜利奠定了良好的思想基础。

（2）进行部署调整，组织临战训练。西藏、新疆军区根据中央军委的统一部署，陆续收拢生产、营建部队，加强了边防一线的布防力量。随着中印边境斗争局势的发展变化，为了制止印军的入侵蚕食和应付较大规模的武装冲突，中央军委决定对中印边境西段的空喀山口、河尾滩和天文点3个边防区的兵力进行加强。所有部队昼夜兼程，于10月12日24时前到达指定位置。至此，中印边境西线自卫反击作战的总兵力达到6300人。参战部队主力是具有红军传统和光荣战斗历史的部队。另调工程兵团、汽车团、医院、空军等部队进入莎车、和田一带，随时支援一线作战。

根据总参谋部指示，18日至19日，藏字四一九部队全部进入克节朗地区的得芒、学不丢、汪等和尺冬及其以西地区，占领了反击作战出发阵地。昌都军分区前指于10月9日进至察隅。第一五三团加强营和分区独立营10月9日由波罗、吉公地区出发，12日全部进至察隅以南，拉丁、松古以北地区待机。

担负反击作战任务的都队，本着以战术训练为主，达到开得动、打得准、联得上、指挥好、协同好、攻必克、守必固的要求，掀起了群众性练兵热潮。

各部队在训练中本着“用得着的就训，用不着的不训，急用的先训，不急用的后训，重点课目先训，一般课目后训”的原则，突出进行了山林地攻防战斗的组织指挥、近迫作业、火力组织、打反冲击和带战术背景的山林地射击、投弹、对地堡和障碍物的爆破以及适应性训练等内容，提高了部队的战术、技术水平和干部的组织指挥能力，培养了大批爆破手。

各参战部队本着精简机关、充实连队、保留骨干、加强基层的要求，对各级主官、领导核心、战斗骨干的搭配等做了研究和调整。

为了解和掌握当面印军情况和战区地形，参战部队均组织进行了实地勘察。

9月下旬，中央军委乃令在内地休假的西藏军区司令员张国华即返西藏，负责中印边境东段主要方向上自卫反击作战的指挥任务。张国华司令员和在北京开会的西藏军区参谋长王亢，在北京当面听取了党中央、中央军委首长的指示后，偕同在北京开会、学习、休假的一部分西藏军区干部，于10月12日返回拉萨。13日上午，向西藏工委、西藏军区部分机关人员赶赴克节朗地区前线。14日，进抵麻麻，立即组成了西藏军区前指。麻麻位于娘姆江曲河谷，距克节朗河谷约20千米，与入侵克节朗地区印军右翼据点沙则仅相距15千米，便于了解和掌握战场情况，实施及时有力的指挥。

（3）进行物资储备和战场建设。西藏军区战前在错那、隆子和察隅等地运屯各种物资445吨。在山南方向储备了一个师的主副食，两个基数的弹药和柴、草、马料、酥油、糌粑及修路材料、工具等，并准备了运送一个师的汽车和保障一个师作战行动的民工和民畜。根据周恩来总理指示，阿里从新疆运进4000吨物资，新疆军区到战前，各哨卡备足了半年物资。

西藏、新疆军区组织力量维修了道路桥梁，增修了边防哨卡的工事，加强了通信建设，各哨卡配备了大功率电台，沟通了前线与总参谋部的联络，保障了作战指挥。

第3节　稳当可靠

在稳当可靠的基础上争取一切可能的胜利。①

1. 在决策出兵抗美援朝的过程中，针对美帝国主义是世界上头号帝国主义强国的特点，毛泽东和中共中央对敌我双方的战斗力做出了极为科学的分析。认为：与美国军队在朝鲜进行较量，美国虽强也有弱点，中国虽弱也有有利条件。

美国在军事上是一长三短：一长是钢铁多。三短是战线太长，从欧洲的柏林到亚洲的朝鲜，首尾难以相顾；运输线太长，要横跨大西洋和太平洋；战斗力不如德国军队和日本军队。除此，美国的盟国联邦德国和日本在第二次世界大战战败后尚未武装起来，英国和法国在第二次世界大战中已伤了元气；美国虽然握有原子弹，但苏联也有原子弹，并且原子弹不能轻易使用，也不能决定胜负。因此，尽管美国在综合国力和军队武器装备上占有绝对优势，但并不是不可战胜的。

而中国困难虽多，但也有许多有利条件。东北边防军已做了必要的准备，并已调集了二线三线部队；中国军队占有数量上的优势，并经受了20多年革命战争的锻炼，官兵团结，凝聚力强，特别能吃苦，特别能战斗，团以上指挥员都是身经百战的老红军、老八路，人民解放军向来有以劣势装备战胜具有优势装备之敌的经验；中国是反抗侵略，进行的是正义之战，有中国人民和朝鲜人民的全力支援，并且中国共产党和中央人民政府在中国人民中有极高的威望，

① 引自《在稳当可靠的基础上争取一切可能的胜利》，见《毛泽东军事文集》第6卷，军事科学出版社、中央文献出版社，1993年版，第141页。

具有强大的号召力和组织力；在朝鲜作战，中国军队拥有直接和雄厚的后方支援，利于持久作战；中国已同苏联签订了《中苏友好同盟互助条约》，有苏联为后盾，可获得苏联的物资支援；等等。

志愿军赴朝鲜作战，作战对象是世界上最强大的美国军队，改编为志愿军的部队，虽然都是人民解放军的主力部队，具有丰富的作战经验和极强的战斗力，但缺乏现代战争的作战经验，武器装备也与美军相差悬殊，如何克敌制胜？如何在现代战争的条件下以劣势装备战胜优势装备的敌人，毛泽东和彭德怀对志愿军的作战方针进行了深入研究，并根据当时的战场情况和敌我力量对比，实事求是地确定了志愿军入朝后的初期作战设想。

中央军委最初的设想是：以志愿军4个军12个师于10月15日出动，“位于北朝鲜的适当地区（不一定到三八线）一面和敢于进攻三八线以北的敌人作战，第一个时期只打防御战，歼灭小股敌人，弄清各方面情况；一面等候苏联武器到达，并将我军装备起来，然后配合朝鲜同志举行反攻，歼灭美国侵略军”。

然而，志愿军入朝时，无论是美国的华盛顿当局，还是东京的麦克阿瑟总部，都沉浸在朝鲜战争即将结束的乐观情绪中。由于“联合国军”未觉察到志愿军入朝，仍以团和营为单位，放胆分兵冒进，乘汽车沿公路长驱直入，并且兵力分散，不仅东西两线部队之间被狼林山脉阻隔，敞开约130千米的缺口，而且各师团之间也逐渐处于分散行动、名自为战的状态，特别是西线南朝鲜第6师、第7师、第8师，贪功心切，推进速度不断加快，态势突出，与美军部队脱离了联系。这就给了志愿军在运动中各个歼灭敌人的极好机会。

毛泽东审时度势，敏锐地抓住了这一战机，根据战场情况的变化，当机立断，决定志愿军放弃原定第一期的防御作战设想，立即改取在运动中各个歼敌的方针部署作战。10月21日凌晨，毛泽东分别电示彭德怀和邓华，要求志愿军马上改变作战计划，立即部署歼灭冒进的南朝鲜军几个师。毛泽东特别强调：“此次是歼灭伪军三几个师争取出国第一个胜仗，开始转变朝鲜战局的极好机会，如何部署，望彭邓精心计划实施之。”“彭邓要住在一起，不要分。”同时指出：“这一仗可能要打七天至十天时间（包括追击）才能结束，我军是否带有干粮？望鼓励全军，不惜牺牲，不怕艰苦，争取全胜。”

毛泽东于10月23日致电彭德怀并告高岗，对战争形势做了分析，并确定了志愿军在朝鲜作战的总方针。电报中写道：“你的方针是稳当的，我们应当从稳当的基点出发，不做办不到的事。……我认为我们应当力争此次战役的完满胜利，力争在敌人从美国或他处增调兵力到朝鲜以前多歼灭几部分敌人的兵力，使其增补赶不上损失。总之，我们应在稳当可靠的基础上争取一切可能的胜利。”这样，志愿军以劣势装备在朝鲜作战，就有了一个明确而又灵活的战略指导方针，即从稳当的基点出发，根据现有作战条件，既不办做不到的事，又必须力争一切可能的胜利。

根据“在稳当可靠的基础上争取一切可能的胜利”的战略方针，从朝鲜特殊的地理条件出发，充分利用以美军为主的“联合国军”的弱点，充分发扬我军的传统战法，中国人民志愿军入朝后连续组织运动进攻战役，不仅大量消灭了敌军有生力量，而且很快就达到了预期的战略目标。

第一次战役 从1950年10月25日至11月6日，中国人民志愿军在没有做好参战准备的情况下，特别是没有空军掩护，没有坦克装备，炮兵数量很少，尤其缺乏高射炮和反坦克炮，物资补给运输极为困难，对朝鲜民情地形不熟，又临时改变原定在朝鲜北部敌军尚未占领的山区组织防御的计划，采取在运动中各个歼敌的方针，将“联合国军”从鸭绿江边打退到了清川江及以南，粉碎了“联合国军”于感恩节前占领全朝鲜、结束战争的计划，初步稳定了与美军和南朝鲜军作战的初步经验，增强了胜利的信心。志愿军共歼灭“联合国军”2个团又5个营，击溃3个团又12个营，毙、伤、俘敌1.5万余人，其中包括美军3518人，英军等“联合国军”其他国家部队147人，南朝鲜军12325人，缴获坦克12辆、装甲车3辆、汽车650辆、各种火炮529门，以及大批各种军用物资。志愿军在此次战役中，共阵亡、负伤、失踪10700余人。

第二次战役 中国人民志愿军在朝鲜人民军的配合下，在中朝人民的支援下，从1950年11月6日到12月24日，连续作战49天，不仅挫败了“联合国军”在圣诞节前结束朝鲜战争的“总攻势”，彻底粉碎了“联合国军”占领全朝鲜的企图，迫使“联合国军”由疯狂进攻转为狼狈撤退，有力地打击了美帝国主义的侵略气焰，而且帮助朝鲜人民收复了朝鲜人民共和国原三八线以北的全部（除襄阳）领土，并收复了三八线以南的瓮津半岛和延安半岛，扭转朝鲜战局，使朝鲜战场的形势发生了根本性的变化，为抗美援朝战争的最后胜利奠定了基础。这一胜利，大大超出了战役预定计划。志愿军基本歼灭南朝鲜第7师、第8师，歼灭土耳其旅大部，给予美第2师、第7师、陆战第1师以歼灭性打击，歼灭美第25师、骑兵第1师一部，共歼敌3.6万余人，其中包括美军2.4万余人。美第8集团军司令沃克中将也在部署三八线防线时，于12月23日车祸丧生。此外，志愿军缴获与击落击伤飞机18架，缴获与击毁击伤坦克与装甲车200余辆、各种炮1100余门、汽车3300余辆。志愿军在此次战役中伤亡3.07万余人，与敌军的伤亡对比为0.85：1。

第三次战役　1950年12月31日17时，在寒风凛冽，大雪纷飞，气温骤降之中，志愿军和人民军依照预定计划，经过短促的炮火准备之后，在西起临津江口，东至麟蹄的200千米的宽大正面上，向“联合国军”的三八线防御阵地发起进攻。经过8昼夜的连续进攻，突破了“联合国军”在三八线的防御，占领了汉城，将战线从三八线推进到三十七度线附近，向前推进了80～110千米，歼敌1.9万余人，粉碎了美国当局妄图据守三八线，争取时间，整顿军队，准备再犯的企图，打破了美国当局玩弄的在三八线一带“停火”的伎俩，加重了美国当局和“联合国军”的失败情绪，加深了美英统治集团和“联合国军”内部的矛盾，进一步扩大了中朝两国人民和军队在国际上的影响。

第四次战役　从1951年1月25日至4月21日，战役分为两个阶段进行，在极为困难的条件下，志愿军发扬了特别能吃苦，特别能战斗的精神，和人民军一起连续奋战，在战役指导中灵活地运用坚守防御、战役反击、运动防御等多种作战样式，将运动战与阵地战紧密结合起来，在被动中争取了主动，共歼敌7.8万余人，歼灭敌人的数量超过前三次战役的总和。“联合国军”依靠强大的空军和优势武器装备，实施“火海战术”进行猛烈进攻。尽管志愿军采取的是运动防御，但“联合国军”的推进也是很艰难的，从1月25日进攻开始，到4月21日为止，历时87天，才从三七线以北地区推进到三八线地区，平均每天付出900人的伤亡代价，才能前进1.3千米。这次战役的防御作战，其规模之大，时间之长，不但在志愿军抗美援朝战争的历史上是唯一的一次，而且在中国人民解放军的历史上也是罕见的。这次防御作战，为志愿军依靠劣势装备抗击“联合国军”依靠优势火力的立体进攻积累了重要的经验，为后来阵地战阶段坚守防御作战指导提供了借鉴。

2. 1960年中印两国总理谈判以后，印度政府为改变边境现状，侵占中国领土，又进一步酝酿向中国“占领”地区派遣巡逻队和插入中国哨所之间的空隙地带建立据点。这一侵略计划，后来被印度政府称为“前进政策”。依据这一政策，印军在中印边界西段几个重要的战略通道，对中国领土进行蚕食。

中国政府本着维持边境现状和睦邻友好的原则，于1962年2月26日和3月22日照会印度政府，要求其停止这种可能导致严重后果、加剧边境紧张局势的危险行动，希望回到和平谈判解决边界问题途径上来。然而，印度政府不仅不接受中国的照会，反而在5月初，尼赫鲁亲自主持召开高级军官会议，谋划进一步蚕食中国领土的军事行动。之后，国防部长梅农、陆军参谋局长考尔赴中印边境西段视察，尼赫鲁也借“休假”之名赴克什米尔地区斯利那加进行部署，并委派考尔担任西线推进“前进政策”的指挥官。

为指导反蚕食斗争，中共中央、中央军委和毛泽东主席，适时提出边防斗争的方针、原则以及具体政策规定。在中国政府声明恢复对中印边境西段喀喇昆仑山口至空喀山口的巡逻后，5月6日，总参谋部向边防部队下达了经中共中央批准的《恢复边境巡逻的具体措施和边防哨卡处置情况的原则》，要求边防部队：根据当前中印边境斗争情况，既应加强边防自卫措施，对印军的挑衅行动进行针锋相对的斗争，又要避免流血冲突。并对边防部队反蚕食斗争的形式、任务和处置情况的原则做了具体规定，指示守点部队：当印军向哨卡进行袭扰或挑衅射击时，应严密监视，可不予置理；当印军包围哨卡进行攻击，如不还击即有遭受大的损失或被消灭的危险时，才可进行自卫。自卫的步骤是：第一步向空中鸣枪，对其喊话，阻其进逼；第二步，如印军继续进攻，我可开枪击退其进攻，但不出击；第三步，印军突袭哨卡，可能将其活捉时，力争捉活的。在任何情况下，印军后撤，概不追击。对印飞机侵入中国领空盘旋侦察，可不予置理；如果印军飞机向我扫射、轰炸，可向其射击，对印机空降人员、物资，监视上报。担任游动监视印军活动的部队，当印军进逼时，则适当后撤，避免与印军接触，不得挑起冲突；严防遭印军伏击、袭击，在不遭受损失的原则下，能摆脱的尽量摆脱。在边境地区巡逻的部队：不宜逼近边界，应与边界保持一定距离，更不准越出边界。从中共中央批准下发的这些规定来看，中国的一切措施都是防卫性的，并尽力避免和防止扩大边境武装冲突，体现了中国政府极大的宽容和克制忍让。为保证严格执行这些规定，中央军委同时指示边防部队，要进行充分的政治思想动员和政策教育，使指战员深刻认识这些措施的意义和目的，切实做到既能保证任务的完成，又不出乱子。

反蚕食斗争，具有丰富而深刻的政治内涵，是边境军事斗争中的一种特殊形式。在斗争中，中国边防部队既要捍卫祖国主权和领土完整，坚决制止印度军队的入侵，又要坚决贯彻中国政府和平解决中印边界问题的方针，防止和避免扩大武装冲突。这就要求边防部队官兵，时刻保持清醒的头脑，正确处置边境斗争中遇到的新情况和新问题。正是由于反蚕食是新的军事斗争形式，它不同于一般意义上的战役、战斗，不能单纯以歼灭印军或攻占印军入侵据点及阵地的多少来衡量斗争的效果；它更多的斗争样式是切断反切断，包围反包围，有时甚至出现双方都不带枪械，而是以肩膀相对抗的场面。总之，面对印军的不断进逼和猖狂挑衅，边防战士未经允许都不准使用手中武器击退侵略者。这种斗争方式对边防军人来说，比冲锋陷阵、流血牺牲更难。然而，中国边防部队坚决贯彻执行中共中央、中央军委关于边境斗争的各项方针政策，或坚守哨卡，或先机设卡，寸步不让地同印军展开了尖锐复杂的斗争。

针对印军不断扩大对中国领土的入侵蚕食，不断加剧中印边境紧张局势，引起毛泽东主席及中共中央的高度重视，为避免扩大争端、引起武装冲突和不使印军的企图得逞，及时做出新的斗争方针和应付措施。中央军委根据毛泽东主席指示精神，指示部队：仍坚持不打第一枪的原则，要采取你包围我，我包围你，你切断我，我切断你的手段，有效地制止印军推进和蚕食，不要怕麻烦，麻烦一点就麻烦一点，我不主动打，这是方针；印军向我进攻，可向其提出警告，再三警告无效，我可自卫；对印军包围，不要封死，给印军留点空隙，留出一条退路；如印军逃跑，让其逃走，不要阻拦，如印军不跑，就与其对峙起来。上述不打第一枪的原则包括对印军的直升机，特别是对印军空投场，不要封死，如印军空投粮食，可让其拿回去，给其留出一条生路。

在书记处会议上，毛泽东主席讲道：印度在我境内设点，我们完全有理由打。但现在还要克制，不能急于打，为什么呢？要进一步暴露尼赫鲁的真面目，现在尼赫鲁得意忘形，认为他的赖皮战术很有办法，前几天印度报纸有个消息说，尼赫鲁、梅农的战术是拿破仑战术；争取国际上正确认识中印边境斗争的是非问题，争取大多数同情和支持我们，特别是要争取中间派；国际上有些国家对中印边界问题看得不十分清楚，弄不清楚谁是谁非，同时我们和印度的斗争，是复杂的国际问题；不仅仅是印度的问题，美帝国主义、苏联等都在支持印度，他们想利用我们存在暂时困难的机会，推我们上阵，整我们一下，但我们不上他们的圈套：我们现在坚持不打第一枪，我们的方针是八个字："决不退让，避免流血。"

7月16日，罗瑞卿总参谋长指示新疆边防部队：毛泽东主席在对印斗争的"八字方针"中，又补充了"武装共处，犬牙交错"这两句话。为了使部队更准确地理解毛泽东主席确定的这一方针，7月20日，总参谋部对反蚕食斗争方针做了完整的表述："绝不退让，力争避免流血；犬牙交错，长期武装共处。"总参工作组同时指出，中印边境斗争是一场极为错综复杂的斗争，我们不能急躁，中央关于边防斗争的一些决定，都是刘少奇主席、周恩来总理亲自处理的，大一点的问题要请示毛泽东主席决定。因此，我们一切行动都要事先请示，事后报告，加强高度集中统一，严格贯彻执行上级的方针、政策，兢兢业业完成好这一光荣任务。

尼赫鲁政府因其推行的"前进政策"受阻，无理的领土要求不能实现，遂拒绝中国的和平谈判，在紧锣密鼓地进行战争准备之后，公然发布向中国边境地区全面进攻的命令，挑起了中印边境战争。

印军发动武装进攻之后，中国政府为了维护国家领土主权和民族尊严，被迫做出了自卫反击的命令。

毛泽东指出：印度整了我们3年，从1959年开始，1959年、1960年、1961

年、1962年，有4个年头了，我们才还手。

10月6日，总参谋部传达了中共中央和毛泽东的指示："假如印军向我进攻则要狠狠地打他一下，除东线西藏做准备外，西线也要配合，如他进攻不仅要打退，还要打狠打痛。"[①]这一指示，不仅确定了打狠打痛的方针，而且明确了反击作战的主要方向在东线，西线要配合东线作战。10月16日，中央军委决定：为了打击印军疯狂气焰和侵略行动，决心歼灭越过"麦克马洪线"以北的印军，西线也要配合。进而确定了在东线歼灭入侵"麦克马洪线"以北的印军。在西线，拔除红山头和加勒万河印军14号据点。10月17日，中央军委下达了《歼灭入侵印军的作战命令》，对反击侵入中国境内的印军做了具体部署。10月18日，中央军委向中国边防部队发出指示，强调："此次对印度反动派作战，事关国威、军威，务求初战必胜，只能打好，不能打坏。"

中央军委所以将主要反击方向选在东段，是因为印军在这里占地大，兵力多，有仗可打。从地理天候条件来讲，东段用兵条件比西段好，便于集中使用兵力，有可能大量歼灭印军的有生力量，更重要的是，东段是印度已经占领、力求巩固并确保的地方，并以非法的麦克马洪线作为资本。中国边防部队向"麦克马洪线"以南反击，不仅有利于大量歼灭印军，而且可以在事实上否认"麦克马洪线"，这样就能击中印度尼赫鲁的要害。

对这次自卫反击作战，中共中央，毛泽东、周恩来等中央领导十分关注，不仅精心运筹谋划，而且亲自指挥。大至作战方向及打、停、进、撤，小到拔点战斗，每个关键环节，都有及时、明确的指示。参与决策指挥的还有，刘少奇、邓小平和刘伯承、贺龙、徐向前以及罗瑞卿等中央及军委领导。

遵照毛泽东主席的安排，刘伯承元帅在北京三座门开设指挥部，具体负责此次作战行动的具体组织指挥工作。根据毛泽东"打狠打痛"的总方针，刘伯承指示：打的时候，要以"雄狮搏鸡"之势来打。"这次打，不是和他的边防警察部队打，而是和它最好的曾参加过第二次世界大战的印度标准部队作战，不要骄傲。""过去曾有一些同志，认为只要插进去包围住敌人就是胜利。这样的理解是不正确的。插入、迂回、分割、包围，这些都是机动的样式，仅

① 引自毛泽东在1962年指导中印边境自卫反击作战的方针。

能为胜利创造有利条件，绝非胜利本身。对胜利的正确理解，应该是把敌人打死、打伤和俘虏。所以当我们已经迂回包围了敌人时，还要准备实施强攻，准备打硬仗，啃硬骨头。”“要用夜行晓宿、出敌不意的战术，集中优势兵力首先击毁敌人的要害（如指挥中枢或主要集团等）。”“全部文章要作在‘速战速决’四个字上，切忌力量分散。”“陆军打仗离不开陆地，要像空军研究气象、海军研究海洋一样研究地形、道路。”“要确实熟悉地形和方向，运用各种方法，确保夜间进攻方向的正确。”“山地战要避免正面硬顶，只要有道路迂回，即使多走一些路也在所不惜。”“沿河流攻击，要夹岸前进，相互策应。”“如迫不得已，必须正面进攻时，就要坚决勇敢地打过去，‘狭路相逢，勇者胜’，决不能有丝毫犹豫。”他要求参战部队要特别注意组织运用火力，充分发挥随伴火炮的威力，要注意战场总结，提高战术水平。

第4节　初战必胜

许多资产阶级军事家都主张慎重初战，不论在战略防御或战略进攻皆然，而以防御为尤甚。①

1962年10月20日拂晓，中国边防部队奉命在中印边境东、西两线，同时开始对入侵印军实施自卫反击作战。

中印边境东线第一阶段自卫反击，包括克节朗、达旺地区作战和昌都、林芝、山南方向的佯动，主要反击方向是克节朗地区。克节朗地区位于中印边境东段的西端，在非法的“麦克马洪线”以北，总面积约100平方千米。战前，

① 引自《中国革命战争的战略问题》，见《毛泽东选集》第1卷，人民出版社1991年版，第216页。

印军部署在克节朗和龙布、吉米塘地区的兵力，为第四师战术司令部率第七旅，阿萨姆步兵第五营和炮兵、工兵各一部共4个步兵营3000余人。

在克节朗地区，中国边防部队初次和印军交手，这次作战是反击入侵印军作战的第一仗，“其胜败得失，关乎国威军威”。中央军委总的作战指导思想是“务求初战必胜”，核心是“打狠打痛”“全歼速决”。因为只有成建制地歼灭入侵印军的有生力量，才能给印度极右派以有力的打击。

张国华司令员决心集中兵力，火力攻击卡龙，迂回章多，同时攻打沙则，要吃掉当面印军第七旅。他两次发报给总参谋部，陈述理由，终于得到毛泽东主席的支持。

这是一场短兵相接的攻坚战。对入侵印军的据点，都是逐堡攻克，逐点攻击，每攻歼印军一个据点，均须攻克数十座甚至上百座地堡。西藏边防部队高度发扬了“一不怕苦，二不怕死”的革命精神，全歼印军第七旅，取得了中印边境自卫反击作战的初战胜利。随即追击吉米塘、龙布及其以南地区溃逃印军，扩大战果。根据党中央、毛泽东的命令迅速向“麦克马洪线”以南追击，给印军更大打击，为下一步夺取达旺创造有利条件。西藏军区部队圆满完成克节朗、达旺地区的反击任务，共歼印军1897人（毙832人，俘第七旅旅长达尔维准将以下1065人）。

10月24日，中国政府发表声明，提出和平解决边界问题的三项建议。总参谋部于同日命令西藏边防部队停止追击，暂不过达旺河。西藏边防部队即在达旺河以北地区集结，休整待命。至此，中印边境东线第一阶段反击作战胜利结束。

10月20日，根据中共中央、中央军委的命令，新疆军区边防部队在中印边境西段向入侵印军展开了英勇反击，拔除了加勒万河谷、奇普恰普河谷、班公湖两岸及其以北地区、巴里加斯地区的印军侵略据点，歼灭了部分印军，有力地配合了西藏边防部队在中印边境东段的作战。

中共中央、中央军委对西线自卫反击作战十分重视，在战前、战中做了一系列指示。10月8日，总参谋部电示新疆军区，党中央和毛主席考虑：为了打击印军的疯狂气焰，在西线决心拿下“加印14号”和“天印6号”。“东线西线同时发起进攻，给敌人造成全面紧张。”在发起进攻时，对印军飞机一律射击，其目的是全面围攻印军。10月10日总参谋部指示：准备工作一定要搞好，炮火一定要强，特别是敌人工事加强了。要以猛烈的炮火摧毁之。拔点要集中绝对优势兵力，炮火要猛，冲击要猛，以“雄狮搏鸡”之势拔点攻坚；对“红山头6号”和“加印14号”据点要搞1至2次炮火急袭，把工事摧毁再上去，先将它的有生力量杀伤，尔后占领，以减少对我攻击部队的威胁；要多准备几手，炮火万一摧不掉，就用炸药包、喷火器，几套办法保证，要打就非打下来不可；在拔点同时要坚决打掉敌人增援，切断敌人退路和其他据点补给线，顶住增援之敌，坚决守住主要方向哨卡；天文点打援的部队要准备一定的炮火，对敌可能增援的道路要封锁，打敌集结的部队，打援的炮火要控制河谷、道路、制高点；要不断教育参战部队的全体人员，务必兢兢业业，戒骄戒躁，千万不能疏忽大意，随时牢记毛主席的教导，战略上藐视敌人，战术上重视敌人。指挥要高度集中统一，各级都负责，一切行动听从党中央、中央军委和毛主席指挥，任何人不得擅自行动。边防地区作战政策性强，必须高度集中统一。反击战事关大局，现在要大家都负责，哪个单位没有完成任务，哪个单位首长负责。西线责成郭鹏副司令员负责，要组织好部队，搞好指挥、协同，密切配合，只能打好，不能打坏。

刘伯承元帅对反击作战也做了指示：“如何才能达到彻底、干净、全部歼灭敌人，按照毛主席的思想，要想办法把敌人分开打。我很担心的是啃硬骨头……战术不是死的东西，土办法能打胜仗，就是好战术。”

10月16日中央军委电示新疆军区：“在西线主要是拔掉敌人据点”，第十团第三营先拔除“加印14号”，与此同时，第十一团三营拔除“天印6号”，并组织好打援，尔后再拔5号、11号、8号据点，其他视情况再拔。因为这几点对印军威胁最大。毛主席指示：“打红山头对敌人威胁大，因此坚决打敌6号、14号。同时坚决打退敌人增援，切断敌人退路和其他据点补给线。这一行动和打飞机同时行动。”毛主席最后决定：“在中印边境西段，决心拿下‘加印14号’和红山头‘天印6号’。”

中印边境西段反击作战，从10月20日发起到23日截止，班公湖以北地区印军入侵据点全部肃清。西线中国边防部队奉命挥戈南下阿里，歼灭巴里加斯地区印军。24日中国政府发表声明，提出解决边境争端的三项建议。上级要求西线部队在尼赫鲁未答复之前继续扩大战果，迅速扫除巴里加斯地区印军，转战阿里越快越好，部队要排除万难，连续作战。

22日9时总参谋部来电：东面的部队已插到“麦克马洪线”以南去了，西线要配合。准备把班公湖两岸、巴里加斯以北的敌人一齐扫掉，时间不能拖得太长，否则，印军可能增援，气候有限制。28日西线部队赶到拉多、巴里加斯，发现印军已逃走，即打扫战场，撤出战斗。巴里加斯地区印军据点7个全部收复，1900平方千米被占领领土重新回归祖国。

西线第一阶段自卫反击作战，从10月20日开始至29日结束，历时10天，歼灭印军第一一四旅4个营的各一部，计296人，其中毙136人，俘虏160人，拔除据点37个。

中国边防部队在第一阶段反击作战中，坚决贯彻执行中共中央、中央军委关于“此次对印度反动派作战，事关国威军威，务求初战必胜，只能打好，不能打坏”的指示和作战方针，运用毛泽东主席“后发制人”的战略思想和“有理、有利、有节”的斗争原则，根据战争的特点，正确选择作战目标和突击方向，进行周密的战役组织和部署，采取集中优势兵力，迂回包围，侧后攻击，攻坚拔点，近战、夜战等有效战法，发扬了“一不怕苦，二不怕死”的革命英雄主义精神，同心协力，英勇战斗，取得了初战的重大胜利。此战，沉重打击了印度反动派的侵略气焰，有力地配合了国家的政治、外交斗争，并为尔后的军事行动创造了极为有利的条件。

第5节　量敌用兵

我军目前尚无一次歼灭一个美国军的把握。而既已决定和美国人作战，就应准备当着美国统帅部在一个战役作战的战场上集中它的一个军和我军作战的时候，我军能够有四倍于敌人的兵力（即用我们的四个军对付敌人的一个军）和一倍半至两倍于敌人的火力（即用二千二百门至三千门七公分口径以上的各种炮对付敌人同样口径的一千五百门炮），而有把握地干净地彻底地歼灭敌人的一个军。[①]

为了打落敌人的这种自信心以达最后大围歼的目的，似宜每次作战野心不要太大，只要求我军每一个军在一次作战中，歼灭美英土军一个整营，至多两个整营，也就够了。

1951年5月26日，毛泽东致电彭德怀。毛泽东总结了志愿军连续五次战役的作战经验，提出了对美英军打小歼灭战的方针。毛泽东在电报中指出：历次战役证明我军实行战略性或战役性大迂回，一次包围美军几个师，或一个整师，甚至一个整团，都难达到歼灭任务。这是因为美军在现时还有颇强的战斗意志和自信心。为了打落敌人的这种自信心以达最后大围歼的目的，似宜每次作战野心不要太大，只要求我军每一个军在一次作战中，歼灭美、英、土军一个整营，至多两个整营也就够了。现在我第一线有八个军，每个军歼敌一个整营，共有八个整营，这就给敌以很大的打击了。假若每次每军能歼敌两个整营，共有十六个整营，那对敌人打击就更大了。如果这样做办不到，则还是要求每军只歼敌一个整营为适宜。这就是说，打美英军和打伪军不同，打伪军可以实行战略或战役的大包围，打美英军则在几个月内还不要实行这种大包围，只实行战术的小包围，即每军每次只精心选择敌军一个营或略多一点为对象而全部地包围歼灭之。这样，再打三四个战役，即每个美英师，都再有三四整营被干净消灭，则其士气非降低不可，其信心非动摇不可，那时就可以做一次歼敌一个整师，或两个、三个整师的计划了。过去我们打蒋介石的新一军、新六军、五军、十八军和桂系的第七军，就是经过这种小歼灭战到大歼灭战的过程的。我军入朝以来五次战役，已完成这种小歼灭战的一段路程，但是还不够，

① 引自《志愿军入朝参战及战后的战略方针问题》，见《毛泽东军事文集》第6卷，军事科学出版社、中央文献出版社，1993年版，第107页。

还须经过几次战役才能完成小歼灭战的阶段，进到大歼灭战的阶段。至于打的地点，只要敌人肯进，越在北面一些越好，只要不超过平壤、元山线就行了。

5月27日，毛泽东在会见志愿军参谋长解方和志愿军第三兵团司令陈赓时，将上述打小歼灭战的方针形象地喻为“零敲牛皮糖”。毛泽东关于打小歼灭战的方针，是根据战场上敌我双方武器装备特点和志愿军作战的实际情况提出的，是符合战场实际的，是毛泽东关于打歼灭战思想在抗美援朝战争具体条件下的创造和发展。

因战场上作战尚较紧张，彭德怀在接到毛泽东5月26日关于打小歼灭战的指示时，不能立即召集会议进行传达贯彻。5月30日，彭德怀起草了致朝鲜人民军前线总指挥金雄的信，在信中根据毛泽东关于打小歼灭战的指示，提出了“三至六个月作战方针”。

第6节　发则必至

是可忍，孰不可忍？因此打一些炮，引起你们的注意。[①]

毛泽东高超的指挥艺术，是军事与政治的完美结合，军事力量运用与时空的完美结合，其中战机的选择堪称一绝。

毛泽东通过诸多因素的考量，精心选择了炮击金门发起的时间，并进行了周密的计划组织，达到了出奇制胜的最佳效果。

1958年8月21日，中央军委下达命令，决定从23日开始对金门炮击。

---

① 引自《告台湾同胞书》，见《毛泽东军事文集》第6卷，军事科学出版社、中央文献出版社，1993年版，第383页。

8月23日拂晓，预定参加炮击的炮3师、第28军和第31军所属各炮兵团，福建省军区和第20军所属炮兵共36个营及海岸炮兵6个连，分为厦门、莲河2个炮兵群，都进入阵地并完成了射击准备。高射炮兵6个团又5个营也进入了阵地，担负对2个炮兵群的对空掩护。在炮击前，对金门不进行试射，从而实现了火力袭击的效果。

8月23日17时30分，我军459门火炮突然轰击金门。炮击分3个波次。第一波次持续时间15分钟，对北太武山金门防卫部，使用6个炮兵营共72门火炮，发射6000余发炮弹。对金门县城东北的敌58师师部，使用3个炮兵营共36门火炮，发射3000余发炮弹。对位于小金门岛中路的敌9师师部，使用5个炮兵营共60门火炮，发射了5000余发炮弹。对小金门林边、南圹的敌25团、27团团部，使用6个炮兵营共72门火炮，发射了6000余发炮弹。对大担岛、二担岛敌营房、炮阵地，使用2个炮兵营24门火炮，发射了3000发炮弹。对料罗湾敌运输舰使用海岸炮共24门火炮，发射了1000发炮弹。

第二波作战。第一次火力急袭后暂停5分钟，让海风吹散硝烟，炮管稍加冷却。17时50分再度开始，持续5分钟，重点压制开始零星还击的敌炮兵阵地。

第三波为一次短促急袭，19时35分开始，每门炮打4发，对预计中的敌抢救、维修、灭火行动予以打击杀伤。

炮击最初85分钟内发射炮弹3万余发。金门防卫部2名中将副司令官赵家骧、章杰和澎湖防卫部中将副司令官吉星文正在聚餐后散步，当场被炮弹炸毙。国民党炮兵在遭到突袭后20分钟，才开始还击，但其火力很快被压制下去。据国民党军承认，当时共伤亡官兵近600人。

8月24日，我军继续炮击金门，并于黄昏出动6艘鱼雷快艇攻击撤离向外海的国民党运输船队，击沉其4000吨的大型运输舰“台生”号，击伤大型运输舰“台海”号，我也有1艘鱼雷艇中弹沉没。9月1日，国民党军又以4艘军舰组成运输编队乘夜幕掩护驶进金门南的料罗湾，我海军又以3艘75吨级的炮艇掩护鱼雷快艇出击，重创国民党军护航舰“沱江”号。

经过我海军这两次打击，国民党对金门的海运被迫中止。金门岛遭受封锁后，国民党军急忙采取了空运的方式以保证供应。我军随之对岛上的2个机场以炮火封锁，敌只得改用空投。由于金门岛很小，飞机又不敢低飞，空投物资损失很大，空投到岛上的数量只能达到正常条件下运输量的5%。

第7节　两手准备

在志愿军的作战经验中证明，我军对于具有高度优良装备及有制空权的美国军队，是完全能够战胜的。①

1. 早在志愿军出国之前，毛泽东和中共中央、中央军委对抗美援朝战争的长期性、持久性就有较充分的认识，在战争指导上，进行了长期作战的准备，同时也尽量争取速决。经过三次战役，在第四次战役开始以后，中共中央和中央军委对朝战争的艰苦性和长期性有了进一步认识。在2月25日前后，彭德怀回到北京，周恩来、彭德怀两次在玉泉山与毛泽东共同研究了抗美援朝战争的指导方针。毛泽东明确指出："战争准备长期，尽量争取短期。"要准备以几年时间，消耗美军几十万人，使其知难而退，至少我们应做两年的准备。他同时指出：1951年全国军队准备补充60万人，全国以国防建设为主，经济建设也围绕国防建设进行。志愿军实行轮番作战，要改善志愿军武器装备，改善供应运输，加强后勤机构，努力准备空军、装甲兵参战。

2月25日周恩来主持召开中央军委扩大会议，从各个方面落实毛泽东的这一战略方针。

"战争准备长期，尽量争取短期"方针的明确提出，使志愿军的作战指导

① 引自《我军能够战胜装备优良的美国军队》，见《毛泽东军事文集》第6卷，军事科学出版社、中央文献出版社，1993年版，第243页。

更加具有灵活性。敌我双方武器装备强弱给志愿军作战造成很多困难，难以在短期内歼灭美军大量兵力，迅速解决朝鲜问题，因此必须在思想上和其他各种准备上做长期打算，但同时在可能的情况下必须争取缩短战争时间，早日结束战争。可以说，这是对“在稳当可靠的基础上争取一切可能的胜利”这一战争总方针的进一步具体化。正如彭德怀后来所评价的那样：“这次主席给了抗美援朝战争一个明确的指示，即‘能速胜则速胜，不能速胜则缓胜’。这就有了一个机动而又明确的方针。”

彭德怀回到志愿军总部后，根据“战争准备长期，尽量争取短期”的战略方针，志愿军党委扩大会议在分析敌情和总结前四次战役经验的基础上，着重研究和决定举行第五次战役的问题。会议对“联合国军”越过三八线后继续北进，以侧后登陆配合正面进攻，在朝鲜蜂腰部建立新防线的可能性高度重视，认为：如果“联合国军”这一阴谋得逞，志愿军和人民军主要供应线会被切断，将造成极大威胁。因此，为了粉碎“联合国军”从侧后登陆配合正面进攻的阴谋，迅速夺回主动权，决定抢在“联合国军”登陆之前，发起第五次战役。

第五次战役，是抗美援朝期间规模最大的一次战役。志愿军和人民军共投入了11个军和4个军团的兵力，“联合国军”投入几乎所有地面部队并有大量航空兵部队的支援，交战双方投入此次战役的总兵力达100万，展开了连续50天的激烈战斗。志愿军以歼敌8.2万余人的战绩，最终取得了胜利。志愿军和人民军在此次战役中战斗减员8.5万余人。

此次战役，志愿军和人民军粉碎了“联合国军”以正面进攻配合侧后登陆，在朝鲜蜂腰部建立新防线的企图，迫使“联合国军”对志愿军的力量重新做出评估，彻底破灭了其占领全朝鲜的幻想，不得不转入战略防御，最终确定与中朝方面进行谈判，以结束战争。

随着第五次战役的结束，战线稳定在三八线南北地区，交战双方均转入了战略防御，大规模运动作战告一段落。此后，随着朝鲜停战谈判的开始，朝鲜战争便进入了边打边谈的阶段。

2. 在中印边境自卫反击战中，我们的方针仍然是力争在我国政府三项建议的基础上停止冲突、重开和谈。同时，要准备同印度进行长期的斗争。[①]

第一阶段自卫反击战结束，中国政府本着和平解决中印边界问题的一贯立场，郑重地提出了和平谈判三项建议。

中国政府发表三项建议的同时，中央军委严令中国边防部队：在东线打下达旺、东新桥、瓦弄（只是逼近未打）等地后，暂时不打；在西线，力争肃清巴里加斯以北印军设在我境内的据点，境外印军如不向我挑衅，坚决不打，更不准越出国境线。总参谋部命令：中国边防部队在攻占达旺后，暂不过达旺河，在达旺河以北地区集结，休整待命。

中共中央、毛泽东主席纵观全局，正确地估计了中印边界斗争和中印关系在今后一个时期内可能的发展，基于既定的国策，从中国和平外交政策出发，制定了以下的指导方针："我们的方针仍然是力争在我国政府三项建议的基础上停止冲突、重开和谈。同时，要准备同印度反动派进行长期的斗争。如果印度方面发动新的军事进攻，我们将本着自卫的原则，给它更大的打击。我们决不主动采取恶化两国关系的步骤，并将寻求可能导向停止冲突，重开和谈的机会，如果印度反动派硬要同我国绝交，直到宣战，这也是我们预料中的事，我们将抓住这件事情，在政治上予以揭露和打击，造成他们更加被动的局面。"

在此之前，中央军委于10月24日，在给中国边防部队"为配合中国政府声明，停止追击，创造和谈有利条件"的指示："如果印度再次拒绝谈判，我们即再给印度反动派以坚决的打击，迫使其坐下来谈判。"中国边防部队根据中共中央、中央军委和毛泽东主席的指示精神，在紧密配合国家政治、外交斗争，争取和平谈判的同时认真做了两手准备：力争和，准备打。把工作的立足点放在应付最坏的局面上，认真进行了再次自卫反击的准备。

尼赫鲁政府一面拒绝中国政府的和平建议，一面加紧新的进攻准备。

据此，中共中央决定，在中印边境东段集中主要兵力向西山口及瓦弄方向继续实施自卫反击作战。为配合主要方向的作战行动，在东线以一部兵力向里

① 引自《关于中印边境冲突和中印关系问题的通知》，见《建国以来毛泽东军事文稿》下卷，军事科学出版社、中央文献出版社，2010年版，第156页。

米金、梅楚卡、都登方向实施反击，在西线反击入侵西藏阿里班公洛地区（斯潘古尔湖以西）的印军。中央军委命令西藏军区前指担负向达旺河以南之西山口、德让宗、邦迪拉方向的反击任务：由西藏军区负责指挥东线其他地区的反击作战任务；由新疆军区康西瓦前线指挥部担负西线的反击作战任务。

为准备在西藏应付印军的长期斗争，除西藏、新疆原有的边防部队外，中央军委又做如下部署：

10月17日24时，中央军委决定第五十四军第一三〇师于21日由现地出发，进入西藏隆子、泽当、曲水地区集结待命，第一三四师立即准备待命入藏。同时命令空军立即抽调高炮分队进驻拉萨、当雄地区，担负防空任务。

10月24日，总参谋部电令第五十五师以第一六三团进至隆子、错那一线机动（该团25日从西宁出发），师主力仍在原地待命，是否入藏视情况发展再定。

尔后，根据印度在瓦弄方向不断增加兵力，中央遂于10月27日决定，将第一三〇师全部转用察隅地区，在昌都军分区前指配合下攻歼瓦弄地区印军。10月28日，中央军委电令第五十四军军长丁盛组成指挥所（下文简称丁指），以丁盛任司令员兼政委。丁指统一指挥第一三〇师、昌都前指所辖部队以及其他加强部队在瓦弄地区的反击作战行动。

11月12日，中央军委提出再次反击印军的作战任务及战略目的，并对中印边境斗争的发展前途做了分析指出：要力争干脆全部地歼敌3至4个旅（达旺方向2至3个旅，瓦弄方向1个旅）。如能达此目的，不仅对印度反动派是一个更大的打击，对帝国主义也是一个沉重的打击。这一仗打胜了，打好了，印度反动派有可能更加大叫大嚷，仍然不愿谈判，甚至采取更加极端的措施，表面上情况更加恶化，但实际上还是好事，无非再斗一个时期，最终还是会解决的，这是一方面。另一方面，也有可能迫使印度反动派接受谈判的建议。从此，使这一方向在一定时期内安定下来。如果这一仗后即出现此种情况（歼灭敌人越多，则出现此种情况的可能性越大），则对我们会更加有利。

中央军委对作战部队提出了明确要求：务必防止轻敌思想，要准备打硬仗、打恶仗。并针对该地区的地形特点，对战役、战术和技术的运用，均做了详细的指示。指出：山地作战，各部队要联络好，协同好，以便于集中优势兵力、火力，一块一块地消灭敌人。每一个部队，每一个团、营、连、排、班、小组，甚至个人，都要准备独立作战，都要有孤胆精神，担任迂回包围的部队，务必按计划完成任务，只要这一着做好了，就能达到速决、全歼的目的。这次反击作战，歼灭敌人越多越干脆越好，每一项战术技术的运用和措施，后勤、道路、桥梁的保障，要计划好、组织好，要反复检查，反复落实，这是保证胜利的必要条件。

第8节　尊重前线

没有调查，没有发言权。

调查就是解决问题。[①]

1. 克节朗地区作战之后，入侵印军败退达旺河以南，集结重兵于西山口、邦迪拉一线。西山口海拔4300米左右，与东新桥一带的比高在2300余米。骤然拔起，地势险峻，退可凭险扼守，进可得居高临下之利，被印军视为理想的天然屏障。盘踞西山口、德让宗、邦迪拉地区之印军，为第四师战术司令部指挥的第六十二旅、第四十八旅、第六十五旅及炮第四旅，共1.2万余人，沿公路两侧成线式纵深梯次配置，其重点在西山口。

10月29日，西藏军区前指根据中央军委对此次作战的指示精神，上报了作战方案，10月30日总参谋部批准后，11月8日2时，张国华司令员在现地勘察和作战会议研究后，上报了新的方案：拟采取大纵深迂回包围的战法，以2至3个

① 引自《反对本本主义》，见《毛泽东选集》第1卷，人民出版社1991年版，第109—110页。

团插至邦迪拉、德让宗之间，切断印军退路，集中4个步兵团、3个炮兵团先吃掉印军7个营，再打可能增援的两个旅，甚至更多一点的印军。首先将西山口、申隔宗和德让宗印军分割成两块，同时歼灭上述地区的印军并占领之，得手后，再向邦迪拉方向发展，攻占邦迪拉。张国华在报告中强调新方案的四个好处：第一，可更多地歼灭入侵印军，把印军打得更狠更痛。第二，经进一步勘察战区地形，便于部队展开。第三，德让宗为其指挥中心，是其要害，攻歼德让宗之印军，使其失去指挥，陷于瘫痪状态，便于各个击破，既可动摇西山口之印军，易为我歼灭，又可造成我连续向邦迪拉方向扩张战果的有利态势。第四，以3个团插至德让宗，即使不能迅速歼灭也可牵制印军，防其南逃阻其北援，更有力地配合西山口的战斗；西山口战斗的速决，也可迅速腾出兵力投入歼灭德让宗印军的战斗。

对上述意见，中央军委表示基本同意。

西藏军区定于11月18日8时30分为作战总攻击时间。

11月15日，总参谋部转来刘伯承元帅对下一步的作战指示。刘帅指出：这次仗非打胜不可。消灭敌人的有生力量越多越好。下一步的部署打法是对的。目前敌人的配置是铜头、锡尾、背紧、腹松。从西山口、申隔宗地区敌人的防御态势来看，其右翼是敌人的背脊骨，左翼是敌人的肚子。我们攻击部队以主力从莫多、邦嘎江寺向西山口、申隔宗插下去，从敌人的肚子上开刀，要比砍脊骨容易些。我担心的是协同动作问题，这个问题搞得好坏，对这次作战会有极大的影响。并明确指出，有三点要注意：一是道路；二是要确保各个部队在统一计划的时间内行动；三是各方向上的部队，要有独立作战的能力。这几点搞好了，分进合击、打歼灭战就有了把握了。刘帅还对炮兵使用及防空等问题一一做了指示。

西山口—邦迪拉作战自11月18日发起总攻之后，历时20余天。由于决心正确，部署得当，采取远距离、大纵深的战役迂回行动，收到了出其不意、攻其不备的效果。歼灭了印军第六十二旅、炮兵第四旅，基本歼灭印军第四十八旅、第六十五旅、第六十七旅，共毙、俘印军5063人（其中毙印军霍希尔·辛格准将以下官兵2886人，伤俘2177人），缴获了大批武器物资。

2. 瓦弄地区位于中印边境东段传统习惯线以北的喜马拉雅山脉南麓，东南毗邻缅甸、印度，西南与中印边界传统习惯线中国一侧的前门里地区相连，面积约3000平方千米，是典型的高山、峡谷、密林地形。瓦弄原驻印军第四师第五旅一部，第一阶段作战后，印度迅速扩军，调整部署，在中印边境东线增加了一个新建的师部——第二师（指挥第一八一旅、第十一旅）。瓦弄地区的防务由印军第一八一旅负责，10月31日又改由第十一旅接管。该旅辖4个步兵营、2个炮兵连及旅部勤务分队，共1800～2100人。印军以连为单位组成马蹄形地堡群阵地。每连地堡数量不等，多则达50～70个，有外围有核心。地堡为土木石结构，并设置有地雷、铁丝网等副防御设施。

27日19时，总参谋部电令“调一三〇师攻歼瓦弄之敌”。命令指出：根据瓦弄地区集结的印军和准备空运该地的援兵，估计瓦弄地区集结印军兵力可能达到2000～2500人，显有坚守瓦弄企图。为了歼灭这一地区的印军，中央军委决定第一三〇师全部调到察隅地区，在昌指部队配合下，执行歼灭瓦弄地区印军的任务。

28日，总参谋部指示，为了全歼瓦弄之印军，现决定：“一、从明日（29）起，以10天时间充分做好一切准备工作。二、组成丁指统一指挥瓦弄地区作战行动。三、一三〇师三九〇团仍进至察隅、古玉通、打坝地区集结。师直属分队和另两个团分别在然乌竹瓦根一带集结。”

同日，总参谋部又对瓦弄地区的作战问题做了指示：鉴于瓦弄印军比较集中，兵力较多，工事较强，地形利于坚守，反击部队展开受到一定限制，实施较大的迂回包围困难较多，对此，必须有足够认识并进行充分的准备，千万不可麻痹大意。为了做到速决全歼该地印军，对参战部队提出如下要求：

立即组织力量对该地区的地形、道路进行仔细的调查、勘察，切实查明对印军实施进攻、迂回包围、穿插分割道路上的印军的情况，选择突破。如确因地形限制不能实施大的迂回包围时，也要想各种办法用精干部队插入分割印军，一块一块地将印军歼灭。若地形条件限制无法迂回、分割，则从正面将印军压缩在一个狭小地区，然后在猛烈炮火掩护下将印军歼灭。

第一三〇师接到总参谋部改变行动方向的命令时，已进至札木。师党委立即召开紧急会议，即令部队转向瓦弄方向开进。第三九〇团于10月28日到达公路终点——扎拉，30日到达战役集结位置——察隅地区。其余部队，先后于11月4日至5日到达察隅地区。

11月2日，第一三〇师师长董占林率各团指挥员及师指机关有关人员，听取昌都军分区前指介绍情况后，由郄晋武司令员偕同到前沿距敌2千米的曲嘴现地勘察。勘察中，郄司令员介绍在第一阶段作战时，一五三团一个连追敌至此地遭敌阻击，受到很大损失，而西边的山峰又太高太陡，不便于实施大的迂回。为了纠正当时总部下发使用的二十万分之一旧地图不准确的问题，摸清敌人的兵力部署和地形情况，董占林与郄晋武遂决定派出一三〇师侦察科长姜显臣、一五三团团长盛嗣勤分别带一个侦察班和一部电台，与一五三团三连深入印军纵深进行侦察，结果有了意外重大收获，并进而改变了总参谋部的作战预案和进攻时间。

姜显臣乘夜爬上曲子札公西侧海拔3000米的编号为“05高地”时，竟然意外发现没有敌人防守，遂即命令三连隐蔽占领阵地修筑工事。姜显臣带着侦察班机智勇敢地摸到印军腹地，攀越悬崖峭壁，昼伏夜出地进行侦察，基本摸清了瓦弄地区的地形和印军炮兵阵地的设置及防御部署。侦察回来后立即制成沙盘，画出地形图，对高地、山峰分别进行编号。并向董占林提出建议，根据瓦弄地区的地形，要实施大的迂回有诸多无法克服的困难。然而，以三九〇团依托已经先期占领的“05高地”向“06高地”“07高地”攻击，沿亚比河北山直插格里，断敌退路，主力直插瓦弄机场，协同三八八团围歼敌旅部，就会将瓦弄之敌防御部署割裂以便我预备队进入各个歼敌。

正当丁指领导对瓦弄地形复杂难以贯彻总参谋部大迂回的作战方针时，在丁指作战会议上，董占林师长报告了姜显臣侦察获得的最新情况和作战构想，丁盛听了非常高兴地说：“你们先组织侦察地形，抢占‘05高地’，这一招非常好，如果不抢先占领‘05高地’，我们这个攻坚战，既无法迂回，也无法穿插。现在，我们要巩固‘05高地’，伺机向外围和纵深发展，争取主动。”丁盛当场一锤定音：立即向军委上报，并报西藏军区，根据瓦弄地区复杂、险要的地形，我们的意见不宜实施大迂回，而以‘05高地’为突破口实施小迂回。

将部队一线展开，主要兵力、武器集中在印军之左侧，采取迂回包围，断其退路，造成关门打狗之势。同时以穿插分割战术和近战、夜战的手段全歼瓦弄印军。丁盛还决定把指挥所前移到航堆，以利于实施一线指挥。

丁指于7日22时15分上报中央军委。总参谋部于9日2时电示丁指：中央军委批准你们全歼瓦弄印军的计划，兵力部署以第一方案为妥，总攻时间定于18日，望即照此执行。并要求于13日18时前准备完毕。

印军防御前沿设在曲子札公山梁上，该山梁东西走向，比高约800米，横空而立，险峻陡峭，难以攀登。其西南侧山峰就是“05高地”，是插入印军纵深的唯一缝隙。“05高地”如被印军占领，将是阻止我军攻击的硬钉子；如为我军占领，就成了突破印军防御体系的钢楔子。所以，昌都军分区独立营第三连首先占领了“05高地”后，“卧榻之侧，岂容他人酣睡”，印军12日就开始炮击。我第三八八团第四连于12日13时进到“05高地”，并遵照总参谋部指示，于当日以1个排进至“06高地”，扩大了阵地。印军立即调集库马盎联队第6营，于13日控制了“06高地”左翼之“07高地”及其附近诸高地和曲子札公，接二连三地在强大炮火攻击下企图夺回“05高地”，印军第四军军长考尔中将亲临一线督战。

14日，总参谋部通报，为了加强防守，印军还计划增兵1个营来瓦弄。丁指考虑：印军占领了“07高地”居高临下直接威胁“06高地”“05高地”，我如唯一迂回道路被卡死，将丧失反击的突然性。为此，决心利用已占领的阵地，趁印军在“07高地”立足未稳，集中三九〇团主力首先歼灭“07高地”之敌，尔后向瓦弄以南穿插完成关门任务。15日丁指决定，将战役总攻时间由18日提前到16日拂晓。中央军委批准了丁指的请示。

16日拂晓，丁指所属部队向瓦弄印军第十一旅发起了全线攻击。太阳落山的时候，瓦弄方向的枪声由密到疏，渐渐地消失了。至此，由考尔中将直接指挥准备向尼赫鲁总理献寿礼的中印边境东段瓦弄之战，只经过10余小时的激烈战斗，以丢下几百具印军尸体而全线崩溃。11月17日起，中国边防部队除以一部实施追击外，其余部队转入搜剿。

瓦弄作战共歼灭入侵印军库马盎联队第六营、廓尔喀联队第三营、道格拉斯联队第四营全部、锡克联队第四营大部和第十一旅直属分队等部1200余人，其中毙敌750余人，俘敌502人，击落、缴获飞机各1架，以及其他大批武器装备。

第9节 战略博弈

我们是边打、边谈、边稳。[①]

1. 抗美援朝双方转入战略防御以后，在正面战线都修筑了防御工事，双方的攻防作战都是依托阵地进行的。志愿军党委明确了阵地攻坚和阵地防御的作战思想，同时，停战谈判进入关于军事分界线问题的讨论以后，美方不但蛮横拒绝以三八线为军事分界线，而且无理要求将军事分界线划在志愿军和人民军的战线后方。10月初，志愿军总部明确指示第一线部队，“所有重要之点，必须准备坚守，不得随便放弃”。毛泽东和周恩来也根据李克农等谈判领导的意见，认为志愿军实行坚守防御，坚守现在战线，不但成为军事上的必要，而且成为政治上的必要。在11月14日毛泽东发给斯大林的电报中，对志愿军在战场上的作战方针写道：“节约兵力、物力和财力，采取持久的积极防御的作战方针，坚守现在战线，大量消耗敌人，以争取战争的胜利结束。”

在坚守防御中，志愿军还取得了粉碎美军的“绞杀战”即美军依靠绝对优势的空中力量轰炸破坏志愿军后方的作战胜利。同时，还粉碎了美国的细菌战。

志愿军和人民军在构筑以坑道为骨干的坚固防御阵地的同时，1952年在战

① 引自《边打边谈边稳》，见《毛泽东军事文集》第6卷，军事科学出版社、中央文献出版社，1993年版，第316页。

场上采取战术上积极活动的方针，营连规模不断出击，抢占阵地、狙击活动等等，将正面战线斗争的焦点推向“联合国军”阵地。

为了政治上的需要，同时也为了鼓舞一下部队的士气，并对志愿军的战术反击进行报复，“联合国军”地面部队指挥官范佛里特在美第9军前线发动了一场有限目的的进攻，即著名的上甘岭战役。从10月14日至11月25日，“联合国军”发动的“金化攻势”在上甘岭这个不足4平方千米的阵地上，先后投入3个多师6万余人，300余门火炮，近200辆坦克，3000余架次飞机，发射炮弹190多万发，投掷炸弹5000多枚，然而志愿军的上甘岭阵地屹立未动，“联合国军”以彻底失败而告终。志愿军也陆续投入3个多师4万余人，参战各种山炮、野炮133门，火箭炮24门，高炮47门，迫击炮292门，共发射35万余发炮弹。此战兵力火力之密集，在世界战争史上是罕见的。战役持续43天，打退“联合国军”营以上冲击25次，营以下冲击653次，共毙伤敌2.5万余人，击落击伤飞机274架，击毁击伤大口径火炮61门，坦克14辆。上甘岭山头被炮弹削低2米，石头被炸成1米厚的粉末，我军伤亡1.1万余人。但是志愿军部队像钉子牢牢地扎在阵地，创造了坚守防御的范例。通过上甘岭战役的坚守防御作战，志愿军更加完善了依托坑道进行作战的战术。同时通过作战的胜利将骄横无礼的敌人打回到谈判中。

2. 经过反复考虑，毛泽东于9月8日命令福建前线炮兵，“金门海域，美国人不得护航。如有护航，立即开炮。”[①]待美蒋船队再接近金门时即开始轰击，不过“只打蒋舰，不打美舰”，而且美舰开火时没有命令不许还击。

关于这一指示的执行，前线总指挥叶飞回忆说：

我已回到了厦门前线，看到美蒋联合行动的情况，我一面严令部队密切观察，不准开炮，一面将当天情况急电中央军委：美军已直接介入，打不打？请毛主席指示。到了晚上，毛主席答复了：照打不误。我又请示：是不是连美舰一起打？毛主席回答：只打蒋舰，不打美舰。毛主席交代要等美蒋联合编队抵

① 引自《中华人民共和国国防部命令》，见《毛泽东军事文集》，第6卷，军事科学出版社、中央文献出版社，1993年版，第387页。

达金门料罗湾港口后才打，要等北京命令才能开火。为了准确执行毛主席这一命令，我又请示：我们不打美舰，但如果美舰向我开火，我们是否还击？毛主席明白回答：没有命令，不准还击。毛主席的这些命令，是由总参作战部长王尚荣同志以直达军用专线电话向我转达的。我接到电话后，很为吃惊，恐怕电话传达不准确，铸成大错，再问王尚荣同志：如果美舰向我开火，我是不是也不还击？王尚荣同志回答：毛主席命令不准还击，清清楚楚。我说：明白了，我严格执行毛主席的命令。

9月8日，美蒋船只混合编队再次接近金门时，我军以43个炮兵营组成的炮兵群猛烈开火，当即击沉国民党军的登陆舰“美乐”号，其余国民党军舰只慌忙逃走。我军炮击时，美国军舰一炮未发即急忙退出战场并徘徊观望。9月11日，美蒋混合船队再次驶近金门，我炮兵又一次轰击国民党舰只，美国军舰仍一炮未发退向外海。

9月中旬以后，由于我军的猛烈炮击，国民党军不敢再以船队直驶金门，而以舰船停泊外海，用水陆输送车分散向岛上运输，同时加强空投。但是在我军炮兵对海面目标的精确射击下，水陆输送车损失众多，运输机飞临金门时又遭我空军和高射炮的打击，9月中下旬国民党军对金门的运输量仍达不到岛上最低需求量的一半。

叶飞上将回忆说：毛主席的命令下达后，前线三军严阵以待，准备一场恶战。第二天一早，不出所料，美国人又来了。这次是第7舰队的旗舰，重巡洋舰“海伦娜”号亲自出马。率领由6艘驱逐舰组成的海军特混舰队，掩护国民党的运输编队向料罗湾大摇大摆地驶来。中午，国民党海军的登陆舰驶进料罗湾码头卸货，我得到北京命令下令开火。我海岸炮兵首先攻击蒋军的登陆舰，很快就击沉了一艘，各炮群随即向金门岛实施猛烈的压制射击。料罗湾一带一片火海。这时，我们在云顶岩指挥所正准备对付美国军舰上的大口径火炮，没料到却目睹了一个戏剧性的场面：美国海军特混舰队在旗舰指挥下，一炮不发一齐转向180度，便向外海驶去。而中弹累累的国民党军舰上的蒋军，则大骂美国人不够朋友，一开炮就逃之夭夭。他们的骂声通过报话机传到我们这里，大概是急得密码都顾不上了。我们立即将这一情况报告了北京。这一下摸到了美国人的底，这当然比击沉多少敌舰都更加重要。我对毛主席关于炮击金门的一系列指示也就有了进一步的理解，更加看清了台湾海峡的明涛暗波、风云变幻；我们力求避免与美国人发生直接冲突，美国人也极力避免同我发生冲突，国民党方面则千方百计想拖美国人下水。这一仗之后，国民党军还是千方百计从海上、空中向金门补给，美国军舰仍参加护航，但依然是我军一开炮，便高速驶向外海，然后游弋观战。我军前线炮兵、海军、空军狠狠打击了国民党军的补给行动，金门的补给已基本被我封锁，金门守军、防御工事被我摧毁大半，粮食、弹药的供应也发生了危机，其处境可说是“弹尽粮绝”了。这时美国人又对蒋介石施加压力，要其从金门、马祖撤军。

“停停打打，打打停停，确是如此，但非诡计。”[①]

根据台海局势，针对美国妄图制造两个中国，毛泽东在10月6日，由中央人民广播电台广播了以国防部长名义发布的文告：

台湾、澎湖、金门、马祖军民同胞们：

我们都是中国人。三十六计，和为上计。金门战斗，属于惩罚性质。你们的领导者过去长时期内太猖狂了，命令飞机向大陆乱钻，远及云、贵、川、康、青海，发传单，丢特务，炸福州，扰江浙。是可忍，孰不可忍？因此打一些炮，引起你们注意。台、澎、金、马是中国领土，这一点你们是同意的，见之于你们领导人的文告，确实不是美国的领土。台、澎、金、马是中国的一部分，不是另一个国家。世界上只有一中国，没有两个中国。这一点，也是你们同意的。见之于你们领导人的文告。你们领导人与美国人订立军事协定，是片面的，我们不承认，应予废除。美国人总有一天肯定要抛弃你们的。你们不信吗？历史巨人会站出来作证明的。杜勒斯9月6日的谈话，端倪已见。站在你们的地位，能不寒心？归根结底，美帝国主义是我们共同的敌人。13万金门军民，供应缺乏，饥寒交迫，难为久计。为了人道主义，我已命令福建前线，从10月6日起，暂以7天为期，停止炮击，你们可以充分地自由地输送供应品，但

① 引自《中华人民共和国国防部命令》，见《毛泽东军事文集》第6卷，军事科学出版社、中央文献出版社，1993年版，第386页。

以没有美国人护航为条件。如有护航，不在此例。你们与我们之间的战争，30年了，尚未结束，这是不好的。建议举行谈判，实行和平解决……

这份文告一发表，金门前线顿时炮声沉寂，台湾当局和美国人都摸不清我方的意图，有各种猜测，总之是不相信。在这一周里，国民党抓紧时间补充物资，以防我突然进攻。

似乎是为让台湾当局放心，也是对我们同志做些解释，一星期的停火期满后，我国防部再次发布文告，这次是发给“福建前线人民解放军同志们”，当然也是说给台湾当局和美国人的。

文告中指出：金门炮击，从本日起，再停两星期，借以观察敌方动态，并使金门军民同胞们得到充分补给，包括粮食和军事装备在内，以利他的固守。兵不厌诈，这不是诈，这是为了对付美国人的。这是民族大义，必须把中美界限分得清清楚楚。……台、澎、金、马的中国人中，爱国的多，卖国的少，使那里大多数的中国人逐步觉悟过来，孤立少数卖国贼。积以时日，成效自见……

国防部长的这些文告，都是毛主席亲自撰写的，这不仅是一篇篇精彩的政论文章，非常高明的政治攻势，更可以从中领略到毛主席高瞻远瞩的战略眼光和伟大胸怀。

“逢双日一律不打炮，使蒋军可以出来活动，晒晒太阳，以利持久。只在单日略为打一点炮。”①

从1958年10月6日起，我军对金门一个多月的封锁解除，因美军仍留驻台湾海峡，台湾当局仍拒绝和谈，毛泽东决定不能结束战争状态。10月20日，我福建前线部队又以32个炮兵营猛烈炮击金门。10月21日，美国国务卿杜勒斯到达台湾，要求蒋介石从金门、马祖撤军，并放弃虚幻的“反攻大陆”旗号。蒋介石则回答：在我活着的时候不会撤军。双方经过一番争吵，最后勉强达成妥协，美国增加对台援助，国民党政府则宣布对大陆“放弃使用武力”。在这

① 引自《金门单日打炮双日不打炮》，见《毛泽东军事文集》，第6卷，军事科学出版社、中央文献出版社，1993年版，第389页。

种形势下，为防止美国以停火造成海峡两岸事实上的分离，进而制造“台湾独立”，毛泽东强调留下金门、马祖不打，同时又不能接受美方要我方同意对台湾“不使用武力”的要求。

10月31日，中央军委又宣布战争史上罕见的安排：对金门只单日打炮，双日则不打炮。实行“双停单打”的方针后，我军又组织了对金门几次大规模炮击，但都是出于政治上的考虑。1959年1月，因金门国民党军向大嶝岛托儿所发炮，1月7日，我军又以28个炮兵营猛烈炮击金门，发射炮弹2.7万发。当天，国民党还炮7000发，最后以其火力遭我军压制而结束。当日的炮战，实际成为金门地区最后一次真正的炮击。

1959年1月以后，金门地区象征性的炮击又由双日不打发展到春节、国庆等节日不打，同时中央军委要求打炮时尽量不打死人。从1959年起，国民党拦截大陆商船和派战斗机进入大陆的行动也停止（派遣侦察机的活动仍在进行）。1961年我国经济严重困难，出于对外缓和的需要，同年12月中央军委通知福建前线停止实弹射击，只打宣传弹。随后国民党军也照此办理。直至1979年1月因中美建交和美军撤出台湾海峡，经中央决定，以国防部长徐向前的名义正式发布声明，停止对金门等岛屿实施炮击。东南沿海长年持续的象征性战争，至此完全结束。

对这次炮击金门的战争手段运用，毛泽东是非常得意的。战后，他在一次最高国务会议上说：“8月23日这一天，我们打了1.9万发炮弹，他们讲打了四五万发，那是夸大其词。没有那么多，时间只十几分钟，没有什么很久很久。自然说明我们有力量，不怕打，更重要的是，这是我们祖国的土地，别人管不着。所以我看要奋斗下去，什么威胁我们都不怕。《聊斋志异》里有一个狂生，晚上坐着读书，有个鬼吓他，从窗户口那个地方伸一个舌头出来，这么长，它以为这个书生就会吓倒了。这个书生不慌不忙，拿起笔把自己画成书生的样子，画得像我们现在戏台上的袁世海的样子，然后也把舌头伸出来，没有那么长就是。两个就这么顶着，你望着我，我望着你，那个鬼只好走了。《聊斋志异》的作者告诉我们，不要怕鬼，你越怕鬼，你就不能活，他就要跑进来把你吃掉。我们不怕鬼，所以炮击金门。这一仗打下去之后，现在台湾海峡风

摄于2018年12月19日，福建省泉州晋江市金井镇，围头八二三战地公园。围头村是距离金门最近的地方　（视觉中国供图）

平浪静，通行无阻，所有的船只不干涉了。”

毛主席这番深刻而又风趣的话，引起在座代表的会心欢笑。后来，毛主席几次在中央会议上提到炮击金门，毛主席把话说透了：“炮击金门，就是要帮蒋介石守好金门。”

第10节 止于有利

我们是要和平的，但是，只要美帝国主义一天不放弃之那种横蛮无理的要求和扩大侵略的阴谋，中国人民的决心就是只有同朝鲜人民一起，一直战斗下去。[①]

1. 抗朝鲜战争经过1951年春季在三八线附近至三七线以北地区的反复拉锯，到5—6月间，双方均已看到，战场力量势均力敌谁都难以迅速打败对方结束这场战争。因此，从1951年6月中旬开始，战争双方在三八线南北地区形成了战略相持局面。

1951年5月31日，在普林斯顿大学研究所工作，曾在美国驻苏联大使馆工作过的乔治·凯南，受美国国务卿艾奇逊的委托，以个人身份同苏联常驻联合国代表雅各布·马立克举行了会晤。凯南拐弯抹角地表达了美国当局愿意通过谈判，沿三八线一带实现朝鲜停战的意图。美国还通过其他渠道做出了这种表示。

6月3日金日成来到北京，与毛泽东共同分析了战争形势，讨论了战争方针问题。毛泽东、金日成研究决定，实行边打边谈的方针，政治斗争和军事斗争双管齐下：一方面，准备同美国方面举行谈判，争取以三八线为界实现停战撤

① 引自《对美英军在几个月内只打小歼灭战》，见《毛泽东军事文集》第6卷，军事科学出版社、中央文献出版社，1993年版，第283页。

军；另一方面，对谈判成功与否不抱幻想，在军事上必须长期持久地打算，并以坚定的军事打击，粉碎“联合国军”的任何进攻，以配合停战谈判的顺利进行。据此，中共中央确定了“充分准备持久作战和争取和谈达到结束战争”的方针。

抗美援朝战争停战谈判在1953年4月下旬重新恢复以后，李承晚集团就极力主张扣留北朝鲜战俘，公开反对停战。彭德怀按原计划于1953年6月19日由北京起程，前往朝鲜，准备参加停战协定签字。临行前，与毛泽东、周恩来就此事进行了磋商。毛泽东指示：“停战签字必须推迟，推迟至何时为适宜，要看情况发展方能做决定。再歼灭伪军万余人，极为必要。”彭德怀致电毛泽东，建议：根据目前情况，停战签字须推迟至月底似较有利，为加深敌人内部矛盾，拟再给李承晚伪军以打击，再消灭伪军15 000人（六月上半月据邓华说消灭伪军15 000人），此意已告邓华妥为布置，拟明廿一日见金首相，二十二日去志司面商停战后各项布置。妥否盼示。1953年7月25日，中共中央和中央军委致电志愿军总部，祝贺志愿军取得夏季战役的重大胜利。贺电说：我志愿军和朝鲜人民军自入夏以来，向敌展开有重点的战役性的反击作战，迄今已获重大胜利。自5月13日至7月18日两个多月中，共毙伤俘敌9万余人，尤其自7月13日开始的战役在金城东西30余千米的正面，向敌4个多师据守的阵地，同时进行突破，截至18日止，5天中共毙伤俘敌28 000余人，击溃敌4个多师，共攻占纵深10千米约170平方千米的阵地，缴获了许多装备和物资，给了李伪军以严重打击，有力地配合了停战，大大提高了我军对敌斗争的经验。使我军在突破敌坚固设防地带的作战中获得极贵的经验，特电祝贺。

毛泽东对这次金城战役十分重视，曾亲临作战室询问前线作战情况，给予具体指示，战后对作战行动做出高度评价，指出：“此次反击战，打破了国民党‘反攻大陆’的梦想，美帝国主义也挨了当头一棒。”“我们的军队是越战越强。今年夏天，我们已经能够在一小时内打破敌人正面二十一千米的阵地，能够发射几十万发炮弹，能够打进去十八千米。如果照这样打下去，再打它两次、三次、四次，敌人的整个战线就会被打破。”

历史的时针指向1953年7月27日，这天上午，朝鲜战争敌对双方在板门店新建起的大厅内，举行庄严的停战协定签字仪式。中国人民志愿军在2年9个月的抗美援朝战争中，共毙伤俘敌71万余人。毛泽东的长子毛岸英等烈士长眠于朝鲜的土地上。

关于这场战争，毛泽东指出：抗美援朝战争的胜利是伟大的，是有很重要意义的。

第一，和朝鲜人民一起，打回到三八线。这是很重要的。如果不打回三八线，前线仍在鸭绿江和图们江，沈阳、鞍山、抚顺这些地方的人民就不能安心生产。

第二，取得了军事经验。……这一次，我们摸了一下美国军队的底。对美国军队，如果不接触它，就会怕它。我们跟它打了33个月，把它的底摸熟了。美帝国主义并不可怕，就是那么一回事。我们取得了这一条经验，这是一条了不起的经验。

第三，提高了全国人民的政治觉悟。

由于以上三条，就产生了第四条：推迟了帝国主义新的侵华战争，推迟了第三次世界大战。

帝国主义侵略者应当懂得：现在中国人民已经组织起来了，是惹不得的。如果惹翻了，是不好办的。

1950年12月，北京，同学们给即将离京参加抗美援朝的同学戴上光荣花 （视觉中国供图）

2. 中国边防部队在整个中印自卫反击作战中取得了军事上的压倒性胜利，歼灭印军三个旅（第七旅、第六十二旅、炮兵第四旅），基本歼灭三个旅（第一一二旅、第四十八旅、第六十五旅），另歼灭印军第五旅、第六十七旅、第一一四旅、第一二九旅各一部。共击毙印军第六十二旅旅长霍希尔·辛格准将以下4800余人，俘印军第七旅旅长季·普·迈尔维准将以下3900余人，缴获入侵印军大批武器、装备和物资。

东线西藏边防部队逼近传统习惯线，西线新疆边防部队彻底清除了印军全部入侵据点，收复大片领土。中国在军事上的胜利，沉重地打击了印度政府的侵略行径和反华气焰，打破了印度侵略者以武力改变边界现状和把大片领土要求强加给中国人民头上的图谋，教训了印度侵略者。就在国际舆论普遍认为中国必将乘胜追击、扩大战果的时候，中国政府却于1962年11月21日，出人意外地郑重地发表声明，决定单方面主动停火和主动后撤。这一举措，充分表明了中国政府对于停止边境冲突、和平解决中印边界问题的极大诚意，这在全世界产生了很大的震动。

1962年11月20日21时30分，总参谋部向中国边防部队发出了《停止反击作战命令》。命令指出：中共中央决定自22日0时起，我军停止反击作战，不打不追，以便进一步开展政治攻势……

中国边防部队在停火和实施后撤中，积极救治印军伤病员，认真清理和清点缴获印军的武器装备、物质，交还战缴武器装备、物资，释放印军全部被俘人员。

第十一篇
技术军兵种以劣胜优战法

新中国成立后，中国人民解放军迅速从一支以陆军步兵为主的作战力量，建立了空海军，发展成为诸军兵种齐全的现代化军队。新的技术军兵种部队，认真学习和运用毛泽东兵法，继承和发扬我军传统战法，在与武器装备占优势的国内外敌人作战中，取得了骄人的战绩，用实践证明了毛泽东兵法的巨大威力。

1951年10月1日，国庆两周年阅兵，飞临天安门上空的人民空军的喷气式飞机 （视觉中国供图）

第1节　不畏强敌

从实战中锻炼，在战斗中成长。①

1. 1950年10月抗美援朝战争开始时，美军用于朝鲜战场的各型作战飞机达1100余架，其飞行员大部分参加过第二次世界大战，飞行时间多在1000小时以上。此外，英国、澳大利亚、南非等国也投入了空中力量，加上南朝鲜的空军兵力，“联合国军”各型作战飞机达1200架。敌空军凭借其飞机数量和飞行技术上的优势，在战场上十分猖狂，肆无忌惮地轰炸封锁，造成我志愿军的损失巨大，供应困难。我人民空军在战斗中组建成长，仅有2个歼灭航空兵师，1个轰炸机团，1个强击机团，各型作战飞机不足200架。飞行员基本都是来自陆军的优秀年轻干部，他们在东北老航校以日制、苏制活塞式飞机学会了飞行技术，而在喷气式歼击机上的飞行时间只有几十小时，甚至十几小时，没有空战的经验。鉴于朝鲜战场严峻的形势，人民空军紧急转为志愿军空军奔赴战场，遵照毛泽东“轮番实战锻炼”的指示，确立，“积蓄力量，选择时机，集中使用”和“为地面部队服务，以地面部队的胜利为胜利”的作战方针，从小规模战斗开始，逐步积累经验，再逐渐扩大规模，迅速成长为令敌人畏惧的空中铁拳。

1950年11月16日空军航空兵第4师成立，在接收苏联空军别洛夫师的装备后，到11月底整个改编工作基本完成。该师编第10团、第12团两个团，每团辖3个飞行大队和1个供应大队，装备米格–15喷气式歼击机、雅克–12通信机以及

① 引自《为空军首届英雄模范功臣代表大会题词》，见《毛泽东军事文集》第6卷，军事科学出版社、中央文献出版社，1993年版，第364页。

指挥雷达、特种车辆等保障设备。1950年12月21日，在师长方子翼、政委李世安的带领下，第10团第28大队由辽阳驻地首先开赴安东浪头机场，并从26日开始实施战斗飞行。1951年1月，第4师终于寻得战机，与侵朝美军连续进行了3次空战。

1951年1月21日上午，美国空军出动F-84战斗轰炸机20架，沿平壤至新安州一线铁路线进行轰炸。师长方子翼令第28大队起飞6架米格-15，随友机8架迎敌。大队长李汉率队向安州方向搜索前进，快接近安州时发现敌机。李汉率队迂回到4架美机左侧，对敌长机突然开炮射击，将其击伤，美机毫无准备，顿时乱作一团。

首战告捷，极大地鼓舞了士气。1951年1月23日，美国空军出动30多架F-84战斗轰炸机，在数十架F-80战斗机的掩护下，偷袭新义州3个机场。第4师第28大队紧急起飞迎敌。当我起飞时，10多架F-80已窜至浪头机场上空，并以炮火封锁跑道，压制我机起飞。我机一面强行起飞，一面坚决还击。敌机群被我勇猛气势所震慑，急忙回窜，第28大队乘胜追击，虽未击落敌机，但取得了与敌大机群作战的宝贵经验。

1951年1月29日下午1时许，我前方雷达站发现，有一批美机在定州、安州上空5000米高度盘旋活动，似准备袭击安州火车站和清川江大桥。第28大队李汉大队长率领8架米格-15歼击机迅速飞向战区。根据前两次空战经验，李汉率机群发现敌机后，沉着应付，利用阳光，迅速隐蔽地迂回至美机后方并占据高度优势，发现美F-84战斗机18架分为上下两层，正在搜索目标。李汉命令第二中队掩护，自己率第一中队右转下降向飞在上层的8架敌机猛冲过去，逼近400米左右时，咬住一架，三炮齐射，当即将其击落。位于下层的8架敌机见势不妙，企图上升高度反扑。担负掩护任务的第二中队在副大队长李宪刚率领下迎上而去，以猛烈的炮火将敌机群驱散。敌机群溃不成军，四散而逃。李汉大队长率队追击，又击伤敌机一架。人民空军历史上的开篇之作，首创击落击伤美机的战绩，打破了美国空军不可战胜的神话。

2. 新中国成立后，毛泽东为人民海军题词：“为了反对帝国主义的侵略，我们一定要建立强大的海军。”1949年4月23日，人民解放军攻克南京，同一天，成立了华东军区海军。至2019年4月23日，人民海军成立70周年。

2019年第8期《求是》杂志发表了文章《人民海军：扬帆奋进70年》。70年间，人民海军共计作战1375次，击沉、击伤和俘获敌舰船418艘，击落、击伤敌机574架。人民海军发扬人民军队的光荣传统，把毛泽东集中兵力打歼灭战、近战、夜战的军事思想，创造性地运用到海上战斗中，为保卫祖国海疆和维护祖国统一做出了巨大的贡献。

3. 新中国成立伊始，蒋介石虽然败退台湾，但是一直叫嚣反攻大陆，并凭借美国先进的高空军事力量，不断对我大陆进行空袭、侦察、破坏。毛泽东和中央军委对防空高度重视，不断在装备和战法上采取措施，经过多次战斗的较量，打破了美高空飞机不可战胜的神话，有效遏制了敌人的破坏行径。我海军航空兵和空军作战部队把毛泽东军事思想创造性地运用到高空作战中，充分发挥人的主观能动性，依靠广大指战员的聪明才智和不怕牺牲精神，战胜了先进装备之敌。

4. 应越南和老挝政府的请求，1965年我国派出首批高射炮兵部队参加援越抗美作战，至1969年共计三年零九个月，防空兵部队以普通的高炮抗击最先进的美国飞机，击落、击伤敌机千余架。援越抗美高射炮兵部队用鲜血和生命保卫了越南北方和老挝的安全，在与现代化美国空军的实战对抗中经受了锻炼，提高了能力。把毛泽东兵法创造性地运用到高炮作战中，他们所采用的优选阵地、重视情报、摸索规律、持重待机、建网通联、集火近战、快打快撤等战法，都是毛泽东为我军创造的传统战法在高炮部队作战中的灵活运用，对夺取战斗胜利起到了至关重要的作用。

第2节　准备充分

……如果我们没有必要的和充分的准备，必然陷入被动地位。临时仓卒应战，胜利的把握是没有的。①

1. 首次轰炸大和岛，是志愿军航空兵第8师第22团，于1951年11月6日，对朝鲜椴岛以南10千米的大和岛上的敌情报机关和指挥机构进行的轰炸行动。战斗中，我轰炸机部队充分利用了首次入朝作战的突然因素并进行了充分的战前准备，顺利地完成了任务，取得了初战的胜利。大和岛、小和岛等岛屿位于朝鲜西海岸铁山半岛的南端，距鸭绿江口约70千米。大和岛、小和岛及其附近的椴岛、炭岛有南朝鲜李承晚“白马部队”1200余人及美军、南朝鲜军事情报机关人员400余人驻防。大和岛上设有大功率雷达、对空电台等侦察设施，专门用来侦听我方情报和负责为其飞机轰炸我东北地区目标做指示引导，对我危害极大。为防我空中打击，岛上配有高射炮和高射机枪，其战斗机机群也经常在这一地区活动。

航空兵第8师属东北军区空军建制，下辖第22团、24团两个飞行团和两个供应大队。每个飞行团编3个飞行大队。1951年1月装备了各种型号飞机，其中以杜-2型飞机为主。空8师在完成装备改装、编队训练课目以及接受国庆2周年天安门受阅后，奉军委空军的命令，于10月13日转场到沈阳于洪屯机场。11月5日夜我志愿军第50军一部攻克椴岛，为配合陆军作战行动，巩固既得胜利和继续给敌以打击，空联指决定使用航空兵第8师杜-2轰炸机9架对大和岛之敌进

① 引自《中国革命战争的战略问题》，见《毛泽东选集》第1卷，人民出版社1991年版，第200页。

行突击。

此次作战，11月6日14时35分，航空兵第8师第22团杜–2轰炸机9架，在第2大队大队长韩明阳带领下呈楔形向目标飞去。15时16分，轰炸机在预定会合地段上空与拉–11歼击机会合。这时，轰炸机偏航10千米，修正航向后继续飞向目标。编队按地形、地物标志，在经过登串洞时，发现了目标，大队领航主任柳元功进行了定向定距瞄准。15时38分，按时到达大和岛上空，按预定计划进行轰炸。在轰炸过程中，敌高射炮火向我射击，我射击员对地面目标进行了扫射，压制了敌高射火力。我轰炸机在16时19分全部降落于浪头机场。

此战，空8师第22团9架轰炸机共投弹81枚，命中72枚，命中率89%，彻底摧毁了目标。摧毁目标区房屋四十五幢半，炸死炸伤敌作战科长和海军情报队长以下共60人，炸毁敌粮食20吨，各种弹药15万发，木船2只，我机无损伤。

2. 1954年3月18日，航空兵第2师第6团米格–15比斯双机，从宁波机场起飞，与台湾国民党空军F–47型战斗轰炸机4架，在浙江南田上空进行空战，击落敌机两架。这是我海军航空兵组建以来的第一次战斗。由于飞行员发扬了勇敢顽强、不怕牺牲的革命精神，首战告捷，有力地打击了敌人的嚣张气焰，鼓舞了部队斗志，写下了光荣战史的第一页。

3月18日13时55分，在披山南120千米，发现台湾国民党空军F–47飞机2架（实为4架），高度2500米，时速350千米，正飞往南田、大佛岛以南海面，对我舰艇、船只进行侦察轰炸。

14时38分，师指挥所令第6团副大队长崔巍、中队长姜凯双机起飞，在雷达引导下，至三门湾南田岛上空盘旋搜索。长机崔巍是野战军老兵，在朝鲜战场上多次与美军机群作战，两次被打下来，仍然坚持重上蓝天。僚机姜凯也是野战军老战士，虽然在天上是新兵，在地上却身经百战，两人都渴望打好海航第一仗。

14时55分，崔巍在转弯中，首先发现了前方2000米的敌机目标，敌机不是2架，而是4架F–47战斗轰炸机，正威胁我军海面上的炮艇。崔巍即令僚机快投副油箱，对左前方敌机4架进行攻击。

我双机从敌编队尾后隐蔽接敌，这时敌机也已经发现了我机，立即掉转航向，仓皇向大陈岛上空疾飞。战机稍纵即逝，刻不容缓。崔巍再推机头，降低高度，迅速接近敌1号机。敌1号机急忙右转，利用螺旋桨飞机速度小，易于机动的优势，在空中盘旋与我纠缠，伺机开火。崔巍识破对手算盘，切半径直插过去，追近目标，距离400米时，3炮齐发，把国民党空军1号机打了个当空爆炸，裹着一团大火，直落下海。

当长机上升转弯退出攻击时，僚机护卫在旁，发现敌3号、4号机趁机跟追，企图攻击。姜凯立即冲上前去拦截，迫使两架敌机慌忙下滑逃脱。姜凯加大速度追击，绕到敌4号机的尾后，距离700米开始，连续三次射击，炮弹直接命中敌机机身。敌机中弹起火，也拖着浓烟坠海。

15时16分，我双机安全返航着陆。

3. 1974年1月19日，中国海军海上编队在西沙永乐群岛海域，对入侵、强占中国海域和岛屿的南越海军舰队，进行了英勇反击，击沉护航舰1艘，重创驱逐舰3艘，并乘胜收复被南越当局非法侵占的珊瑚、甘泉、金银三岛，取得了西沙海域自卫反击作战的重大胜利。

西沙群岛是中国南海四大群岛之一，由永乐群岛和宣德群岛组成，共有22个岛屿，7个沙洲，10多个暗礁暗滩，海域面积约3万平方千米。

西沙群岛历来是中国领土，自唐太宗贞观元年设置崖州都督府开始，就正式划归中国疆域，确立了中国主权。1945年日本投降后，当时的中国国民政府接收了西沙群岛主权，但实际只控制宣德群岛。1954年奠边府战役后，法国殖民势力退出越南，同年的日内瓦会议，越南划分成南北两个越南。南越政府借划界之机，乘虚染指中国西沙永乐群岛。从1956年到1958年，先后侵占永乐群岛的珊瑚、甘泉、琛航和金银4岛，控制了永乐环礁。后在中国政府的抗议和国际舆论的压力下，被迫撤走了侵占甘泉、琛航和金银岛的军队，但赖在珊瑚岛上不走，时间长达18年，直到1974年。对南越当局的一系列侵略行径，中国外交部于1959年发表声明，提出抗议，重申西沙群岛是中国领土。

为维护西沙主权，保护中国工人和渔民的生命财产安全，中国政府决定由海军南海舰队组织西沙巡逻队，先从海上巡逻开始，进行初步的巡逻侦察和警告；如行之有效，即可在西沙宣德群岛建立我们的军事据点，以巩固我们的生产基地。国务院总理周恩来指示，海军应采取妥善的有步骤的措施控制西沙群岛。实施这一方针的步骤至少应分为三步：第一步进行侦察性巡逻；第二步建立武工队；第三步进驻部队。

1959年3月11日，海军传达了周恩来给国防部长彭德怀“关于海军巡逻西沙宣德群岛海区问题”的信，信中对海军巡逻西沙的时间、任务、路线，海上对敌斗争的原则和方法等做了明确规定。3月13日，中央军委发出《关于海军巡逻西沙宣德群岛的指示》。海军南海舰队遵照以上指示调查了兵力部署，组织了巡逻兵力和支援保障兵力。3月17日，海军南海舰队首次赴西沙宣德群岛海区巡逻。整个例行性巡逻活动，到1974年1月19日收复永乐群岛后停止。其间除1966年1月至1970年12月因故暂停外，共巡逻77次。

1973年9月，南越当局非法宣布，中国西沙群岛中的11个岛屿，划归其福绥省管辖。在西沙群岛再次挑起海事纠纷。1974年1月15日至18日，南越海军连续侵入西沙永乐群岛甘泉岛海域、琛航岛海屿等中国海域，对我渔工进行武力威胁，武装挑衅，开枪开炮，并派出武装人员强行驱赶中国渔工，公然掠走岛上悬挂的中国国旗，换上南越当局的旗子。

1月15日下午，总参谋部向毛泽东主席报告：南越军队入侵西沙永乐群岛海域，向从事水产捕捞的中国渔轮疯狂挑衅，向飘扬着中国国旗的甘泉岛开炮射击。这份由周恩来总理和叶剑英副主席签送的报告提出：决定采取加强巡逻和相应的军事措施，保卫西沙群岛。毛泽东主席在报告上批示：同意。

这是81岁高龄的毛泽东主席在世决策的最后一次军事行动。

1月16日上午，中央军委指示广州军区和海军：“为了维护我国领土主权，对于越伪集团窃据西沙珊瑚等岛和对我渔轮的挑衅活动，必须进行坚决的斗争。”中央军委强调：在斗争中，我应坚持说理斗争的原则。我舰艇、飞机和民兵在任何情况下均不先打第一枪。如敌人首先向我攻击，我应坚决自卫还击。

广州军区和海军南海舰队接到中央军委指示后，立即调兵遣将，命榆林基地副司令员魏鸣森率猎潜艇73大队的271号和274号猎潜艇组成271编队，执行对西沙群岛的第77次巡逻任务。为配合岛屿斗争，保卫渔轮安全，巡逻编队奉命搭载海南军区陆军第131师的1个步兵排随编队行动。

1月16日14时，总参指示南海舰队，立即派两艘猎潜艇先到永兴岛待命，越快越好。19时37分，271编队由榆林基地起航，于1月17日10时30分安全到达宣德群岛的永兴岛。

在永兴岛，巡逻编队接到叶剑英副主席的重要指示：这次与南越的斗争是不可避免的，部队要做好打仗的准备。巡逻编队进行了战前动员，确定了海上指挥所，海上编队明确由广州军区直接指挥。

1月17日，15时15分，271编队补充油料和淡水，随带西沙武装部1个民兵排从永兴岛起航，于17时49分，进入永乐群岛海区。发现南越海军3艘驱逐舰正在骚扰我国402和407渔轮，遂高速驶去，并在距敌两海里处，发出信号：“我是中华人民共和国海军，你立即离开我领海。”

18时30分，南越海军16号舰发出信号：“我们是在越南共和国领海内巡逻，你船离开我领海。”

双方用信号斗争对峙到天黑，南越军舰先离去，中国海军编队率两艘渔轮停泊在晋卿岛锚地，双方处于永乐岛的两端，仍然成对峙状态。

1月18日，我两艘渔轮正常工作。16时左右，南越海军3艘驱逐舰成楔形战斗队形由珊瑚岛海区逼近我渔轮，我巡逻编队也全速进场迎敌，并发出警告。南越舰队依仗舰大炮多，全然不听，驱赶和冲撞中国渔轮。

西沙事态的急剧恶化，编队及时传送到上级。我国政府专门成立了西沙领导小组，在中央军委的直接指挥下，继续增派力量。增调汕头水警区性能优越的037型猎潜艇281号和282号，组成281编队，于1月18日12时20分抵永兴岛。另向西沙运送补给品的扫雷舰396号和389号到达永乐群岛后，归271编队指挥。命令舰队航空兵22团出动双机，飞抵永乐群岛上空侦察巡逻。

南越也调整部署，18日22时30分又增加了1艘“怒涛”号护航舰。此刻南越海军的意图已经十分明显，企图以4艘大舰打中国海军的两艘小艇。

1月19日5时左右，南海舰队根据中央军委和广州军区指示精神，先后指示海上编队指挥所：“敌可能准备打，企图吃掉我，应立即做好战斗准备。部队要相对集中，不要单舰行动。如敌进攻我占岛屿，编队应坚决还击，支援岛上战斗。”

19日7时40分，23名南越陆战队士兵，头戴潜水镜，从4号舰上分乘两艘橡皮艇，企图偷渡夺占我琛航岛。中国守岛军民早有防备，登岛越军面对严阵以待的刺刀和枪口，吓得退回海里。

7时49分，越军21人从5号舰换乘两艘橡皮艇，向广金岛划来。我守岛军民只有10人，南越军队上岛后见我人少，其头领竟然首先朝天开了两枪，督令士兵向我冲锋。中国军民后发制人，自卫还击，当场打死越军士兵1人，打伤2人，吓得其他人连滚带爬退回橡皮艇，狼狈而逃。

8时15分，被我海军拦截在潟湖西侧的南越海军16号舰，直对我389舰冲撞，我避让及时，但被挂断栏杆。396编队向越舰发出信号：“你违犯海上航行规则，我对你提出严重警告。”

9时04分，在广金岛东南漂泊的南越4号舰后甲板1门20毫米机关炮开炮两发，271编队向越舰发信号：“你首先向我射击，我向你提出严重警告！”中国海军舰队严格恪守毛泽东不打第一枪的原则，一忍再忍，尽量避免冲突。南越海军产生错觉，以为中国海军舰艇小，软弱可欺，便抢先发动进攻。

10时20分左右，南越海军4艘军舰同时向外机动，与中国海军编队拉开距离，这是准备发起火力打击的信号。中国海军编队立即警觉，做好回击的准备。南越海军舰队4艘舰装备76.2毫米以上的大口径火炮共计9门，而中国4艘舰艇只有3门，所以南越海军本来企图与中国海军舰艇拉开距离，以便充分发挥其大舰重炮的作用。但是他们急于先发制人，10时22分，南越海军旗舰5号舰桅杆上的旗子就降下来，此时并没有退出中国海军编队小口径速射炮射程之外，便仓促开火。一瞬间，双方几乎同时开炮。双方第一批炮弹都非常精准，中国海军编队4艘舰艇不同程度被击中，南越的4艘舰艇也无一幸免。也就是说，首轮炮火使双方的8艘战舰无一例外均被炮火击中。

接下来的15分钟，双方打得很猛，战斗异常激烈。15分钟以后，战局开始变化。中国海军舰艇虽有受损，但人员的战斗精神勇猛如初，尽可能迫近敌舰，充分发挥中国海军舰艇小口径速射炮的威力，甚至冲锋枪和手榴弹都派上了用场。南越军舰一旦被击中受损，惊慌失措情绪笼罩全舰。

战斗打成了两个战场，396编队在潟湖内对敌10号、16号舰。16号舰很快中弹起火，拖着浓烟，仓皇逃避。我两艘舰艇转火攻击敌10号舰，双方越打越近，389舰和敌舰相撞，指战员用冲锋枪、手榴弹打击敌人。

潟湖外，中国海军271、274艇主要打南越海军4号舰，主炮第一轮就掀掉了4号舰导航雷达天线，驾驶台冒着浓烟，狼狈地向东南方向逃离。中国军舰转火攻击5号舰，该舰后主炮被打哑，火力顿时减弱，在5号舰负责指挥的海军上校被打成重伤。经过50分钟南追北打的激烈战斗，击伤南越军舰3艘，重创1艘。11时20分，南越海军3艘驱逐舰突然驶离战场，向外海逃窜，出现这种情况，是因为中国海军支援舰艇281编队两艘猎潜艇适时赶到。

11时49分，281编队进入潟湖，此时战场上只有南越海军10号舰摇摇晃晃地向羚羊礁方向逃窜。281编队负责追歼。281编队3次射击4分钟，打出1766发炮弹。14时52分，南越海军10号舰在羚羊礁以南2.5海里处沉没，舰长阮文达以下53人亡。

20日下午，南越当局派遣“麒麟”号驱逐舰，运载约1个营的兵力，企图增援珊瑚岛，南海舰队和广州军区空军立即派出军舰和飞机迎击。南越当局害怕“麒麟”号被歼，便令该舰缩回岘港。

20日上午，我几乎没有遇到抵抗就收复了珊瑚、甘泉和金银三岛，守岛南越军队最高指挥官范文鸿少校以下48人全都被俘，美国驻岘港总领事馆派往西沙的联络官科什也同时被俘。

4. 朗盖是安沛至老街铁路线交通要道之一，位于保河、寨湖之间，东临大象山，西靠红河。朗盖车站和附近的桥梁是敌机经常攻击的目标之一。2384部队1营和加强的6408部队高炮营的双管高机连，于1968年1月17日夜进驻该地，接替6713部队1营的防空作战任务。敌机为摸清我换防后的部署，侦察活动频繁。先后出动了7批22架进入朗盖防区进行侦察攻击。该营于19日、24日作战两次，无战果。为保持常备不懈，营提出“好天要坐炮，阴天不麻痹”的口号，加强了值班制度，严守战斗岗位，严格控制外出人员，调整了睡觉时间，枪，每天3次检查，随坏随修，故障不过夜，枪炮器材始终处于良好的状态。

1968年1月31日（农历春节）16时26分至35分，敌机2批6架，主佯配合，对朗盖地区实施轰炸。2384部队1营和加强该营的6408部队高炮营早已严阵以待，以准确、突然、猛烈的火力集火射击，一举击落1架F-105战斗机。

第3节　坚决勇敢

必须深刻地估计到各种可能遇到和必然会遇到的困难情况，并准备用高度的热情、勇气、细心和刻苦耐劳的精神去克服这些困难。……只要同志们坚决勇敢，善于团结当地人民，善于和侵略者作战，最后胜利就是我们的。[①]

1. 1953年3月31日，空军第4师进驻大孤山机场，第5次入朝作战。该师于4月17日、24日、30日和5月7日接连打了几个胜仗。

5月17日13时50分至14时40分，我地面雷达发现美空军F-86飞机8批64架、战斗轰炸机6批48架，在平壤以北分批从价川、定州、西海岸北向飞行，并以大部兵力集中于云山、北镇地区，高度10000～12000米，企图拦阻我机南下，以掩护其战斗轰炸机对平壤至沙里院之交道干线进行轰炸破坏。中朝人民空军联合司令部指挥所立即命令第4师起飞迎敌。

14时02分，第4师第10团起飞12架米格-15比斯歼击机，到铁山地区打敌F-86战斗机群。当编队将至宣川上空时，发现右前方海面方向敌机4架企图绕向我尾后，带队长机耀先同时发现宣川地区上空飞来敌机14架。根据右前方、左前方、尾后各批敌机的兵力及其与我机的关系位置，带队长机判断，首先

① 引自《中国革命战争的战略问题》，见《毛泽东选集》第1卷，人民出版社1991年版，第180页。

攻击距我较近的右前方敌机对我较为有利，遂令编队右转180度，攻击该批敌机。编队于14时28分在宣川上空与敌展开了空战。带队长机耀先发现右前方约1000米有敌F-86飞机4架，推机头攻击敌2号机，在600～800米距离上连续开炮2次，将敌击落。

我2号机赵计良发现右方有敌F-86飞机4架，与我同向飞行，高度12 000米与我同高，其双机间隔约600米，敌第一对双机迅速向我1号机接近，企图攻击。赵计良为了保证长机安全，不顾敌一对双机对自己的威胁，迅速向左侧滑上升，继又及时支援了长机，推机头向敌长机瞄准，距离400米，开炮3次，将敌击落。在第三次开炮时，遭后方敌机咬尾射击，机翼和尾部均中弹，因飞机失去操纵而跳伞。

我11号机肖明文、12号机陶伟在右前方发现敌机4架。肖明文即向右侧滑行上升，瞄准敌长机连续开炮3次，将敌击落。

陶伟在长机被敌击落后，即以大速度逼近敌机，在连续滚转过程中瞄准敌机，三炮连续射击，在120米时，将敌机击落。然后在倒飞中进入俯冲脱离，至高度6000米改出，单机返航。

此次战斗击落敌F-86战斗机4架。

1951年10月1日，北京天安门广场，国庆节阅兵式上等待检阅的空军方队 （视觉中国供图）

2. 1965年8月6日，福建省东山岛东南沿海的兄弟屿海面，海军南海舰队护卫艇41大队的4艘护卫艇和鱼雷艇11大队的11艘鱼雷艇协同作战，利用夜暗两次突袭，先后击沉国民党海军“章江”号猎潜舰和“剑门”号猎潜舰。在一次海战中同时击沉敌两艘水面战斗舰，是人民海军战史上的第一次，影响深远。

8月5日6时，国民党海军巡防第2舰队旗舰“剑门”号大型猎潜舰和“章江”号小型猎潜舰，组成“海啸”特遣支队，在舰队司令胡嘉恒少将指挥下，由台湾左营隐蔽出航。22时29分，两舰在夜色掩护下，驶抵福建南部苏尖角以东偏南15海里处，放下特情队M-2型胶舟1艘，运载台湾陆军总部执行“海啸一号”作战计划的特种军事情报队匪特7名，在苏尖角地区偷渡登陆，企图抓一把就走。

敌舰的行踪很快就被高度警惕的解放军前线指挥部掌握。18时34分，前线部队进入一级战备。海军南海舰队遵循“集中优势兵力，分割歼灭敌舰”的作战指导思想，制订上报了作战方案，计划把敌舰放至近岸海域，鱼雷艇和护卫艇协同突击，利用夜暗隐蔽接敌，从外海迂回包抄靠拢近战歼敌。

南海舰队作战指挥所确定，以护卫艇41大队的4艘护卫艇，快艇11大队的11艘鱼雷艇和161炮舰组成海上突击编队，由汕头水警区负责指挥，水警区副司令员孔照年担任海上指挥员。为争取时间，南海舰队一面上报作战方案，一面令孔照年率队分别自汕头、海门紧急起航，抵达南澳岛云澳海域漂泊待机。

23时10分，总参批准了南海舰队的作战方案，并指示：“放进来打，越近越好；集中绝对优势兵力打；不要打到自己的渔船和外国商船；打了以后，不要追得太远，不要上敌人的当；争取晚上打，拂晓前撤回原地。”

随后，总参谋长罗瑞卿又专门指示：“作战不受海区限制，切实掌握情况，不要打错目标；不要顾虑空中情况，总部已采取措施。”

8月6日0时31分，海上突击编队到达预定会合点南澳岛附近海区。1时42分，护卫艇队追上了敌舰编队。

8月6日2时51分，敌“章江”号4座双联装20炮率先开火，我598、601艇立即还击，37炮和25炮的16管火舌喷向敌舰，集中火力猛打敌驾驶台和炮位。在激烈的炮战中，“章江”号后甲板中弹起火。我601艇艇长吴广维头部中弹，英勇牺牲。代理副中队长王瑞昌挺身而出，立即接替指挥。经过护卫艇队猛烈攻击，敌“章江”号于3时33分伴随着两次爆炸，沉没于东山岛东南24.7海里处。

我护卫舰击沉“章江”号后，敌“剑门”号仍在领海线附近徘徊。4时8分，刚刚打了一场恶仗的3艘护卫艇发扬连续作战的作风，开始高速追击“剑门”号，边追击边进行战斗动员，清查武器弹药。此时，鱼雷艇及时赶到，与护卫艇配合作战。

护卫艇追至距“剑门”约60链时，敌舰76.2毫米后主炮开始向我拦阻射击。在黎明前的黑暗中，敌舰炮口的闪光正好给艇队指示了目标，我盯住敌炮口闪光穷追不舍，并曲折航行，巧妙规避敌舰炮火。5时许，东方开始发红，“剑门”号上的14管大小火炮同时对护卫艇队实施猛烈射击。我3艘护卫艇不顾拦阻火力，不予还击。5时10分，距敌舰7链，24条火龙同时飞向敌舰。艇队吸收打“章江”号的经验教训，攻击时减速并保持与敌同向运动射击，从敌舰大舷角靠近，集中火力猛打，第一轮炮火就打得“剑门”号舰首主炮炮手死伤殆尽，迅速压住了敌舰火力。5分钟后，敌舰起火，炮火沉默，航速降至5节。这时天已放亮，鱼雷艇恰好赶到。

5时20分，在护卫艇的掩护下，两组鱼雷艇齐射10雷，“剑门”号冒起高高的浓烟，爆炸声接连不断，舰舱迅速解体，5时22分，沉没于东山岛东南38海里。

整个战斗，共历时12小时51分；自“章江”号向我射击至“剑门”号沉没，共历时3小时30分。击沉敌舰两艘，毙国民党海军巡防第2舰队少将司令胡嘉恒以下170余名。俘“剑门”号中校舰长王蕴山以下33名，台湾舰船捞起5名。我军4艘艇同程度受损，牺牲4人，伤28人。

1965年8月17日，毛泽东、刘少奇、周恩来、邓小平等党和国家领导人接见了八六海战有功人员代表。

3. 从1970年底至1973年11月，中国空军先后派出2个高射炮师以及配属的5个高射炮兵团、19个高射炮营、11个高射机枪连，分2批入老挝作战。先后击落各型敌机17架，击伤3架，圆满地完成了任务。有269人英勇牺牲。

1971年1月25日，1架T-28飞机进入第43团营和第55团1营的防区孟洪。团指挥所下达射击命令。3个高射炮营在距离目标650～480米先后开火射击，一举将其击落，首战告捷。

5月14日13时10分，美军F-4战斗机3批7架，对孟夸地区进行攻击。第一批3架从东南方向进入攻击；第二批2架从东北方向利用山头隐蔽偷袭；第三批2架于防区外围佯动。第44团2营4连、5连首先瞄准第一架，在距离5100米时，相继开火，击落了第一架，尔后迅速转移火力打第2架，又将其击落，接着又击伤1架。战斗中，敌投掷气浪弹、子母弹攻击我阵地，5连指挥仪班和1班、2班、4班的掩体中弹，人员大部伤亡。副连长李心平全身负伤几十处，继续带伤指挥战斗，直到光荣牺牲。4连5班长王可武两腿被炸断，坐在地上指挥。2班炮手欧阳征生肠子被打出来，用一只手捂着，一只手继续转动火炮进行瞄准。5连最后只剩下两门火炮，有的炮手在本班火炮受损，自己又负伤的情况下，顽强地爬到完好的两门火炮后继续参加战斗。我牺牲24人，负伤57人，击落美机两架，击伤一架，用生命和鲜血完成了任务。

4. 自1967年11月后，太原地区多为阴天，气象复杂，能见度不良，敌机常趁此以小批进袭。在刘舍担负掩护任务的6973部队2连曾多次使用雷达诸元射击，虽无战果，但摸索积累了宝贵经验。

1968年1月8日8时41分，云高1500米，能见度2000米，阴天。团指挥所远方图板显示在方位角45度—0、距离120千米出现敌机3批18架，部队立即进入一等。2连炮瞄雷达按团指示雷达方位角搜索，发现轻度干扰，高低角1-50，因敌机不进入，高低角变化很小，一号手主动灵活地实施圆周搜索，于方位角38度—0发现有细杂波干扰，强度“三”，向连指挥员报告。连指挥员命令：“注意跟踪，用雷达诸元射击。”操纵手沉着地继续搜索，于8000米再次迅速捕住敌机1批2架，速度240米/秒，用手控等速继续跟踪，距离6800米，在指挥仪迅速改为第四种工作方式后，用雷达诸元打了一个点射，敌机中弹后冒浓烟于正西方向坠落。

第4节 隐蔽迅速

务须保持秘密，以期一举歼敌。[①]

1. 1953年2月4日，志愿军空军航空兵第17师第51团，深入平壤以南上空袭击美军战斗轰炸机编队，这次战斗，由于我掌握了敌机的活动规律，严密搜索，先敌发现，行动迅速，出其不意地打击了敌人，因而取得了击落美军2架F-4U战斗轰炸机的战果。这次战斗，我地面指挥所向空中通报敌情非常及时。我机到达清川江口时，辅指就向空中通报了敌机的活动地区、机型、架数、高度。到达战区前，又通报了敌机的具体位置，并及时下达了攻击敌机的命令，使空中编队能适时抓住战机。

编队进入战区后，每个飞行员都能按照分工严密搜索，特别是3号机潘九鼎，预先估计到敌机发现我机后，可能向海上逃窜，重点搜索了海上方向。因此，虽然能见度不好，但仍能在3000米至4000米距离上发现敌机，为我编队击落敌机创造了有利条件。

战斗中，我4机互相支援、密切协同，有攻击有掩护，僚机紧跟长机，掩护长机，并能机动地投入战斗。

2. 1965年4月29日21时30分，国民党海军“东江”号猎潜艇驶离澎湖马公港，驶向东引岛。航行中该舰雷达发生故障，4月30日19时25分，位于东引岛以东两海里处，却误认为是距白犬岛2海里，仍以12节航速向北行驶。21时40

① 引自《积极防空保卫上海》，见《毛泽东军事文集》第6卷，军事科学出版社、中央文献出版社，1993年版，第76页。

分，该舰位于台山方位149度，距离18.7海里，继续以12节航速沿大陆海岸北驶。敌舰的异常行动，引起沿海各部队的高度警觉。海军福建基地值班首长判断，该艇可能向我沿岸输送或策应匪特活动，也可能迷航。东海舰队司令员陶勇指示："100吨高速护卫艇高速出击，于北礵方位100度，领海线附近拦截敌舰，'南昌'舰和沙埕港75吨护卫艇两艘向台山以南接敌。"

据此，海军福建基地决心以护卫艇29大队5中队4艘111吨护卫艇，于东引岛以北10海里外攻击敌舰；又令两艘75吨55甲型护卫艇至西引岛附近海面牵制东引、马祖之敌，以配合5中队作战。

此次参战的0109型护卫艇是我国自行设计制造的第三代轻型护卫艇，标准排水量111.16吨。该艇航速更快可达27节，火力更猛，装备双管57毫米舰炮和双37毫米舰炮各一座。

29大队5中队分两组出击：第一组577、575艇高速出击后迅速接敌，担任主攻任务；第二组576、574艇随后跟进，担任侧翼警戒。第一组在接敌过程中，采取拦头战术，断敌归路，这一招非常高明。岸上指挥员要求艇队在东引以北13海里打击敌舰，此时敌已掉头南返，13海里根本打不上。后又要求放在10海里之外打击，仍然不行，又放至8海里，还是不行。经数次计算，最后确定在东引以北6海里拦住敌舰。接敌航向连续向外修正3次，虽然违背了战前岸指规定，但终于截住了敌舰。

5月1日0时25分，第一组577、575艇插入距敌占岛屿东引以北6.6海里处，拦头截住了敌"东江"号猎潜舰，切断了敌归路。在距离6链时，577、575艇相继开火。

当夜，东引海面刮着5级以上强风，阴天，时有小雨，海上一片漆黑，能见度极低。距敌舰1000米左右时，指挥员命令开炮，但炮位上的炮手看不见目标。这时，敌舰突然向我开火，敌舰炮火发出的闪光恰好为我射击指示了目标，我各炮立即向闪光处开火。我两艘111吨护卫艇八条火龙吐出的炮弹如疾风暴雨，统统砸在了敌舰的甲板上，打得敌舰两次起火，甲板上空无一人。猛烈的爆炸声把敌舰1个枪炮士官的耳朵震聋。炮弹爆炸的强大气浪把敌舰副长从指挥台掀到海里。两艇于1时25分报告，对敌进行了五次猛烈攻击，已将其击成重伤。

2时53分，我参战舰艇全部返航。

此次五一海战，是我海军1962年自行设计和制造的装备有双57炮的111吨护卫艇第一次在海战中亮相，通过实战，检验了作战能力，提供了作战经验。

3. 克夫是连接友谊关到河内、克夫到太原两铁路的交通枢纽。中国空军高炮0782部队与配属的独立高射炮兵营，共6个100毫米高射炮连，6个37毫米高射炮兵连，2个14.5毫米高射机枪连，担负保卫克夫火车站的空中安全。

1967年4月24日13时33分，东南对空观察哨报告："敌机爆音！"指挥所命令各连炮瞄雷达开机，向东南方向搜索。33分50秒，对空观察哨又报告："2架F-101，低空，航向克夫。"指挥所下达命令："部队一等！"1连炮瞄雷达于28千米处首先捕住目标，并用目标指示联动线给其他炮连指示目标。2连至6连相继在20千米处发现敌机。此时敌机绕经正南爬高5000余米，从西南方向进入。35分05秒，部队指挥员下令："F-101临近，集火！"36分52秒，2连首先开火，其余5个中口径高炮连相继射击。37分18秒全部停止射击，共击落、击伤各1架，经查明为RF-4C。

16时43分，上级命令，部队进入一等。16时46分，东南方向两个观察所相继报告："F-4低空，航向克夫。"各连炮瞄雷达在65～35千米处先后发现目标："F-4飞机8架，四机一组临近。"部队指挥员根据敌机采取"山羊跳"的战术，给部队区分中、低空观察射击任务。52分08秒，各中口径高炮连按"集火线"开火，6个小口径高炮连和高机连相继射击，击落敌机2架。

53分，部队正在射击中，对空观察哨又报告："大编队敌机，高度600米，临近。"部队指挥员下令："不要恋战，停止射击，发现大编队，搜索后续目标。"各连随即停火，并捕住了第二批敌机：A-4、A-6A攻击机16架，混合编队，宽正面（3000～4000米）、多层次（高度600米、800米、1000米）、短纵深（1000米左右）从东南方向临近。各连于57分相继开火。集火射击打第一架后，敌机队形大乱，穿梭飞行，反复进入，分别对我保卫目标和阵地进行攻击。此时，各营、连按作战预案，选择对我威胁最大、射击条件最有利的目标射击。先后击落敌机3架，击伤1架。59分45秒全部停止射击。当日战斗，共击落敌机6架，击伤4架，俘、毙敌飞行员4名。我人员无伤亡，保卫目标无损。

4. 寨湖位于安沛至老街铁路线的中段，是敌攻击太原地区往返必经之地。67号铁路桥、寨湖火车站、新建的渡口是敌人经常攻击的目标。寨湖东北为大象山山脉，由西北向东南延伸；西南群山连绵，红河由西北向东南贯通。敌攻击寨湖时，常以大象山做屏障，或沿红河进入，采用俯冲攻击方式。6711部队1营于1967年5月23日入越后担任该区对空防御任务，重点掩护67号铁路桥。

1967年9月16日下午，美军出动F-4C、F-105战斗机5批20架，窜犯安沛至老街铁路线，其中3批12架对寨湖67号铁路桥进行攻击。部队战前多次研究预案，研究战法，统一选择目标的规定方法，明确任务和分工。营、连正副指挥员密切协作。副指挥员协助指挥员负责观察和监视后续目标，及时给指挥员指示目标，必要时，接替指挥员。打不打由营指挥员定，开火时机由连掌握。决心灵活果断，口令清楚简明，部队以快速、猛烈的火力抗击敌攻击，击落敌机3架，击伤2架。

第5节　重点配置

任何一级的首长，应当把自己注意的重心，放在那些对于他所指挥的全局来说最重要最有决定意义的问题或动作上，而不应当放在其他的问题或动作上。[①]

① 引自《建国以来毛泽东军事文稿》中卷，军事科学出版社、中央文献出版社，2010年版，第8页。

1. 志愿军空军航空兵第3师从1951年10月12日进驻浪头机场至1952年1月17日第一次轮战结束，在为期86天的作战中，共战斗起飞2391架次，与敌作战23次，取得了击落击伤敌机64架（其中F-86飞机17架）的辉煌战绩。12月1日，毛主席在看了空3师作战的综合报告后，在报告上亲笔写下了“向空军第三师致祝贺”的批语。1952年5月1日，该师再次入朝作战。

针对敌情由过去大机群出动改变为小编队（4至8架）的变化，空3师也开始由小机群出航作战进入大机群出航作战的新阶段，主要作战对象也由主要打F-84、F-80型飞机转为主要打F-86型飞机。

1952年12月2日13时41分，空3师第9团奉空联指令，由浪头加场起飞米格-15比斯飞机12架，至永山市、铁山、新市洞地区上空，配合兄弟部队打击掩护侦察机活动之F-86机群。空战一开始，由于我编队在战区转弯搜索警戒未能及时发现敌机，而孙生禄严密地向两侧搜索，发现长机组尾后有4架敌机，而且距离长机组很近，威胁很大。在这紧急时刻，他果断地率僚机首先驱逐了长机组尾后之敌。当自己形成单机时，为了迅速支援第3中队，又以敏捷的动作，勇敢地向数量占优势之敌进攻，迫使敌机放弃对第3中队的进攻。战斗中，孙生禄力求保持高度，机智地利用敌机转弯的时机，迅速切敌半径，准确瞄准，猛烈射击，先后击落敌机2架。

2. 志愿军高射炮兵第504团在第506团的支援配合下，于1952年6月23日，抗击美国空军对水丰发电站空袭的作战。战斗中，我防空部队不怕牺牲，英勇作战，经过两个多小时的激战，取得击落美机8架、击伤10架的优异战绩。

1952年6月23日，美军突然出动战斗轰炸机500余架，对水丰、四水里和广太里等11个发电站进行大规模连续轰炸。

23日14时48分，第504团指挥所收到东北防空司令部情报总分站情报：在水丰东南方向，距离70千米，有24架F-86飞机临近飞行。不久又有94架敌战斗轰炸机从东南方向飞临水丰发电站90千米。

团指挥所立即发出警报，两分钟内做好一等战斗准备。

从14时59分到15时，敌从东南一路3批46架，正南一路3批48架各路批间隔不到1分钟，高度2800米，我防空兵进行了拦阻射击，战斗历时7分钟，敌机向东南方向逃去。

15时11分，该团于正南和东南方向16千米，发现敌战斗轰炸机89架，高度2800米，分两路临近飞行。15时13分，按团区分的射击任务，第一营连用指挥仪诸元在敌机进入俯冲点上设置固定弹幕，第2营、3营各连用瞄准具诸元对敌机俯冲阶段实施射击。两路敌机在开始俯冲时，分别由第一批分出8架和16架F-84，攻击我炮连阵地，团指挥以第6连对其射击，其余各连集中火力消灭进袭发电站敌机。敌机在我猛烈炮火打击下，队形混乱，投弹高度由1000米升至1800米，投弹距离由1000米退至3500米。激战13分钟，敌机离远。

仅2分钟后，敌于正南方向12千米左右，F-84、F-80战斗轰炸3批48架，各批间隔3分钟左右，高度3000米进入。团指挥员命令："全团集中火力射击！"遭我火力打击，敌所投炸弹均未命中我保卫目标。

15时47分，敌F-84、F-80战斗轰炸机3批44架又进袭。第504团指挥员发扬"不怕牺牲，连续作战"的精神，对来袭敌机进行猛烈射击。

15时49分，敌机开始俯冲，该团集中火力射击后，敌队形极为混乱，投弹高度都在2000米以上，俯冲角很小，不能准确瞄准投弹，有的稍一低头就投弹而逃，并进行剧烈的反高射机动，绝大部分炸弹落在我保卫目标区域以外。

15时55分，敌机从正东方向逃去。

17时26分，敌以4架RF-84型侦察机侦察轰炸效果。我504团1营各连进行了射击。至此，整个战斗结束。

高射炮兵第506团，对每批敌机也都进行了射击，给了第504团以有力的火力支援。

此次战斗，第504团消耗85炮弹873发，37炮弹6180发。击落敌机8架，击伤10架。

这场激烈的保卫水丰发电站的战斗，尽管美军集中了驻朝鲜各空军基地、航空母舰的F-80、F-84、F-86、P-51、P-47及AD-1等各型飞机275架，凶恶野蛮地倾泻了145吨炸弹，但我们在没有空中支援、情况保障不良、敌我兵力悬殊的情况下，顽强奋战，取得了辉煌的战绩。

3. 从1962年到1967年，人民空军地空导弹部队共击落国民党空军U-2高空侦察机5架，沉重打击了国民党空军对大陆的侦察骚扰活动，并取得了地空导弹部队在遭受电子干扰情况下打击敌高空侦察机的作战经验。

南昌地区战斗 1962年6月27日，根据空军的部署，地空导弹第二营首先转至湖南长沙进行设伏，但将近两个月未能发现U-2的踪迹，随后转至江西南昌设伏。9月9日6时许，1架U-2飞机从台湾桃园机场起飞，7时32分经福建平潭岛以20 000米的高度进入大陆上空，尔后沿鹰厦铁路北进。可是U-2并未直飞南昌，而是在南昌以东70千米处往余干、鄱阳湖方向飞去。营指判断敌机可能回窜南昌，因此营长岳振华下令：坚守岗位，打回窜之敌机。果然，U-2飞过九江后，突然掉转方向180度，从黄梅、广济飞回南昌。距离39千米时，岳振华下达射击命令，在距阵地29千米处将其击落，飞行员陈怀生身中弹片，经抢救无效身亡。

上饶地区战斗 1962年底，为了获取西北地区我尖端武器的科研情况，美国又向国民党空军提供了两架U-2侦察机，并加装了电子预警系统，当受到地空导弹威胁时，可以向飞行员发出报警信号。11月1日7时43分，1架U-2从温州进入大陆后向西北方向飞行。空军副司令员成钧判断：U-2回航时很可能还会经过我设伏地区，命令各营做好战斗准备。11时15分，U-2从甘肃鼎新折返，经吴忠、三门峡、信阳、九江直奔上饶。14时05分，各营的目标指示雷达先后发现目标。当距离阵地39千米时，第2营正要测定射击诸元，炮瞄雷达突然丢失目标。营长岳振华果断下令改用目标指示雷达指示目标和测定射击诸元。当距离35千米时，第2营很快捕捉到目标，营长岳振华立即下达射击命令。14时18分，U-2被击中坠落于江西广丰县万罗山附近。飞行员叶常捷跳伞被擒。

漳州地区战斗 为了打击国民党空军对福建沿海地区的侦察骚扰活动，1964年5月，地空导弹第四师副师长岳振华带领地空导弹第2营秘密机动至漳州地区设伏。1964年7月7日，国民党空军出动2架U-2和1架RF-101侦察机从南北两个方向同时入窜大陆，分多路进行飞行侦察。12时15分，北路U-2经福建龙田出海返航。此时，南路U-2距第二营阵地160千米，上级又通报RF-101有出动迹象。据推算，RF-101可能先进入漳州地区。于是，上级向第2营下达命令：RF-101先到先打，但不能忽视U-2。12时25分，南路U-2从福建东山岛再次入陆。12时30分，U-2转向漳州方向，炮瞄雷达发现目标。32千米时，第2营发射第一枚导弹，接着连续发射第二、第三枚导弹。U-2被打个猝不及防，中弹坠于漳州东南7千米的红板村。号称国民党空军的“头号王牌”飞行员李南屏随机丧命。

包头地区战斗　1964年10月16日，中国第一颗原子弹在西部地区爆炸成功，美国和台湾当局急于获取情报，在两个月内连续出动U-2飞机11架次进入大陆侦察。为对付我地空导弹的攻击，U-2飞机上又加装了一种回答式干扰系统，同时机上还加装了红外照相设备，以进行夜间侦察活动。1965年1月10日19时，1架U-2从桃园机场起飞，19时56分从山头海阳入陆，高度20 000米，时速750千米。经大同直奔包头。接上级通报，在包头地区设伏的地空导弹第1营立即做好战斗准备。当目标距离34千米时，营长汪林下达射击命令，导弹连续升空。敌机还未来得及使用告警系统和干扰系统，就被导弹击中，坠于阵地东南20千米处。飞机驾驶员张立义跳伞被俘。

嘉兴地区战斗　1965年，中国自行研制的地空导弹装备部队，与此同时，空军还研制出了反干扰设备和对付干扰新的战法。1967年9月8日9时30分，1架U-2从苏北启东入陆，绕过上海，经常熟、苏州，从设伏的两个导弹营中间穿过。U-2出海飞至杭州湾上空时，航空兵部队起飞歼-7飞机进行跟踪监视。半分钟后，U-2突然转弯再次入陆向嘉兴飞去。上级指挥所命令歼-7返回。由地空导弹第14营负责消灭该机。当U-2距阵地33千米时，第14营连续发射导弹，U-2中弹落地，驾驶员黄荣北随机丧生。

4. 太原是越南民主共和国的钢铁工业基地，是越北自治区的首府，太原省省会。三面环山，南面较开阔。美国空军多从北面低空进入，隐蔽接近，爬高出山口即俯冲投弹。我高射炮1403部队等曾在此轮战，与美空军进行多次战斗，取得优异战果。1967年3月10日，美出动空军飞机12批58架首次对太原钢铁厂进行重点轰炸。担任掩护任务的1403部队全体指战员奋勇迎战，以集中、猛烈的火力，击落敌机8架，击伤3架，俘敌飞行员3人，击毙1人，给敌以沉重打击。

3月10日美空军遭我沉重打击后，不甘心其失败，又于11日下午，出动F-105、F-4C等型飞机11批49架，对太原钢铁厂再次进行轰炸，并对我高炮阵地实施报复。我高炮1403部队提前预测，充分准备，历时30分钟，击落敌机10架，击伤2架，俘敌飞行员7人，又一次沉重打击了敌人，保卫目标安全无损。

1967年1月30日，4737部队配属给1403部队进驻太原，担任掩护钢铁厂的作战任务。3月25日21时48分至23时19分，敌A-6A飞机3批6架先后进入太原防区袭扰。担任掩护太原钢铁厂的4737部队和配属该团的3009部队高炮营、4800部队高炮营（均为单管37炮），中口径高炮用雷达诸元，小口径高炮、高射机枪按爆音，以猛烈的火力先后射击4次，击落敌机3架，击伤1架，俘敌飞行员1人，有力地打击了美军空军嚣张气焰。

第6节　机动灵活

军队的使用需要进步的灵活的战略战术，没有这一点，也是不能胜利的。①

1. 1953年4月7日，志愿军航空兵第15师第43团在朝鲜大堡机场上空与美空军进行了一次空战。战斗中，飞行员韩德彩机智勇敢，击落偷袭我机的F-86飞机1架，其飞行员——美国“空中英雄”、“双料王牌”飞行员、上尉小队长哈罗德·爱德华·费席尔跳伞后被我生俘。

这次战斗，韩德彩的对手费席尔是美国大肆吹嘘的“空中英雄”、“双料

① 引自《论持久战》，见《毛泽东选集》第2卷，人民出版社1991年版，第511页。

王牌”飞行员。他有着丰富的作战经验，飞行技术高超，在侵朝战争中出动了175次，从未失手，是一个十分狡猾的敌人。而韩德彩当时还不满20岁，在战斗机上飞行时间只有100多小时，技术上不如敌人，但是面对强敌，他毫无惧色，具有强烈的必胜信念和勇敢战斗精神，这是他能够打败奸诈狡猾的费席尔的根本保证。战斗中，韩德彩能够根据当时的具体情况，适时灵活地运用战术技术动作。当发现敌攻击我友机时，韩德彩迅速下滑增速，迅速逼近敌机，压住敌人，争取了战术优势。当敌不得不放弃攻击友机迅速下滑逃跑时，韩德彩见敌高度只有800米，不可能再向下做激烈机动，因而没有跟下去，反而向上拉升了一下，这一动作非常正确。如果跟着敌机降下去，敌就可能利用其良好的水平机动性能，急速转弯将我甩掉；如果保持平飞，在敌下滑又右转的过程中，我机可能冲到前面去，反有遭敌攻击的危险，而向上一拉，就使我机始终占据了敌后方上方的有利位置，将敌机逮个正着。

2. 1955年6月27日，台湾国民党空军出动F-84战斗轰炸机一批2架，企图对我停泊在沙埕的船队进行侦察骚扰。为保卫船队安全，航空兵第4师第10团张文清米格-15比斯中队4机奉命起飞截机，在师指的指挥引导下，击落敌机2架。

6月27日9时01分，于台北海面发现敌F-84战斗轰炸机一批4架，直向北窜，企图吸引我注意。9时26分另一批F-84飞机2架以低空北犯，企图对我停泊在沙埕的船队进行侦察骚扰活动。

9时04分，师指挥所令第10团团长张文清中队4机起飞拦截。到达台山列岛西安20千米时，接沙埕师前指所令，转向拦截敌F-84两架在台山列岛上空5000米。长机即令投掉副油箱，降低高度3000米，飞向台山列岛。

9时35分空战开始。1号机张文清绕到敌后，2号机刘华春、3号机王鸿喜投入攻击。1号机加速飞到敌机上方，做佯攻动作，迫敌左转，我机先后对敌机进行了4次攻击，击落1架。然后对敌僚机展开围攻。2号机首先实施攻击，先后开炮3次都未命中。接着3号机投入攻击，见敌机左转弯摆脱，即切半径开炮一次未中。第二次攻击进入角四分之一，距离533米对敌开炮，击中敌机身，当即起火爆炸，坠于台山列岛东南15千米处。

9时45分，4机同时退出战斗，编队经洞头返航，10时06分，全部安全着陆。

3. 九一海战中，作为支援保障兵力的护卫艇战斗群取得了重创国民党海军“沱江”号猎潜舰的胜利。

1958年9月1日23时10分，厦门水警区巡逻艇31大队7艘护卫艇接到镇海指挥所“立即出击”的命令，即尾随鱼雷艇战斗群接敌。航行25分钟后，指挥艇558艇雷达在左舷15度约5海里处发现1艘执行左翼警戒任务的国民党海军“江”字号猎潜舰（“沱江”号，标准排水量280吨，满载排水量480吨）。为争取提前打响战斗，吸引左舷之敌，配合鱼雷艇实施海上突击，护卫艇编队指挥员决心使用3艘75吨护卫艇插入敌护航运输队编队序列，单独攻击左舷敌“沱江”号猎潜舰。

3艇组成左梯队高速接敌。距“沱江”号猎潜舰约3000米时，敌舰装备的1门40毫米舰炮和5门20毫米舰炮率先向我射击，我3艘护卫艇6座双管37炮同时开火还击。双方对射两分钟，敌舰火力被我猛烈炮火压制，密集的弹雨将“沱江”号上无线电及桅杆上的旗绳全部打断。三艘护卫艇密切配合，逼近猛打，从距离3000米打到距离500米，持续射击15分钟，打得甲板上空无一人。敌舰没有还手之力，便凭借吨位大的优势，冲撞我艇。我边避边打，敌无计可施，辅机舱进水，右主机停车。“沱江”号无奈之下中断射击，闭灯熄火装死，隐蔽在夜色中。此时，我558艇在左前方发现1艘救援敌舰，我舰队立即组织火力转向攻击，敌舰不战而逃。

此次海战，人民海军首创75吨护卫艇以37毫米舰炮重创敌舰的先例，鼓舞士气。台湾国民党海军“沱江”号猎潜艇被重创，亡10人，伤29人，多处舱室进水，舰体下沉，随时可能沉没。被拖回后，完全丧失战斗力，已无修复可能，3个月后解体。

4. 1964年6月11日21时07分，朝连岛雷达站发现P2V-7侦察机1架向青岛、日照方向窜来，航行中改变航向南下。雷达密切监视的同时，独立第5大队紧张地等待战斗。

23时08分，我照明机1架、米格-15歼击机1架起飞，按照雷达的引导，搜索跟踪敌机。

23时36分，照明机飞在P2V-7飞机前2100米，高于敌机1900米，攻击机已运动至敌机右后20度，距离1600米，高于它200米。这是设计中的极好攻击时机。指挥员果断命令："一次全部投下所有照明弹！"12枚各重90千克的航空照明弹同时投下，瞬间把半径7000米范围的一片天空，照耀得如同白昼，敌机完全暴露在光区中央。两秒后，我歼击机飞行员陈根发敏锐地发现左前方1300米处的敌机正向左下转弯，他迅速调整速度，从敌机后上方进入，用活动瞄准光环牢牢套住。距离700米开炮，打中了敌机左翼根部。追到450米，第二次开炮，敌机前半部被打中起火。敌机垂死挣扎，慌乱中左机动摆脱。陈根发距离200米第三次开炮，打得敌机如断线风筝，向地面坠落。被击落的国民党空军P2V-7型电子侦察机13名乘员全部毙命。

9月16日，周恩来、聂荣臻和罗瑞卿一起接见了作战有功人员。周恩来听取汇报后说："你们打了一个很好的协同仗，这次战斗的胜利是集体的创作。每个战斗都是协同的，不是单一的。"当晚，毛泽东和中央领导同志观看北京军区、济南军区比武汇报表演，周恩来总理邀请陈根发等有功人员一起观看，特地向毛泽东介绍了他们，向毛泽东汇报了击落P2V-7侦察机的胜利。

5. 1968年3月5日，1840部队进驻太原接替对空防务，6937部队奉命继续留越，配属1840部队，加强太原地区防空火力，并将1营转移至高岸发电厂。至3月30日前，敌机未进入太原地区活动。3月17日，美将新研制的战斗轰炸机F-111A共计6架首次调进泰国打卡里机场，参加侵越战争，进行"战斗效能"试验。3月28日，第一次入侵越南北方河静省，被越南空军部队击落1架。6937部队接通报后认真研究了F-111A的活动特点和战术技术性能，学习了越南防空部队的作战经验。1968年3月30日美空军出动F-111A与F-105共16架混合编队，攻击太原高岸发电厂。配属1840部队的6937部队1营（57毫米高炮）在复杂气象条件下，用雷达诸元射击，击落F-111A战斗轰炸机1架。这是3天内击落的第二架，据当时媒体报道：五角大楼承认，30日被我击落的F-111A飞机上有绝密的电子设备。这对一贯迷信新式武器的美空军是一个沉重的打击。此后，美空军在较长的一段时间内停止了这种飞机的使用。

1968年6月3日，美军无人侦察机1架，低空窜入太原地区进行侦察。担任太原地区防空作战任务的1840部队所属3个团和配属该师的6937部队，1501、1510部队高炮营以准确、猛烈的火力，一举击落该架无人侦察机。

第7节 集火近歼

一切突击兵力以全部集中为原则。①

1. 1952年12月3日14时30分前后，我地面雷达又发现敌机128架，其中F-86飞机72架，战斗轰炸机56架，活动于平壤、永柔、顺安地区，以4机和8机编队，掩护其战斗轰炸机活动。

奉空联指命令，第3师第9团14时50分由浪头机场起飞米格-15比斯飞机12架，带队长机为副团长王海，任务是迅速隐蔽地深入至清川江以南，利用敌戒备不严的弱点，出其不意地打击敌人。在清川江南部上空与20余架敌机展开空战。我方扭住敌机不放，从1.2万米的高空打到1500米，从清川江打到大同江，始终保持一域作战，互相掩护支援，共同创造了击落击伤敌机F-86飞机6架的战果。在激战中，焦景文飞机中弹24发，座舱盖被打破，仍然奋不顾身地掩护长机攻击敌人，最后在炮弹耗尽的情况下，摆脱敌机，安全返航。中队长孙生

① 引自《对部队军事训练的若干指示》，见《毛泽东军事文集》第6卷，军事科学出版社、中央文献出版社，1993年版，第399页。

禄和其僚机马连玉，为保护带队长机和机群的安全，先后与8架敌机格斗。孙生禄遭敌机攻击，飞机中弹起火，他驾着熊熊燃烧的飞机冲向敌机群，壮烈牺牲。他的僚机马连玉抱着为战友复仇的决心扑向敌机，猛烈开炮，击落击伤敌机各1架。这场惊心动魄的空战，以我们的胜利敌人的失败而告结束。

2. 1958年8月24日夜，在封锁金门的作战中，海军东海舰队快艇1大队6艘鱼雷艇在金门岛以南海面，对遭我海岸炮兵火力轰击后从金门料罗湾外逃的国民党海军舰船编队实施突然袭击，击沉坦克登陆舰改装的“台生”号大型运输船，重创“中海”号坦克登陆舰，取得了封锁金门第1次海战的胜利。

总参谋部决定，海军在封锁金门作战中的主要任务是：协同陆、空军，以海岸炮兵打击国民党海军的运输和战斗舰船。控制国民党海军舰船停泊点和飞机场，压制金门远程炮兵阵地。水面舰艇在海岸炮兵协同下相机袭击国民党海军航行和停泊的舰艇，切断敌人的海上交通线。

参战的海军水面舰艇共92艘，其中有4个快艇大队的47艘鱼雷艇。海军各部队坚决听从毛泽东、中央军委的统一号令，严格掌握斗争策略。树立主动歼敌思想，随时注意研究敌人的活动特点和战术手段，求得“敌变我变”，适时采取有效的对策，争取主动。

鱼雷艇的出击待机点镇海角位于大、小金门的西南角，面对料罗湾，与位于东北角的围头成犄角之势。8月24日18时10分，指挥所下达命令：鱼雷艇出击。隐藏在定台湾的6艘鱼雷艇（1中队184、175、103艇和2中队180、105、178艇）立即起航，成单纵队高速向战区开进。

24日傍晚，快艇出击时的气象条件很好，风平浪静，能见度良好。突击编队行进半小时，指挥艇184艇在距离18海里处发现目标，大大超过了艇载雷达性能规定的距离。由于阳光照射我由东向西行进很容易被敌发现，我加速前进。果然，不到10分钟，一排排炮弹呼啸而来。突击编队前进几分钟，又发现敌两艘“江”字号猎潜艇距离我5链左右，不到1海里。然而我从其左舷通过，敌舰竟没有任何反应，我顺利过了第二道关。

19时12分，鱼雷艇突击群距敌运输船队38链，查明敌编队共7艘舰船。敌我距离30链时，敌运输船队仍未反应。我海上指挥员下令1中队、2中队展开。直到距离零链时，敌舰才发现并慌忙开火，但已来不及转向规避。

19时25分，雷达报告距离500米，冲过敌舰层层弹雨阻隔的184、175、103艇编队齐射，发射5雷，命中敌“台生”号2雷。放雷后20秒，敌舰“台生”号发生猛烈爆炸，不到3分钟即沉没。

同在19时25分，我180、105艇距离两链向“中海”号发射4雷，命中1雷，在敌舰尾部炸出1个10米见方的大洞，“中海”号严重受损，主副机全停，收发报机及雷达均告失效，电机失灵，电力中止，大量海水冲入后段底舱，当场亡8人，伤12人。我撤出后，在美舰帮助下逃到台湾和菲律宾，都无法修复而报废。

八二四海战，快艇1大队6艘鱼雷艇击沉“台生”号运输轮，重创“中海”号登陆舰，毙敌468人，伤60人。

3. 1967年6月中下旬，7694部队及配属的0023部队高炮营奉命入越，配属工程六支队，担任掩护从巴丹至西庄以北5千米的地段内修建12号公路的施工部队及筑桥作业的对空安全。2营奉命于1967年11月7日晚进入那累，执行掩护任务。11月8日，对敌2架RF-4C射击，没有战果。11月9日，敌2架F-105战斗机攻击那累，全营射击，击落1架。部队接下来用半个月时间进一步总结经验教训，摸索规律，研究战术，做好打大仗的准备。8个火力单位沿公路走向，因地制宜，实施前少后多纵深梯次配置，营指挥员率精干班子在炮5连阵地前方开设临空指挥所。团在射击指挥上规定：通常射击指挥权由营实施，打敌直线俯冲阶段开火时机由连掌握。

4. 高炮部队入越作战期间，除了在重要地区、关键目标附近实施要点掩护外，还派出部分兵力在相关地域实施机动作战。参加机动作战的高射炮兵部队发扬敢打必胜的战斗作风，采取灵活果敢的战术行动，有效遏制了敌空袭企图，取得了辉煌的成果。

孙寨位于安沛西北，距安沛31千米，北临大象山山脉，南靠红河，是河内至老街铁路线上有两股道轨的车站，车站西北有南仙河铁路桥1座，敌机为破坏铁路运输，常对车站和铁路桥进行攻击。4739部队1营（单管37毫米高炮18门，12.7毫米高射机枪9挺），奉命于8月23日夜进入孙寨机动作战，连夜做好射击准备。24日、25日两日作战均无战果。敌机对火车站、铁路桥投弹百余枚，均未命中。指挥员判断：敌机破坏目的未达到，可能继续袭击。决心继续在原地待机歼敌。1965年8月26日12时55分至13时01分，敌机1批4架F-105，对铁路桥实施攻击，4739部队1营以突然猛烈的火力射击，当即击落了2架敌机，我人员武器无损。

有陇位于河内东北，1号公路河内至谅山段的中段，距河内83千米。有陇桥全长80米，是敌机袭击的重要目标。桥北和西北为高山，距离约1500米，便于敌机中空攻击，桥南和东南为起伏山地，射界开阔，视界良好。1965年9月20日，美海军舰载战斗机9批28架，对宋化铁桥和1号公路谅山桥攻击时，其进入和退出时均通过有陇上空，担任该地机动作战的8245部队高机连对过航敌机3批5架，以突然猛烈的火力射击，战斗历时9分钟，击落敌机2架。我人员、武器无损。

1965年10月1日17时33分，美空军2架RF-101对有陇桥进行低空侦察。上级判断，敌机将对该桥进行攻击。当晚，即将8254部队1营调至该地区，与原在该地机动作战的该团高机连和8255部队高机连统一调整部署，于2日拂晓前完成了射击准备。10月2日16时05分，敌再次进行低空侦察，根据敌情迹象，我迅速调整战斗队形，完善战斗准备。10月5日，美海军舰载攻击机A-4、F-8和空军F-105、RF-101等型飞机12批42架采取主佯配合，对有陇桥疯狂攻击。8254部队1营击落敌机4架，击伤1架。

自1967年6月以来，敌机对太原攻击，多从西北进入，以8至20架编队，水平飞行通过宋化上空后，攻击地面目标。为配合防区部队作战，出其不意地打击敌机，在敌机进入航线上打乱其队形，为防区部队歼敌创造条件，上级决定4737部队6连（100高炮连并加强一个四管高射机枪排）进入化上机动作战，由师直接指挥，并规定“敌机8架以下不打；退出的不打；航路捷径大不打；水平距离8000米外不打”的四个不打。6月30日14时22分至16时34分，敌机4批26

架，其中F-105战斗机16架，F-4C战斗机8架，RF-4C侦察机2架，先后从西北方向水平飞行通过设伏在化上地区的4737部队6连阵地上空。该连抓住战机，压缩开火距离，先后对其中2批敌机实施准确突然的射击，击落、击伤敌机各1架，打乱了敌机攻击太原的战斗队形，首次取得了100毫米高炮机动作战的胜利。人员、武器、装备器材无损。

铺合位于河内至老街铁路线中段，1966年7月，1835部队根据观察哨4个月的观察记录和图板积累资料，发现敌多从铺合过航对河内、富寿等地实施侦察、攻击活动，决定所辖1838部队2营（单管37毫米炮18门）进驻铺合机动作战。该营于7月18日夜占领阵地。7月19日至23日，该营对过航敌机15批67架射击7批16架。击落1架F-105、2架F-4C，击伤2架F-105、1架F-RF-101，给敌人一定打击。该营判断敌人对本部尚未做出明确的反应，为了扩大战果，调整了战斗队形。7月25日9时35分至11时21分，2营对进入该地侦察和过航的1批4架F-105、3批3架RF-101，射击4次，击落1架F-105、3架RF-101。

为配合太原地区作战，0750部队经过情报分析，决定派遣所属0764部队2营进入拉永执行机动作战任务。1967年10月24日下午，敌人出动F-105、F-4C等各型飞机16批108架，攻击普安、永安等地后，沿三岛山东侧编队返航。该营击落敌机3架，击伤1架，俘敌飞行员1人。

第8节　主动强攻

劣势而有准备之军，常可对敌举行不意的攻势，把优势者打败。①

① 引自《中国革命战争的战略问题》，见《毛泽东选集》第1卷，人民出版社1991年版，第223页。

1. 1951年夏季，美国空军为配合地面部队作战，开始实施旨在摧毁朝鲜北部铁路公路系统，彻底切断中朝军队后方运输补给线的“绞杀战”行动。

时侵朝美军空中力量已达20个联队和1个中队，各型飞机1500多架，每昼夜以50～80架大机群方式出动2～3次，主要活动于平壤至安东地区寻机与我机空战，并破坏沙里院以北的交通线，对我拉古哨发电站、安东大桥等重要目标进行轮番轰炸，气焰十分嚣张。

为掩护对公路、铁路和桥梁的抢修，志愿军空军遵循“集中兵力，重点保卫”的方针，将歼击机航空兵集中使用在清川江南北地区上空，打击北犯敌机。到11月，中朝军队反“绞杀战”进入最激烈的作战阶段，敌我空中对抗也进入白热化程度。空军第3师是1951年10月12日进驻浪头机场的，主要任务是进行实战锻炼，并掩护朝鲜秦川一带新建机场和安东至平壤交通干线。为了打击敌人的猖狂挑衅，空3师第7团、第9团经过必要的准备，很快就投入战斗。11月4日，第7团大队长牟敦康、副大队长赵宝桐于顺川上空首战就取得了击落击伤敌机3架的战绩。11月9日，第9团第1大队在大队长王海率领下，在平壤南上空一举击落敌FMK–8飞机1架。11月18日，第9团副团长林虎率队在肃川上空，由王海、焦景文、孙生禄又一次击落敌机5架。11月23日，空3师于清川江一线再一次与美机群展开大规模空战，当天一次空战击落击伤敌机8架，给敌以沉重打击。这次战斗是该团参加抗美援朝实战锻炼的第三次战斗，作战经验不多。但是由于全体指战员发扬了我军勇敢战斗、不怕牺牲的优良战斗作风，因而战胜了数量上占优势的敌人，取得了击落击伤敌机8架的重大胜利。特别是刘玉堤，没有经过海上飞行训练，但为了抓住战机，消灭敌人，敢于率僚机追击向海上逃跑之敌。当敌机为摆脱我机而急剧下降高度时，又在僚机的可靠掩护下，不顾海上超低空作战的危险，毫不犹豫地冲了下去，直至将敌双机全部击落。这次空战所以能取得较大战果，还与指战员积极追击逃敌，机智地处置情况分不开，击落击伤的8架敌机，几乎都是经我积极追击，才抓住战机的。

2. 1965年11月13日夜至14日晨发生在福建沿海崇武以东的海战，是继八六海战以后又一次重大胜利。此次战斗，海军参战部队计111吨护卫艇4艘，108吨护卫艇2艘，K–183型远航鱼雷艇6艘，自出航至返港历时11小时55分钟，海战持续1小时33分，击沉国民党海军“永昌”号护航炮舰，重创“永泰”号猎潜舰，生俘9人。

11月13日14时10分，海军东海舰队通报，“永泰”号由澎湖要到乌丘来，20分钟以后福州军区通报“永昌”号和“永泰”号一起由澎湖起航。据此，指挥所决心在乌丘以南截击敌双舰编队。

22时08分，总参批准打击敌舰的作战方案。8分钟后，编队12艘艇组成3个突击群先后从东月屿出击。

周恩来总理亲临总参作战室坐镇指挥，并指示：“同意打，集中兵力先打一条，要近战，抓住战机，组织准备工作要周密一些，不要打自己，天亮前要撤出战斗，要发扬英勇作战精神。”总理的指示迅速传达到部队，对全体参战人员是极大的鼓舞。

13日23时14分，海上编队指挥艇雷达发现距离105链敌舰两艘，间隔7～8链，航速12节，向乌丘屿航行。海上编队指挥员命令，护卫艇第一突击群4艇右舷攻击前导舰“永泰”号，护卫艇第二突击群左舷牵制后续舰“永昌”号。开火后，实际形成6艇集火攻击“永泰”，尔后转火攻击“永昌”。敌舰边规避边猛烈还击，我第一次攻击，“永泰”舰即被击成了重伤（拖回台湾后报废）。

第一次攻击后，“永泰”号遭重创逃往乌丘，“永昌”号则继续南逃。鱼雷艇突击群第二组急于发展胜利，擅自行动，损失4雷，攻击失利后才向指挥员报告。这时，群指挥员要求护卫艇突击群再打一个波次，压制“永昌”舰火力。因指挥员重伤，呼叫多次没有回答。为了不使敌舰逃脱，群指挥124、125、132、145艇向“永昌”号接近，突施强攻。我4艘鱼雷艇占领敌“永昌”号舰首附近，群指挥员决心第三组主攻，第一组佯动牵制。4艇上下一心，阵位不好不放鱼雷。统一行动，五进五出，逼敌转向，为第三组创造攻击机会。0时31分，第三组145艇距敌1.9链，以15度提前角发射鱼雷2枚，命中敌舰尾1枚，当即失去机动能力。

3. 1954年12月21日至1955年2月2日，快艇1大队使用鱼雷艇10艘，在浙东大陈岛以南白岩山海域机动设伏43天，出击9次，作战4次，于1月10日晚击沉国民党海军“洞庭”号猎潜艇1艘。此次战斗，华东军区海军鱼雷艇部队在1天内连续两次出击，不怕疲劳，英勇顽强，首创单艇单雷近战歼敌的战绩。

1955年1月10日，浙东沿海海域大风呼啸，海浪翻卷，风速每秒达17米。恶劣的天气迫使国民党海军舰艇全部缩进大陈港内避风。我空军和海军航空兵抓住这一战机，出动轰炸机130架次，投弹709枚，对大陈等敌占岛屿进行第7次也是规模最大的一次轰炸行动，炸沉国民党海军大型坦克登陆舰“中权”号，炸伤“太和”号、“中海”号、“衡山”号3艘军舰，使大陈港内国民党海军舰艇遭受重大损失。轰炸后，大陈港所有敌舰船都跑到公海海域去防空，天黑时才陆续返航回港口锚地休息。这就为我快艇利用夜暗出击创造了战机。

22时47分，白岩山雷达站报告，在积谷山东北4海里处发现敌舰1艘。当时，我102艇单艇穿行在大海中，它艰难地在浪谷里向东南方向航行，并不知道在它前方必经航道上有1艘敌舰也在航行中。

1月10日这天是阴历十七，23时左右，海上冉冉升起了明月照着波涛汹涌的海面。月光下海面上形成了一个光带，102艇借着月光光带航行。目力很好的张逸民在光带下面发现了一条黑影，他借助望远镜发现这是一艘船。他判断在这一海区不会有我军其他军舰单独活动，半夜也不会有渔船，肯定是敌舰。于是，张逸民决定朝着这个黑影航行。距离15链时，确认是1艘军舰，102艇慢速接近目标。距离5链，确认是敌舰，因为借助月光看到了敌舰旗。张逸民下令：“右管准备战斗。”由于只有1枚鱼雷，张逸民提醒自己，一定要近些，确保一发命中。距离敌舰300米时，水手长张德裕两次提醒艇长：再不发射，就要碰上敌舰了。张逸民按在鱼雷发射把上的右手仍然不动。

张逸民这样做，是因为他当陆军时就知道近战夜战是法宝，尽管在前不久演习时，他违反苏联顾问规定距离3～5链发射鱼雷，而是在1.5链时才发射因此而受了批评。现在，张逸民直到200米才按下鱼雷发射把，正好命中敌舰中部。鱼雷出管后，本来左倾右斜的102艇马上恢复了平衡。张逸民操纵慢速航行的艇先停车，然后原地倒车，高速后退，脱离危险区域，以避免误伤。

23时19分，敌舰“洞庭”号出现个比船舷还高的火球，紧接着是一声闷雷般的巨响。

11日2时27分，“洞庭”号在格屿东南4海里沉没，乘员60余人绝大部分丧生。

4. 安沛是越南安沛省省会，为越西北政治、经济、文化中心，是重要交通枢纽，也是我入越高炮部队重点掩护目标之一。美空军于1965年7月开始对该市进行轰炸，我军多批部队在此轮战，取得辉煌战果。

1965年8月9日13时30分，我4733部队发现2架F-4飞机，高度550米，沿我火力边缘向西北飞行，指挥员命令，各连均瞄准第一架，一线小口径高炮连在距离2200米首先开火，其他连相继开火，敌机第一架中弹起火，坠落于安沛地区南20千米山林中。

1965年8月13日，4734部队高机连于凌晨开始占领阵地，因地形限制，将4个高机排配置在相距约800米的两个小高地上。10时15分，敌机F-105两架向西南方向低空飞行，高度200米左右，两机一前一后间隔50 ~ 100米。我在敌机距离2000米时开火，第二个长点射命中第一架，敌机中弹起火坠落于东双、克加地区。第二架慌忙投掷菠萝弹后逃窜。

1965年9月18日8时8分，4734部队发现4架F-4，高度600米，航向安沛。8时27分，距离2000米对第一架射击，当即冒烟坠落于山侥地区。第二架敌机被击伤左翼冒烟逃窜。9时5分，师警戒雷达发现距离364千米2批6架小型机临近飞行。尔后又收到观察所报告，F-4C战斗机2架沿我火力边缘飞行；又一批4架距离9000米分批向左右两侧飞行，左侧两架在前，间隔30秒。4734部队一线连队于提前水平距离6000米，射击高度500 ~ 300米开火，集火射击左行第一架，第二个齐射后中弹起火坠落。立即转移小口径高炮和12.7高机火力对第二架敌机射击。中口径高炮对右行的2架进行射击，有2发37炮命中一架敌机头部和机翼。敌机坠落于京罗地区。9时25分，雷达又发现第四批目标，小型机4架。9时30分，敌机擦我火力边缘侧行通过，中口径高炮3连用指挥仪装定测高机距离求出诸元，引信180刻打一个齐放，击中敌机架，坠落于阵地北约17千米大左地区。

1835部队于1966年2月10日入越，接替4733部队的防空任务。下辖1836、1838、1839部队（每团单管37毫米高炮26门）。师部率1836部队和配属该师的8253部队（85毫米高炮20门）进驻安沛防区实施重点掩护。入越以后作战20余次，5月6日击落2架，击伤1架，俘敌飞行员1名。此后20多天敌机不攻击安沛，有大规模攻击的可能。师部做好打大仗的准备。1966年5月31日15时13分至18时30分，美空军先后出动飞机30批109架，分别执行指挥、警戒、攻击、侦察、救护任务，对安沛进行了一次精心策划的大规模的疯狂攻击。该师战前准备充分，坚持集中火力迎战，指挥高效得力，情报及时准确，通信保障有力，加强工事构筑，及时救护补给，师部率1836部队和8253部队对21批75架敌机中的63架进行了射击，击落16架，击伤10架，俘敌飞行员4名，我仅被毁85毫米高炮1门，37毫米高炮2门。

1966年7月21日，1837部队奉命接替高炮8253部队的任务，并于7月31日凌晨到达安沛占领阵地，做好战斗准备。8月1日14时20分至15时01分，美空军F-105战斗机3批12架窜入安沛。1837部队与1836部队以准确、突然、猛烈的火力对敌射击，击毁2架，取得了首战胜利。

1966年12月5日上午9时44分至16时20分，美军先后出动空军飞机8批30架，对安沛火车站和高炮阵地疯狂轰炸。接替1835部队的7748部队英勇作战，持续6个多小时，射击8次，击落敌机7架，击伤2架，毙敌飞行员1人（被越南民兵击毙）。敌投掷爆破弹59枚、钢珠母弹20枚，分布面积达6平方千米，部分干部、战士伤亡。

1967年5月下旬，6714部队进驻安沛，接替7748部队对空防护任务。1967年7月20日0时40分，警戒雷达在西南方向，距离60千米发现敌机1批2架，高度2500米。0时47分雷达又发现于西南方向，距离40千米二批敌机临近。0时51分第一批敌机进入，雷达灯定位，距离一线连5000米时，立即开灯照中一架，判明为F-4，首先射击一个齐放，敌机当即中弹起火，坠于西南方向。第二批敌机从东南方向进入安沛，在距离2000米时，开灯又照中一架，高炮连距离3000米开火，将其击伤。

1967年8月14日21时20分至22时05分，敌F-4C战斗机2批4架，先后从西北、正南两个方向窜入安沛防区，当即被探照灯照中由西北进入的一架。担任掩护的6714部队21个炮连相继开火，击落敌机一架。敌机发射“响尾蛇”导弹2枚，“百舌鸟”导弹1枚，我损毁雷达探照灯1部，1967年12月16日20时10分至55分，美空军出动F-4C战斗机4批8架窜入安沛，我6714部队高炮分队及探照灯0789部队1营密切合作，以准确、猛烈的火力击落敌机3架。

第9节　挑战极限

自觉的能动性是人类的特点。人类在战争中强烈表现出这样的特点。①

1. 1952年2月10日在朝鲜秦川地区上空的一场中美空战，因为年轻的中国飞行员张积慧将美国“空中英雄”、“王牌”飞行员、空军少校中队长乔治·阿·戴维斯及其僚机飞行员击毙，而震惊世界。

1951年秋，美军在朝鲜战场连遭重创，到1952年初，美国空军的“绞杀战”也以失败而告终。为恢复朝鲜平壤以北地区的“空中优势”，以便在停战谈判中捞取好处，美国空军特地从美国内选调了一批参加过第二次世界大战富有作战经验的校级飞行员到朝鲜作战，同时大批换装F-86等新式航空装备，并从1月开始，以“饱和轰炸”代替“绞杀战”。

为了争取时间，使更多的部队得到锻炼，遵照军委和毛主席“必须迅速组织新部队参战，越快越好”的指示，空军决定，由参战过的空3师、空4师带领

① 引自《组成中国人民志愿军的命令》，见《毛泽东军事文集》第6卷，军事科学出版社、中央文献出版社，1993年版，第110页。

新组建的部队，加速作战轮转锻炼。

2月10日6时28分至6时57分，我地面雷达发现，在朝鲜平壤、沙里院、价川等地区上空敌机11批，共120架，其中F-86飞机约80架。我机立即起飞迎敌。

第4师第10团、第12团接到出击的命令后，于7时07分，从浪头机场起飞米格-15歼击机34架，飞往定州、价川之间寻歼敌机。第12团第3大队大队长张积慧和僚机单子玉随机群起飞后，至鸭绿江上空时发现有许多敌机拉烟。张积慧爬升至1万米高度迎敌飞行，当他发现一批敌机迎面飞来时，即与僚机投掉副油箱爬高，待敌我接近至8000米时，张积慧看清敌有8机，有右转咬尾之势，也立即右转90度，置敌1、2号机于自己的右下方。张积慧估计敌机速度快，必然很快冲过去，即率僚机向左急速反扣，恰好处在敌机右后上方的有利位置上。敌机见势不妙，急忙俯冲，企图逃避。张积慧双机立即猛侧扑下去，敌机即向太阳方向做剧烈的垂直上升，又时而采取俯冲，妄图摆脱，张积慧紧追不放，并向敌1号机猛烈开炮，戴维斯驾驶的1号机被击中，冒着浓烟螺旋下坠，撞于博川3000米以北2000米处上坡上，人机俱毁。击落1号机后，张积慧又瞄准敌2号机。敌机突然做上升转弯摆脱，他在僚机的掩护下，迅速切敌内圈，在400米的距离上，将敌机打了个凌空爆炸。张积慧退出攻击后，被尾后敌机击中，于7000米高度安全跳伞。张的僚机也被敌机击中，飞行员单子玉跳伞未成，光荣牺牲。

2. 1958年2月18日台湾国民党空军RB-57型高空侦察机1架侵入我山东半岛上空，海军航空兵第4师第10团胡春生歼-5双机，在15 500米的高空，一举将敌击落于千里岛附近海面，有力地粉碎了台湾当局利用高空优势对我侦察窜扰的企图，为我歼-5飞机在高空大速度条件下作战提供了经验。

2月18日上午10时25分，情报站通报在北纬31度37分，东经124度23分，发现敌RB-57型高空侦察机1架，高度8000米，沿航线爬高北上。10时47分，师指命令第10团中队长胡春生歼-5双机进入一等，10时54分下令起飞。

胡春生、舒积成双机按地面领航员的引导，向着与敌相背的方向爬高，争取有利高度。

11时19分，敌侦察机在临沂东90千米上空入陆，高度15 000米。因为前几次入窜，没有受到打击，有恃无恐，继续沿海岸线入境飞行。胡春生双机距敌机60千米，高度12 500米，打开加力增速爬高。11时23分，到达日照上空，关掉加力，投掉副油箱，搜索目标。

11时29分，敌侦察机在诸城上空突然右转向东飞去，它犯了一个错误，给胡春生双机一个切半径靠近的极好机会。地面指挥立即引导我双机右转，飞向敌机的前置点，等待它自投罗网。

胡春生刚向右转就发现了RB-57，他兴奋地报告："左前方12千米处发现一个黑点，高度15 000米。"指挥员命令："坚决打，狠狠打，打它个空中开花！"

胡春生双机高度在15 000～15 700米，比敌机略高，又占据了内侧有利位置。敌机在15 400米高度上发现我机，立即转弯向公海逃逸。胡春生紧追不放，11时33分，距离敌机780米时，他开炮了。同温层空气稀薄，开炮时飞机受到震动，往下跌落200多米，炮弹从敌机身下穿过。胡春生带起机头，重新瞄准，第二次开火，从距离433米一直打到75米敌机数处中弹，立即失去了平衡，冒着浓烟，倾斜下滑。僚机舒积成也向受伤的敌机开火，补了几炮。

RB-57侦察机巨大的机身，翻滚着坠落进崂山外千里岩附近的海里。12时20分我双机着陆。我快艇赶至敌机坠海的位置，捞起敌驾驶员飞行衣、帽，查明被击落的飞行员是国民党空军上校赵广华，曾经获得过国民党空军颁发的"飞虎奖章"。

3. 由于U-2高空侦察机一再被击落，1964年后，迫使美国政府把无人侦察机提上了日程，投入实战。中国空军和海军航空兵共击落美国"火蜂"无人驾驶高空侦察机21架，其中海军航空兵共击落4架。迫使美国政府和军方基本上停止了使用无人机对中国境内实施骚扰侦察。

（1）万宁空战，王相一首战告捷。

1965年3月24日12时55分，美军用1架电子侦察机吸引我注意，掩护"火蜂”无人机入侵我海南岛上空。

13时08分，南海舰队航空兵张炳贤奉命驾驶歼–6歼击机从海口机场起飞，待机于清澜、乐会一线。13时27分，王相一又奉命驾驶歼–6从陵水机场起飞，在海南岛南端一线接应拦截。

13时55分，地面领航员引导王相一进入跃升接敌。一分钟后，王相一占位连续开炮3次打中敌无人机左翼，立即冒着黑烟飞行。14时01分，王相一再次跃升，两次开炮，再一次命中敌机。敌机摇摇晃晃逃离，终于在返航到岘港东北海区坠落。

（2）1965年3月31日13时41分，上级通报美军C–130母机已投放“火蜂”无人机。5分钟内，雷达在保亭东南280千米处捕捉到目标。13时48分，指挥所命令舒积成驾驶歼–6歼击机从海口起飞拦截。

与此同时，美军还出动电子侦察机在海南岛附近海面上空佯动策应“火蜂”无人机。14时03分“火蜂”无人机从保亭以东杨梅市上空侵入海南岛，高度17 600米。地面领航引导舒积成，很快压住了敌机航迹。14时06分，舒积成在正前方30千米高空拉烟层发现敌机，他迅速赶上去。14时09分，舒积成上升至16 200米，美机高度17 600米，时速900千米，距离1800米。舒积成一个跃升，逼近敌机，追到109米时，一次打出20发炮弹，当场把美军“火蜂”无人驾驶高空侦察机打落在陵水县境内。

（3）1965年8月21日上午，美军C–130型运输机从南越边和机场起飞，14时01分我雷达发现其在雷州半岛正西153千米上空投放了“火蜂”无人机。14时12分，敌无人机侵入海南岛上空。

14时01分我雷达发现敌无人机后，判断其必将侵入海南岛，立即命令部队进入“一等”，投入战斗。14时08分，舒积成奉命起飞，紧急爬高到13 000米，打破常规，开加力飞行，比预计时间提前4分40秒上升到16 000米处，争取了极其宝贵的时间，争取在最佳时间赶到拦截地段。14时15分，指挥所令舒积成投掉副油箱。10秒后，舒积成便发现了暴露在高空拉烟层的“火蜂”无人机。14时24分，舒积成距离敌机3000米时，开始跃升，爬高到16 800米时，改为平飞追击。距离1200米时，再次跃升到17 000米，距离敌机300米时开炮，但未命中。他没有气馁，带杆抵近到距离敌机100米时再次开炮，打中美机右翼根部，敌机当即冒烟起火，从云端直落下去，坠落在新村港南我领海内。

1967年12月3日，毛泽东接见了击落3架敌机、被国防部授予“战斗英雄”荣誉称号的副团长舒积成。

（4）1970年2月10日，美军“火蜂”无人驾驶高空侦察机1架，于16时16分由黄流方向侵入海南岛，对乐东机场进行侦察。南海舰队航空兵指挥所令第8师第4团大队长周新城、中队长祁德起驾驶歼-5型歼击机2架起飞截击。16时21分，我双机爬升到最大高度16 000米时，美机恰好按预定程序转向并降低高度返航，进入我机的攻击范围。周新城抓住战机，开炮将其击落，残骸坠落在五指山森林中。

4. 1959年9月，美国开始用RF-101装备国民党空军，这个飞机号称“西方的战略眼睛”。最大升限18 300米，低空飞行性能也很好，最大时速高达1650千米。可利用各种条件制造战术上的突然性，既能在高空也能在低空大速度通过目标，实施照相侦察。仗着优越性能，不断窜犯大陆。

1964年11月，毛泽东批准海军航空兵歼-6飞机渡过长江作战。11月25日，总参谋部指示：“加强防空作战，力争在年底前再打下一架敌机。”

然而，就是歼-6在高度和速度上与RF-101相比还是有差距。海军航空兵第2师、第6师多次组织拦截，都因为所使用的米格飞机速度低而没有将敌机击落。

为了执行作战任务，歼-6飞机进入江南后，采用多种措施隐蔽企图。同时，东航领导机关组织飞行员仔细研究敌情，对敌机9次入窜的有关问题整理归纳成4个方面26个专题，200个数据进行解剖研究，找出敌弱点，制订出以劣胜优的作战方案，然后在图上和实地进行四五十次演练，把各种进入、起飞、空域出击、发现敌机、转弯接敌、占位攻击、反敌机机动等作战动作要领，归纳成25个简明扼要的战斗口诀。

12月18日，雷达在距路桥150千米处发现1架RF-101侦察机低空北上。雷达兵超出作战预案30千米提前发现了目标。

指挥所命令歼-6飞机起飞至大陈一带空域佯动，迷惑敌人，随即命令王鸿喜驾驶歼-6机隐蔽出航，在秘密空域待机伏击。地面雷达根据敌机变化，多次引导王鸿喜改变航向，调整敌我位置，终于使王鸿喜寻到了敌机，并以最快的动作占位。尽管敌机不停调整变化，王鸿喜紧追不放瞄准目标。等敌机爬高上升到9700米，慢慢减少上升角的瞬间，才三炮齐发，打中它的右翼根部。敌机负伤后拉黑烟半滚下坠。王鸿喜紧追其后，从10 500米高空，一直追到1600米高度，离240米时，才第二次开炮命中。RF-101飞机加速直线坠落，敌飞机坠毁，飞行员少校谢翔鹤跳伞被我民兵生俘。在瞬间从万米高空俯冲到600米低空，王鸿喜耳膜都被压破了。

12月29日，周恩来、罗瑞卿接见了周克林、王鸿喜等作战有功人员，详细听取了汇报，周恩来十分高兴，鼓励说："打了胜仗，要作为前进的起点。打胜仗是集体的创作，除了飞行员的功劳，还有地面很多人的保证。希望你们从难从严从实战出发，练出过硬的杀敌本领，争取新的胜利。"

第10节　密切协作

海军航空兵和空军应该统一指挥，海军和空军应该很好地配合起来打。[①]

1. 1954年5月11日至20日，在我军胜利地进行东矶列岛登陆战役的同时，海军航空兵空战5次，击落敌机5架，击伤1架。

5月11日10时30分，雷达在松门南30千米处发现敌F-47型战斗轰炸机两架，高度1500米，时速380千米；11时11分到海门东30千米处盘旋。发现敌情

① 引自《空军要全力以赴务歼入侵之敌》，见《毛泽东军事文集》，第6卷，军事科学出版社、中央文献出版社，1993年版，第373页。

后，师令第15团米格-15比斯双机起飞，经南回至大陈南拦歼敌机。长机中队长保锡明，僚机飞行员董世荣。

11时18分，在大陈西南15千米处右转弯中，僚机董世荣报告在右后下方发现敌机2架，高度1500米。当时我机高度2000米。长机保锡明即令攻击敌机。长机发挥我机速度大、垂直机动性能好的优势，始终占据敌后有利的攻击位置，距离550～100米射击7次，命中3次，将敌机击落。但射击后右上升转弯脱离时，遭左上方对头飞来的敌僚机射击，中弹2发，一发打进座舱，保锡明右臂部负伤，一发打中机翼，他坚持将飞机安全着陆。董世荣减小油门紧追敌僚机，距离400米射击将敌击伤，11时48分与长机同时着陆。松门空战，我远伸200千米，击落、击伤敌F-47战斗轰炸机各1架。

5月15日12时05分，雷达在北箕山东15千米处发现敌F-51型战斗轰炸机1批两架，飞抵大陈盘旋后继续北犯。12时28分，师指令第15团副大队长宋国卿、中队长常化臣起飞，直线出航，到小鹅冠一带拦截敌机，掩护我舰艇及渔业生产安全。我机12时54分至象山湾，长机宋国卿在右下方300米处发现敌机2架，与我对头飞来，即下令右转弯攻击。距离400米时开炮，命中敌机尾部。敌机急忙逃窜，宋国卿紧追不舍，连续4次开炮，将敌机F-51型战斗轰炸机击落坠海。

5月19日12时46分，雷达在大陈东南100千米处发现敌F-47型飞机8架，分为两批，其中一批4架企图对我刚解放的头门山、大田岱等岛屿及停泊舰艇轰炸袭扰。师指决心连续起飞两批双机，拦歼敌机于头门山、一江山一线。其后又起飞两批双机支援和掩护我机返航。13时13至15分，前两批双机起飞。第一批长机大队长王万林、僚机中队长宋国卿。双机到达头门山后，僚机在左下方发现敌机2架，边报告边投副油箱进入攻击，长机王万林随即呼叫第二批双机支援。第一批僚机宋国卿下降高度至1200米，左转隐蔽接敌，距离780米，3炮齐发，将1架敌机击落。马上上升脱离，盘旋一圈后对另一架敌机攻击，距离740米，3炮齐射，将敌击伤。由于受敌舰炮火威胁，遂退出战斗。第一批长机王万林在令僚机攻击的同时，也发现2架敌机。即左转攻击敌长机，连续三次射击，将敌机击落。13时49分和僚机返航。

第二批双机在一江山以北1000米发现敌机2架，长机宗德峰即投副油箱右转投入攻击，因敌机发现，在舰炮掩护下逃窜未能攻击成功。僚机尹宗茂在攻击中占据位置，进入角四分之一，距离897米3炮齐射，当即将敌击落。脱离时发现敌舰炮射击，降至100米超低空退出战斗，与长机编队返航。

一江山空战，我军四机一域，相互配合，积极进攻，击落敌F-47战斗轰炸机3架，击伤1架。

2. 1954年11月14日夜，海军快艇31大队1中队4艘鱼雷艇夜间出击，在浙东大陈岛以北高岛海面，首战击沉国民党海军“太平”号护卫舰，鱼雷艇初战告捷，这是世界海战史上第一艘被鱼雷快艇单独击沉的主力舰只，也是人民海军鱼雷快艇部队第一次在海战中亮相，就威镇东海，取得辉煌战果。

“太平”号原是美国海军大西洋舰队的“戴克尔”号反潜护卫舰，1943年5月3日服役。在第二次世界大战中，该舰同其他15艘战舰组成战队群，为美国杜至英国漫长航线上的庞大商船队护航，屡立战功。“戴克尔”号排水量1150吨，满载排水量1430吨，装备76.2毫米炮3门，40毫米炮4门，20毫米炮11门，深水炸弹投射器9个，火箭炮两组共48发。还配备有对空、对海雷达，舰炮指挥仪和水下声呐装置。二战后，美国政府为援助蒋介石军队，决定将其馈赠给国民党海军。国民党海军接收后，将它们分别命名为“太康”“太湖”“太平”。

新中国海军成立了，根据毛泽东和中央军委的指示，1954年9月，明确了海军保卫祖国的作战方针。在解放台湾的总任务下，海军面临的总任务有4项：

（1）配合陆军和空军，打击国民党军队的海空袭扰，保护沿海安全。

（2）采取积极的作战行动，逐步解放沿海敌占岛屿，不断压缩国民党军队的海上活动范围。

（3）保护海上航运的安全，打破封锁，打通南北通道，以保证我国进出口贸易的正常进行。

（4）保护渔业生产，肃清海匪，保证沿海渔民人身财产安全。

我海军快艇部队装备的鱼雷艇都是从苏联买来的b-123型小快艇，标准排水量20.74，乘员9人，艇长既是指挥员又是驾驶员和鱼雷发射手。艇上的武器是两管450毫米鱼雷和两挺双联装12.7毫米高射机枪。每管雷达918千克，内装150千克炸药。

1954年4月，31大队从青岛接到南下作战的命令，许多指战员来不及向亲属交代，连行李都没有带，只拿上一套换洗衣服就匆匆起航，日夜兼程来到舟山。根据掌握的敌海军活动规律，指挥机关以31大队18艘鱼雷艇隐蔽进入高岛锚地设伏，在岛上雷达引导下，选择有利时机，对夜间活动于大陈至渔山的敌护卫舰实施鱼雷攻击。

9月24日，快艇31大队秘密进驻待机点，然而几十天都没有寻到战机。11月15日0时05分，高岛雷达发现目标，根据雷达回波信号和敌舰活动规律，判明为向渔山列岛方向执行例行巡逻任务的国民党海军1艘“太”字号护卫舰。当日海区气象通报：中浪，风力4级，能见度2.5海里。按照苏联海军条令规定，是不符合气象条件的。31大队副大队长兼一中队长纪智良不甘心伏击几十天没有战果，当即派出1艘小艇出海实地观测，气象条件符合，遂即上报得到批准。

11月15日0时52分，1中队155、156、157、158共4艘鱼雷艇自待机点成单

1949年10月1日，北京，天安门广场，开国大典的阅兵式上，中国人民解放军海军部队接受检阅 （视觉中国供图）

纵队出击，在高岛雷达站引导下高速接敌。岸上指挥所每隔4分钟将敌舰运动的位置、航向、距离、航速、时间等因素通报给鱼雷艇群。1时25分，敌舰进入高岛雷达站盲区，鱼雷艇群开始自行搜索目标。仅1分钟后，指挥艇155艇前炮手王景春在黑沉沉的夜色中发现右前方灯光一闪，随即熄灭，立即报告指挥员。海上指挥员分析，此区无灯台，黑夜渔船不可能来，又不是商船通道，判断可能是敌舰灯火管制不严造成灯光外泄所致。经报岸上指挥所证实，敌舰就在此处，遂果断向闪光方位前进。几分钟后，敌舰轮廓在暗夜中呈现出来，正是国民党海军“太”字号舰。在报告岸上指挥所后，海上指挥员确定了攻击方案，11时35分至37分，4艘艇在一分半钟时间内，相继分别向敌舰施放鱼雷。155艇距离10链，其余3艇距离5链左右。敌舰根本没有想到会遭到鱼雷攻击，以为是飞机轰炸，仓皇盲目对空射击，没有采取任何转向规避措施，致舰首机舱位被命中1雷，穿舱爆炸，激起水柱和黑烟，当即失去机动能力。主机辅机同时停车；内外通信同时中断。敌“太平”号被击伤，失去动力，7时24分下沉于高岛附近。

此次战斗，快艇31大队1中队发射鱼雷8枚，命中1雷，击沉国民党海军“太平”号护卫舰1艘，毙敌中校副舰长宋季晃以下29人，伤敌37人。我无一伤亡。

1954年11月26日，中央军委在祝贺击沉“太平”号胜利的嘉奖令中指出：“这是我军以现代装备在海战中所取得的第一次重大胜利。”

1963年以来，台湾国民党空军P2V-7型侦察机又加装了“响尾蛇”导弹，加装了收集核试验情报的空气采样器。趁暗夜天黑，低空入窜大陆。它具有侦察辨别雷达、环境和干扰的能力，有恃无恐，犹如自由出入。

海军航空兵领导机关和参战部队针对敌机新的先进技术特点，研究了照明攻击的战法，并上报了总参谋部，专门成立了照明攻击大队。1963年12月6日，建立暗夜战斗值班，重新“张网捕鱼”。

3. 1965年9月20日上午，美军F-104C型战斗轰炸机1架，从越南岘港起飞，侵入我海南岛北部地区上空。在海军南海舰队航空兵指挥所指挥引导下，

1952年国庆节，北京天安门广场，国庆三周年，阅兵式的炮兵部队方阵 （视觉中国供图）

驻海口航空兵第4师第10团当即起飞歼-6双机截机。大队长高翔发扬敢于近战的优良传统，从291米一直打到39米，将敌机打得凌空爆炸，成为以歼-6击落较我机性能优越的美军F-104C型飞机的第一例。

1965年9月20日10时47分，我警戒雷达于昌化正西90千米处，发现敌小型机2架，于蛾蔓港方向靠近我领海线。11时00分至11时14分两次侵入我领海。11时19分30秒第3次入侵。10时58分，指挥所命令海军航空兵第4师第10团大队长高翔、副大队长黄凤生驾驶歼-6飞机从海口机场起飞。

歼-6飞机性能远不及美F-104C战斗机。美F-104C战斗机是美国洛克希德公司新生产的全天候多用途高速喷气式飞机，飞行时速可达2400千米，高度可达24 000米，能够空中加油，有一门6管装的机关炮，还有2～4枚“响尾蛇”导弹。

高翔双机按指挥员命令低空接敌，避免进入高空拉烟被敌发现。11时31分，高翔在左前方发现敌机正在转弯，他切半径直扑过去，进入有效射程。高翔决心一次攻击奏效，直到瞄准光环完全套住美机，距离291米，他才按下炮钮，一个长射连续喷出炮弹，直打到距离74米，美机当空爆炸起火。僚机黄凤生又对下坠美机补上几炮。美机飞行员菲利浦·史斯跳伞，在琼州海峡附近海面被民兵俘虏。

F-104C飞机被击落，美国政府感到震惊。

1965年10月8日，周恩来和罗瑞卿在北京接见了有功人员。

4. 1958年台湾国民党军在金门地面和海上遭到我军沉重打击，策划了一次大的报复性的空中军事行动，避开福建，把目标转向浙江南部温州。9月24日，前所未有地集中出动了24架飞机。

获悉敌情后，师指挥员决心以歼-5飞机打敌侦察机和14 000米以上之敌，比斯飞机打敌策应机群，或高度13 000米以下之敌。战区上空，集结了敌我各24架飞机，力量相当。

9时45分，我飞行员王自重驾驶的飞机发生了故障，飞机剧烈摇摆，猛掉高度，脱离了编队。王自重调整好飞机，追赶编队时，发现4架F-86飞机正尾随罗烈达中队之后，企图偷袭我机。情况危急，刻不容缓，王自重毅然从下方揳入F-86机群，迫近开火。王自重上下左右被敌机重重围困，他勇猛冲击，不断开炮，两架F-86飞机被击中，坠毁在温州地面和海上。王自重单机陷入包围之中，他索性同大队敌机纠缠在一起，左冲右突，使它们不得脱身，保障我大队机群安全返航。

国民党空军有备而来，向王自重驾驶的米格-15比斯飞机发射了“响尾蛇”导弹。这是世界空战史上飞机同导弹的第一次对抗和作战，王自重以勇敢精神和精良技术，以1架米格-15击落两架F-86飞机，使携带导弹的敌机遭到重大损失，以个人的牺牲，掩护了机群的行动。他在解放战争中曾经立过两次特等功，甲等功三次。

此次温州空战，敌准备充分，并首次使用先进的“响尾蛇”导弹，结果与我军打成平手。我击落F-86战斗轰炸机2架，损失比斯、歼-5飞机各1架。

5. 宋化铁桥长66米，位于山地狭谷之中，是河内至友谊关铁路中段较大的一座铁桥。其西北方向为陡直的石山，距桥1500米，东南方向为中等起伏地，距桥1000米，东北和西南方向地势较为开阔，8254部队2营加强8256部队高机连担任掩护宋化铁桥的任务。美空军于1965年9月20日对该地攻击，在10月1日、2日，均以2架RF-101对该地进行了低空侦察。部队指挥员根据敌机先侦察后轰炸的规律，判断敌人最近几天可能轰炸该桥。根据当地地形情况，判断敌主攻方向为东北和西南方向，为了加强低空火力，有效地打击敌人，确保桥梁安全，决定将8256部队高机连调至该地，部署在桥的东北侧约500米处。部队根据上级指示和以往战斗经验教训，进一步明确了“集中火力，近战歼敌”的原则，修改完善了作战预案，做好战斗准备。

1965年10月5日，少云，能见度良好，云高1800米至2000米。10时58分，观察所报告：“爆音。”同时指挥所命令：“部队一等！”10时59分，该哨继续报告：“1架F-8A，航向宋化。”部队当即在正北方向发现1架F-8A，然后又发现12架F-8A距阵地10千米以外通过。

11时19分，1批4架A-4B，在正南方向距离3000米外盘旋，另4架A-4B高度3000米，航路捷径在2000米左右，从西南向西北方向飞行，因射击条件不利，为不暴露火力，未射击。

11时37分，1架F-4A高度500米，飞机冒烟（估计被友邻部队击中），从西南方向进入，直行临近，4连、5连对其射击，命中敌机，坠落于阵地东南约20千米处。

11时40分，1批2架A-4B从云上向铁桥俯冲攻击，后1架投弹4枚，落于铁桥西北20米至30米处。

11时58分，1批3架F-105从东北方向山口进入，敌机距离3000米，全营同时开火，先后对第一、三架射击，第一架被击落，其余敌机仓促投弹于桥西北500米处，尔后向东南方向逃窜。

12时38分，1批4架A–4B高度500米，从东北方向山后突然出现，全营集火对第一、三架射击，击落敌机2架。

12时46分，1批4架A–4B高度500米，由东北方向从山后进入，全营集火射击第一、三架，击伤1架。

14时34分，2架RF–101，高度200米，从东北方向山后进入，6连在距离3000米时开火，击落1架。

此战，共计击落5架，击伤1架。

第十二篇
高超的指挥艺术

在人类战争的历史上，很少有人像毛泽东一样经历过如此多的战争实践。毛泽东没有进过任何军事院校，没有受过专门的军事教育，但是他指挥得当，用兵如神，得到中国共产党和人民军队各级指挥员的一致信赖，也使他的敌人敬畏。

1939年，陕西延安，毛泽东在中国人民抗日军事政治大学成立三周年纪念大会上讲话　（视觉中国供图）

第1节　保存自己，消灭敌人

战争的基本要求是：消灭敌人；其另一要求是：保存自己。保存自己的目的，在于消灭敌人；而消灭敌人，又是保存自己的最有效的手段。[①]

毛泽东认为："一切军事行动的指导原则，都根据于一个基本的原则，就是尽可能地保存自己的力量，消灭敌人的力量。"他说："战争的目的不是别的，就是'保存自己，消灭敌人'。""保存自己消灭敌人这个战争的目的，就是战争的本质，就是一切战争行动的依据。从技术行动起，到战略行动止，都是贯彻这个本质的。"

保存自己和消灭敌人是相辅相成、辩证统一的。战争目的中，这两个方面的地位和作用是不相等的。从战争的总体和全过程来看"消灭敌人是主要的，保存自己是第二位的，只有大量地消灭敌人，才能有效地保存自己"。这种相互关系和地位反映在基本作战形式上，就是"进攻，是消灭敌人的主要手段"，"是直接为了消灭敌人的，同时也是为了保存自己，因为如不消灭敌人，则自己将被消灭。防御，是直接为了保存自己的，但同时也是辅助进攻或准备转入进攻的一种手段"。"作为消灭敌人之主要手段的进攻是主要的，而作为消灭敌人之辅助手段和作为保存自己之一种手段的防御，是第二位的"。但是，这种主次地位又不是绝对的固定不变，在一定条件下是可以相互转化的。基于这一认识，毛泽东在战争指挥过程中，总是遵循战争的这一基本规律。

---

① 引自《论持久战》，见《毛泽东选集》第2卷，人民出版社1991年版，第482页。

毛泽东在作战指挥中总是要求保存自己与消灭敌人的辩证统一。他反对在敌人强大时，一味强攻大城市的冒险主义；同时也反对片面强调敌人的强大，畏敌如虎的逃跑主义。他高度评价孙子“知彼知己、百战不殆”的指挥名言，从敌我强弱实际出发进行指挥；他反复要求各级指挥员“不要滥打”，“不打无把握无准备之仗”；他在制订作战计划的过程中，总是把保存军力和待机破敌当作一个完整过程的两个阶段，完美地统一起来；他要求红军指挥员成为勇敢而明智的英雄，不许可任何一个红军指挥员变为乱撞乱碰的鲁莽家。

毛泽东认识到，在战争中，必须兼顾保存自己与消灭敌人，无论忽视哪一方面，都可能导致战争的失败。从战争的全程来说，消灭敌人是矛盾的主要方面，但当劣势军队遭到优势敌军的进攻，从根本上危及军力的保存时，首要的就是如何保存自己的有生力量，以便以后待机破敌。

1946年春，人民解放军中原军区部队为了执行《停战协定》，以湖北宣化店为中心进行集结。但蒋介石却调集重兵，对其继续包围进攻。6月下旬，中原军区6万余人被敌压缩到一块东西长约100千米、南北宽约25千米的狭长地区里。当时，国民党军共有26个师，30余万人，已对中原军区形成包围之势；当时军队物资缺乏，粮荒严重，许多部队每天只能吃上一顿稀饭、一顿野菜，有的单位甚至一度完全靠野菜度日，形势十分险恶。为保存实力，毛泽东当即电令“立即突围，愈快愈好，不受任何顾虑，生存第一，胜利第一”，从而保存了革命的力量。

第2节 战略上藐视敌人，战术上重视敌人

为了同敌人作斗争，我们在一个长时间内形成了一个概念，就是说，在战略上我们要藐视一切敌人，在战术上我们要重视一切敌人。也就是说在整体上

我们一定要藐视它，在一个一个的具体问题上我们一定要重视它。[①]

“独有英雄驱虎豹，更无豪杰怕熊罴。”毛泽东在他这两句诗中，表达了自己在多年戎马生涯中藐视敌人的大无畏气概。在他看来，“一切反动派都是纸老虎。看起来，反动派的样子是可怕的，但是实际上并没有什么了不起的力量。从长远的观点看问题，真正强大的力量不是属于反动派，而是属于人民”。

“战略上藐视敌人，战术上重视敌人”，是毛泽东军事辩证法思想的重要体现，是毛泽东提出的同强大敌人做斗争的一个基本的战略指导原则。它建立在对国内外反动派本质的、历史的科学分析的基础之上。“战略上藐视敌人”，把帝国主义和一切反动派看作纸老虎，是因为帝国主义和一切反动派代表的是社会上腐朽、没落的势力，尽管它们在某一时期内还十分猖獗，但是它们脱离了人民，得不到人民的拥护，必将“失道寡助”，被人民打倒；而代表人民利益的进步力量，尽管有时是弱小的，但是“得道多助”，在人民的支持下终究会由小到大，由弱变强，最终战胜反动势力。“在战术上重视敌人”，是因为，从某种意义上讲，帝国主义和一切反动派又是真老虎，它们有庞大的军队和现代化的武器装备，是“武装到牙齿”的敌人，如果我们不在具体的战役战斗上重视敌人，不精心筹划和准备每一场战役战斗，就可能要吃败仗。正如毛泽东所言，“在全体上，在战略上，应当轻视敌人的时候，却决不可在每个局部上，在每个具体问题上，也轻视敌人。如果我们在每个局部上，在每个具体问题上，不采取谨慎态度，不讲究斗争艺术，不集中全力作战，就要犯‘左’倾机会主义错误”。“所以从本质上看，从长期上看，从战略上看，必须如实地把帝国主义和一切反动派都看成纸老虎。从这点上，建立我们的战略思想。另一方面，它们又是活的铁的真的老虎，它们会吃人的。从这点上，建立我们的策略思想和战术思想。”

土地革命战争时期，毛泽东面对当时国内政治形势，正确分析了引起革命高潮的诸种社会矛盾，指出：“中国是全国都布满了干柴，很快就会燃成烈火。……这个‘星星之火’距‘燎原’的时期，毫无疑义地是不远了。”在对

① 引自《一切反动派都是纸老虎》，见《毛泽东军事文集》第6卷，军事科学出版社、中央文献出版社，1993年版，第372页。

中国革命的前途做出如此充满信心的预言后，毛泽东又清醒地承认敌我力量悬殊这一“尖锐的对比”，在透彻剖析国情的基础上，提出了走农村包围城市，最后夺取政权的理论。他还明确指出：“红军的战略战术，是在这种尖锐的对比上发生的。”“我们的战略是以一当十，我们的战术是以十当一。”在毛泽东的正确指导下，红军实行积极防御，采用诱敌深入，集中优势兵力，各个击破的作战原则，连续粉碎了国民党军对革命根据地的四次“围剿”，取得了一系列辉煌的胜利。

抗日战争时期，毛泽东科学分析了中日双方互相对立的基本特点，认为这些特点在一定条件下是可以向着有利于中国方面转化的。从战争性质、斗争全局和力量对比的发展来看，日本帝国主义的反动力量必然失败，中国人民的抗日力量必然胜利。通过敌我基本特点的对比，毛泽东有力地批驳了亡国论和悲观主义的论调，同时，又批评了速胜论者，指出他们忘记了强弱这个根本矛盾，“对于中国的长处，夸大得离开了真实情况，变成另一种样子”，结果“败军亡国”，同样也是要不得的。《论持久战》充分体现了战略上藐视敌人，战术上重视敌人的基本精神，极大鼓舞了中国人民抗日斗争的信心。在这种信心的支持下，抗日根据地军民坚持敌后作战，大打游击战和非正规战争，积小胜为大胜，歼灭了大量日伪军，迎来十四年抗战的胜利。

“蒋介石和他的支持者美国反动派也都是纸老虎。”“全世界帝国主义和中国蒋介石反动集团的统治，已经腐烂，没有前途。我们有理由轻视它们，我们有把握、有信心战胜中国人民的一切内外敌人。但是在每一个局部上，在每一个具体斗争问题上（不论是军事的、政治的、经济的或思想的斗争），却又决不可轻视敌人，相反，应当重视敌人，集中全力作战，方能取得胜利。”毛泽东的这些话表明了立志夺取解放战争胜利的信心。他坚定地指出：“蒋介石虽有美国援助，但是人心不顺，士气不高，经济困难。我们虽无外国援助，但是人心归向，士气高涨，经济亦有办法。因此，我们是能战胜蒋介石的。全党对此应当有充分的信心。”正是有了百倍雄心，毛泽东才能成竹在胸，指挥人民解放军打运动战、歼灭战，既能大踏步后退，又能大踏步前进，在敌我力量对比发生重大转变的一刻，打出了史诗般大手笔的三大战役，尔后百万雄师渡大江，横扫国民党残军，建立了新中国。

抗美援朝时期，面对美帝国主义的嚣张气焰和核威胁，毛泽东凛然说道："现在美帝国主义很强，不是真的强。它政治上很弱，因为它脱离广大人民，大家都不喜欢它，美国人民也不喜欢它。外表很强，实际上不可怕，纸老虎。外表是个老虎，但是，是纸的，经不起风吹雨打。我看美国就是个纸老虎。"在这豪迈激昂的气概鼓舞下，志愿军将士雄赳赳、气昂昂开赴朝鲜战场，狠狠打击了美军的侵略气焰。毛泽东随后指出："我们中国人民志愿军的陆军、空军、海军、炮兵、工兵、坦克兵、铁道兵、防空兵、通信兵，还有卫生部队、后勤部队等等，取得了对美国侵略军队实际作战的经验。这一次，我们摸了一下美国军队的底。对美国军队，如果不接触它，就会怕它。我们跟它打了三十三个月，把它的底摸熟了。美帝国主义并不可怕，就是那么一回事。我们取得了一条经验，这是一条了不起的经验。"但是，我军面对的是现代化装备武装起来的美军，又不能不在战术上重视它，所以，毛泽东指出："我们说美帝国主义是纸老虎，是从战略上来说的。从整体上来说，要轻视它。从每一局部来说，要重视它。它有爪有牙。要解决它，就要一个一个地来。比如它有十个牙齿，第一次敲掉一个，它还有九个，再敲掉一个，它还有八个。牙齿敲完了，它还有爪子。一步一步地认真做，最后总能成功。"于是我军从实战出发，打运动战、歼灭战，寻找敌人弱处开刀，分割围歼敌人，先后发动了五次战役，将美李军打回了三八线以南。战斗中，不能整师整团消灭敌人，就成营成连成排成班甚至一个一个地消灭敌人，最终迫使不可一世的美国人坐到谈判桌上签订了和平协议。

第3节　从战争规律到战争指导规律

（对于战争）不懂得它的情形，它的性质，它和它以外事情的关联，就不知道战争的规律，就不知道如何指导战争，就不能打胜仗。[①]

“指挥员在战争的大海中游泳，他们要不使自己沉没，而要使自己决定有步骤地到达彼岸。作为战争指导规律的战略战术，就是战争大海中的游泳术。”毛泽东胆识俱备，而且极富有诗人的浪漫情怀，他将战争比作大海，充分认识到战争存在着流动性、偶然性、不确定性等特点。这些特点容易掩盖战争的规律性，但这不能证明战争无规律可循，只说明人们对战争规律的认识和把握较之日常事物困难些。毛泽东熟知水性，也熟知战争的规律，其研究和指导战争方法论的核心，就是认识和把握战争规律，用以正确地指导战争。毛泽东在阐述战争规律的运用时提出了“战争指导规律”这一概念。所谓战争指导规律，就是合乎客观规律的指导战争的原理和原则。他认为首先要正确认识战争规律，才能基于这种正确认识制定正确的战争指导规律。

毛泽东认为，“战争不是神物，乃是世间的一种必然行动”，是有规律的、可以认识的。他强调，“战争的规律——这是任何指导战争的人不能不研究和不能不解决的问题”，否则，“就不知道如何指导战争，就不能打胜仗”。认识战争规律，是战争认识中最本质的核心问题。认识战争规律的目的是为了运用战争规律指导战争行动。二者既是统一的又是有区别的。前者是认识战争运动发展的客观必然性问题，后者是应用这种客观必然性于战争行动的问题。战争指导规律是人们对战争客观规律的理性认识和应用，是主观见之于客观的东西。正确认识战争规律，并按照战争规律指导战争行动，是人在战争中能动性表现的两个基本方面。战争规律和战争指导规律是随着战争的发展而发展的。毛泽东在《中国革命战争的战略问题》一文中明确指出，“战争规律是发展的”，“一切战争指导规律，依照历史的发展而发展，依照战争的发展而发展，一成不变的东西是没有的”。“战争的情况不同，决定着不同的战争指导规律，有时间、地域和性质的差别。”

毛泽东认为，研究战争规律是为了指导战争，因此，不但要研究一般战争

---

① 引自《中国革命战争的战略问题》，见《毛泽东选集》第1卷，人民出版社1991年版，第171页。

规律，更要研究中国革命战争的特殊规律。他坚决反对红军中“教军事学的不引导学生研究适合中国特点的战略和战术”。他提出，研究战争规律必须从战争中来，到战争中去，从战争中学习战争，这是学习战争的主要方法；研究战争规律要从战术到战略，战役指挥员和战术指挥员必须了解某种程度的战略上的规律，“因为懂得了全局性的东西，就更会使用局部性的东西”，研究战争规律不能犯唯心论和机械结构论错误，“军事的规律，和其他事物的规律一样，是客观实际对于我们头脑的反映，除了我们的头脑以外，一切都是客观实际的东西”。与此同时，他还指出，“为战争全局的指导规律，是要用心去想一想才行的，因为这种全局性的东西，眼睛看不见，只能用心思去想一想才能懂得，不用心思去想，就不会懂得”。

毛泽东指挥革命战争总是站在无产阶级政治的高度，首先把战争中的政治、经济、军事、文化等敌我双方各方面的情况搞清楚，并由此认识战争的基本规律；同时，从敌我双方战场作战的实际战斗力出发，弄清敌人的战略战术特点，探讨我军的战略战术，从而使战略方针与战役战术作战原则统一起来，真正做到理论与实践相一致，战略与战术相配合，指挥与作战行动相协调，按照战争规律去指挥战争。

第4节　关照全局，抓住枢纽

然而全局性的东西，不能脱离局部而独立，全局是由它的一切局部构成的。有的时候，有些局部破坏了或失败了，全局可以不起重大的影响，就是因为这些局部不是对于全局有决定意义的东西。战争中有些战术上或战役上的失败或不成功，常常不至于引起战争全局的变坏，就是因为这些失败不是有决定意义的东西。但若组成战争全局的多数战役失败了，或有决定意义的某一二个战役失败了，全局就立即起变化……所有这些，都在说明关照全局的重要性。指挥全局的人，最要紧的，是把自己的注意力摆在照顾战争的全局上面。[①]

只要有战争，就会有战争的全局和局部。关照战争的全局，把握好对全局具有决定意义的枢纽，是毛泽东研究和指导战争的重要方法。毛泽东心中总装着全局，始终把自己的注意力摆在照顾战争的全局上面。何谓战争的全局？毛泽东从空间和时间两个方面对其进行了定义。他说："凡属带有要照顾各方面和各阶段的性质的，都是战争的全局。"从空间上看，是战争的各个部分和各个方面；从时间上看，是战争的各个阶段和全过程。反之，组成战争的某一阶段和某一方面，包括具体的战役战斗，则是战争的局部。

战争中全局和局部的关系，可以是世界和中国的关系，可以是中央和各战略区的关系，可以是战略、战役和战术之间的相互关系，也可以是战争的全过程与战争各阶段之间的关系。对于战时如何处理好全局与局部的关系，毛泽东有许多精辟的论述。他指出："战争胜败的主要和首先的问题，是对全局和各阶段的关照得好，或是关照不好。""凡属带有要照顾各方面和各阶段的性质的，都是战争全局。"从总体上说，全局统率、决定局部，局部隶属、服从全局。

各级指挥员最重要的是关照好全局。因为，"没有全局在胸，是不会真的投下一着好棋的"，"懂得了全局性的东西，就更会使用局部性的东西……如果全局和各阶段的关照有了重要的缺点或错误，那个战争是一定要失败的"。各级指挥员只有统揽全局，把局部放在全局上来衡量，才能加深和提高执行战略任务的自觉性。关照全局，具体地说，就是依据情况，"照顾部队和兵团的组成问题，照顾两个战役之间的关系问题，照顾各个作战阶段之间的关系问题，照顾我方全部活动和敌方全部活动之间的关系问题"。

"抓住枢纽"这一思想的完整提出是在直罗镇战役后。所谓枢纽，是指对战争全局具有决定意义的关节。毛泽东在《直罗镇战役同目前的形势与任务》

① 引自《中国革命战争的战略问题》，见《毛泽东选集》第1卷，人民出版社1991年版，第175页。

一文中，特别强调今后作战必须“抓住战略枢纽去部署战役，抓住战略枢纽去部署战斗”。简言之，就是抓住战略全局有重大影响和决定意义的关节安排和布置战役；在组织战役时，抓住决定战役胜负的中心一环安排和布置战斗。毛泽东在谈到这些具有决定意义的关节或局部时，除了用枢纽这个词外，有时还用“生命线”“重点”“转折点”和“重要环节”等提法。

毛泽东认为，抓住枢纽，第一，要善于根据战争实际去抓。在战争中，由于全局的含义在各个时期各个方面不尽相同，枢纽的含义也不尽相同。枢纽可以是作战要地，也可以是兵力运转的要点，也可以是战局发展中的关键点。1936年夏，关于东北军的工作，他指出，东北军的中层“乃是枢纽，目前最为重要”。同年9月，他指出红军发展的方向，“重点在宁夏，不在甘西。因宁夏是陕、甘、青、绥、内外蒙，即整个西北之枢纽”。抗战之初，他高瞻远瞩地指出：“华北大局之枢纽，现乃在恒山山脉及正太路。该地区如失，则华北战局立即转为局部战，敌已达到控制全华北枢纽之目的，我们红军全处被动地位，河南亦受威胁。”抗战后期，我军实行南下战略时，他非常重视控制湘鄂赣的意义，指出“湘鄂赣边区根据地必须创立，以为南北枢纽”。解放战争初期，为控制东北，毛泽东强调山海关、锦州的战略作用，“以锦州为中心之地区为我主力集中作战之战略枢纽”。

第二，要善于根据战争或战局的发展去抓。枢纽是连接战争前后阶段的关节点，对战局的转折具有重要影响。在作战的全过程中，要注意把握有决定意义的关键点。在全局中，枢纽不是一成不变的，而是随着战局的演进而变化的。因此，指挥员必须有预见，要有随时把握枢纽变化的能力。1948年，继济南战役后，毛泽东决定首先在东北战场上与蒋介石进行战略大决战。这一年的九十月间，第一个大战役——辽沈战役即将打响了。先打哪一座城池，长春、沈阳还是锦州？毛泽东运筹帷幄，提出了先打锦州的作战方案。锦州好比一条扁担，一头挑东北，一头挑华北，锦州一克，就关闭了国民党军进出东北的大门，卡断了他们的咽喉，使东北国民党军成为瓮中之鳖。毛泽东以战略家的眼光纵观全局，一再强调要不顾一切集中兵力攻克锦州。当时林彪对攻克锦州仍心存犹豫。毛泽东多次给林彪发电，陈述锦州一战的重大意义：辽沈战役的关节点在锦州，能否拿下锦州直接关系到辽沈战役的全局。最后，林彪终于下了决心，集中东北野战军主力攻克锦州，确保辽沈战役的顺利实施。

毛泽东关于把握全局、抓住枢纽的思想具有十分丰富的内涵，指挥员对全局和战略问题理解得越深刻，就越能运筹自如地指挥作战；对战役和战斗中的枢纽把握得越准，就越能取得主动，立于不败之地。

第5节 充分发挥人的主观能动性

战争的胜负，主要地决定于作战双方的军事、政治、经济、自然诸条件，这是没有问题的。……军事家不能超过物质条件许可的范围外企图战争的胜利，然而军事家可以而且必须在物质条件许可的范围内争取战争的胜利。军事家活动的舞台建筑在客观物质条件的上面，然而军事家凭着这个舞台，却可以导演出许多有声有色威武雄壮的活剧来。[①]

毛泽东在《论持久战》中写道："除了客观物质条件的比较外，胜者必由于主观的正确，败者必由于主观指挥的错误。""战争是力量的竞赛，但力量在战争过程中变化其原来的形态。在这里，主观的努力，多打胜仗，少犯错误，是决定的因素。"许多年以后，毛泽东挥毫写下了一首《七律·到韶山》，其中有两句特别能够阐释发挥人的主观能动性这一观点："为有牺牲多壮志，敢教日月换新天。"

在长期的革命战争中，无数的光辉战例一次又一次地证明：如果只是具备一定的客观条件，却不做主观的努力，或者主观指导发生错误，那么，即使

① 引自《中国革命战争的战略问题》，见《毛泽东选集》第1卷，人民出版社1991年版，第182页。

客观条件再好，也不可能将胜利的可能性化为现实性。在具备一定的客观条件下，只有充分发挥人的主观能动性，全面认识战争各方面的因素，准确分析、判断各种客观情况，确立正确的作战指导思想，制订周密的计划，并在作战指挥中审时度势、灵活机动、积极顽强，充分利用一切有利的客观条件，避免不利的客观因素，化被动为主动，变劣势为优势，才能能动地赢得战争的胜利。

按照毛泽东的理解，主观能动性，也即自觉能动性，是“主观见之于客观的东西”，它是人的主观意识和实践活动对客观世界的反作用。毛泽东指出：“自觉的能动性是人类的特点。人类在战争中强烈地表现出这样的特点。”在他看来，客观条件只是为战争指导者提供了施展自觉能动性的活动舞台。客观条件决定战争胜负的可能性，主观指导决定着可能性向现实性转化的程度。毛泽东在长期的敌强我弱的情况下，尤为重视主观指导的作用，强调指挥员既要勇敢又要明智，既要有压倒一切的勇气，又要有驾驭战争变化的能力，充分发挥自觉的能动性，改变条件，创造条件，以弥补客观物质的不足，促使战争向有利于自己的方向发展。

1935年5月23日，在巧渡金沙江之后，红军顺利穿过了彝民区，与彝族人民结下了深厚的情谊，刘伯承与彝民首领小叶丹“歃血为盟”的故事传为民族史上的佳话。5月24日，红军经过急速行军，先头部队到达了安顺场。

安顺场是大渡河的一个重要渡口。大渡河是长江上游的一条支流，河面宽约200米，流速每秒4米，河水沿着十分险要的石壁向下奔泻，数十里也不易找到一个渡口。蒋介石对大渡河寄予了厚望，并夸口说：“前有大渡河，后有金沙江，几十万大军左右夹击，共军插翅也难飞过。”确实，根据当时的形势，客观条件对红军是极为不利的。但毛泽东看重的不是客观条件，他要靠自己的智慧和红军将士英勇无畏的革命精神去赢得胜利。很快，红军就拿下了安顺场。但由于渡船数量不够，水深流急，到26日上午10时，红军才渡过了一团人马。从情报部门获悉的情况推算，敌薛岳纵队已于26日进至西昌以北的永州，杨森的20军先头部队已达峨边以西的金口河，离安顺场只有几天的路程。毛泽东回想起了湘江惨败的经过，当时的情形与湘江战役的情形非常相似，决不能让惨剧重演！

危急情势之下，毛泽东依然成竹在胸。经过一番慎重权衡后，当机立断，决定迅速北上抢占泸定桥。按毛泽东的调度，红一方面军兵分两路，林彪率一部迅速沿大渡河西岸向泸定桥急进。刘伯承、聂荣臻率已渡河部队沿大渡河东岸前进。毛泽东随林彪部队行动。经过星夜奔袭，29日早晨6点，由杨成武、王开湘率领的红四团以惊人的速度，一天步行走完了240里的路程，到达了泸定桥西岸，创造了军事史上的又一个奇迹。

当时，大渡河上只有一座铁索桥——泸定桥。原先桥面上铺着木板，现已被敌人搬走，只剩下悬挂着的铁索。奔腾不息、礁石林立的河水似无底深渊，令人毛骨悚然。在这连鸟飞过去都难的地方，红军战士这时却要冒着枪林弹雨冲过去。

5月29日下午4时，一场惊天动地的恶仗打响了。22名突击队战士攀着铁索，冒着弹雨，向泸定桥另一端冲去。后边的战士边冲锋边铺木板，后续部队踏着木板向敌人射击。在靠近东岸的地方，敌人把没有来得及撤去的木板用火点燃，企图用烈火阻止红军前进。突击队员以视死如归的气概冲进烈火，与敌展开厮杀，终于夺取了东岸渡口。部队冲进城后，又打了两个多小时的巷战，将敌大部歼灭。22位英雄抢夺泸定桥是长征中最英勇、最不可思议的激战，也是人的主观能动性发挥得最淋漓尽致的一次战斗。

在长期的革命战争中，毛泽东兵法为解放军指战员所熟悉和掌握，变为战争实践中的自觉行动，取得了一次又一次的胜利。如第四野战军解放大西南中卡断入越通道的一系列战斗，就是具体运用毛泽东“发挥人的主观能动性”又一范例。

第四野战军第38军参加广西战役后，接到毛泽东发来的电令：38军第114师、115师隶属第4兵团指挥，进军云南，配合友军歼灭敌军残余。部队很快完成了入滇作战的各项准备——轻装，筹粮，打草鞋，组织留守等。12月16日，在广西的百色地区，第38军同坚持云南军事斗争的滇桂黔边区纵队会师。走出百色平原，部队便坠入山的海洋，队伍不时穿行在原始森林里。中央军委电令：要以最快的速度占领滇南重镇河口，扼住敌军溃退到越南的通道咽喉。

“灵活机动，出其不意”是毛泽东常用的兵法。为了以最快的速度、最隐蔽的行动到达指定地域，38军的将士充分发挥自身主观能动性，开始了在深山老林中的急行军。在原始森林里，尽是荒草藤条，枯木恶水，根本没有路，而官兵们还要忍受着旱蚂蟥的侵袭。在山石路上急行军，一双鞋不久就会磨破，两三天非换不可。因行军紧张，条件艰苦，又来不及弄到替换的鞋子，不少人干脆赤脚行军。许多人的脚上鲜血直淌，用布一缠就继续走。老百姓讲，这一路常有瘴气，闯入瘴气区，人畜都危险。但为尽快赶到目的地，指战员忍受着生理上的巨大痛苦和生命的危险，昼夜兼程。

第38军出现在滇东南重镇文山时，敌军疑为天兵。1950年1月6日，文山解放。出文山，经马关、八寨，24小时连续行军220里，他们再夺南溪车站。1月11日，第341团占领军委指定的位置——滇南重镇河口，扼住了敌军入越通道的咽喉。第492团在“边纵”配合下，两天两夜急行军，13日到达蛮耗附近，14日凌晨发起攻击。打了一个来小时，全歼敌守渡口部队。第38军彻底卡断了敌人从陆地逃入越南的通道。

第6节　主动性、灵活性、计划性

一切战争的敌我双方，都力争在战场、战地、战区以至整个战争中的主动权，这种主动权即是军队的自由权。

灵活性就是具体地表现主动性的东西。……抗日战争应该是有计划的。战争计划即战略战术的具体运用，要带灵活性，使之能适应战争的情况。要处处照顾化劣势为优势，化被动为主动，以便改变敌我之间的形势。[①]

毛泽东用兵布阵，力争主动，力避被动。他认为，“行动自由是军队的命

① 引自《抗日游击战争的战略问题》，见《毛泽东选集》第2卷，人民出版社1991年版，第410—412页。

脉，失去了这种自由，军队接近于被打败或被消灭。一个士兵被缴械，是这个士兵失去了自由被迫处于被动地位的结果。一个军队的战败，也是一样。为此缘故，战争的双方，都力争主动，力避被动”。对弱军而言，主动权的争取和保持，有赖于两个基本的条件：一是独立自主地使用自己的力量。“无论处于怎样复杂、严重、惨苦的环境，军事指导者首先需要的是独立自主地组织和使用自己的力量。被敌逼迫到被动地位的事是常有的，重要的是要迅速地恢复主动地位。”二是灵活地使用兵力，这“是转变敌我形势争取主动地位的最重要的手段”。

1936年2月，红军从陕北东渡黄河，到山西作战。这次名为东征的战役，由毛泽东亲自领导。2月17日，毛泽东发表《东征宣言》，声称红军渡黄河东征的目的是为实现抗日。

黄河以东是山西土皇帝阎锡山的天下。阎锡山把山西视作自家花园，连境外的一只野兔也不愿放进。当时他有8万人的部队，有自己的兵工厂，连山西的铁路都是窄轨的，一般火车进不去，是个典型的割据一方的军阀。1935年冬，他一听说红军到了陕北，就沿黄河东岸10多个县构筑了明碉暗堡，普遍实行闾甲、连坐制，发誓不让红军跨过黄河。

面对阎锡山所谓的“金城汤池”，毛泽东深知，军事行动上的主动权、优势地位和有利态势，是在敌我生死相搏的战场上制人而不制于人、能否完成渡过黄河这一当前红军的首要任务的关键。毛泽东决定主动出击！2月20日20时，渡河战斗打响了。红军在毛泽东、彭德怀等的亲临指挥下，英勇突击，各军团突击队和先头团在预定的渡河上迅速突破敌军黄河防线，控制了河岸滩头阵地，随后掩护主力部队渡河。23日，红军全部控制了辛关至三交镇之间的各渡口，占领了横宽550余千米，纵深25千米的地区。毛泽东正是靠他对战争规律的正确认识和巧妙驾驭，牢牢地掌握了战争的主动权，从胜利走向胜利。

我军著名将领萧华曾写下这样的诗句：“战士双脚走天下，声东击西出奇兵。乌江天险重飞渡，兵临贵阳逼昆明。敌人弃甲丢烟枪，我军乘胜赶路程。调虎离山袭金沙，毛主席用兵真如神。”这首诗道出了毛泽东机动灵活、善用奇兵的指挥艺术。毛泽东在《论持久战》中指出：“灵活性是什么呢？就是具体地实现主动性于作战的东西，就是灵活地使用兵力。灵活使用兵力这件事，是战争指挥的中心任务，也是最不容易做好的。”纵观毛泽东的指挥艺术，无一不表现出其高超的灵活性。他善于调动敌人，创造有利态势；善于灵活使用兵力；善于因情而变，灵活地采用各种战法。正是这种灵活性，才使得毛泽东指挥艺术具有史诗般的流畅，显出其诗人的气质。

1935年10月7日，红军过了六盘山后，在青石嘴发现了敌人的两个骑兵连。毛泽东决定主动出击，好好收拾一下敌兵。他与一纵队的林彪、聂荣臻、左权到山头上观察敌情，并把一大队的杨得志、萧华，四大队的王开湘、杨成武，五大队的张振山、赖传珠召集过来，向他们当面部署战斗任务。毛泽东对几位红军将领说，青石嘴驻扎着敌东北军骑兵第7师的一个团，有几百匹马，我们要消灭这股敌人，搬开拦路石。

毛泽东订下了灵活的战术：由一大队、五大队迂回包抄，四大队直接冲锋。交代完毕，毛泽东亲自督战。将士们一听毛泽东亲自督战，无不欢欣鼓舞，踊跃拼杀，战斗很快结束。红军歼灭和俘虏了敌人两个骑兵连，缴获100多匹马和10多辆马车的子弹、军衣。红军用这些缴获的马匹组建了我军历史上第一个骑兵连。

毛泽东指挥作战讲究主动、灵活，每战之前都要制订周密详尽的计划。他认为，没有计划这个条件，“什么主动、灵活、进攻等事，都是不能实现的”。“没有事先的计划和准备，就不能获得战争的胜利。”毛泽东反对两种倾向：一种是片面夸大战争的不确实性和流动性，否认战争的计划性的错误倾向；另一种是无视战争的不确定性和流动性，死守计划的机械主义。

解放战争时期，毛泽东提出的“五年左右从根本上打倒国民党统治”的设想，就是一个很好的例子。

1946年11月，毛泽东在与周恩来、刘少奇的谈话中提出了用三年到五年时间打到长江以南的设想。第二年7月，毛泽东在陕北小河会议上根据解放战争一年来的成绩和经验，提出对蒋介石的斗争计划用五年（从1946年7月算起）来解决的设想。此后，一直到1948年10月10日为中共中央起草关于九月会议的通知为止，毛泽东多次提到了这个五年计划。同年11月，由于辽沈战役的胜利和各战场的胜利，国共之间军事力量发生了深刻变化，毛泽东才对这个计划做了修订，“只须从现时起，再有一年左右的时间，就能将国民党反动政府从根本上打倒了”。五年计划改变为三年计划，解放战争的进程基本上按照这一计划发展。

第7节 不打无准备无把握之仗

不斗则已，斗则必胜，决不可举行无计划无准备无把握的斗争。①

毛泽东指挥打仗，非常重视战前的准备工作。他认为，“不打无准备之仗，不打无把握之仗，每战都应力求有准备，力求在敌我条件对比下有胜利的把握”。这是争取主动避免被动的前提。在长期的革命战争中，毛泽东要求每战都必须充分准备，集中绝对优势兵力，在整体上居于劣势的情况下，使某一局部形成我对敌的绝对优势，确保战役战斗的速决全歼。

1930年7月27日，蒋介石命令武汉行营主任何应钦召集湘鄂赣三省高级官员举行绥靖会议，确定了以军事为主，党务、政务密切配合，分别“围剿”各个苏区红军的总方针。11月2日，国民党军7个师又1个旅编为3个纵队全部到达江西并开始集中，统一由江西省政府主席、第9路军总指挥鲁涤平指挥。

红一方面军总前委在查明敌人准备发动大规模“围剿”的情况后，毛泽东认识到，“劣势而有准备之军，常可对敌举行不意的攻势，把优势者打败。优势而无准备，不是真正的优势，也没有主动”。因此他主张立即停止执行中央和军委8月初关于进攻南昌、九江的指示，红一方面军主力必须转入反“围

① 引自《目前抗日统一战线中的策略问题》，见《毛泽东选集》第2卷，人民出版社1991年版，第749页。

剿”准备。10月30日，总前委在罗坊会议上确定了“诱敌深入”的作战方针，决定主力红军全部东渡赣江，转到苏区幅员较大、群众条件好且便于今后发展的赣江以东地区作战。

罗坊会议以后，总前委、江西省行委和省苏维埃政府立即领导苏区军民紧张地进行反“围剿”准备。军队和地方的各级组织采取多种形式，在干部、战士和人民中进行政治动员，说明诱敌深入方针的必要性，解除群众，特别是干部中的种种疑虑，树立了必胜的信心。

红一方面军总部按照罗坊会议的决定，以第3军留在赣江西岸监视敌人，主力于11月5日前后从袁水两岸向赣江以东转移，并向樟树镇、临川方向进逼；另以第22军担任吉安城防，准备掩护江西省党政机关转移。此外，在苏区内建立人民武装的统一指挥机构和各种战勤组织。在敌人可能进占的地区组织人民实行坚壁清野，部署游击战争，肃清暗藏的敌人，纯洁内部。

经过一段时间的准备，苏区的党政军民结成了一个团结对敌的整体，为反“围剿”的胜利准备了必要的条件。几年后，毛泽东在《中国革命战争的战略问题》一文中总结反“围剿”的经验时写道：“对于敌人的一次有计划的‘围剿’，如果我们没有必要的和充分的准备，必然陷入被动地位。临时仓促应战，胜利的把握是没有的。因此，在和敌人准备‘围剿’同时进行我们的反‘围剿’的准备，实有完全的必要。”

第8节　正确运筹决策

……任何军事计划，是应该建立于必要的侦察和敌我情况及其相互关系的周密思索的基础之上……[1]

① 引自《中国革命战争的战略问题》，见《毛泽东选集》第1卷，人民出版社1991年版，第179页。

毛泽东认为，战争是敌我双方物质力量的竞赛，同时又是主观指导能力的竞赛，正确的作战决策对于战争的胜利起着极为重要的作用。毛泽东注重调查研究，善于分析和掌握战争形势及其可能的发展趋势，做出正确的作战决策，并据此把战争推向胜利。

毛泽东认为，对于具体的战役战斗，指挥员首先必须根据敌我双方的客观情况定下决心、制订计划。决心和计划与客观实际相符合的程度越高，取得战役战斗胜利的可能性就越大。而且，指挥员在战役战斗打响之后，还必须善于根据情况的变化及时改变决心，采取新的措施。

1949年12月11日，国民党云南省政府主席卢汉通电起义后，蒋介石令汤尧兼任第8兵团司令留置滇南作战。为歼灭汤尧部于国境内，中央军委令第四兵团由广西南宁、百色地区挺进云南，迂回蒙自、河口，切断敌人逃路，尔后在桂滇黔边纵队配合下围歼逃敌于滇南地区。

按照毛泽东的指示，陈赓分析了敌之企图，决心采取远距离大迂回的方法，出其不意切断敌人空中和陆上逃路，以便聚而歼之。

1949年12月27日，第38军入滇部队由百色经富宁、文山向河口、屏边挺进；1950年1月1日，第4兵团先头第13军由南宁经百色、砚山向蒙自方向前进。全体指战员不怕困难，不畏艰险，翻山越岭，昼夜兼程，14天前进900余千米。1月11日，第38军占领河口，封锁了中越边境；16日，第13军袭占蒙自并占领机场，切断了敌人逃往越南和空运台湾的通路。

汤尧见南逃无望，乃率部西逃，第13、第38军和桂滇黔边纵队立即分路衔尾穷追。19日，第38军一部在宜得地区歼敌第26军残部，桂滇黔边纵队在石屏地区迫敌第8军一部投降。25日，第13军在元江歼灭敌第8军主力，生俘敌陆军副总司令兼第8兵团司令汤尧及第8、第9军军长以下600余人。从元江侥幸逃脱之敌大部被歼，仅少数逃出国境。至此，云南全境解放，我军共歼敌2.7万余人。

滇南战役之所以能够获得全胜，几乎全歼驻止于滇南地区之敌，关键还在于陈赓等战役指挥员在战前定下了正确的决心，使得我军能迅速迂回边境地区，截断敌人的逃路，使之陷入我军的四面包围之中，从而达到了全歼该敌之战役目的。

第9节　集体决策与机断专行

下面干部的话，有正确的，也有不正确的，听了以后要加以分析。对正确的意见，必须听，并且照它做。中央领导之所以正确，主要是由于综合了各地供给的材料、报告和正确的意见。[1]

中国有句古话：“将在外，君命有所不受。”这讲的是机断专行。但作为中国共产党领导的人民解放军，不仅要有这种机动的灵活性，而且更要注重开展军事民主，实行集体决策。毛泽东讲道，“各野战军首长和军区首长，除作战方针必须随时报告和请示，并且要照过去规定，每月做一次战绩报告、损耗报告和实力报告外，从今年起，每两个月要做一次政策性的综合报告和请示”。“关于军事民主，必须在练兵时实行官兵互教、兵兵互教；在作战时，实行在火线上连队开各种大小会。”

集体决策与机断专行是战争（包括战役和战斗）指导问题的两个方面。离开了集体决策，就会陷入各自为战的局面，难以取得大规模正规战争的胜利；离开了机断专行，下级指挥员完全没有机动权，就无法充分发挥战役战斗指挥员的主动性和灵活性，从而根据急剧变化的战场形势和客观实际临机处置。

进入解放战争后，大规模的正规战要求人民解放军始终保持指挥上的高度集中统一，即把战略指挥权始终集中在以毛泽东为首的党中央和中央军委手中，从而保证战略意图能够全面、顺利地贯彻执行；也不排除而且更加提倡战役组织实施过程中的机断行事，从而保证战役能够根据实际情况的发展变化顺

① 引自《党委会的工作方法》，见《毛泽东选集》第4卷，人民出版社1991年版，第1441页。

利实施。

1947年9月14日，东北民主联军发起秋季攻势，敌被迫从晋察冀战场抽调5个师（旅）出关增援，从而减弱了晋察冀战场的兵力。为寻机歼灭敌人并配合东北民主联军的秋季攻势，晋察冀野战军首长遵照中央军委、毛泽东指示，集中第2纵队、第3纵队、第4纵队和冀中军区第7旅等部，再出保北开辟战场，决心首先围攻徐水，计划以围城打援的战法视机歼灭涿县或保定来援之敌。

10月11日，人民解放军开始了徐水外围作战，至14日拔除了徐水外围据点并围攻城垣。敌保定绥靖公署急忙抽调第94军的第5师、独立第95旅、北平行辕战车第3团以及第16军的第94师、第109师等部，分别从涿县、霸县向固城、容城推进，企图解徐水之围。晋察冀野战军按预定计划以一部兵力继续围攻徐水，集中主力求歼援敌。由于敌人援兵甚众，敌我胶着于徐水、固城、容城之间地区。15日，石家庄之敌第3军军长罗历戎率第7师及第16军一个团北上，企图经保定增援，夹击晋察冀野战军主力于徐水地区。

针对变化了的战场形势，晋察冀野战军首长当机立断，决心改变作战计划，以主力隐蔽南移，求歼孤军远程北上且处于运动状态的敌第3军主力。除留部分兵力继续围攻徐水并抗击北面援敌外，野战军首长率第4纵队、第2纵队第4旅、第6旅及第3纵队第9旅共6个旅的兵力，于18日秘密星夜兼程南下，19日晨到达预定歼敌地域隐蔽待机。19日午后，敌第3军所属1.3万余人进至清风店地区，当晚晋察冀野战军即完成了对该敌的包围。20日拂晓，我军对被围之敌发起攻击，激战至22日晚，将敌全歼。

此次战役，由于敌情变化，出现了较为好打的由保定北援之敌。第3军，晋察冀野战军首长机断专行，立即果断定下决心，一面率主力兼程南下就敌，一面向军区和军委报告。南下部队一昼夜疾驰200里，抓住了战机，出其不意地包围了处于运动之中的敌人，保证了全歼该敌。

第10节　灵活机动地指挥

古人所谓“运用之妙，存乎一心”，这个“妙”我们叫作灵活性，这是聪明的指挥员的出产品。灵活不是妄动，妄动是应该拒绝的。灵活，是聪明的指挥员，基于客观情况，审时度势（这个势包括敌势、我势、地势等项）而采取及时的和恰当的处置方法的一种才能，即是所谓“运用之妙”。①

中国古代著名军事家岳飞曾说过：“运用之妙，存乎一心。”毛泽东对岳飞的这一见地理解颇深，并运用自如。毛泽东认为，研究和指导战争必须着眼其特点和着眼其发展，指挥作战行动必须依照战场变化而实施灵活的动态的指挥。毛泽东指出：“懂得战术是容易的，灵活地使用和变换这些战术就不容易了。这里有时机、地点、部队三个关节，不得其时、不得其地、不得于部队之情况，都将不能取胜。例如进攻某一运动中之敌，打早了，暴露了自己给了敌人以预防条件；打迟了，敌已集中驻止，变为啃硬骨头。这就是时机问题。突击点选在左翼，恰当敌之弱点，容易取胜；选在右翼，碰在敌人的钉子上，不能奏效。这就是地点问题。以我之某一部队执行某种任务，容易取胜；以另一部队执行同样任务，难以收效。这就是部队情况问题。不但使用战术，还须变换战术，攻击变为防御，防御变为攻击；前进变为后退，后退变为前进，钳制队变为突击队，突击队变为钳制队，以及包围迂回等等之互相变换，依据敌我部队、敌我地形的情况，及时地恰当地给以变换，是灵活性的指挥之重要任务。战斗指挥如此，战役和战略指挥也是如此。”“战术、战役和战略计划之

① 引自《论持久战》，见《毛泽东选集》第2卷，人民出版社1991年版，第494页。

各依其范围和情况而确定而改变，是战争指挥的重要关节。”

中国人民志愿军在入朝作战初期，在作战指导上无论对南朝鲜伪军还是美英军，均采取战略或战役的大包围方法，企图一个战役歼敌几个师。其中第五次战役企图歼敌5个师又3个旅，包括3个美军师（欠1个团）、2个英军旅和一个土耳其旅。由于战略指导上企图太大，对被包围之美英军难以达到歼灭任务，五次战役中成建制被歼的美英军一般都是营以下单位。前四次战役敌我伤亡比例达到1.2∶1，第五次战役由于企图更大，敌我伤亡比例更高达1∶1.038。

通过战争初期的敌我较量，毛泽东和志愿军首长进一步认识了抗美援朝战争的特点及其特殊规律。历次战役证明：在敌我双方技术装备悬殊，特别是我无空军掩护的情况下，“我军实行战略或战役性的大迂回，一次包围美军几个师，或一个整师，甚至一个整团，都难达到歼灭任务”。我军主要依靠步兵和少量炮兵作战，而且主要是在夜间作战，部队的机动、作战时间和后方供应都受到很大限制。我军即使一时包围了敌军的重兵集团，敌也可以利用其优越的技术装备改变其不利态势：或迅速增援被围部队，凭借其优势的炮兵火力在大量坦克、飞机掩护下进行突围；或迅速堵上已被打开的缺口；或收缩兵力形成新的防御。因此，只有改变我军的战略指导，才有可能更加有效地消灭敌人。

毛泽东同志从敌我双方的实际情况出发，提出：“似宜每次作战野心不要太大，只要求我军每一个军在一次作战中歼灭美、英、土军一个整营至多两个整营也就够了……打伪军可以实行战略或战役的大包围，打美、英军则在几个月内还不要实行这种大包围，只实行战术的小包围，即每军每次只精心选择敌军一个营或略多一点为对象而全部地包围歼灭之。”随着战争的进一步发展，我军的军事指导原则逐渐形成，即同美英军作战，应经由实行战术的小包围，打小歼灭战的阶段，逐渐进到实行战略或战役的大包围，打大歼灭战的阶段。

根据上述军事指导原则，配合停战谈判，我军逐步形成了以坑道为骨干的支撑体式的防御体系，以阵地战为主，适时进行战术性反击，“零敲牛皮糖”，打小歼灭战，积小胜为大胜，逐步削弱敌人，壮大自己。从第五次战役到朝鲜停战协定签订的两年多里，我军多次举行反击作战，每战选择适当的歼击目标，发挥我军特长，打小的歼灭战。在此期间，志愿军和朝鲜人民军共歼敌76万余人（内有美军25万余人），敌我伤亡比例为2.7：1。1953年夏季反击战役时，我军的技术装备和作战能力大为改观，战果更为辉煌，计毙伤俘敌共12.3万余人，收复土地240平方千米。

第十三篇

瓦解敌军的政策策略

毛泽东历来重视运用政治攻势，采取各种方法和手段，对敌人的意识和心理施加影响，使其心理混乱，意志动摇，士气崩溃，思想观念和战争态度发生变化，丧失或减弱战斗力，从而达到不战而胜的目的。在长期的革命实践中，毛泽东巧妙地将军事打击和政治攻势有机地结合起来，使二者相辅相成、交相辉映，发挥了强大威力。

1945年10月11日下午，毛泽东回到延安。图为毛泽东下飞机时受到延安党政军民万余人的热烈欢迎　（视觉中国供图）

第1节　晓以大义

当他们迫于某方命令向我们进攻时，我应在不妨害自己根本利益条件下，先让一步，表示仁至义尽，并求得中途妥协，言归于好。①

美国记者埃德加·斯诺对毛泽东有这样的评价："毛泽东之所以伟大，是因为他不仅是党的领袖，而且，从纯粹意义上说，他是数亿中国人民的教师、政治家、战略家、哲学家、桂冠诗人、人民英雄以及历史上最伟大的解放者。"毛泽东政治谋略的集中表现是，始终用政治分析的方法来看待中国人民的革命战争，始终注重团结最大多数的人民群众，从而为中国共产党建立了深厚的革命根基，使党在政治上立于不败之地。

申明大义是毛泽东政治策略上的一种大手笔运作。主要做法是：通过向反动军队中的将领、士兵，或敌对国家的人民，做长期、复杂而又耐心的工作，晓之以理，动之以情，将某些敌军将领或士兵拉到正义的一边，使其以战场起义、投诚等方式投向我军。通过申明大义，发展了进步势力，争取了中间势力，打击了顽固势力。

利用政治攻势，争取敌军将领或士兵站到人民一边须要有一个过程，有时这个过程是长期的，不是短时间内就可以奏效的。敌人的高级将领都长时间受着反动思想熏染，其反人民、反革命的立场和世界观业已形成，又对共产党和人民军队有一定成见，要改变其立场，不是一件容易的事情，需要做长期耐心的说服工作，指明其方向，或调动其亲属间接规劝，恩威并施，打谈结合，方

① 引自《对中间派应采取的方针》，见《毛泽东军事文集》第2卷，军事科学出版社、中央文献出版社，1993年版，第545页。

能起到政治争取的效果。

对山西军阀阎锡山的争取和斗争就是一次很好的例证。

1936年初，为巩固陕北根据地，打通东进抗日的通道，毛泽东决定率军渡黄河东征。1月15日，他下达《关于红军东进抗日及讨伐卖国贼阎锡山的命令》。接着，毛泽东又召开军事会议，进一步研究了东征的行动路线和战略方针，正式组成“中国人民红军抗日先锋军”。2月17日，毛泽东发表《东征宣言》，声明红军渡河东征的目的是为了实现抗日，阐明了其作战行动的正义性。

2月20日20时，渡河战斗开始。东征红军突击队和先头团以勇猛果敢的动作迅速突破敌黄河防线，战至23日，全部控制了辛关至三交镇之间各渡口。此后红军在山西境内边走边打，忽南忽北，时分时合，打得阎锡山疲于奔忙，穷于应付。3月10日，毛泽东发表《中国人民红军抗日先锋军布告》，重申中国共产党建立抗日民族统一战线的政策主张，指责蒋介石、阎锡山的反动行径，宣布红军将“停止一切内战”“东征抗日”“挽救民族危亡”。

4月17日，兵分三路的红军重又集结完毕。此时，山西敌人以25个旅的绝对优势兵力从北、东、南三面围来，在陕北的东北军和西北军也进至宜川、韩城一线从西面封锁黄河，企图合歼红军于黄河东岸狭小地区。在这样的情况下，“方面军在山西已无作战的顺利条件”，5月2日，毛泽东下达渡河命令，当晚我军即利用夜暗分批西渡黄河，至5日全部渡过黄河西岸。同日，毛泽东发表回师通电——《停战议和一致抗日》，声明红军回师是为了停止内战一致抗日，并警告国民党反动派：“如仍执迷不悟甘为汉奸卖国贼，则诸公的统治必将最后瓦解，必将为全国人民所唾弃，所倾覆。”

红一方面军东征共历时75天，歼敌7个团，俘敌4000余人，缴枪4000余支，扩充红军8000余人，筹款30余万元。东征战役之所以能够大获全胜，除了战略战术和军事指导正确之外，红军注重宣传党的抗日主张、申明大义也是一个极为重要的原因。红军每到一地都积极开展群众工作，扩大政治影响，推动抗日救亡运动；每当战斗处于重要关头时（如出师、获胜、回师），毛泽东都要发表文告，阐明我党我军团结抗日的方针，以文章昭示天下，唤醒民众，争取人心。所有这些，对于保证红一方面军东征作战的胜利起了重要的作用。

1939年12月3日，阎锡山制造“十二月事变”，在山西挑起了第一次反共高潮。事变发生后，中共中央指示八路军对山西反共旧军要实行区别对待的政策，对于阎锡山要进一步申明民族大义，审慎而坚决地同其反共行动进行斗争，继续争取他留在抗日阵营内。根据中央指示，我军坚持“拥阎抗日”的方针，晋西南新军组成“拥阎抗日讨逆总指挥部”，中共晋西北区党委成立了“晋西北拥阎抗日讨逆军总指挥部”，仍然以“拥阎”为号召，意在拉住阎锡山继续留在抗日阵营之内。

同时，针对顽军的进攻，我军进行了坚决反击。12月中旬，我先后在和宿、中村、暖泉头等地进行自卫反击作战，击溃阎军一部后，即撤出战斗向北转移。在晋西北，1940年2月初，贺龙、关向应率第120师主力返回根据地，随即肃清了岢岚、河曲、保德等地反动武装700余人，并向进至河曲、保德间的东北挺进军马占山部和国民党第22军高双成部进行耐心的说服工作，使之退回原防地，晋西北从此成为我党领导下的完整的抗日民主根据地。在晋东南，八路军第129师决心集中兵力打击进攻最积极的阎军孙楚部，巩固太岳根据地，逐步恢复太（行山）南根据地，先后在高平以西之南北杨村一带歼灭阎军独立第8旅一部，在榆次东南及榆社以北地区歼灭阎军暂编第2旅和新编第2师大部，彻底粉碎了顽军的进攻企图。

在打退山西顽军发动的反共高潮过程中，中国共产党、八路军对以阎锡山为首的山西旧军进行了大量的说服工作。为稳定山西局势，避免蒋介石势力取代阎锡山统治山西，争取阎锡山继续与共产党团结抗日，毛泽东亲笔致函阎锡山，向其晓以民族大义，调解新旧军冲突。1940年2月25日，中共中央又派出萧劲光、王若飞为代表到达秋林，与阎锡山进行谈判。在反共失败和蒋介石企图乘虚而入的情况下，通过我方大量的说理和争取工作，阎锡山终于同意达成和解协议，并划定以汾阳经离石至军渡公路为分界线，以南为阎军防区，以北为八路军和新军防区。

第2节 揭露阴谋

各地对蒋介石绝对不应存任何幻想，必须在人民中揭破其欺骗，对蒋介石发动内战的危险，应有必要的精神准备。[①]

揭露阴谋是毛泽东向广大人民揭露国民党反动派的反动本质及险恶用心，以达到分化瓦解敌军，团结广大民众目的的重要办法。解放战争期间，主要是通过向敌军的将领揭露蒋介石企图利用一些地方武装力量和杂牌军同人民解放军之间的矛盾，操纵他们去对抗我军，另一方面又想借人民解放军之手，削弱和消灭地方武装力量和杂牌军的一箭双雕的阴谋，从而准确把握和利用了这些矛盾，采取多种政治手段，争取敌地方势力和杂牌军或是起义投诚，或是向广大人民群众揭露蒋介石假和平、真战争的阴谋，让民众看清其反动本质，从而达到孤立和打击蒋介石反动派的目的。

毛泽东认为，反动阵营不是铁板一块，政治上派系林立，决定了军事上也矛盾重重。就国民党军队而言，有蒋介石集团直接控制的中央军与国民党杂牌军之间以及与许多地方实力派武装力量之间的矛盾，也有中央军内部的矛盾。我党同国民党反动派的斗争中，一个十分重要的阵地就是在政治上、军事上对中间势力的争取，谁争取了中间势力谁就占据有利地位，反之，则要被孤立。

“一纸退敌十万兵”是毛泽东对“揭露阴谋”办法使用得最为成功的范例。

正当辽沈战役打得难解难分之际，蒋介石企图抽调华北杂牌傅作义部队出

① 引自《中央关于日本投降后我党任务的决定》，见《毛泽东军事文集》第3卷，军事科学出版社、中央文献出版社，1993年版，第3页。

关作战，傅作义为了保存实力并控制自己的部队，提出了蒋的中央军和傅军联合袭击西柏坡的计划。蒋介石和傅作义决心以3个军、10个师和1个旅共10万余兵力集结于保定，准备南下向西柏坡发动偷袭。10月23日，敌各部队开始行动，预定于28日拂晓发动攻击。我地下党组织及时探知了这一重要情报，于25日急电报告了党中央。

为粉碎敌人企图，毛泽东一方面组织军民积极备战，一方面采取了揭露阴谋、虚张声势的战法，以动摇蒋傅决心，扰乱敌各偷袭部队的军心士气。10月26日晚，新华社播发了毛泽东写的新闻稿——《华北各首长号召保石沿线人民，准备还击蒋傅军进扰》，详细披露了敌军的兵力部署和作战计划，宣布华北军民已做好准备，必将歼灭来犯之敌，决“不使敢于冒险的敌人有一兵一卒跑回其老巢”。

毛泽东的新闻稿把敌人偷袭的计划写得清清楚楚，稿子一经播出，果真引起敌人惶恐不安。虽然蒋介石严令按原计划进袭，但傅作义已预感此战必无所获，怕损失自己的实力，密令其心腹骑兵第4师师长不要分头远进，相机而行。蒋傅的精锐兵团不知解放军准备如何，一路心惊胆战，行进速度大为迟缓，其先头部队在我地方部队阻击下，两天才前进几十里路，主力则于29日进入望都地区后即龟缩不前。此间，解放军回援部队不顾疲劳，昼夜兼程，提前4天到达指定位置，迅速形成了迎面阻击和南北夹击之势。偷袭西柏坡的敌先头部队骑兵12旅首中埋伏，被歼1个团后退回保定；敌主力第94军和第101军1个师进袭石家庄被解放军顽强阻击，也被迫向北平撤退，其他各路偷袭部队纷纷望风而逃。

在这一周内，毛泽东每隔一天就修正或撰写一篇新闻稿，进一步揭露蒋傅阴谋，瓦解敌军斗志。此战，由于毛泽东及时揭露了敌军阴谋，利用蒋傅之间的矛盾迫使进攻的敌人彷徨观望，进展缓慢，为解放军主力部队迅速回援争取了宝贵的时间，保证了党中央首脑机关的安全。

第3节　分化瓦解

除了战争中消灭敌军以外，瓦解敌军的工作也就成为重要的工作。[①]

古希腊有句名言："堡垒最容易从里面攻破。"毛泽东深谙此道："我们的胜利不但依靠我军的作战，而且依靠敌军的瓦解。"二者异曲同工。

从政治上争取和瓦解敌军，是人民解放军政治工作的主要目的和主要手段之一，是克敌制胜的有力保证。分化瓦解敌军就是充分利用敌人营垒中的矛盾，团结一切可以团结的力量，对敌人进行分化瓦解，各个击破，起到涣散敌军士气，削弱敌军战斗力的目的，从而扩大我们的统一战线，最大限度地孤立顽固派。毛泽东总结中国革命战争的经验教训时指出："我们要把敌人营垒中间的一切争斗、缺口、矛盾，统统收集起来，作为反对当前主要敌人之用。"并把这种政治斗争策略精辟地概括为：利用矛盾，争取多数，反对少数，各个击破。

国民党军队虽然非常庞大，在帝国主义扶持下，装备也较精良，但是成为大地主、大资产阶级维护其阶级利益、镇压人民的工具的性质，就决定了它不是一支人民的军队，必然得不到人民的支持。同时，蒋介石集团发起的内战，具有非正义的反人民、反民族性质，必定使得民心怨恨，军心不稳。随着战争形势的进一步恶化，加之军队内部官兵矛盾尖锐，腐败现象严重，此时的国民党军已是士气低落，战斗力、凝聚力基本丧失。此外，国民党阵营在政治上是派系林立，军事上也矛盾突出，不仅蒋介石嫡系部队与杂牌军、正规军与地方

① 引自《中国革命和中国共产党》，见《毛泽东选集》第2卷，人民出版社1991年版，第636页。

实力派武装之间，而且在中央军、杂牌军、地方武装力量内部，都存在不少矛盾。这一切，都为人民解放军开展敌军工作，分化瓦解敌军提供了有利条件。

在争取蒋军的工作中，中国共产党和人民解放军也区分各种情况，根据国际、国内形势的变化，制定了正确的方针与政策，在不破坏统一战线的前提下，争取团结更多势力，对少数敌对分子则采取了孤立打击的政策。对此，毛泽东指出，“本军对于蒋方人员，并不一概排斥，而是采取分别对待的方针。这就是首恶者必办，胁从者不问，立功者受奖。对于罪大恶极的内战祸首蒋介石和一切坚决助蒋为恶、残害人民而为广大人民所公认的战争罪犯，本军必将追寻他们至天涯海角，务使归案法办。本军警告一切蒋军官兵，蒋政府官员，蒋党党员，凡是尚未沾染无辜人民鲜血的人们切勿跟那些罪犯同流合污。凡是已经做过坏事的人们，赶快停止作恶，悔过自新，脱离蒋介石，准其将功赎罪。本军对于放下武器的蒋军官兵，一律不杀不辱，愿留者收容，愿去者遣送。对于起义加入本军的蒋军部队和公开或秘密为本军工作的人们，则给予奖励”。此语一出，立惊波澜，极大地动摇了国民党的军心。

在同国民党反动派的斗争中，毛泽东准确地把握和利用国民党派系之间的矛盾，遵循“利用矛盾，争取多数，反对少数，各个击破”的斗争原则，采取多种政治手段分化瓦解敌军，争取国民党地方实力派、杂牌军、中央军将领举行阵前起义或接受解放军和平改编，最大限度地孤立和打击了顽固派和中央军，导演了一幕幕“大倒戈”的战争活剧。据统计，整个解放战争时期，国民党军队师以上重大起义达60余起，起义兵力达114万余人，占国民党军队总兵力的七分之一；驾机起义的有43架，大小舰艇73艘。所有这些起义活动都对国民党军造成了一次次巨大冲击，从内部分化瓦解了国民党阵营，大大加速了国民党统治的崩溃。

“双十协定”公布之后，蒋介石以停战为掩护，继续大规模进犯解放区。其中第十一战区孙连仲部第30军、第40军及新编第8军共4.5万余人，在副司令长官马法五、高树勋率领下，从新乡沿平汉路北犯。第32军和伪军孙殿英部随后跟进，并有4个军正准备由洛阳、开封等地向新乡开进。

晋冀鲁豫军区首长决心集中3个纵队和3个军区的主力共6万余人，发起邯郸战役，歼灭北犯之敌第一梯队3个军。当时形势十分严峻，北犯之敌第一梯队就有3个军4.5万余人，而且后面还有4个军正继续向新乡开进，北面沿平绥路进攻的傅作义部已迫近张家口，如不能迅速消灭敌第一梯队，南北之敌则很可能沿平汉路南北对进，进行增援，解放军势将陷入被动。

第十一战区副司令长官兼新8军军长高树勋，早在抗战时期就与彭德怀、萧华等中共高级将领结下了深厚的友谊。1945年8月初，由于蒋介石排斥异己，高派出心腹王定南到太行山区去找副总司令彭德怀，刘伯承、邓小平接见了王定南，表示欢迎高树勋将军与我党联系，并希望高认清形势，投向人民一边。10月26日，王定南回到新8军军部，向高树勋传达了刘伯承、邓小平的谈话内容。

为敦促高树勋果断定下起义决心，迅速改变战场态势，刘伯承、邓小平决定以晋冀鲁豫军区第3纵队对新8军首先进行一定打击后改为佯攻，集中力量重点打击敌第40军。28日，我军对被围之敌发起总攻，同时派出与高树勋有过交往的军区参谋长李达前往高部会谈，对高树勋进行耐心、诚恳的说服。经两天激战，解放军已歼敌第40军第106师大部，重创第39师，沉重打击了敌第30军。军事上的威慑，政治上的争取，终于使高树勋于10月30日下午率新8军1万余人宣布起义，并退出战场。31日，马法五率第30军、第40军2万余人溃逃，解放军主力利用敌退路两侧有利地形，从东西两面进行夹击，歼敌2.3万余人。

邯郸战役的胜利，对迫使国民党签订停战协定起了促进作用，有力掩护了解放军在东北的战略展开。邯郸战役是军事打击与政治瓦解相结合的典型范例，毛泽东对此给予了充分肯定。1945年12月15日，毛泽东在为中共中央起草的《1946年解放区工作的方针》一文中，号召全党要开展高树勋运动，“使大量国民党军队在战争紧急关头，仿照高树勋榜样，站到人民方面来，反对内战，主张和平”。

毛泽东不仅在解放战争前期注重对敌军的瓦解，在解放战争后期我军胜局已定的情况下也相当重视，从而大大加快战争进程，以最小的代价取得最大的胜利。

1948年6月，东北野战军改变先打长春的计划，确定对长春实行长围久困的方针。由第1前线指挥所司令员萧劲光、政治委员萧华指挥，以11个独立师、1个骑兵师担任围困任务。至10月中旬，长春国民党军已被围困5个月。围城指挥所提出“攻心为上，攻城为下，心战为上，兵战为下”的指导方针，组织部队运用阵地喊话、散发宣传品等形式，展开大规模的群众性的攻心战。与此同时，东北局、东北军区和攻城兵团派遣的敌工人员，在敌军内部工作的中共地下党员配合下，积极地对国民党军上层军官特别是对云南部队第60军，开展政治争取工作。

国民党军第60军广大官兵对蒋介石排斥异己的政策早有不满，在此生死存亡危急时刻，第60军军长曾泽生深明大义，决定弃暗投明，于10月14日致信解放军围城指挥所，提出全军起义条件。这一行动，得到围城指挥所的积极鼓励。17日，曾泽生率所部1个军3个师2.6万余名官兵起义。解放军于当日晚悄然入城，接管了长春市东半城原属第60军的防区。西区守军皆不攻自溃，成瓦解趋势，许多官兵自动与解放军建立联系，谋求生路。18日，骑兵旅、保安旅等地方部队纷纷放下武器。19日，新7军军长李鸿率部向解放军投诚。此时，长春实际上获得了解放。

第4节　主动避让

我们的让步、退守、防御或停顿，不论是向同盟者或向敌人，都是当作整个革命政策的一部分看的，是联系于总的革命路线而当作不可缺少的一环看的，是当作曲线运动的一个片断看的。一句话，是积极的。[①]

① 引自《统一战线中的独立自主问题》，见《毛泽东选集》第2卷，人民出版社1991年版，第538页。

“柔弱胜刚强”是中国古代道家思想的重要组成部分，也是古代兵家思想的精髓。毛泽东兵法的一个重要组成部分就是“柔胜论”。毛泽东指出，“战略退却，是劣势军队处在优势军队进攻面前，因为顾到不能迅速地击破其进攻，为了保存军力，待机破敌，而采取的一个有计划的战略步骤”。出生在浏阳河边的毛泽东熟知水性，“世之柔弱莫胜于水，而攻坚强者莫之能胜”。委曲反能保全，柔弱反能战胜，退避三舍反能千里跃进，这是一直狂妄叫嚣“围剿”“进攻”的蒋介石永远都不能识破的“玄机”。

毛泽东注重战略进攻，也重视战略退却。毛泽东深知，在战争中成功地组织进退攻守，在不利条件下主动避让，是由被动转向主动的关键。在中国革命战争史上，毛泽东在这种战场形势不利的情况下，主动退让以争取由被动转为主动、为了争取政治上的有利地位而主动避让的例子屡见不鲜。

1946年1月5日，为促成全国的和平与民主，在中国共产党努力下，国共双方达成了关于“停止国内军事冲突”的协议。停战协定达成后不久，国民党反动派就背信弃义地加以破坏，在东北集中新1军、新6军等部沿中长铁路向四平以北发展进攻，企图将人民解放军主力压迫于松花江南岸消灭之。

1946年4月18日起，敌新1军开始猛攻四平，解放军守城部队依托工事顽强抵抗。敌伤亡惨重，未获进展。随后，解放军为保障四平翼侧安全，逐步向四平东西两侧延长防线，在东起火石岭、西至八面城的百里战线上部署机动部队6个师（旅），与敌形成对峙状态。这样，虽然挫败了敌人迂回四平的企图，但解放军也因此而无机动兵力实施有力反击。

敌为集中更多兵力攻占四平，乘我第3纵队主力北调之机，于4月28日起在南满以5个师再次进攻本溪。解放军经过6天英勇抗击，在大量杀伤敌人后，于5月3日主动撤出本溪。敌人占领本溪后，即将新6军、第52军195师及第71军88师北调四平方向，使四平地区敌人兵力增加到10个师。

5月14日起，敌人在飞机、坦克和大量火炮掩护下，对四平实施轮番攻击。激战至18日，敌中央兵团新1军（附195师）和左翼兵团第71军主力的攻击仍无进展，但其右翼兵团新6军等共4个师，先后占领了叶赫塔、塔子山，迂回四平东北，企图封闭四平守军退路。

解放军在持续一个多月的防御作战中，已经伤亡8000余人，而且四平的战场形势已经不利于坚守。毛泽东及时电告林彪："如果你觉得继续死守四平已不可能时，便应主动地放弃四平，以一部在正面迟滞敌人，主力撤至两翼休整，准备由阵地战转变为运动战。"遵照毛泽东的指示，四平守城部队于18日晚主动撤出。一部分主力于6月初到达松花江北岸休整，其余部队分别转移到东满、西满地区休整，并从事根据地的建设。

四平保卫战是党中央从全国的战略出发，为配合谈判斗争而进行的一次较大规模的城市防御战。这次作战，解放军坚守四平一个月，毙伤敌万余人，推迟了敌人的北进计划，对巩固北满根据地起了重要作用；在达到作战目的后即通过主动避让，撤出四平，为东北解放保存了大量有生力量。

第5节　有谈有打

去年这一年，我们是边打，边谈，边稳。究竟打到哪一年为止，谈判到什么时候？我说，谈还是要谈，打还是要打，和还是要和。[①]

"有打有谈"，主要是针对敌人一手武力镇压、一手政治欺骗的伎俩，采取"以打对打""以谈对谈"，以挫败敌人，争取主动。毛泽东历来主张通过"谈"来和平解决各种争端。然而，对于我们的良好愿望，敌人是决不会轻易接受的，他们总是企图运用其力量的优势，以"力"服人，以势压人，迫使我接受其无理要求。对此，只有通过坚决有力的军事打击，打掉其嚣张气焰，才能逼其坐下来"谈"。在"谈"的过程中，还要通过谈判桌外的有效的打，来

---

① 引自《边打边谈边稳》，见《毛泽东军事文集》第6卷，军事科学出版社、中央文献出版社，1993年版，第316页。

推动“谈”的继续，使战争朝着有利于我的方向发展。

1949年12月10日，蒋介石偕“国民政府”要员乘飞机逃往台湾，从此开始他天涯孤旅的生活。“既生瑜，何生亮”，这是蒋介石的悲哀。他想，如果自己认真贯彻1945年《双十协定》的话，还可以保有对中华大地的统率权。然而仅仅4年时间，一切都物是人非了。

蒋介石失败的根本原因就是其出尔反尔，对中国人民和中国人民的和平事业采取反革命的两手，“假和平，真内战”，因而渐失民心。毛泽东在总结中国共产党取胜的原因时说了这样一番话，“咱们没想到，蒋介石更没想到。他天天要想消灭我们，反而被我们消灭了”。“人心向背，这就决定了我们必定胜利，蒋介石必定失败。”

面对蒋介石反革命的两手，毛泽东提出了“以打对打，以谈对谈”的斗争策略，赢得了人民的广泛支持。他说：“我们的敌人是极端狡猾的，他们对付人民，总是软硬两手兼施，一手武力镇压，一手政治欺骗。当力量处于优势，形势对他们有利时他们就撕下假‘仁义’的面具，挥起屠刀，对人民行使其刽子手的职能；当军事处于劣势、形势对他们不利时，他们就伪装称善。必须以打对打，以谈对谈，用革命的两手对付反革命的两手，这样才能争取主动。”

“如果国民党还要发动内战，它就在全国全世界面前输了理，我党就有理由采取自卫战争，击破其进攻。同时我党力量强大，有来犯者，只要好打，我党必定站在自卫立场上坚决彻底干净全部消灭之（不要轻易打，打则必胜），绝对不要被反动派的气势汹汹所吓倒。但是不论何时，又团结，又斗争，以斗争之手段，达团结之目的；有理有利有节；利用矛盾，争取多数，反对少数，各个击破等项原则，必须坚持，不可忘记。”

以革命的两手反对反革命的两手是毛泽东一贯坚持的原则。在中国革命战争史上，无论是抗日战争时期粉碎国民党反动派的三次反共高潮和重庆谈判，还是朝鲜战场上谈谈打打的两年零一个月，毛泽东都运用了这一策略。采取有谈有打的策略，不仅向全国和世界人民表明了我们的和平诚意，赢得了民心，同时也彻底揭露了敌人的反革命阴谋，争取了政治上的主动。

抗战胜利后，国内时局发展存在着“和”与“战”两种可能。为争取发动反革命内战的准备时间和政治上的主动地位，蒋介石发起了和平攻势，邀请毛泽东赴重庆谈判。妄图通过谈判削弱共产党的力量，推脱战争责任。为争取和平与民主，毛泽东毅然飞赴重庆进行谈判。

在同共产党进行和平谈判的同时，蒋介石迅速调动兵力沿平绥、同蒲、平汉、津浦等铁路线向解放区推进和进攻。截至9月中旬，共调动了36个军、73个师，企图迅速控制华北、华东的战略要地和交通线，分割解放区，打通进入东北的道路，并以强大的军事压力迫使共产党在谈判中屈服。

人民解放军为了打破蒋介石的企图，争取主动，在平绥、同蒲、平汉、津浦沿线开展交通破击战，继续肃清日伪残余据点，开辟战场。尔后又集中主力相继组织进行了上党、邯郸、绥远、津浦路徐州济南段战役等几个有力战役，打破了国民党的幻想，加强了中国共产党在谈判中的地位，达到了争取和平的目的。

1945年9月10日至10月12日，晋冀鲁豫军区在山西长治地区集中主力部队3万余人，在5万民兵的配合下采取围城打援、攻城打援、迫敌突围等作战方法，共歼国民党军11个师及1个挺进纵队3.5万余人。上党战役沉重打击了进犯解放区的国民党军，显示了解放区军民保卫抗战胜利果实的力量和决心，有力地配合了重庆谈判，加强了中共在谈判中的地位。

抗美援朝战争进行到1951年7月，联合国军经过志愿军五次战役的打击后，美帝国主义已无能力继续坚持大规模的战争，被迫接受和平谈判，从而开始了朝鲜战场上长达两年零一个月的谈谈打打、打谈结合的战略防御阶段。

美帝国主义虽然被迫进行谈判，但并不甘心失败，不愿在公平合理的条件下接受停战谈判。在谈判过程中，美国方面在军事分界线划分、战俘遣返等问题上设置重重障碍，妄图在谈判桌上攫取战场上得不到的东西。中国人民志愿军为争取主动，争取有利于人民的停战谈判，采取“持久作战、积极防御”的作战方针，以阵地战为主要作战形式，依托阵地展开攻防作战，作战规模由小到大，愈战愈强，先后取得了粉碎美军1951年夏秋局部攻势、反“绞杀战”和反细菌战、1952年春夏巩固阵地作战、1952年秋季战术反击和上甘岭战役以及1953年夏季反击战役的胜利。通过作战，有力地配合了停战谈判，打击了美帝国主义的嚣张气焰，争取到了有利于人民的停战。

第6节　显示威力

人不犯我，我不犯人，人若犯我，我必犯人。[①]

毛泽东主张后发制人，但不排斥在敌人首先挑起战争的情况下采取先机制敌的进攻行动。只要敌人发起战争，我们就有采取任何方式给予还击的权利，并且不打则已，打则必胜。“显示威力”是毛泽东军事战略中积极防御思想的反映，是用革命的两手对付反革命的两手的必然要求。向敌人显示威力，是人民解放军在自卫求存的前提下，必要地反击敌军的摩擦挑衅，打击敌人嚣张气焰的主要手段。

抗日战争时期，面对日军的侵略和国民党军的摩擦，八路军、新四军坚持以主要力量抗击日本侵略军，但为自卫求存，对于国民党顽固派蓄意挑起的反共摩擦事件又不能不进行斗争。困难不在于要不要进行这种斗争，而在于如何将抗日与反顽结合好，使抵御内患之争不至于损害抗战大局。为此，毛泽东在留守兵团军事会议上强调，巩固边区必须坚持一个方针，两条原则：一个方针是“一步不让”，两条原则是“人不犯我，我不犯人；人若犯我，我必犯人”。他指出：对国民党的摩擦与武装进攻，是必须坚决抵抗的，但必须严格站在自卫立场上，决不能过此限度，给挑衅者以破裂统一战线的口实。这种自卫防御、反摩擦斗争之目的，在于巩固国共合作。在这一方针的指导下，八路军、新四军多次成功挫败了国民党顽固派的反共阴谋。

在中国的革命战争中，毛泽东始终站在一个圆圈的中央。在圆圈内，是中国

① 引自《和中央社、扫荡报、新民报三记者的谈话》，见《毛泽东选集》第2卷，人民出版社1991年版，第590页。

共产党及其团结起来的最广泛的统一战线；在圆圈外，则是国民党顽固派。从秋收起义到北上抗日，毛泽东带领中国共产党经过不懈的奋斗，有了一个极为稳固的战略后方，但是他清楚地认识到，国民党反动派与中国共产党之间的矛盾终究不能靠和谈来解决，在稳固后方的同时，必须显示威力，争取更大的外势。

毛泽东对于战争从来不怕："有来犯者，只要好打，我党必定站在自卫的立场上坚决彻底干净全部消灭之（不要轻易打，打则必胜），绝对不要被反动派的其势汹汹所吓倒。""对于顽固派的军事进攻，必须坚决、彻底、干净、全部地消灭之。""我们是不是去侵略别人呢？任何地方我们都不去侵略。但是，人家侵略来了，我们就一定要打，而且要打到底。中国人民有这么一条：和平是赞成的，战争也不怕，两样都可以干。"

为了打退顽固派的进攻，争取中间势力以扩大中国共产党的外势，抗日战争时期，当顽固派向八路军发动进攻时，八路军在"有理、有利、有节"的原则下给进犯之敌以一定程度的打击，使其知难而退，最终打退了顽固派发动的三次反共高潮。解放战争时期，为策反一部分立场动摇的中间势力，解放军也同样成功运用了显示威力的策略，争取了很多犹疑动摇的中间势力，加速了解放战争的进程。

1939年12月初，国民党第97军军长朱怀冰率部进入冀西抢占要点，摧残抗日政权。为此，第129师师长刘伯承亲赴冀西，向冀察战区总司令鹿钟麟表明立场，严正指出："八路军一个师抵抗了10万日军，10万伪军，并非怕你们，不过为了团结，不忍自相残杀，要是逼人太甚，我们是有人民做后盾的。"但是鹿置若罔闻，继续向抗日根据地大举进攻。八路军第385旅及冀西、冀中部队被迫自卫，于1940年1月12日向敌侯如墉部和乔明礼部发起反击，歼灭其大部，迫使鹿钟麟、朱怀冰部于2月初南撤武安、涉县、磁县地区。

1940年1月下旬，国民党第39集团军石友三部又在冀南向八路军发动进攻，准备夺取冀南抗日根据地。在这样的情况下，毛泽东电令八路军总部和第129师坚决彻底消灭进攻之敌。2月9日，冀南、冀中、冀鲁豫等军区各一部在宋任穷、程子华指挥下发起反击，将石部主力包围于威县东南地区。15日，石部顽军突围西逃。

国民党顽固派的军事进攻虽连遭失败，但仍不甘心。1940年2月初，蒋介石又令朱怀冰部和石友三部向太行、冀南地区的八路军发动进攻。八路军总部决定乘朱怀冰部孤立突出、石友三部立足未稳之机发起攻击，驱逐石友三部和朱怀冰部顽军。2月22日，八路军发起卫（河）东战役，集中兵力打击石友三部。3月4日，八路军先后在观城、濮县和清丰县东南歼灭顽军一部，石顽残部逃窜至民权以东地区。

3月5日，第129师和晋察冀军区各一部，在刘伯承、邓小平的指挥下，开始进行磁（县）武（安）涉（县）林（县）战役，反击朱怀冰部。针对顽军的部署，刘、邓决心集中兵力首先歼灭朱怀冰部，监视并争取鹿钟麟、孙殿英两部中立。3月5日，第129师首先反击进攻古台、前后牧牛池、南王庄、齐家岭等地的顽军；6日，击溃了南北岔口、东西花园、南北贾壁、青碗等地顽军。在我军有力打击下，朱怀冰残部退入修武县境。八路军遵照中共中央“适可而止”的指示，停止了反击作战。

晋冀鲁豫地区的八路军反顽作战，坚持“有理，有利，有节”的原则，针对石友三、朱怀冰等部有恃无恐的进攻，坚决进行了反击，显示了晋冀鲁豫地区八路军的强大战斗力，最终迫使顽军败退，收复了失地；并迫使蒋介石南京政府与中共进行停战谈判，打退了国民党顽固派发动的第一次反共高潮。

1946年9月，胡宗南在山西晋南重镇运城设立指挥所，指挥国民党军整编第1师第1旅及第30师共4个旅沿同蒲路及其东侧北犯，进至临汾、冀城地区，企图和由平遥、介休南下的阎锡山部夹击解放军于洪洞、赵城地区。中央军委决定在临汾、浮山地区歼敌一部。

敌整编第1师第1旅是国民党军精锐部队之一，官兵非常骄横，有所谓“天下第一旅”之称。下辖两团，仍保持着师的规模，旅长黄正诚是中将，两个团长刘玉树、王亚武都是少将。在第4纵队司令员陈赓主持的军事会议上，陈赓认为敌第1旅装备虽好，但刚来晋南，地形不熟，又异常骄狂，“打掉这个天下第一旅，定会叫胡军心胆俱裂”。根据敌情，第四纵队决心以第24旅在灵石、平遥间阻止阎军南下，集中主力3个旅于洪洞东南地区，在临汾、浮山间围歼敌第1旅。

9月22日，胡宗南部攻占浮山城，解放军除一部牵制浮山之敌外，集中主力包围进至官雀村之敌第1旅第2团，当晚即歼其一部。23日，浮山之敌全力西援，第1旅旅部率第1团由临汾东援。四纵以一部阻击西援之敌，集中主力将东援之敌包围于临、浮之间的陈堰村。当日黄昏，对官雀、陈堰两地之敌发起总攻，经一夜激战，全歼整编第1师第1旅4000余人，俘中将旅长黄正诚。

是役，解放军在敌军兵力4至5倍于己的情况下，选择诸路敌军中战斗力最强的一路为歼击目标，集中主力歼灭了号称“天下第一旅”的国民党整编第1师第1旅，充分显示了晋冀鲁豫解放军的实力，沉重打击了阎、胡两军的嚣张气焰，有力地配合了华东和中原解放军的作战。

第7节　阵前宣传

宣传工作是红军的第一个重大工作，忽视了这个工作，就是放弃了红军的主要任务。①

政治宣传攻势，是精神斗争的有力武器，是心理战的重要手段，通过大力广泛的宣传，可以阐明我们的方针和政策，揭露敌人的政治欺骗，使敌军明白事实真相，或利用敌人内部之间的不和扩大敌人的矛盾，或指明其困难处境，散布悲观情绪，发动心理攻势，形成一种潜移默化的无形精神力量，从而削弱敌军斗志，动摇敌人决心，瓦解敌军士气。“阵前宣传”，主要是通过阵前喊话、散发传单、散发慰问品、写劝降信、送食品等方式进行，展开心战攻势，起到分化瓦解敌人、减少我军伤亡、加速战役战斗胜利的目的。

“攻心为上，攻城为下”，这是兵法之精要。东晋大破前秦苻坚于淝水，

① 引自《红军宣传工作问题》，见《毛泽东军事文集》第1卷，军事科学出版社、中央文献出版社，1993年版，第105页。

项羽四面楚歌自刎于乌江，这些都是阵前宣传的典范。毛泽东对阵前宣传非常重视，认为它是“军事攻势与政治攻势并举”的一个有效手段。仅在解放战争中，通过对国民党军队的政治宣传和瓦解，就争取了148万国民党军投诚起义。

毛泽东对我军的阵前宣传工作有许多具体的指导。他在《加强对被围之敌的政治攻势》一文中讲道：“你们现在应用极大力量，加强政治攻势。用各种名义（你们及各纵各师及敌方来降的官长）写信给敌方各级官长，并将这些信公开地散播，当作一个群众运动，公开地进行这一工作。”在《军事攻势与政治攻势同时并举》一文中讲道：“此外，你们还可起草公开的劝降书，发来中央审查做口语广播，并在前线印发传单。嗣后，每攻一城都可采用公开劝降的办法，即军事攻势与政治攻势同时并举。”

1931年3月，毛泽东亲自主持制定了对白军的宣传口号，针对“左”倾机会主义在敌军工作上“要兵不要官”和“俘虏不分田”等错误，提出了“欢迎白军士兵下级官长打土豪分田地”和“欢迎白军士兵下级官长来当红军”等口号。西安事变爆发后，周恩来充分发挥大智大勇和善于说服人的才华，对国民党要员和张学良、杨虎城等进行了大量的说服工作，还深入东北军、西北军中做中下级军官的工作，成功地通过西安事变推动了国共两党的合作。

在长期的革命战争中，中共通过大力广泛的阵前宣传，使其政治主张逐步为国民党将士所了解和理解；通过不断揭露反动派的政治欺骗，使国民党军明白事实真相，无心应战；通过大力广泛的阵前宣传，使深陷困境的敌军悲观失望，从而削弱其斗志，动摇其军心，瓦解其士气。

淮海战役期间，为避免更大伤亡，解放军对被围之杜聿明部积极开展了群众性的政治攻势。1948年12月17日，毛泽东亲自起草了中国人民解放军、华东人民解放军《敦促杜聿明等投降书》，指示合围部队“向杜邱李连续不断地进行政治攻势，除部队所做者外，请你们起草口语广播词，每三五天一次，依照战场具体情况变更其内容，电告我们修改播发”。之前，陈毅、粟裕、谭震林也曾两次写信给杜聿明等，劝其立即下令停止抵抗。根据中共中央军委和华东野战军政治部先后发出大力开展政治攻势的指示，解放军各部队的第一线团均建立了政治攻势指挥所，连队成立了政治攻势小组，广泛开展群众性的对敌政治攻势。通过广播喊话、阵前上课、派人劝降、释放战俘、散发传单、竖立大型宣传牌、写信、送食品以及战壕小型联欢等方法，进一步瓦解敌人。在强大的政治攻势下，国民党军大批士兵和下级军官甚至整连整营携枪投降。从1948年12月16日至1949年1月5日的20天内，个别及成批投降的国民党军达14 000余人。通过阵前宣传，严重削弱了敌军的战斗意志，节约了解放军兵力，对于顺利歼灭被围之敌起了重大作用。

在太原战役中，人民解放军根据“缓取太原、稳住平津”的指示，针对敌人内外交困的处境和惊恐不安的心理状态，广泛开展了阵前宣传工作。使用宣传弹投放传单，把己方战壕装扮得五颜六色，拉起灯笼，在贴有“欢迎阎军官兵过来过年”标语的木杆上，挂着雪白的蒸馒头。人民解放军还针对当面敌人多是山西寿阳人的特点，拉老乡关系，开展阵前喊话，宣传共产党政策，进行心理瓦解。这些看得见、听得到的东西，直接影响和感化了敌军。阵地上的灯笼、馒头和宣传成为诱发敌人心理感应的“催化剂”，儿女情长、乡怨家愁的阵前喊话成为瓦解敌人的“软化剂”。在敌人处于弹尽粮绝、四面楚歌的情况下，上述宣传更能引起敌人的对比、联想，促使其思考出路。结果，从1948年10月开始围困到1949年4月太原解放，国民党守军3万余人向解放军投诚，占敌军当时兵力的1/4。

抗美援朝三年战争中，志愿军向敌官兵散发了6000多万份宣传品，在前沿阵地上建立了37个大型广播站，有效地瓦解了敌军士气。对此，美军官方也不得不承认：中国的宣传，“促成了很多的误解和不必要的残废”，涣散了士兵的情绪，瓦解了战斗士气。

在朝鲜战场上，志愿军政治攻势的矛头主要是指向美军和李承晚伪军，并在对敌宣传中采取了区别对待的方针。对美军，主要宣传中国人民志愿军抗美援朝战争的正义性，宣传己方和平解决问题的主张和宽待俘虏的政策，分析美帝国主义的战争政策对美国人民和其他各国的损害，帮助他们认清所参与战争的非正义性和充当美帝国主义战争工具的可悲性，激起他们的思乡情绪，削弱他们的斗志。对美军中的黑人士兵，则激励他们反对种族歧视，鼓励他们为民主和人权而斗争。对伪军，则宣传、揭露美帝国主义的侵略阴谋和李承晚充当美帝傀儡的卖国罪行，帮助他们认清民族相煎的悲剧，激发他们的爱国热情，号召一切爱国的朝鲜人民，不分南北，一致起来反对美国侵略。许多李伪军感叹道：我们的苦难谁都不知道，只有广播机（指志愿军对敌宣传器材）给说出来了。

随着战争的持久性特征进一步显现出来，志愿军的阵前宣传工作更是有声有色。在第一线各军的防御区中，都建立了广播宣传站，配备有5部扩音器和5部留声机。通过有线广播，宣传板门店的和谈情况，宣传己方和平解决朝鲜问题的诚意，揭露谈判桌上美方的无赖行为和讹诈手段，宣传己方对待俘虏的宽大政策，驳斥敌人的造谣诬蔑。这对于美军士兵认清美帝国主义发动战争的非正义性和欺骗性，以及产生厌战情绪起到了良好的效果。志愿军的阵前宣传形式也更趋多样化。如根据美军喜欢看颜色鲜艳的画片，不愿看文字的特点，尽力把每张传单都搞得文字简短，图画鲜明，印刷精美，引起了很多美国士兵的兴趣，有不少士兵把志愿军的宣传品收藏起来或寄回家去当纪念品。合众社曾有评论说："它的形式和内容说明中共选拔了最优秀的宣传家参加了宣传团。"此外，志愿军还根据敌军的民族风俗，采取恰当的方式向敌军展开心理攻势。如1951年圣诞节，向美军散发自制的圣诞树、圣诞卡和西式糕点等实物。1952年，志愿军利用"八一五"朝鲜解放纪念日和中秋节这两个节日，仅向李伪军散发宣传品就达137万份。为了利用节日的特殊宣传效果感化敌军，在1952年圣诞节和1953年的新年春节，志愿军主动在阵地上临时停火，让在其攻击下整天身踞地堡里不敢出来的敌军与其举行火线联欢。敌军广大官兵对志愿军此举大为赞叹，亲身体会到了志愿军的气度和人情味以及热爱和平的诚意，结果许多敌军士兵纷纷表示"今后不再和中国人作战了"。

第8节　积极策反

我们要把敌人营垒中间的一切争斗、缺口、矛盾统统收集起来，作为反对当前主要敌人之用。[①]

积极策反，是军事打击与政治瓦解结合运用的一种形式。主要是通过利用对敌人的内部矛盾或其摇摆不定的心理对敌军进行内部策反，即策动敌军将领率部起义或接受解放军的条件或实行和平改编。其主要手段是打拉并举、以打助拉。所谓“拉”，就是通过长期、复杂而又耐心的争取工作，将某些敌军将领拉到人民一边，使其以战场起义、投诚等方式率部投向我军。由于方针正确、措施得力，中共的策反工作（特别是在解放战争时期）做得有声有色，极大地推动了中国革命的顺利发展。

在以军事手段消灭敌人的同时，运用政治手段瓦解敌人，积极策反，造成国民党众叛亲离的局面是毛泽东的拿手好戏。在《一九四六年解放区工作的方针》一文中，毛泽东就做出了“为着粉碎国民党的进攻，我党必须对一切准备进攻和正在进攻的国民党军队进行分化的工作。一方面，由我军对国民党军队进行公开的广泛的政治宣传和政治攻势，以瓦解国民党内战军的战斗意志。另一方面，须从国民党军队内部去准备和组织起义”的重要指示。

1948年9月16日夜，华东野战军约14万人分东、西两个集团向济南城守敌王耀武集团发起全线猛攻。经一日激战，西集团歼灭长清、齐河守敌后迅速迫近济南西郊，东集团攻占了茂岭山、砚池山等制高点。战至19日夜半时分，济南外围阵地全部被解放军占领。攻城部队从西、南、北三面包围济南的商埠，占领了机场，切断了敌空运补给线。在解放军连续猛攻下，国民党守军军心动摇，防御部署被打乱。

为了确保济南战役的完全胜利，华东野战军对敌西守备区总指挥、整编第96军军长吴化文积极进行策反工作，打了一场漂亮的心理战。吴化文原属西北军集团，与蒋介石集团有矛盾，又相当迷信，有争取其战场起义的可能。因此，华野派出联络干部，通过吴化文的一名师长建立了内线关系。经过说服，并搬动吴夫人和吴的父亲苦口婆心地劝其起义，吴仍只模棱两可地答应起义，

① 引自《论反对日本帝国主义的策略》，见《毛泽东选集》第1卷，人民出版社1991年版，第148页。

说必须等待时机。吴夫人的一位亲戚是地下党员，知道吴遇到大事喜欢打卦算命卜吉凶，于是找了一个有名的“小诸葛”替他算命。经算命先生一指点，吴化文认为“天意如此”，才下定决心起义。19日晚，吴化文率整编第84师等部3个旅约2万人起义，撤离战场。解放军趁势猛攻，激战至24日黄昏，全歼守敌，解放济南。华东野战军攻城兵团经过8昼夜连续奋战，以伤亡2.6万人的代价换取了歼敌10万余人（包括起义的2万人）、攻克济南的重大胜利，开创了夺取敌坚固设防和10万重兵防守的大城市的先例。在这次战役中，华东野战军采取打拉结合、以打促变的方针，积极策反吴化文，促使其率部2万多人举行战场起义，等于砍掉了王耀武的一只臂膀，对全歼王耀武集团起了重要作用。

辽沈战役的胜利和淮海战役的顺利发展使蒋介石的战略防御体系濒于解体，华北傅作义集团完全孤立。此时，蒋介石对傅作义集团的撤守还举棋不定，毛泽东决定将该敌迅速“就地歼灭”。

傅作义估计东北野战军不会迅速入关，在东起北宁路的滦县、西至平绥路的柴沟堡的长达600千米的地带摆开一字长蛇阵，做好能守则守、不能守则西撤归绥或海上南撤的准备。毛泽东看到傅作义部队调动的态势，立即向华北军区指出：“华北之敌有分向西、南两方向撤退或集中向南方（经海路，亦有某种可能走陆路）撤退的可能。”并指示华北军区第3兵团和徐向前部停止攻击归绥和太原，截断傅军西逃通路。同时电令东北野战军取捷径迅速入关，包围塘沽、天津之敌，阻止蒋系部队从海上逃跑。

11月29日，杨成武兵团攻占万全、怀安、柴沟堡等地，包围了张家口。12月8日，傅军“王牌”第35军被解放军包围于新保安地区。至此，傅作义西逃之路被完全切断。与此同时，东北野战军主力发扬连续作战的精神迅速入关，至12月21日，提前四天完成了对平津塘之敌的战略包围，封闭了平津之敌海上南逃去路。至此，华北之敌被歼之命运已定。

在张家口及第35军被围后，傅作义就通过各种渠道与共产党联系，希望进行和平谈判。为了稳住傅作义并掩护东北野战军入关，中共把傅作义的长女傅冬菊派回到傅作义身边，对争取傅作义起到了很大作用。12月12日，地下党员李炳泉受命与傅作义正面接触。12月19日，东北野战军参谋长刘亚楼与傅作义的和谈代表崔载之在八里庄正式接触。因双方条件差距太大，谈判未获结果。为向傅作义进一步施加压力，12月22日，华北第2兵团攻克新保安，全歼第35军2个师。12月24日，华北第3兵团与东野4纵夺取张家口，并将敌歼灭于张家口以北地区。12月23日，傅作义亲自给毛泽东去电报，较恳切地表明了和谈之意。虽然此时在中共中央公布的43名罪大恶极的战犯中傅作义赫然在列，但在进退无路的情况下，傅作义只好同意通电和平起义。

此时，毛泽东认为与傅作义谈判的时机已经成熟。12月31日，中共中央、中央军委电示林彪立即派李炳泉向傅作义当面传达中共愿与之和平谈判的信息，并对把傅作义列为罪犯做了解释，通知他不要发通电，以免蒋系部队危及傅系部队。傅作义听后深为中共对其处境的考虑而感动。1949年1月6日，傅作义派周北峰与中共举行正式谈判。1月10日，签署了“会谈纪要”，并要求傅作义1月14日午夜12时正式答复。这期间，蒋介石派蒋纬国带亲笔信来北平，再一次以官位相诱，美太平洋司令白吉尔也到北平诱惑傅作义南撤，均被傅作义婉言谢绝。1月14日已逼近，傅作义内心仍在斗争。为了再一次向傅作义施加压力，解放军于14日开始攻击天津，经29小时激战，15日攻克天津。在解放军强大的军事压力下，傅作义于1月16日下午与中共达成了协议。1月21日，傅作义的全权代表崔载之在和平解决北平问题的协议书上签了字。这是蒋介石不愿看到，也不忍看到的事实，曾和自己一起出生入死、受自己赏识栽培的傅作义竟会被共产党策反，公然站到了自己的对立面。远在南京的蒋介石感到了一种众叛亲离、日暮途穷的恓惶。

“北平方式”，是军事打击与政治攻势相结合、大规模瓦解敌军的方式之一。其特点是以强有力的军事打击为后盾，首先断敌退路，然后选择歼灭敌重要力量一部或攻占敌关键的一地，从而震撼敌人，使之断绝他图，与此同时展开政治攻势，打得巧而有度，拉得准而有力，最终迫敌接受我方条件，达到内部策反之目的。

第9节 优待俘虏

必须向全体红色战士指战员说明优待俘虏特别优待官长的用意何在，以及对于清查敌军大小军官，一经解除武装，一律不得剥衣，不得搜身，不得打骂，不得捆绑，不得讥笑，而以热烈欢迎诚恳招待的态度向着他们，用此策略以瓦解白军。[①]

优待俘虏是我军对敌工作的重要政策，也是瓦解敌军工作的主要内容和有效手段。其主要内容为：不打、不骂、不杀、不辱、不搜腰包、不没收私人财物，对伤病者给予治疗，对死亡者予以掩埋并做标记。其基本精神是：对已经放下武器的敌军官兵，尊重他们的人格，教育他们，争取他们站到人民方面来。

优待俘虏、保护俘虏，不但充分体现了我革命人道主义精神，同时可以在敌军中产生良好的心理效应，有助于我们从政治上对敌军进行瓦解，可以促使大多数俘虏转变政治态度，站到人民的立场上来。利用俘虏瓦解敌军，是我军政治攻势的一种高明手段。从一般人的心理上说，人们往往更容易相信“自己人”的话，利用俘虏对敌军做宣传工作，更易取得敌人信赖，宣传效果往往优于我直接宣传。同时，优待俘虏不仅争取了俘虏本人，更重要的是通过俘虏之口，将所见所闻，将我之政策和做法在敌军中广为传播，形成“雪崩”现象，从而促使敌军产生离心倾向，造成我对敌进行心理瓦解的良好条件。在反侵略战争中，我军还利用战俘向战俘国人民及国际社会进行宣传，产生了重大影响。组织外国俘虏进行国际宣传，不仅能在敌军中产生不可估量的影响，成为

① 引自《关于执行优待俘虏政策的问题》，见《毛泽东军事文集》第1卷，军事科学出版社、中央文献出版社，1993年版，第477页。

瓦解敌军的有力武器，而且有利于扩大我国在国际上的影响，有力地配合外交斗争，取得国际社会的同情和支持。

作为一代伟大的军事家，毛泽东的文韬武略不仅使天下归心，而且通过优待俘虏的政策争取了敌军中不少的军官和士兵，大量地瓦解了敌军，连蒋介石也不得不哀叹："尤其使我痛心的"是"有许多受我耳提面命的高级将领被俘"，"而不能慷慨成仁"，许多下级官兵被俘虏，编入解放军来打国民党军，"而不能相机反正"，这是"有史以来所未有的奇耻大辱"！

1928年，毛泽东为我军创立了宽待俘虏的四项政策，即不打、不骂、不杀、不虐待；不准搜腰包；受伤给治疗；愿去愿留自愿。在毛泽东、朱德的倡导下，古田会议通过的决议案对优待俘虏的政策、方法做了较为详细的规定，标志着我军俘虏政策的基本形成。

毛泽东对优待俘虏有许多精辟的论述：对敌军的宣传，"最有效的方法是释放俘虏和医治伤兵"。"为加强统一战线的活动与争取白军工作，需要从俘获的白军官兵中施以着重的政治教育，并特别优待，以便训练出一批可以奔走各方的人才，至少可做联络交通。""对敌军、伪军、反共军的俘虏，除为群众所痛恶、非杀不可而又经过上级批准的人以外，应一律采取释放的政策。其中被迫参加、多少带有革命性的分子，应大批地争取为我军服务，其他则一律释放；如其再来，则再捉再放；不加侮辱，不搜财物，不要自首，一律以诚恳和气的态度对待之。不论他们如何反动，均取这种政策。这对于孤立反动营垒，是非常有效的。"

抗日战争时期，虽然日本侵略者对中国军民实行惨无人道的"三光"政策，中共仍坚持实行优待俘虏的政策，对日军俘虏不杀不辱，并给予人道主义待遇。毛泽东在与英国记者贝特兰谈话时指出："我们的政策是坚持的，例如日军现已公开声言要对八路军施放毒气。即使他们这样做，我们宽待俘虏的政策仍然不变。"不仅如此，按照毛泽东优待俘虏的指示，八路军在物质生活方面也给予日军俘虏以优于己的良好待遇。整个抗日战争时期，八路军规定给日军俘虏的伙食费都比己方士兵高一倍。

通过坚决实行优待日军俘虏的政策和对他们的耐心争取，极大地促进了日军俘虏在政治态度上的转变。有的日军俘虏自愿为八路军进行宣传工作，组成了“反战同盟”，充分利用他们熟悉本民族和自己军队的情况和心理的优势，使宣传工作更有针对性和说服力，产生了良好效果。

解放战争时期，优待俘虏的政策也为大规模分化和瓦解敌军，减少人民解放军的不必要伤亡，起到了重要作用。俘虏过来的士兵除老弱病残者外，经过短期教育，就自觉掉转枪口加入反对国民党反动派的斗争中去。有的甚至上午被俘，下午就补充到部队参加作战，连衣服还未来得及更换。几十万从国民党军队来的俘虏兵成为“解放战士”，有的还当了班长、排长、连长等，充分显示了人民解放军宽待俘虏政策的强大威力。

关于对俘虏军官的处理问题，1946年11月14日，中共中央发出《对俘虏工作的指示》：对旅以上军官，要进行教育，特别优待，争取做宣传号召工作，基本上不释放；对团营级军官，要争取使用一部分，选择其中比较进步而又愿回去者，个别先行释放，其余则视情况分期释放；对于连排级军官，经短期训练后，除可留用者外，大部分释放。此后，大批释放校尉级军官、有选择地释放将级军官，成为人民解放军处理俘虏军官的方针。被放回的军官大都不再被蒋介石委以重任，有的还受到监视，从而使他们看清了蒋介石的真正面目，大多数自觉站到了人民阵线中来。“两年内，特别是最近一年内，在人民解放军中……溶化了80万左右从国民党军队来的俘虏兵，使他们变为解放战士，掉转枪口打国民党。”这是蒋介石非常害怕而又无力防护的。

抗美援朝战争时期，志愿军针对不同的作战对象，同样坚持实行优待俘虏的政策，在瓦解敌军的政策方面又有了新的发展。

在精神上，志愿军注意尊重俘虏的人格、宗教信仰和民族风俗，允许俘虏与家人通信。圣诞节时，还给美、英军俘虏开“圣诞晚会”，允许祈祷等，使俘虏深受感动。另外，还医治敌军伤兵，轻伤员给予包扎治疗，重伤员给予抢救，在救治条件不允许时，有时还把伤俘送还敌方。志愿军还注意送还敌尸体，送还尸体时连同死者的随身物品如数交还，实在无法交还的也要将敌尸体掩埋，并插上墓碑，以便战后查找。“你们的政策像母亲的心一样，你们的待遇既人道又仁慈。”这是在抗美援朝时期，美、英俘虏们共同的心声，从一个侧面也反映了我党我军优待俘虏政策在敌军中的影响。

我军的宽待俘虏政策，使敌人认识到中华民族是个“伟大的文明的民族”，感到“中国人宽大、公正、爱好和平”，有的甚至称我们有“以德报怨的基督教精神”。

此外，志愿军还利用改造过的俘虏去进一步瓦解敌军，通过采取这一措施，有时甚至在敌军阵营内产生了“雪崩”现象。抗美援朝战争中，志愿军组织美、英等国俘虏发家信，写文章，录音广播，散发照片、小册子、画刊等进行宣传，邀请国际和平民主人士、记者参观俘虏营，扩大宽俘政策的影响，有力驳斥了敌人对己方的诬蔑。整个朝鲜战争期间，经志愿军教育后予以遣返的几千名外军战俘写下上千封感谢信，停战后有20余名美、英战俘拒绝遣返，使西方记者不得不承认，这是对“自由世界”的美国生活方式的直接打击。

宽待俘虏不仅争取了俘虏本人，更重要的是通过俘虏之口宣传了我军的政策，使更多的敌军官兵对自己所进行的战争产生动摇、厌恶情绪，由对我方的极度仇视，逐渐产生好感、同情，对我方的宣传也更易于接受，并打破对我方的惧怕心理，不害怕当俘虏，甚至产生当俘虏更安全的想法，从而促使敌军产生离心力，起到瓦解敌军心理的作用。

第10节　有理有利有节

坚持这种有理、有利、有节的斗争，就能发展进步势力，争取中间势力，孤立顽固派，并使顽固派而后不敢轻易向我们进攻，不敢轻易同敌人妥协，不敢轻易举行大内战。①

---

① 引自《坚持有理有利有节的斗争》，见《毛泽东军事文集》第2卷，军事科学出版社、中央文献出版社，1993年版，第521页。

抗日战争爆发后，国共抗日民族统一战线的建立改变了国共两党原有的斗争格局，国共之间已不再是剑拔弩张的军事斗争关系，而是共同对付日本侵略的伙伴关系。但由于阶级利益的对立，国共之间的斗争仍然存在，只是政治斗争和思想斗争更加尖锐，军事斗争则由国民党对共产党的全面军事“围剿”改变为局部的武装冲突。

毛泽东面对国民党顽固分子对解放区的不断骚扰，提出了有理、有利、有节的正确斗争方针。1939年，毛泽东在与中央社记者刘尊棋等人谈话时，对蒋介石顽固分子破坏抗日、不断摩擦的行径进行了深刻的揭露，第一次向世人表明了中国共产党有理、有利、有节的立场。他说：“任何方面的横逆如果一定要来，如果欺人太甚，如果实行压迫，那末，共产党人就必须用严正的态度对待之。这种态度就是人不犯我，我不犯人，人若犯我，我必犯人。”1940年3月11日，毛泽东在《坚持有理有利有节的斗争》一文中，再一次对中国共产党与国民党顽固派的斗争立场和方针做了明确清楚的阐述：“在抗日统一战线时期，同顽固派斗争，必须注意下列几项原则。第一是自卫原则。人不犯我，我不犯人，人若犯我，我必犯人。这就是说，决不可无故进攻人家，也决不可在被人家攻击时不予还击。这就是斗争的防御性。对于顽固派的军事进攻，必须坚决、彻底、干净、全部地消灭之。第二是胜利原则。不斗则已，斗则必胜，决不可举行无计划无准备无把握的斗争。应懂得利用顽固派的矛盾，决不可同时打击许多顽固派，应择其最反动者首先打击之。这就是斗争的局部性。第三是休战原则。在一个时期内把顽固派的进攻打退之后，在他们没有举行新的进攻之前，我们应该适可而止，使这一斗争告一段落。在接着的一个时期中，双方实行休战。这时，我们应该主动地又同顽固派讲团结，在对方同意之下，和他们订立和平协定。决不可无止境地每日每时地斗下去，决不可被胜利冲昏自己的头脑。这就是每一斗争的暂时性。在他们举行新的进攻之时，我们才又用新的斗争对待之。这三个原则，换一句话来讲，就是‘有理’‘有利’‘有节’。坚持这种有理有利有节的斗争，就能发展进步势力，争取中间势力，孤立顽固派，并使顽固派而后不敢轻易向我们进攻，不敢轻易同敌人妥协，不敢轻易举行大内战。”

在反对国民党顽固派的武装斗争中，中国共产党坚持从顾全大局出发，在有理、有利、有节斗争方针的指导下，把反顽斗争的坚定性与斗争策略的灵活性结合起来，把对国民党顽固派的联合与斗争结合起来，既维护了统一战线，又维护了人民的根本利益，使中国共产党在同顽固派的军事斗争中始终处于政治上有利的地位，并且赢得了人民的支持和国际力量的同情，极大地制约着国民党顽固派在抗日战争中的妥协动摇倾向，粉碎了他们企图在抗战中削弱中共力量的阴谋。

无论是在抗战时期与国民党内的顽固派做斗争，还是解放战争时期揭露国民党反动派的和谈阴谋，以及社会主义建设时期的自卫还击作战，毛泽东提出的有理、有利、有节的军事原则都是我党我军争取民众、克敌制胜的法宝。特别是在20世纪60年代初，面对印度当局在中印边境大肆推行“前进政策”，蚕食中国领土，侵犯中国领空，毛泽东创造性地发展了有理、有利、有节，在社会主义新形势下为其注入了新的内涵。

从1960年至1962年9月，印度政府错误估计形势，无视中国主权，向边境大规模调兵遣将，企图使用武力实现其领土要求。他们在中印边境西段中国境内设立了43个侵略据点，同中国边防哨所形成了犬牙交错的态势。侵入中国境内的印度军队不断袭击、拦截中国边防部队的巡逻和运输官兵。

在这种严重的局势下，中国政府仍命令边防部队采取克制忍让的态度，力避武装冲突。同时，在外交上一再呼吁印度政府放弃使用武力，通过谈判解决边界问题。然而，印度当局视中方的克制忍让为软弱可欺，对中国政府的严正警告和和平呼吁置若罔闻。1962年9月20日，侵入克节朗地区的印军突然向中国边防部队哨所发起攻击。10月10日，印军边境部队又向尺冬哨所发起进攻，再次制造了流血事件。

这时，印度当局的所作所为已使中印之间的战争难以避免。在印军悍然发起武装进攻之后，为维护领土完整和国家的主权与尊严，为创造和平稳定的中印边境，毛泽东和中央军委果断做出了实施自卫反击战的决定。

第一阶段自卫反击作战自10月20日始，至28日止。中国边防部队在中印边境东段西藏的克节朗、达旺地区，西段新疆阿克赛钦的万河谷、红山头、巴里加斯等地区，同时对入侵印军进行反击作战，主要作战方向为克节朗地区。当时，在边界东段，印军集结了第4军约1.6万兵力。其中第7旅3000余兵力及配属的炮兵部署于“麦克马洪线”以北的克节朗地区；在西段，印军部署1个旅部6个步兵营、1个机枪营及若干配属分队共5600余人，其中1300余人配置在侵入中国境内的43个据点上，正面宽640余千米，深入中国境内纵深20余千米。

10月20日7时30分，西藏边防部队针对克节朗地区印军部署前重后轻、翼侧暴露、纵深浅等情况，采取两翼开刀、侧后迂回、分割包围、各个击破的战法，集中主要兵力，在炮兵、工兵配合下，向印军第7旅左右两翼发起攻击，迅速攻占枪等、卡龙、克宁乃、沙则等地；以一部分兵力在山南军分区协同下，向该印军正面扯果布、邦冈丁攻击，一部兵力向左侧后章多迂回攻击；昌都、山南、林芝军分区各以一部兵力对当面之敌实施反击，配合主要方向作战。反击作战部队克服高山、峡谷、密林等天然障碍，以勇猛的攻势行动，迅速攻克了印军在克节朗地区的重要据点。印军大部被歼，一部溃逃。中国反击作战部队遵照中央军委的命令，决定不受非法的“麦克马洪线”的约束，乘胜发展进攻，至23日，进占达旺。此战，收复了“麦克马洪线”以南达旺河以北部分中国领土，歼灭了印军第7旅共1897人，俘虏印军第7旅旅长达尔维准将，缴获一批武器装备。同时，西线新疆边防部队对侵入加勒万河谷、红山头等地印军据点发起攻击，配合东线作战。边防部队在高山缺氧、气候严寒的边境地区，对入侵印军据点实施强攻，经过1小时战斗，全歼守敌。尔后反击作战部队乘胜扩大战果，向班公湖两岸、巴里加斯等地区转用兵力。战至28日，清除了侵入中国境内的印军据点37个，歼灭印军296人。

第二阶段自卫反击作战自11月14日始，至21日结束，中国边防部队在中印边境全线对印军实施反击。

在东段克节朗地区作战取得胜利的形势下，为缓和紧张局势，中国政府于10月24日发表声明，提出了停止冲突、重开谈判、和平解决边界问题的三项建议，并命令东线反击作战部队停止追击。11月4日，周恩来又写信给尼赫鲁，希望印度当局对中国政府的三项建议做出积极响应。然而，印度当局蛮横地拒绝了中国政府的和平建议，宣布全国处于紧急状态，进行战争动员，公开向美、英、苏等国乞求军事援助，向东、西段边境地区调集4万余人兵力，决心再度同中国进行军事较量。侵入中国境内的印军不断对中国边防部队实施炮击，并于11月14日、16日在中印边境全线再次向中国边防部队发动猛烈进攻。为实现边境的和平与安宁，中央军委决定再次对印军实施反击作战。

在边界东线西山口至邦迪拉方向，印军部署5个旅约1.5万人，沿达旺至邦迪拉公路两侧成线式布防，重点防守西山口；在邦迪拉以南，部署第4军主力作为机动部队。中国边防部队针对印军“铜头、锡尾、背紧、腹松”的部署特点，采取打头、切尾、击背、剖腹的战法，以一部分兵力攻击西山口打敌之头，一部兵力向申隔宗、略马东地区击敌之背；以一部兵力迂回至德让宗、邦迪拉之间，切敌之尾。11月18日，反击作战部队对印军形成了多路攻击部署，将印军切成数段。战至11月21日，西藏边防部队攻占邦迪拉，全部清除了西山口至邦迪拉方向的印军据点。

西藏边防部队某部于16日对边界东段瓦弄方向印军第11旅发起反击，从右翼直插瓦弄扎公，经两小时激烈战斗，夺占了瓦弄扎公，分割歼灭了入侵印军；左翼部队在察隅河东岸向侵占“80”等高地的印军发起反击。战至21日，驱逐了入侵瓦弄地区的印军，并继续向南反击，进至金古底，逼近了传统习惯线。

中印边境自卫反击作战历时1个月，清除了印军设在中国境内的所有43个侵略据点，共毙、俘印军8700余人，缴获大量武器装备和物资。在自卫反击作战取得胜利后，为促进中印边界问题和平解决，表明中国决不以武力解决边界问题的诚意，中国政府于11月21日再次发表声明，决定单方面在中印边境全线主动停火，并主动后撤。从12月1日至1963年3月1日，东线中国边防部队全部撤至1959年11月7日中印双方实际控制线中国一侧20千米以内地区。随后，中国又向印度政府交还了大批缴获的物资，释放了全部战俘。

中印边境自卫反击战，是中国边防部队在高原地区进行的一次较大规模的反侵略作战。它融军事、政治和外交斗争于一体，各种矛盾错综交织，斗争极其复杂。毛泽东和党中央、中央军委从战略全局出发，将“有理、有利、有节”的军事原则，灵活运用于军事、政治、外交中，体现了高超的斗争指导艺术，不仅取得了军事上的胜利，维护了国家领土和主权，也取得了政治、外交斗争的主动；不仅有力地打击了印度侵略者，也回击了国际反华势力。正如毛泽东所说，这是一场“军事政治仗，或者叫作政治军事仗”。

第十四篇
优良战斗作风

优良的战斗作风是军队夺取战争胜利的精神保证。中国共产党领导的人民军队是在极其艰难的环境中诞生的，她从小到大、从弱到强，攻无不克，无坚不摧，靠的是优良的战斗作风。毛泽东十分重视人民军队战斗作风的培养。毛泽东说："如果一个革命的人民和军队不怕痛苦，不折不挠的英勇的反抗敌人，他们一定会胜利。"在漫漫革命征程中，毛泽东等无产阶级革命家逐步将这支军队培养成具有善打近战夜战；一不怕苦，二不怕死；服从命令，听从指挥；连续作战，不怕疲劳；灵活机动，主动配合等优良战斗作风的军队。

毛泽东（前排左五）同突围至延安的359旅干部王震（前排左六）等合影　（视觉中国供图）

第1节　一不怕苦，二不怕死

我赞成这样的口号，叫做“一不怕苦，二不怕死”。[①]

在革命战争年代，毛泽东最大的业余爱好和休闲就是赋诗。在那些脍炙人口的诗篇里，毛泽东以无限的激情讴歌着中国共产党人和人民军队一不怕苦，二不怕死的伟大精神：“红军不怕远征难，万水千山只等闲”“为有牺牲多壮志，敢教日月换新天”“山高路远坑深，大军纵横驰奔。谁敢横刀立马？唯我彭大将军”“我失骄杨君失柳，杨柳轻飏直上重霄九”。

革命不是请客吃饭，战争更是充满了血腥，但为人民的正义事业而死，将重于泰山。革命的残酷性要求共产党人和人民军队必须具有“一不怕苦，二不怕死”的革命精神。这是人民军队宗旨的集中体现，也是人民解放事业胜利的客观要求。当我们抚今追昔，纵览中国革命战争胜利的画卷时，最让我们感慨万千的正是那一幕幕视死如归的英雄壮举：红军在井冈山斗争时的红米饭、南瓜汤；二万五千里长征途中，22烈士飞夺泸定桥；毛泽东、朱德、周恩来一起爬雪山、过草地；抗日战争八女投江、狼牙山五壮士、刘老庄八十二烈士；解放战争董存瑞手举炸药包；抗美援朝黄继光以身堵枪眼，邱少云在烈火中永生，以及1998年抗洪中誓死保大堤的新时期英雄战士李向群。在革命战争中，毛泽东的多位亲人如杨开慧、毛泽民、毛泽覃、毛岸英都为革命而献出了宝贵生命。这些英雄一不怕苦，二不怕死的英雄壮举，永远是人民军队战胜一切敌人的军魂。

---

① 引自《建国以来毛泽东军事文稿》下卷，军事科学出版社、中央文献出版社，2010年版，第360页。

第2节 服从命令听指挥

我全军将士必须时刻牢记，我们是伟大的人民解放军，是伟大的中国共产党领导的队伍。只要我们时刻遵守党的指示，我们就一定胜利。①

“一切行动听指挥”是“三大纪律”的第一条，它要求人民解放军无论在作战行动上，还是在执行其他非作战任务时，都要时刻以部队纪律规范自己，做到有令必行，有禁必止。“一切行动听指挥”是人民解放军纪律的核心，是人民解放军拥有强大战斗力的重要保证。在战争中，军队各级指战员必须以大局为重，严格执行上级的命令和指示，绝不能以任何理由违背上级的命令指示，确保军队整体战斗力的充分发挥。

辽沈战役临近结束时，中央军委和毛泽东就于1948年10月29日和31日指示东北野战军，以第4、第11纵队和热河独立第4师、第6师、第8师以及骑兵师组成先遣兵团，由第2兵团司令员程子华、参谋长黄志勇率领，先行入关，进到河北遵化、蓟县地区待机。主力在沈阳、营口作战结束后，休整一个月左右，约于12月上旬或中旬开始出动，攻击平、津一带，准备于1949年1月至6月期间，会同华北部队歼灭傅作义集团，完成解放华北的战略任务。由东北野战军第4纵队等部组成的先遣兵团，在1948年10月塔山阻击战以后，未经休整，即坚决执行中央军委的命令，发扬我军一不怕苦、二不怕死、连续作战的优良传统，入关参加华北作战。在随后的作战中，该先遣兵团于12月10日歼灭康庄逃敌第16军一部6000余人；11日歼灭怀来逃敌第104军（欠1个师）8000余人；17

① 引自《中国人民解放军宣言》，见《毛泽东军事文集》第4卷，军事科学出版社、中央文献出版社，1993年版，第294页。

日至21日，又以4天急行军进至张家口地区，24日配合华北军区第3兵团歼灭张家口突围之敌，毙伤俘敌3.8万余人。在半个月内，该先遣兵团坚决执行中央军委的战略决策，克服一切困难，连续进行了3次激烈的战斗，保证了辽沈、平津两大战役的顺利衔接，确保对华北国民党军重兵集团的合围，实现了中央军委在黄河以北大量歼敌的战略意图。

第3节　灵活机动

……灵活地使用兵力，是转变敌我形势争取主动地位的最重要的手段。①

1938年3月5日，毛泽东为中国人民抗日军政大学同学会成立题词：“坚定不移的政治方向，艰苦朴素的工作作风，加上灵活机动的战略战术，便一定能够驱逐日本帝国主义，建立自由解放的新中国。”1939年5月26日，毛泽东发表文章进一步明确指出，抗大的教育方针是：“坚定正确的政治方向，艰苦朴素的工作作风，灵活机动的战略战术。”中国革命战争敌强我弱的客观环境，要求人民军队的作战行动和作战指挥不能呆板机械，一成不变，必须实行“你打你的，我打我的，打得赢就打，打不赢就走”的灵活机动的战略战术。这样，你打我时就打不到，我打你时则消灭你。

毛泽东倡导的灵活机动的战略战术，已成为人民解放军各级指战员的自觉行动和优良战斗传统。朱德元帅赞同地说：“人民军队的作战就是有什么武器打什么仗，在什么时间地点打什么仗，遇到什么敌人打什么仗。”这种战略战术，是任何敌人也研究不透、战胜不了的。

① 引自《抗日游击战争的战略问题》，见《毛泽东选集》第2卷，人民出版社1991年版，第412页。

第4节　主动配合

我军主力集中歼敌的时候，必须同地方兵团、地方游击队和民兵的积极活动，互相配合。[①]

主动配合，是指人民解放军在对敌作战时，为了发挥整体威力和效能，在作战行动上各路部队相互支援、主动协同、默契配合、共同歼敌的战斗作风。伟大的胜利来源于军民配合的力量，是官兵一致、奋勇拼搏的结果。相比之下，国民党军队派系林立，内部矛盾重重，战场上各部队间隔岸观火、见死不救，使蒋介石极为挠头，也是造成其失败的一个重要因素。毛泽东认识到，中国革命战争的一个重要特点是，战争是在多块革命根据地、多块战略区域，由各支主力部队同时进行的。在敌强我弱的形势下，这种多支力量分散作战的情况，既不易形成对敌斗争的合力，又增加了被敌人各个击破的危险。因此，只有使分散在各战区的武装力量有机地协同作战，才能形成无可抵挡的力量，完成解放全中国的任务。

毛泽东十分重视我党我军的配合问题，着力发挥整体效益，以造全局协调之势。他在《论联合政府》中讲道："在这个宗旨下面，这个军队有一个很好的内部和外部的团结。在内部——官兵之间，上下级之间，军事工作、政治工作和后勤工作之间；在外部——军民之间，军政之间，我友之间，都是团结一致的。一切妨害团结的现象，都在必须克服之列。"他经常教育部队："要提倡顾全大局。每一个党员，每一种局部工作，每一项言论或行动，都必须以全

① 引自《集中优势兵力，各个歼灭敌人》，见《毛泽东军事文集》第3卷，军事科学出版社、中央文献出版社，1993年版，第484页。

党利益为出发点，绝对不许可违反这个原则。”在毛泽东的教育下，处于各战区的我军力量都能站在全局的高度，认清自己这个局部的地位作用，寻找和把握有利于全局的战机，为了全局，甘愿挑重担，甚至牺牲局部也在所不惜。

1948年2月24日，西北野战军第3纵队、第6纵队完成了对宜川的包围，至27日将敌压缩于城内。与此同时，第1纵队、第4纵队也进入瓦子街以北地区待机打援。胡宗南为救援宜川守敌，急令刘戡率整编第27师、第90师由洛川沿洛（川）宜（川）公路轻装疾进，驰援宜川。27日，刘戡部进至瓦子街地区。

根据上述敌情，西北野战军首长决定以第3纵队、第6纵队各1个旅继续围攻宜川守敌，集中主力9个旅的兵力迅速占领瓦子街至铁龙湾两侧高地，待机歼灭来援之敌。28日，援敌在任家湾、丁家湾地区与我阻援部队教导旅、独立第5旅各一部接触后，刘戡错误地判断我阻援部队只有1个纵队，因而放手继续攻击前进。

29日，我诱敌部队边走边打，将敌诱至宜川西南10余千米的铁龙湾地区后，即转入坚守防御，迫使敌人在四面环山、路窄沟深的不利地形下展开。同日清晨2时，第1纵队于瓦子街地区尾随敌人追击，6时攻占瓦子街。此时，瓦子街以南高地尚在敌手。要全歼敌人，就必须占领该高地，完全截断敌回窜的道路。攻占这一高地的任务本应由第2纵队完成，但此时第2纵队距离该地甚远，无法迅速完成任务。为坚决完成全歼敌人的战役目的，第1纵队首长主动派出一部兵力攻占该高地。经与敌人反复肉搏后，占领了该高地，从而完全截断了敌人回窜的道路。

刘戡发觉处境不利，决定分路突围，但为时已晚。我第1纵队、第4纵队和第3纵队、第6纵队主力英勇阻击，击退了企图突围之敌，将敌压缩至乔儿沟、丁家湾、任家湾狭小地区内。此时，第2纵队也经圪台镇地区赶到砖庙梁参加战斗。敌经我连日打击后，伤亡惨重，终不能突围，但仍然企图做困兽之斗。3月1日上午，我军发起总攻，战至17时，将敌全歼。此后，我军乘胜猛攻宜川城，至3日将该城攻克，歼敌第24旅。

宜川战役，西北野战军歼敌整编第29军军部、整编第27师、第90师，共5个旅2.9万余人，击毙敌中将整编军军长刘戡及整编师师长严明。此次战役取得胜利，除我对敌情判断正确、部署周密等原因外，我军士气高昂，干部积极主动，当第2纵队因路途较远无法及时到达预定位置时，第1纵队主动配合，以一部兵力主动抢占了瓦子街南侧高地，封闭了敌人西撤的道路，为全歼被围之敌创造了条件。

第5节　模范带头

共产党员在八路军新四军中，应该成为英勇作战的模范、执行命令的模范、遵守纪律的模范、政治工作的模范和内部团结统一的模范。①

国民党军官晃动着手枪，压在阵后，高叫着："给我上！"共产党军官紧握着手枪，冲在最前，高呼着："跟我来！"这是电影《南征北战》中的一组镜头。虽然只是对当时战场情景的艺术化再现，但我们却可以从中获得一种真实。那就是，人民军队的性质决定了在军队中，官兵之间只有职务的区别，在政治上一律平等。在战争中，我军指挥员和普通战士一样，既是指挥员，又是战斗员，冲锋在前，退却在后，身先士卒。身教重于言教。身先士卒，是我军指挥员独具的优良的战斗作风，是我军指挥员区别于一切反动军队官僚的最鲜明的特征。身先士卒，是指我军指挥员在战斗时勇打头阵，冲锋在先，退却在后；在平时工作学习中模范带头、率先垂范的优良作风。毛泽东在《中国革命战争的战略问题》中讲道："中国共产党英勇坚决地领导了中国的革命战争，在十五年的漫长岁月中，在全国人民面前，表示了自己是人民的朋友，每一天大都是为了保护人民的利益，为了人民的自由解放，站在革命战争的最前线。"毛泽东一贯主张，人民军队的指挥员在作战中要和普通一兵一

---

① 引自《中国共产党在民族战争中的地位》，见《毛泽东选集》第2卷，人民出版社1991年版，第521页。

样，与战士同进退，共生死。他说："干部跟战士的关系应当密切，应打成一片。""军队内部的团结，非常之重要。我们八路军新四军，历来依靠官兵一致，获得了光荣的胜利。"他是这么说的，也是这么做的。无论是土地革命战争时期，还是抗日战争和解放战争时期，他都是身先士卒的模范，率领我军广大指战员冲锋陷阵，取得了一次又一次伟大的胜利。中国有句俗语："喊破嗓子不如做出样子，嘴喊百遍不如身做一遍。"干部身先士卒的模范作用，本身就是无声的命令，是最有说服力的教育。

国民党军进攻陕北时，中共中央机关实行战略转移，毛泽东直到敌人占领延安的前一天才撤出，表现了一位伟大的无产阶级革命家的胆略和气魄。在以毛泽东为首的党中央的带领和教育下，我军广大干部无论何时何地都在实践着这一优良作风。仅在抗美援朝战争时期，志愿军干部身先士卒，带头冲锋陷阵，先后牺牲的团以上干部就达200余人。他们用自己的鲜血和生命为人民解放军军旗增添了新的光彩。

第6节　刺刀见红

部队要练夜战、近战，练二百米硬功夫，每团要培养一个夜老虎连。①

近战，是人民军队为克服自身武器装备落后状况，最大限度降低敌人技术装备的优势，扬己之长，击敌之短，近距离歼灭敌人的一种作战手段。毛泽东强调："近战、夜战是我们的光荣传统，过去我们就用这种办法消灭敌人的。""要发扬我军近战、夜战的优良传统。"我们的敌人是"武装到牙齿"的非正义之师，武器装备非常先进，但官兵缺乏勇敢精神，可谓"铁多气

① 引自《对部队军事训练的若干指示》，见《毛泽东军事文集》第6卷，军事科学出版社、中央文献出版社，1993年版，第400页。

少”。人民军队近距离作战，使敌武器装备受到限制，不能充分发挥其优越性能，故而害怕近战。与此相反，人民军队十分注意发扬近战的优良战斗作风，战斗中吃苦耐劳、勇敢顽强，利用地形熟悉和人民群众掩护，突然接近敌人，进行近距离战斗，靠近敌人打，与敌人展开白刃格斗，在近战中分割敌人，达到歼灭敌人的目的。

毛泽东认为，中国的革命战争是“小米加步枪”的劣势军队同几百万“武装到牙齿”的大军浴血奋战的不对等性战争。在人民军队武器装备落后、形势不利的情况下，要取得战争的胜利，必须有不怕牺牲、敢于近战歼敌的战斗作风。他指出：“我们看见敌人的时候，就不要以为敌人手上拿着兵器，就如老鼠见猫一样，怕得不得了，不敢接近他，混入其中，去做破坏工作。我们是人，敌人也是人，均是人，那么怕什么呢？怕他有兵器吗？兵器，我们可以用方法夺取过来的，所怕的，不过是怕给敌人打死。可是被敌人压迫到这步田地，难道还有谁怕死？死都不怕，还有什么敌人可怕呢？所以我们看见敌人的时候，无论他是多少，要当他是可以充饥的面包，马上就可以将他吞下去。”

毛泽东这一论述，极大地鼓舞了我军士气，在人民解放战争中创造了一个又一个军事史上的奇迹。毛泽东不仅在革命战争年代重视近战歼敌的优良作风，而且新中国成立以后，毛泽东也认为近战是我军必须坚持的基本战法。1964年，他在《对部队军事训练的指示》中讲道：“战争来了，还是靠近战、夜战，还要靠两条腿，靠炸药，靠炮兵。要发扬我军近战、夜战的优良传统。”在我军历史上，近战歼敌的战例屡屡可见，如较大的有豫东战役中攻击开封，辽沈战役中攻打锦州，以及延安保卫战、塔山阻击战、黑山阻击战等。

第7节　夜老虎精神

过去土地革命战争时期、抗日战争时期、解放战争时期，白天是敌人的，晚上是我们的，抗美援朝战争也是这样。今后的战争，我们还是要在晚上和敌人打。“夜老虎连”要普及，现在可以一个营先搞一个连，将来要使全军都成为“夜老虎”，这样，打起仗来，天下就是我们的了。[①]

夜战，是我军为避免敌人优势武器的准确打击，隐蔽我作战行动，利用夜暗做掩护，秘密接近敌人，给敌以出其不意的打击的一种战法。夜战恰似蒙住了敌人的眼睛，使其变成了瞎子，盲目乱打，可减少我之伤亡。毛泽东在总结夜战的好处时说：“一则利用夜暗最能隐蔽接近敌人。二则夜间冲锋，可减少自己的伤亡，并可扩大自己的声势，增加敌人的恐慌。三则邻近敌人夜间增援不易。”由于在夜间视度不良，敌人优势武器装备的使用受到很大限制，不能充分发挥其作战威力，故而害怕夜战。毛泽东谈到夜战时，不无自豪地说：“过去土地革命战争时期、抗日战争时期、解放战争时期，白天是敌人的，晚上是我们的，抗美援朝战争也是这样。今后的战争，我们还是要在晚上和敌人打。”毛泽东正是靠夜战大量歼灭敌人，才赢得了“一唱雄鸡天下白”的胜利。

1946年6月，蒋介石彻底撕毁《停战协定》，向我解放区大举进攻，虽遭惨败，仍贼心不死，于11月令孙震集团在河南滑县地区策应鲁西南之王敬久集团向华北地区进犯，以打通平汉路，占领邯郸、石家庄等地。

为粉碎敌这一企图，晋鲁豫军区决定，以一部兵力在鲁西南地区与敌周旋，钳制王敬久集团，抑其北进；以主力在滑县地区寻机歼灭孙震集团一部，打击敌人的嚣张气焰。军区命令第3纵队插入敌第127旅与第376团之间，直取邵耳寨敌第125旅指挥机关，以达“心腹开花，诱敌出援，歼灭援敌”之目的。3纵第8旅配属第26团担任对邵耳寨之敌攻击任务。

邵耳寨位于滑县城东南40千米处，属平原村庄，居民200余户，多茅草房，环村有底宽5米、顶宽3米、高4米寨墙一道，墙外有一条深3米、宽5米的水壕，村周围地形平坦，视界、射界开阔。守敌为第125旅旅部及第374团第3

① 引自《对部队军事训练的若干指示》，见《毛泽东军事文集》第6卷，军事科学出版社、中央文献出版社，1993年版，第399页。

营、第375团第1营、旅直山炮营。1个步兵营守村南部，1个步兵营守村北部，山炮营配置于村中央，旅指挥所在村中部偏南的地主大院里。敌主要兵力、兵器布于前沿寨墙，村内兵力弱。

敌将环村寨墙构成夹墙，夹墙壁构有步机枪射孔，寨墙四角构有交通壕，壕内设有暗火力点，寨墙四角筑有两层暗堡，寨墙间构有交通壕，壕内设有暗火力点，在水壕外构有地堡、掩盖的单兵掩体和轻重机枪发射阵地，并以交通壕相连接，前沿前按自然地形设篱笆式鹿砦三道，形成了依托村庄较坚固的环形防御。

第8旅受领任务后，立即召开党委扩大会，传达上级决心，明确自己的战斗任务，认真分析敌情、地形及利弊条件，决心利用夜暗，分两路秘密开进，对敌包围，尔后突然攻击，以连续爆破开辟通路，得手后，四面围攻，全歼守敌。18日6时，旅长马忠全亲自带领参战部队营以上干部和机关人员，在人民群众的掩护下，化装到邵耳寨周围进行现场侦察，查明了村周围的地形、道路和寨墙外敌兵力部署、火力配置、工事构筑、障碍设置等情况。

11月18日16时30分，第8旅由距邵耳寨70余千米的朗寨、庆祖集、大潘庄出发，分两路向邵耳寨疾进。部队避开村寨，越沟涉水，在旷野中取捷径秘密开进。23时30分，部队按预定时间分别进至鬼王庄、河里高、陈庄、车寨地区，对邵耳寨之敌形成了秘密包围。

19日1时30分，第8旅发起全线攻击。敌遭到突如其来的打击，顿时发蒙，乱成一团，机枪胡乱扫射。敌人随后疯狂反扑，但遭我沉重打击后，即缩回村内。天亮前，外围之敌大部被歼，部队逼近寨墙。天亮后，敌视界、射界开阔，不便于我攻击，我决定昼间停止攻击，就地抢修工事，以小分队进行袭扰，并做好夜间进攻的准备。

19日17时30分，我先以山炮和各种轻重机枪进行火力急袭，尔后以小分队炸毁敌夹墙射孔，只30分钟，即占领东南寨墙，突入村内，趁敌一片混乱之际，迅速将村南北之敌割裂，采取各个歼灭的战术，先包围院子后向内投弹，四面围攻。至次日凌晨，该敌全部被歼，战斗遂告结束。

第8节　连续作战

必须发扬勇敢战斗、不惜牺牲、不怕疲劳和连续作战（即短期内接连打几仗）的优良作风。①

连续作战的战斗作风是我军不断打胜仗的秘诀之一。连续作战虽然使我军处于紧张疲劳的状态，但“我们中华民族有同自己的敌人血战到底的气概，有在自力更生的基础上光复旧物的决心，有自立于世界民族之林的能力”，所以，我军能吃苦耐劳，排除万难去争取胜利。连续作战往往给敌人强大的压力，猛追猛打，不让他们有喘息之机。战争是你死我活的厮杀，其本身就是残酷的。无论是进攻还是防御，无论是穿插还是迂回，也无论是行军还是宿营，往往都是在极其恶劣艰苦的环境下进行的。所以，我们部队“必须发扬勇敢战斗、不惜牺牲、不怕疲劳和连续作战（即短期内接连打几仗）的优良作风”。在长期的革命战争中，中国人民解放军在毛泽东等老一辈无产阶级革命家的指挥和训练下，培养了勇敢战斗、不怕牺牲、不怕疲劳和连续作战的优良战斗作风。正因为有了这种作风，我军才能临危不惧，勇往直前，无往而不胜。

急行军或连续作战，打破了正常人的工作和休息程序，紧张、疲劳都将给置身于战场上的军人带来难以忍受的痛苦。为了不失时机，往往须要连续不断地作战。例如，中国工农红军在第二次反“围剿”作战中，15天内连续打了7仗；1946年8月，我晋冀鲁豫野战军胜利结束了陇海战役后，开封各路之敌尾追而来，此时正值我军陇海线上作战半月，伤亡5000人，已感疲劳，亟待休

---

① 引自《目前形势和我们的任务》，见《毛泽东军事文集》第4卷，军事科学出版社、中央文献出版社，1993年版，第354页。

整，但为不失时机歼灭敌人，在主力休整不足5天的情况下，接着又发起了定陶战役，取得了重大胜利。克劳塞维茨说：“经过长时间作战的部队都多少会像燃烧殆尽的煤渣一样……体力和精力都耗尽了，也许连勇敢也大受挫折。”不过，这种疲劳对双方都是存在的，特别是在决战中，双方的力量都可能用到了极限，在这种情况下，谁最顽强、有毅力、有耐力和坚持力，谁就是胜利者。正如毛泽东所说的：“胜利就在于坚持一下的努力之中。”

1948年6月22日，华东野战军攻占开封后，蒋介石严令邱清泉兵团、区寿年兵团及第四绥靖区刘汝明部攻击前进，对开封城志在必得。华野首长鉴于我军自南渡黄河以来，连续行军作战已近1个月，乃决心放弃开封，吸引敌人尾追，于运动中围歼敌战斗力较弱的区寿年兵团。

6月27日，我军对进至睢县、杞县地区之敌区寿年兵团发起攻击。至29日晨，将敌区寿年兵团部及整编第75师、新编第21旅包围于龙王店及其周围地区。战至7月2日凌晨，除整编第75师残部不足1个旅外，我军全歼了其余被围之敌，生俘区寿年及整编第75师师长沈澄年。

在我军围攻区寿年兵团时，蒋介石严令邱清泉兵团及新组成的黄百韬兵团全力救援。华东野战军首长决心集中主力围歼黄百韬兵团，并以一部兵力继续阻击和牵制邱兵团。此时，我军连续作战月余，伤亡、消耗较大，又值炎夏，饮水缺乏。为保证全胜，华东野战军前委和政治部及时发出动员令，要求全体指战员“咬紧牙关，坚持下去”“不怕疲劳，不怕伤亡，克服困难”，坚决夺取战役的胜利。

7月2日，我军一部攻占榆厢铺、何旗屯，歼灭敌整编第75师残部，主力向黄兵团全线出击。由于敌迅速收缩至帝邱店周围，我军未能将其分割，战至6日晨，仅歼灭该敌3个多团。此时西线援敌邱兵团得到加强后，绕过我阻击阵地推进到龙王店以北地区；东线援敌整编第74师已进至龙陵及其以西地区；南线胡琏兵团和吴绍周兵团也正全力北进。我军为保持主动，即于7月6日撤出战斗，主力分别向南北转移，豫东战役胜利结束。

豫东战役是敌我主力在中原地区进行的一次会战。我军连续作战20余天，歼敌1个兵团部、2个整编师部、4个正规旅、2个保安旅，共9万余人。此役，给中原之敌以重创，为我军进一步开展中原、华东战局创造了有利条件。在这次战役中，我华东野战军参战部队不怕疲劳，不怕牺牲，勇猛顽强，发扬连续作战的精神，终于在敌重兵集团云集的中原地区夺取了战役的完全胜利。

第9节　官兵团结

二十二年的人民解放军的历史证明，只要坚持了正确的政治路线和军事路线，保持艰苦奋斗的工作作风，完全和人民群众打成一片，任何强大的敌人都是能够打倒的，任何严重的困难都是能够克服的。[①]

和谐的内部关系，是我军的优良传统，也是人民军队强大战斗力的根本保证。毛泽东一再强调，我们这支军队有两个原则：一是对敌人要狠，二是对自己人要和。革命队伍里的人，无论来自哪里，无论官兵，都是政治上平等的，都要互相关心，互相爱护，互相帮助。特别是在战斗中，更要关心伤病员。

早在井冈山时期，毛泽东就在中国共产党红四军第九次代表大会上，指出了伤病兵痛苦的现象及影响。他批评全军军事政治机关对伤病兵的注意不充分，指出这将减弱红军战斗力，使逃兵多，影响工农群众，减少他们加入红军的勇气。他要求官长应当随时看视伤病兵，送茶水给他们吃，晚上替他们盖被窝，他们觉得冷，要增加衣服。对行军时沿途落伍的伤病兵，禁止任何人对他们的怒骂和讥笑。凡有因病因伤落伍下来的，不论是战斗兵非战斗兵，均要立即派一个人去招呼他，如系重伤重病，也应尽量设法雇夫抬来。每次行军，后卫要耐烦带上落伍的伤病兵，必要时还要替他们背枪弹。要发给伤病兵零用

① 引自《人民解放军二十二年的历史经验》，见《毛泽东军事文集》第5卷，军事科学出版社、中央文献出版社，1993年版，第653页。

钱，要组织全军募捐互助济难。在长期的革命战争中，我军之所以以两条腿跑过了敌人的汽车轮子，靠的就是内部团结的制度和坚强的革命意志。

第10节　严守机密

在此敌我斗争日益尖锐之时，保密问题值得引起我们极大注意。①

保密事关国家安全、荣誉和利益，贯穿于平时和战时，贯穿于军事斗争准备的各个环节，是生死攸关的大事。重视保密工作是我军一以贯之的传统。

革命战争时期，我军就十分重视对广大指战员的保密教育，把紧紧依靠群众作为保密工作的重要基础。1933年9月18日，《中央革命军事委员会关于保持机密问题的训令》指出，全军都要提高警惕并加强保密观念，因为“讲求秘密更成为争取胜利中一个先决条件”。要求红军每个指战员都应严守军事秘密，并在行动上做到“伪装”“隐蔽”“佯动”“假设”等都绝对保密，并十分注重发动群众做好保密工作。

在红军整个长征途中，尽管各路大军与敌军一路血战，历处险关，但均化险为夷，这与我军保密工作依靠群众做得好，广大干部、战士保密意识强、警惕性高分不开。“保守军事秘密”不仅变成每个官兵的自觉行动，而且得到人民群众的广泛认同和大力支持。例如，中央军委一局运输队中挑运中央文电的运输员由开始十几人到最后剩下两三人，他们克服种种困难，把自己被服等东西全部扔掉，坚持把50余斤重的文电安全运到延安。

抗日战争和解放战争时期，我军保密工作同样有着广泛的群众基础，广大

① 引自《保密问题值得引起我们极大注意》，见《毛泽东军事文集》第6卷，军事科学出版社、中央文献出版社，1993年版，第98页。

党员和干部战士将保密融入血液中，体现在工作和战斗上。1938年，毛泽东在《中国共产党在民族战争中的地位》中，专门批评了将保密工作神秘化的关门主义作风，倡导要将党的保密工作方针政策交给群众。同年，毛泽东在《论抗日游击战的基本战术——袭击》中提出，“必须保持袭击计划的秘密。袭击敌人虽然有好的计划，若此一计划被人知道，则不但一钱不值，还有遭受损失的危险。所以袭击计划之严守秘密是最要紧的”。1941年刘少奇、陈毅签发的《新四军关于保密军事秘密的规定》中总结出一条经验：人民军队与人民群众血肉相连，我们必须“进行深入的群众动员和教育，使群众也能替军队保守军事秘密”。

老一辈无产阶级革命家对保密工作十分关心，并率先垂范。1941年，毛泽东曾亲自为军委机要处题词：“保守机密，慎之又慎。”后被张贴于延安中央机要处驻地，成为大家的座右铭。1942年3月，刘少奇在回延安途中，随身携带着他积存的12包文电。出发时，要求随行同志：“这是党的绝密文电，我们一定要保护好党的机密。要随身带好火柴，万一被敌包围遇险时，必须立即烧掉文电。要做到：就是牺牲自己的生命，也要保卫党的秘密。”1950年初，毛泽东在接见第二次全国机要工作会议代表时强调：“我们现在比过去大了，公开了，反革命小了，转到地下去了。公开的敌人可以看得见，好打，秘密的敌人看不见，不好打，敌人愈打愈精，我们愈打漏洞也愈多，所以保守秘密的问题，应很好讨论。”1951年，毛泽东在中央政治局会议上指出，“必须十分注意保守秘密，九分半不行，九分九也不行，非十分不可”。

在漫长的革命战争年代，我军形成了良好的保密传统，继承和发扬这种传统，强化保密意识，是搞好和平建设时期保密工作的客观需要。军事实践和战争历史一再证明：保密是硬道理。

第十五篇
保卫国防战略指导

新中国的成立，犹如巨龙苏醒，引起了帝国主义阵营的极大恐慌，甚至周边一些国家也感到担忧。为了扼制新中国的发展，美帝国主义在战略上加紧了以南朝鲜、日本、中国台湾、菲律宾群岛等为链点的月牙形包围圈的构建，企图在经济和军事上封锁新中国。而中国国内，创业伊始，百业待兴。面对国际、国内形势，毛泽东深知，取得世界人民和第三世界国家的支持与理解是当务之急。1955年，毛泽东指出我国仍将实行积极防御的战略方针，即防卫战略。一言以蔽之，就是爱和平，反霸权，不开第一枪，不主动发动战争。这一方针的提出，旗帜鲜明地表明了新中国成立后愿意与其他国家和平共处，坚决反对霸权主义和强权政治的立场，争取了国际支持。

1949年10月1日，北京，开国大典在天安门广场举行，中国人民解放军受阅部队方阵走过天安门城楼　（视觉中国供图）

第1节　不打第一枪

爱和平，反霸权，不开第一枪，不主动发动战争。[①]

不打第一枪即防卫战略。防卫战略的提出，顺应了新中国国情、军情的变化。毛泽东分析指出，新中国成立后，我军肩负的任务已由武装夺取政权转变为防卫战争，巩固和保卫政权，维护世界和平。防卫战略，也是由新中国社会主义制度的政治本质决定的。它体现了新中国社会主义制度的政治本质，即我们不去侵犯别人，但也绝不允许别人侵入我国。当国家安全一旦遭到威胁时，就要按照积极防御的战略方针，进行有理有利有节的政治、外交与军事相结合的斗争。

防卫战略，本质上是积极防御，是国内革命战争、解放战争年代积极防御战略的延续和发展。革命战争时期，由于敌人的强大，革命武装力量的弱小，敌长期处于战略进攻的主动地位，这就决定了人民军队在战略上只能采取防御的方针。但是，为了达到积极消灭敌人，有效保存自己和发展壮大自己的目的，为了解决战略防御态势下摆脱被动、力争主动的问题，就必须实行积极防御的战略方针。新中国成立后，毛泽东认为，从军事斗争的条件和环境看，虽然我国已经作为一个独立自主的主权国家，建立了一定现代化基础的工业、农业、科技及国民经济体系，综合国力不断得到增强，有了一定国防基础，军队现代化建设取得了很大进步，但是在今后相当长的时期内，我国仍然处于复杂多变的国际环境中，战争危险并未完全消除，我军仍然是以劣势装备面对具有优势装备之敌，因此基本情况与革命战争时期没有变化，坚持积极防御的防卫

① 引自毛泽东在1962年7月谈对印战争。

战略，仍然具有积极的指导作用。

在这一战略方针指导下，新中国完成了抗美援朝、解放西藏、建立国民经济体系、构建外交新格局等一系列伟业。特别是在国防建设和军队建设上，毛泽东始终将积极防御的战略方针一以贯之。1949年9月21日，毛泽东在中国人民政治协商会议第一届全体会议的开幕词中，向全党、全军和全国人民发出了建设强大国防的号召。他指出："帝国主义和国内反动派决不甘心于他们的失败，他们还要做最后的挣扎。在全国平定以后，他们也还会以各种方式从事破坏和捣乱，他们将每日每时企图在中国复辟。这是必然的，毫无疑义的，我们务必不要松懈自己的警惕性。"他强调："我们的国防将会巩固，不允许任何帝国主义者再来侵略我们的国土。""将加强人民的陆海空军，巩固国防，保卫领土主权完整，反对任何帝国主义国家的侵略。"这些言论，集中体现了毛泽东巩固保卫政权，绝不容许帝国主义侵略的积极防卫思想，对新中国的国防和军队建设起到了指导作用。在新的历史时期，党和国家领导人多次强调，我们是社会主义国家，永远不称霸，我们绝不要人家的一寸土地，但也绝不允许别人欺负我们。

积极防御是与社会主义本质和人民军队的本质相一致的，是社会主义国家自卫原则的体现。历史经验证明，防卫战略是指导中国人民从胜利走向胜利的法宝，是新时期我国必须坚持的战略指导方针。

第2节　我军的现代化建设

为了保卫祖国免受帝国主义的侵略，依靠我们过去和较为落后的敌人作战的装备和战术是不够的了，我们必须掌握最新的装备和随之而来的最新的战术。[①]

① 引自《给总高级步兵学校的训词》，见《毛泽东军事文集》第6卷，军事科学出版社、中央文献出版社，1993年版，第337页。

新中国成立后，毛泽东多次强调指出，国际上帝国主义势力大肆扩充军备，威胁、讹诈社会主义国家，有可能发动侵略战争，国内反动派也决不会甘心他们的失败，进行复辟活动。因此，必须时刻保持高度的警惕，抓紧时机，提高我军的现代化程度。1953年，他把“建设一支优良的现代化革命军队”确定为社会主义建设时期军队建设的总方针和总任务。在这一总方针和总任务指引下，我军面貌很快就发生了重大变化，由单一的陆军发展为包括陆军、空军、海军和一些新技术兵种的合成军队，武器装备日趋完善。

毛泽东把统一训练列为正规化建设的基本内容，要求全军官兵努力掌握最新的技术和最新的战术。在我国国防建设和军队建设有了许多新的变化之后，他非常重视现代战争经验的总结，反复强调要加强军事理论研究。在追歼大陆残敌和抗美援朝战争中，毛泽东就适时提出了许多对付用现代化武器装备武装起来的敌人的战略战术原则。此外，国防和军队建设的各个方面都按照现代化、正规化的要求开展工作，特别是军队正规化建设上了一个大的台阶，为国防和军队现代化建设打下了一个好的基础。

改革开放以后，国防和军队的现代化、正规化和革命化有了新的发展。1981年，邓小平明确指出：“把我军建设成为一支强大的现代化、正规化的革命军队。”同时，他要求军队要充分利用和平时期，在服从国家经济建设大局的前提下，抓紧时间，有计划、有步骤地进行以现代化为中心的建设，以增强我军在现代条件下的作战能力。在几代领导人的正确领导下，我国国防和军队的“三化”有了长足的发展，国防实力明显提高。正是在这样的背景下，1985年，军队进行了百万大裁军。20世纪90年代以来，在党的第三代领导集体的领导下，军队建设由数量规模型向质量效能型、人力密集型向科技密集型转变，实行质量建军和科技强军，国防建设走上与国家经济建设相互促进、协调发展的轨道。

第3节 两弹一星

在科学研究中，对尖端武器的研究试制工作，仍应抓紧进行，不能放松或下马。①

1964年10月16日，当我国西部上空升起一朵蘑菇云的时候，有些外国人还不以为然，以为那只不过是一个骗人的烟幕弹，直到他们对大气中的飘浮物进行分析后，才感到惊讶。中国原子弹的成功爆炸，震惊了世界，大长了中国人民的志气，激发了中华民族的自信心和自豪感，给全世界爱好和平的国家和人民以极大鼓舞，有力打击了少数大国核垄断的阴谋。

中国革命战争特殊的环境和任务，要求毛泽东在建军问题上，必须首先大力注重这支军队以革命化为主要内容的思想政治建设，从根本上使之能够担负起党的政治上的伟大任务。与此同时，遵循战争的规律，毛泽东又高度重视这支军队的武器装备、行政管理等方面的现代化、正规化建设。1956年4月，毛泽东在中央政治局扩大会议上提出："我们不但要有更多的飞机和大炮，还要有原子弹。在今天的世界上，我们要不受人家欺负，就不能没有这个东西。"1958年6月21日，毛泽东两次在中央军委扩大会议上明确提出：原子弹就这么大的东西，可没有这东西人家说你不算数。那么好吧，我们就搞一点吧。搞一点原子弹、氢弹，我看有10年工夫完全可能。我们也要搞人造卫星。

1945年，当美国研制出世界上第一颗原子弹时，全球震惊。日本广岛、长崎上空的蘑菇云，令整个世界为之战栗。几乎在同时，苏、英、法三国都加紧了原子弹的研制步伐，并先后成功地爆炸了自己的原子弹。面对有核国家的讹

---

① 引自《应抓紧对尖端武器的研制工作》，见《毛泽东军事文集》第6卷，军事科学出版社、中央文献出版社，1993年版，第392页。

诈，毛泽东指出，必须自力更生地发展原子弹和尖端技术。1958年，组建了掌握我军战略核力量的第二炮兵部队，中国把核武器的研制提上了日程。由于经济和技术落后的原因，中国一开始寄希望于苏联能够提供支援。然而正当中国在研制原子弹的路上刚步入正轨时，苏联政府却于1959年6月单方面撕毁了中苏双方签订的关于国家新技术的协定，拒绝向中国提供原子弹样品和生产原子弹的技术资料，并撤走在华的苏联专家，还把重要的图纸资料也带走了。面对险恶的国际环境和严峻的经济形势，耗资巨大、成败未卜的原子弹研制能否继续下去？8月，党和国家领导人召开会议，一致同意继续研制。为牢记1959年6月这个特殊的时间，中国的原子弹研制项目被定名为“596”工程。与此同时，导弹的研制工作也在加紧进行。

20世纪60年代初，成立了以周恩来为主任的专门委员会，进一步加强对原子弹和导弹研制工作的领导，并组织全国范围的大协作，从人力、物力、财力上给予优先保障，使研制工作顺利进行。1964年10月16日，中国第一颗原子弹爆炸成功。巧合的是，就在试爆的前一天，苏联领导人赫鲁晓夫被赶下了台。这位试图通过“卡脖子”来扼杀中国原子弹研制进程的人，不仅没有达到目的，反而失去了自己的政治宝座。对此，毛泽东不无幽默地说：“要给赫鲁晓夫先生发一个一吨重的大勋章。”

在研制原子弹的同时，导弹研制工作也取得了进展，科技人员先后研制成功近程导弹和中程导弹。1966年10月，我国又成功进行了“两弹”结合发射和爆炸试验。1967年6月和1970年4月，我国成功地爆炸了第一颗氢弹和发射了第一颗人造地球卫星。1980年5月，试验发射的远程导弹准确落在预定海域。1982年10月，潜艇水下发射导弹成功。现在，中国战略核力量已经初具规模，共掌握了“一箭多星”、回收卫星和发射同步卫星的技术，在某些方面达到了世界先进水平。

“两弹一星”的研制成功，是我军现代化、正规化建设的重要标志和里程碑，标志着中国国防科技发展进入了一个全新的阶段，人民解放军有了核反击的能力，打破了帝国主义的核垄断，为维护世界和平与安全提供了有力的保证。邓小平曾说：“如果六十年代以来中国没有原子弹、氢弹，没有发射卫星，中国就不能叫有重要影响的大国，就没有现在这样的国际地位。”

第4节　积极备战

我们的国防将获得巩固，不允许任何帝国主义者再来侵略我们的国土。[①]

备战、备荒、为人民。[②]

深挖洞，广积粮，不称霸。[③]

新中国成立后，面临的国际形势十分严峻复杂，美苏对抗的序幕已经拉开，我国周边一直处于战火动荡之中，帝国主义霸权主义亡我之心不死。蒋介石逃台后不甘失败，叫嚷要反攻大陆，不断派兵袭扰大陆。20世纪60年代后，苏联又在我国北方边境陈兵百万，虎视眈眈。打天下难，守天下更难。毛泽东总结历史与教训，居安思危，始终把战备作为第一要务。1949年9月30日，毛泽东在为中国人民政治协商会议第一届全体会议起草的宣言中，明确指出：新的中央人民政府“将加强人民的陆海空军，巩固国防，保卫领土完整，反对任何帝国主义国家的侵略”，向全党、全军和全国人民发出了建设强大国防的号召。1949年10月，毛泽东亲自主持了新中国成立后的第一次军委会议，专门研究了国防问题，并成立了国防研究小组。自此，新中国从各个方面展开了国防战备建设，做好随时粉碎国内外一切反对派和帝国主义者挑衅和侵略的作战准备。

1953年末至1954年初召开的全国军事和党的高级干部会议根据毛泽东的指示，明确提出：建设一支优良的现代化的革命军队，以保卫中国社会主义建

① 引自《中国人从此站立起来了》，见《毛泽东军事文集》第6卷，军事科学出版社、中央文献出版社，1993年版，第4页。

② 引自《备战备荒为人民》，见《毛泽东军事文集》第6卷，军事科学出版社、中央文献出版社，1993年版，第405页。

③ 引自《深挖洞广积粮不称霸》，见《毛泽东军事文集》第6卷，军事科学出版社、中央文献出版社，1993年版，第408页。

设，防御帝国主义侵略。1951年底，部队进行了第一次精简整编，统一了编制和番号。1955年后，人民解放军实行义务兵役制、薪金制和军衔制。至60年代初，陆续编写出内务、纪律、队列条令和各种战斗条令，相继建立了空军、海军、第二炮兵、装甲兵、炮兵、防空兵、工程兵、防化兵等军兵种部队，实现了由单一兵种型向诸军兵种合成型军队的转变，逐步成为全世界屈指可数的兵种齐全、装备精良、管理正规、作风优良的现代化、正规化军队，成为保卫国防、维护世界和平的一支重要力量。

毛泽东十分重视国防科学技术和军队武器装备的发展，早在新中国成立之初，就明确提出了实现国防科学技术现代化的任务。遵照毛泽东的指示，从“一五”计划起，国家把发展武器装备、建立独立自主的完整的国防工业作为一项重要任务，先后组建和扩建了一批规模较大的军工厂。我国武器装备从仿制走向自行设计制造，实现了武器装备国产化，不但能够生产先进的飞机、大炮和坦克，并且完全依靠自己的力量，研制了核武器、导弹、卫星等高精尖武器装备，迅速缩短了我军武器装备与发达国家军队的差距，确保了国防建设和固国卫边作战的需要。

新中国成立后至70年代中期，面对严峻的国际形势，毛泽东多次指出，要重视战略后方、战场建设和战备物资储备。根据毛泽东的指示，从1954年开始，在沿海地区全面展开了国防工程施工，到50年代末期，沿海地区陆、海、空的骨干工程大部完成。1965年4月，毛泽东在听取贺龙等汇报作战问题时指出：在纵深地区，都要准备敌人空降，都要有防空降的准备。“这些纵深要地，有山的要打点洞子，没有山的要堆点山，做点工事。”1969年前后，毛泽东又多次强调要加强人民防空、城市防卫建设、要“深挖洞”，“做工事要做到防空降，防空袭”。根据毛泽东的这些指示，自60年代中期开始，中央军委决定加强三北，即东北、华北、西北地区的国防工程建设。解放军每年都抽调大量工程兵和步兵部队，加强主要方向和重点地区的设防工程建设，并使设防工程与人民防空、城市防卫工程相结合。到70年代中期，设防阵地工程已初具规模，主要作战方向都建有预设阵地，中等以上城市都建起了蛛罗密网的地下防空洞，一批大型洞库和指挥坑道分布在全国各地。

1964年5月以后，在美、苏两国加紧对我国进行军事威胁的情况下，经济工作中备战的问题摆到党的重要议事日程上来。根据毛泽东的设想，中共中央做出了《关于加强战备，加快建设战略后方的决定》，从1965年开始，贯彻“山、散、洞”的原则，采取“停”（停建一线、二线一切新开工项目）、“缩”（压缩正在建设的项目）、“搬”（将部分企事业单位全部搬迁到三线）、“分”（把一些企事业单位一分为二，分部分迁往三线）、“帮”（从技术、力量和设备方面对三线企业实行对口帮助）的方针，全面展开三线建设。到1968年，大小三线建设取得显著成绩，在长城以南，韶关以北，京广线以西，甘肃乌鞘岭以东的广阔内地，包括湖南、湖北、广西、陕西、四川、云南等13省、自治区，均初步形成了关系着国计民生和战争潜力的工业生产后方基地，全国除西藏外均通了火车，极大地改善了全国工业布局和交通战备情况，形成了中央和地方、大三线和小三线配套的国防科技工业系统。

从备战的角度考虑经济建设，不单是工业建设布局的调整。1962年3月，毛泽东在给刘少奇的复信中，强调指出：“第一是备战，人民和军队总得先有饭吃有衣穿，才能打仗，否则虽有枪炮，无所用之。第二是备荒，遇到荒年，地方无粮棉油等储蓄，仰赖外省接济，总不是长久之计。一遇战争，困难更大。第三是国家积累不可太多，要为一部分人民至今口粮还不够吃、衣被甚少着想；再则要为全体人民分散储备以为备战备荒之用着想。”按照毛泽东的指示，国务院和各级政府迅速调整了工业与农业的关系、工业内部的关系、积累与消费的关系，战备物资储备和人民群众的生活都有了较大的改善和提高。

第5节 独立自主

我们再也不想让任何人利用我们的国土来达到他们自己的目的。[①]

① 引自毛泽东与赫鲁晓夫的谈话，1958年7月。

新中国成立前后，毛泽东科学分析了国内外形势，1949年6月30日，他在《论人民民主专政》中明确提出了“一边倒”的外交决策，即中国将倒向社会主义一边，独立自主，打好基础，依靠苏联。

“一边倒”政策使新成立的中华人民共和国取得了各社会主义国家鲜明的支持，不经什么谈判，这些国家都与中国建立了外交关系，为中国的外交打开了一个良好的局面。但是，到了50年代末和60年代初，苏联领导人，主要是赫鲁晓夫大国沙文主义思想膨胀，丑态毕现，不仅在国际共产主义运动内部压制不同意见，还在中国出现严重经济困难的情况下，把意识形态上的分歧扩大到国家关系上，尤其是不尊重中国主权，要中国在军事和外交上受制于苏联，服从苏联全球战略，实质上，就是要中国共产党接受父子党、父子国的关系。

面对这种形势，毛泽东对以依靠苏联为主要内容的“一边倒”政策进行了适当调整，提出了“坚持原则，后发制人；坚持斗争，留有余地；坚持团结，反对分裂”的方针，在坚持独立自主原则的基础上，与苏联赫鲁晓夫集团展开了一场控制与反控制的激烈斗争。

1958年4月，苏联向中国提出共建长波电台的建议，希望由中苏共建一座大功率的长波发报无线电中心和一座远程通信的特种收报无线电中心，以便于指挥苏联在太平洋地区活动的潜艇，并提出建设资金由苏联出大部分，中国出小部分。毛泽东敏锐地意识到，由于长波电台是在中国领土上中苏合资建设，而资金又大部分来自苏联，就涉及其归谁所有、归谁控制的问题，其实就是一个主权问题。因此，毛泽东明确地说，主权一定要属于中国，“钱一定要由中国出，不能由苏方出”，苏方只负责提供一定的技术援助，建成以后共同使用。他强调说：在军事上搞“合作社”是不适当的。

1958年6月，周恩来写信给赫鲁晓夫，希望苏方能在中国海军建设方面提供新的技术援助。苏联就此机会又提出了要搞共同舰队的意见，希望同中国商议建立一支共同的潜艇舰队。毛泽东对此断然拒绝。7月22日，毛泽东在与苏驻华大使尤金的谈话中明确告诉对方，鉴于苏方在政治上的有所要求，中国决定撤销关于苏联为中国新型海军舰艇提供技术援助的要求，“要讲政治条件，连半个指头都不行”，“你们把俄国的民族主义扩大到了中国的海岸”。

在外交领域上，苏联出于自身利益和战略构图的要求，在中国政府对金门、马祖的炮轰，甚至在中印边境问题等这些直接关系中国领土完整的问题上都表示了强烈不满。对此，毛泽东说：如果打出了乱子，中国自己承担后果，不拖苏联下水。

通过这些事件，我们可以充分领略到毛泽东在国家主权问题上坚决不让步的原则，也领略到了毛泽东和中国共产党对苏联大国沙文主义的坚决抵制，在军事上和外交上的独立自主的鲜明立场。正是这种独立自主的原则和精神，使中国在当时复杂的国际形势中维护了自身的主权利益，也使中国在1960年苏联单方面撕毁合作协定后，仍能自力更生地展开军事和经济建设，使科学技术得到了显著发展。历史实践证明，一个国家，一个民族，唯有坚持独立自主的原则，不成为任何霸权国家的附庸，才能始终立于不败之地，才能保持自己的"球籍"。

第6节　自力更生

我们建立军事工业，必使之不助长依赖性。[①]

我们希望有外援，但是我们不能依赖它，我们依靠自己的努力，依靠全体军民的创造力。坚持自力更生为主，争取外援为辅的方针，是毛泽东一贯倡导的。在抗日战争中，毛泽东正确地阐述了抗战的胜利与争取外援的关系。他指出："在伟大抗战中，基本地依靠中国自力胜敌，中国的力量也正在发动……但同时，需要外援的配合……孤立战争的观点历史已指明其不正确了。""我

① 引自《中国革命战争的战略问题》，见《毛泽东选集》第1卷，人民出版社1991年版，第237页。

们希望有外援，但是我们不能依赖它，我们依靠自己的努力，依靠全体军民的创造力。”解放战争中，毛泽东又指出：“我们的方针要放在什么基点上？放在自己力量的基点上，叫作自力更生。”“我们强调自力更生，我们能够依靠自己组织的力量，打败一切中外反动派。”

新中国成立后，毛泽东科学地分析了国际国内形势，更加强调自力更生。在国防建设上，他强调要依靠自己的力量，武器装备等自己能生产、自己能制造。1956年，毛泽东在《在最高国务会议上讲的“十条方针”》中指出，我们不能单靠输入来加强，过去的加强，基本上是向苏联购入的，各种装备如飞机、大炮、坦克、汽车（包括牵引汽车、运输汽车等）、大口径的武器，都是输入的，这样是不能从根本上解决国防的问题的。要从根本上解决就必须自己制造。毛泽东的这些论述，今天仍不失为我们国防建设的重要指导原则。

新中国建立之初，我们的科技水平和工业生产能力都不高，而抗美援朝战争对技术装备的需要又是刻不容缓的。在这种条件下，我军作战急需的兵器装备只好由苏联进口，这样就不得不使国家财政相当大的部分用于战争，也使国家承受了巨大的负担。显然，以进口兵器装备部队，只能是权宜之策，并不是我国国防现代化的长久之计。我们这样一个刚刚由战争的废墟中建立起来的大国、穷国，国防现代化不可能靠进口装备来实现，必须走自己的路。

毛泽东曾反复强调，我们搞经济建设，都要从自己的实际情况出发，走适合我国国情、军情的发展道路。

毛泽东倡导自力更生，但从不排斥外援，从不反对向国外学习。20世纪50年代，毛泽东根据我军现代化水平低，与现代战争发展的新形势、新特点的要求不相适应的实际，提出“必须向苏联的军事科学学习，以便迅速把我军提高到足以在现代化的战争中取胜的水平”，并且要求我军永远不要骄傲自满，一定要将苏联的一切先进经验都学到手，改变我军的落后状态，把我军建设成为世界上第二支最优良的现代化军队，以利于将来有把握地战胜帝国主义军队的企图。历史地看，为了实现国防现代化这一目标，在当时特定的条件下，这些指示应该说是符合我军实际的，是适应当时国际国内形势发展的需要的，对我军的现代化建设产生了相当大的影响。此外，毛泽东主张要有分析、有批判地学习外国经验，不能盲目地学，不能一切照抄，机械搬运。从1956年起，毛泽东不断强调中国与苏联的国情不同，不能简单地照搬苏联模式，要批判地对待苏联经验。毛泽东的这些论述，为我军正确处理继承优良传统与学习外军先进经验的关系指明了正确的方向。

第7节　大办民兵

民兵工作要做到组织落实、政治落实、军事落实。①

我们不但要有强大的正规军，我们还要大办民兵师。②

在全国范围内把能拿武器的男女公民武装起来，以民兵组织的形式实行全民皆兵。③

飒爽英姿五尺枪，
曙光初照演兵场。
中华儿女多奇志，
不爱红装爱武装。

这是1961年2月，毛泽东为中国女民兵赋写的颂词《七绝·为女民兵题照》。

---

① 引自《民兵工作要做到组织落实政治落实军事落实》，见《毛泽东军事文集》第6卷，军事科学出版社、中央文献出版社，1993年版，第393页。

② 引自《要大办民兵师》，见《毛泽东军事文集》第6卷，军事科学出版社、中央文献出版社，1993年版，第381页。

③ 引自《中共中央关于民兵问题的决定》，1958年8月。

新中国成立后，毛泽东面对复杂、严峻的形势，对加强国防后备力量建设给予了极大关注，充分肯定了民兵的地位和作用，明确了民兵的性质、任务、组织形式和领导体制，推动民兵建设进入一个新的发展阶段。1951年5月，中央军委发出了关于加强民兵建设的指示。指出，民兵和自卫队在过去长期的革命斗争中起了巨大作用，民兵的斗争，是人民解放军斗争的一个重要组成部分。11月，军委在关于加强民兵政治工作的指示中，又强调了民兵工作的地位和作用：民兵不但是目前巩固人民民主专政、保卫地方秩序的重要力量，而且是强大的国防后备力量与今后实行义务兵役制的基础。

1958年，毛泽东针对美帝国主义在台湾海峡制造紧张局势和台湾国民党当局“反攻大陆”的叫嚣，向全党、全国发出了“大办民兵师”的号召，在北戴河召开的中央政治局会议上，通过了《中共中央关于民兵问题的决定》，做出了“全民皆兵”的重要决策。1962年，毛泽东到中南地区视察时曾指示：“民兵工作要做到组织落实、政治落实、军事落实。”正是贯彻毛泽东等上述指示，中国的民兵建设得到了蓬勃的发展。仅到60年代初，全国民兵就发展到了1.6328亿人，武装基干民兵达456万余人。工厂、农村、大专院校普遍建立了民兵组织，民兵工作逐步走向制度化、普遍化、经常化。

在毛泽东全民皆兵思想的引导下，几十年来，民兵建设取得了很大成绩，美国《纽约时报》曾有篇评论：“中国已经具有最可靠的防御力量——十亿人民，广阔领土，军事化的纪律及其政治上的统一性。任何外国都是无法征服中国的。凡是有理智的人，都不敢进行这种尝试。”这表明，人民战争的威力得到了充分的发挥，国家、民族的战争潜力达到了震慑敌心的作用。但也存在摊子铺得过大，人员数量过多，实际工作不落实，质量不高，造成人力物力的浪费等问题。

党的十一届三中全会以后，邓小平总结革命战争年代和新中国建立后我国民兵工作的经验教训，根据国家集中力量进行经济建设的实际情况和现代战争对国防力量的要求，明确了国防后备力量建设的大政方针。为了实现精干的常备军和强大的后备力量相结合的战略目标，他要求坚持野战军、地方军和民兵三结合的体制，指出民兵具有战略地位，是一项有效的制度。同时又指出，民

1974年冬，陕西陇县，解放军帮助民兵进行打坦克训练　（视觉中国供图）

兵应该成为生产的骨干，做好本职工作，占生产的时间不要太多。确定民兵工作执行“调整、改革、整顿、提高”的方针。此后，他又根据现代战争快速动员的需要，指出组建预备役部队是个好办法。

第8节　自卫原则

事情就是这样，他来进攻，我们把他消灭了，他就舒服了。消灭一点，舒服一点；消灭得多，舒服得多；彻底消灭，彻底舒服。[①]

毛泽东认为，对于战争，“人家打来了，我们就打，打是为争取和平”。“决不可无故进攻人家，也决不可在被人家攻击时不予还击”。新中国成立后，我军在保卫国家安全和领土完整的斗争中，一直坚持自卫原则。

1950年9月15日，美国政府无视中国政府的一再警告，派兵在朝鲜仁川登陆，随后越过三八线，叫嚣要在圣诞节前占领朝鲜全境，直接威胁到新中国的生死存亡。刚刚成立一年的新中国，敢不敢、能不能迎战这个世界上最强大的帝国主义国家？这是一个非同小可的问题。如果出兵援朝，能不能打赢，会不会“引火烧身”“惹祸上门”？面对这样的紧急局势，中共中央政治局在毛泽东主持下，于1950年10月上半月多次召开会议，全面估量国内外形势，认为：唇亡则齿寒，户破则堂危，坐视不管，只能让美帝国主义更加嚣张，抗美援朝就是保家卫国；反侵略的正义战争，得道多助，必然胜利。10月19日，中国人民志愿军赴朝作战，开始了历时两年零九个月的抗美援朝战争，并最终将敌人打回到三八线，迫使美方同朝中方面签订了停战协定，打出了军威、国威，保

① 引自《关于重庆谈判》，见《毛泽东选集》第4卷，人民出版社1991年版，第1159页。

卫了新中国的安全，从此让帝国主义不敢轻视我们。此后几十年中，人民解放军贯彻“人不犯我，我不犯人，人若犯我，我必犯人”的原则，一次次打击了来犯之敌。1969年，印度政府派兵抢占我西藏地区9万多平方千米的土地，我边防军奋起还击，仅一个多月时间，就将印军打得丢盔弃甲，共毙、伤、俘敌8700余人。1969年，中苏关系进一步恶化，当年3月，苏联边防军三次出兵数百人入侵我国领土珍宝岛，对我国进行战略性试探。我边防军民坚决反击，毙伤敌一批，缴获坦克一辆，有力打击了其嚣张气焰，迫使苏联政府从此不敢轻举妄动。1974年1月，南越西贡伪政权武装侵占我国西沙甘泉、金银等岛屿，打死、打伤中国渔民、民兵多人。中国军民忍无可忍，于1月19日、20日进行自卫还击，给来犯之敌以歼灭性打击，夺回了敌占国土，宣示了中国政府保卫西沙群岛的决心，震慑了其他一些对西沙抱有野心的东亚国家。

20世纪50年代中期，毛泽东针对我国面临帝国主义势力包围的形势，告诫全党，“必须准备应付可能的突发事变”，防敌突然袭击。在中印边界自卫反击战和珍宝岛自卫反击战、西沙自卫反击战中，我军都是按照毛泽东主席和党中央的部署，周密准备，严密部署，一次一次地取得了胜利。

在对敌斗争中，始终坚持“有理、有利、有节”是我党我军的一贯原则。新中国成立后的几场自卫反击作战，更是将这一原则体现得淋漓尽致。

中印边界战争发生前，从1961年开始，中国政府反复劝告印度尼赫鲁政府，要为两国友谊和国家建设着想，不要轻举妄动，不要扩大边界事态。战争开始后，我军将印边防军精锐击溃，本可从西藏高原一冲而下，直捣印度腹地。但为了和平，中国政府按照毛泽东的指示，命令我边防部队于11月22日0时起主动停火，并自12月1日起，从1959年11月7日中印双方实际控制线后撤20千米，还主动将俘获的印军人员、武器装备和物资归还。世界舆论大为惊叹，纷纷支持中国政府，使印度政府受到巨大压力，不得不接受停火要求，维持中印边界现状。

第9节　战略大三角

和平时期的斗争是政治，战争也是政治，但用的是特殊手段。战争与和平既互相排斥，又互相联结，并在一定条件下互相转化。①

新中国成立之初，美国政府即将战火烧到鸭绿江边，中国人民被迫奋战，中美关系陷入对抗的僵局。从此美国对中国实行敌视封锁的政策，还派第七舰队进入台湾海峡，严重威胁我国安全。中国政府被迫实行“一边倒”政策，与苏联在政治、经济、军事、外交上全面合作，与世界上的社会主义国家联手对抗美国。

然而，世界上没有永远的朋友，也没有永远的敌人，国与国之间、民族与民族之间表现得尤为突出。到20世纪50年代末60年代初，随着苏联经济的恢复和发展，军事上的崛起，其大国沙文主义嘴脸逐步暴露无遗，苏共更是以“老子党”自居，从政治、军事、经济上压迫中国，意欲中国党、中国政府俯首称臣，致使中苏关系逐步恶化，先后发生中苏大论战、苏方撤走援华专家、伊犁边民逃苏等一系列事件。到1969年3月珍宝岛事件后，中苏两国关系恶化到了极点。苏联政府在中苏、中蒙边境陈兵百万，对我虎视眈眈，甚至策划对我国实施外科手术式的核打击。这时，苏联已成为中国最为危险、最为直接、最可能面对面冲突的敌人。中国政府也不得不向北部边境大量增兵，与苏军相对峙，大有战争一触即发的样子。以至于毛泽东向全国人民发出了“深挖洞，广积粮”的号召，全国一片备战气氛。

① 引自《战争与和平既互相排斥又互相联结》，见《毛泽东文集》第7卷，人民出版社1999年版。

然而，中国要发展，人民希望和平。在积极备战的同时，更应该调动一切可调动的因素，制约苏联，防止中苏发生战争。这是当时以毛泽东为首的党中央考虑最多，也是最难的一个问题。在美苏两极对抗的大格局中，苏联实施战略扩张政策，在世界到处点火，侵占美国的势力范围。而美国由于陷入越战泥潭，面对苏联政府咄咄逼人的气势，被迫采取战略收缩，也在苦苦寻找对策。

这样，中美两国就有了合作的基础抗衡苏联。而且中国在亚非拉等第三世界国家具有非常大的影响力，是世界上几个力量中心的一个重要力量。为了共同利益，中美两国都有了改善关系，加强合作，重新构建新的世界战略格局的愿望。1971年初，美国总统在接受记者采访时，很含蓄地表露了想改善关系的意思。但由于中美两国一直处于敌对关系，长期互不摸底，谁也不敢走出改善关系的第一步。

如何来打破这个僵局，解开中美关系的死结，构建新的世界战略格局，成了两国首脑的一个心思。

机会来了。1971年3月28日至4月7日，第31届世界乒乓球锦标赛在日本名古屋举行。其间，美国乒乓球队向中国代表团提出了访华要求。然而，这一在现在看来极为简单的事情，在当时可是连周恩来都不敢做主。4月4日，报告送到毛泽东同志面前。毛泽东高瞻远瞩，立刻意识到这是打破中美关系坚冰的好机会，不能错过。马上批示：不但同意，而且来了后要接待好。4月10日，美乒乓球队抵华。根据毛泽东指示，14日，周恩来亲自接见，并发表了热情洋溢、寓意深远的讲话：有朋自远方来，不亦乐乎。同日，美国总统尼克松发表声明，正式公开表示要改善中美关系，并公布了一些措施。自此，中美两国首脑互摸了底牌。中美关系迅速得到改善，开始走向正常化。小小的乒乓球，推动了中美关系的发展，在全世界一时传为美谈，显示毛泽东善于审时度势、高瞻远瞩的雄才大略。

1972年2月，美国总统尼克松访华，中美关系实现正常化，标志中、美、苏大三角格局的形成。中美关系的正常化，使中国得以跳出对美苏两个超级大国可能的两面作战的困境，充分利用美国的力量消解来自苏联的压力，又在坚持社会主义制度的原则基础上牵制美国在东亚地区的影响力，反对美国的霸权主义，从而充分利用美苏之间的矛盾，使中国处于有利的主动地位。

1974年，毛泽东又提出了关于划分三个世界的战略思想，成为与和平共处五项原则、为建设中国特色社会主义服务国际战略原则的重要组成部分，也是毛泽东在国际战略问题上的历史性贡献。

毛泽东的大三角格局思想，不仅使中国在冷战时期站稳了脚跟，在冷战结束进入新时期以后，仍然具有相当大的指导作用。

正是由于我国始终保持了大三角格局的稳定，从而争取20多年的和平发展环境，壮大了国家力量，进一步提高了国际地位。

第十六篇
打破帝国主义核垄断的战略思想

新中国成立初期，在毛泽东核战略思想指引下，我国核武装建设发展领域取得了一个又一个震惊世界的伟大壮举：第一颗原子弹爆炸成功，第一颗氢弹爆炸成功，第一枚弹道导弹发射成功，第一次导弹与核弹头结合发射成功，第一颗人造地球卫星发射成功。在此基础上，中国第一代战略核武器系统初步形成，一支强大的战略核反击力量矗立于世界东方！它的出现，改变了长期以来我军武器装备的绝对弱势状态，宣告了为帝国主义超级大国所垄断的核霸权彻底破产，新中国上空那些飘忽不定的核威胁、核讹诈、大规模入侵战争阴霾一扫而光。中国人民不仅站起来了，而且站得腰直体健、威武雄壮，中华民族向着和平崛起与伟大复兴的宏伟目标，昂首阔步，一往无前。

1964年10月，中国第一颗原子弹成功爆炸之后，广州市民在街头看《南方日报》（视觉中国供图）

第1节　认清原子弹的两重性

同世界上一切事物无不具有两重性一样，帝国主义和一切反动派也有两重性，它们是真老虎又是纸老虎。[①]

毛泽东是伟大的无产阶级军事家，他运用马克思主义战争观考察战争现象，认为，核武器是一只纸老虎，它决定不了战争的胜负，决定战争胜负的永远是人不是物，正义的人民战争必将战胜一切帝国主义反动派发动的非正义战争。但是，又必须高度重视这种新型武器的大规模杀伤性，要把它作为一只真老虎来应对，才能赢得核条件下战争的胜利。

美国在日本投下两颗原子弹之后不久，毛泽东就在接受美国记者安娜·路易斯·斯特朗采访时，谈了对原子弹和核战争的看法，鲜明地提出了“原子弹是纸老虎”的著名论断。他说：“原子弹是美国反动派用来吓人的一只纸老虎，看样子可怕，实际上并不可怕。……决定战争胜败的是人民，而不是一两件新式武器。一切反动派都是纸老虎。看起来，反动派的样子是可怕的，但是实际上并没有什么了不起的力量。从长远的观点看问题，真正强大的力量不是属于反动派，而是属于人民。”

把原子弹说成是“纸老虎”，并不是简单的思想冲动和权宜之举。在党中央做出发展原子弹的战略决策之后，毛泽东发表了《国际形势到了一个新的转折点》的文章，他特意讲了一大段话，强调“原子弹是纸老虎”思想的重要含义：“一九四六年蒋介石开始向我们进攻的时候，我们许多同志，全国人民，

① 引自《一切反动派都是纸老虎》，见《毛泽东军事文集》第6卷，军事科学出版社、中央文献出版社，1993年版，第373页。

都很忧虑：战争是不是能够打赢？我本人也忧虑这件事。但是我们有一条信心。……我说一切所有号称强大的反动派统统不过是纸老虎，原因是他们脱离人民。你看，希特勒是不是纸老虎？希特勒不是被打倒了吗？我也谈到沙皇是纸老虎，中国皇帝是纸老虎，日本帝国主义是纸老虎，你看，都倒了。美帝国主义没有倒，还有原子弹，我看也是要倒的，也是纸老虎。”与此同时，他又提出，原子弹又是一只会吃人的真老虎。

1958年6月，毛泽东召见钱三强和钱学森两位科学家时说：原子弹“人家有，你没有，它就又是真老虎。如果我们有了，我们就能打破核垄断，问题就是这么简单”。

1957年毛泽东在莫斯科做了一次惊世骇俗的讲话，他说“现在还要估计一种情况，就是想发动战争的疯子，他们可能把原子弹、氢弹到处摔。……要设想一下，如果爆发战争要死多少人？全世界二十七亿人口，可能损失三分之一，再多一点，可能损失一半。不是我们要打，是他们要打，一打就要摔原子弹、氢弹。……我们中国还没有建设好，我们希望和平。但是如果帝国主义硬要打仗，我们也只好横下一条心，打了仗再建设”。

“原子弹既是纸老虎又是真老虎”的科学论断，是毛泽东军事辩证法在核战略领域的具体体现，为中国核力量发展与运用指明了方向。

1958年，毛泽东又专门写了一篇文章《关于帝国主义和一切反动派是不是真老虎的问题》，深入阐述这一思想：“同世界上一切事物无不具有两重性一样，帝国主义和一切反动派也有两重性，它们是真老虎又是纸老虎。一方面，真老虎，吃人，成百万人成千万人地吃。人民斗争事业处在艰难困苦的时代，出现许多弯弯曲曲的道路。中国人民花了100多年时间，死了大概几千万人之多，才取得1949年的胜利。这不是活老虎、铁老虎、真老虎吗？”“所以，从本质上看，从长期上看，从战略上看，必须如实地把帝国主义和一切反动派，都看成纸老虎。从这点上，建立我们的战略思想。另一方面，它们又是活的铁的真的老虎，它们会吃人的。从这点上，建立我们的策略思想和战术思想。”

以“原子弹既是纸老虎又是真老虎”思想为基点，毛泽东在核武器、核战争、核力量、核政策等方面，提出了一系列重要理念，如：我们一定要拥有自己的核武器，将发展核武器的立足点放在自力更生上，不首先使用核武器，用正义的人民战争反对侵略者的核战争，以充分有力的全面战争准备来遏止核战争，建设中国特色精干有效的核力量，正确处理核力量建设与经济建设的关系，以及发展核武器的目的是彻底消灭核武器，等等。长期以来，中国的战略决策层正是遵循这些基本理念，做出了一系列重大战略抉择，为保卫社会主义建设成果和中华民族的伟大复兴，逐步打造起一面强大的战略核盾牌。

第2节　不低估武器装备的作用

我们现在已经比过去强，以后还要比现在强，不但要有更多的飞机和大炮，而且还要有原子弹。在今天的世界上，我们要不受人家欺负，就不能没有这个东西。[①]

我们一定要拥有自己的核武器。这是毛泽东把握国际战略形势发展趋向，适应中国国家安全和国防能力建设需求，做出的坚定选择。这个选择，是毛泽东核战略思想在核武器发展领域的重要体现。毛泽东从来不低估武器装备的重要作用。早在土地革命时期，他就指出，应迅速地改变红军的技术条件，没有这个现代的条件，要彻底战胜敌人是不可能的，对于改变技术条件的消极是不对的。抗日战争爆发后，他指出：“中国解放区的军队一旦得到新式武器，它就会更加强大，就能够最后地打败日本侵略者了。”解放战争中，他指出：“我们必须建设国防工业，自制重武器与高武器，同时设法输入这些武器，以便能有力地进行防御的与攻击的阵地战，这是非常必要的。”在党的六届六中

① 引自《经济建设和国防建设的关系》，见《毛泽东军事文集》第6卷，军事科学出版社、中央文献出版社，1993年版，第365页。

全会上，他更加强调军队要掌握现代新式技术装备："为着准备战略反攻，非提高新式技术建立新式军队不可，须知没有现代新式技术装备的足够数量的军队，要实行反攻，收复失地是不可能的。"

1954年秋天，毛泽东在中南海听取发现铀矿石的报告后，讲了一句意味深长的话："这个事情要好好抓，这是决定命运的。"为什么是决定命运的？为什么不能没有这个东西？因为没有它就要受人家欺负，人家就说你不算数！

1956年毛泽东在中共中央政治局扩大会议上慷慨陈词："我们现在已经比过去强，以后还要比现在强，不但要有更多的飞机和大炮，还要有原子弹。在今天的世界上，我们要不受人家欺负，就不能没有这个东西。"

1958年毛泽东在中央军委扩大会议上发表了《要搞一点原子弹氢弹》的讲话，进一步阐明核武器研制工程的重大意义："还有那个原子弹，听说就这么大一个东西，没有那个东西，人家就说你不算数。"注意，这里说的"不算数"，不是说你说话不算数，而是说你虽然是个几亿人的人口大国，但在当今的国际社会秩序中，你排不上号，没有位置。

自1840年第一次鸦片战争以后，中华民族积贫积弱，饱受屈辱，没有哪个国家看得起中国人，中国在世界舞台上任人宰割，受尽欺负，没有任何尊严。是中国共产党领导全国人民，坚持抗战赶走日本侵略者，打败国民党反动派，抗美援朝战胜世界强敌，建立和巩固了伟大的中华人民共和国。但是，为了取得这些胜利，中国人民付出了极其惨痛的代价，数以千万计的革命先烈和无辜民众，倒在掌握优势武器装备敌人的枪口、炮口和狂轰滥炸之下。中国人民真正是用尽了"我们的血肉"，才筑起"新的长城"！

当今世界，已经进入核战争时代，是否拥有自己的原子弹，是衡量一个大国综合国力的重要砝码，也是中华民族重新屹立于世界民族之林的战略支柱。对此，毛泽东深谋远虑，立意坚决，为了社会主义共和国的和平昌盛与繁荣富强，为了永远不再受到帝国主义列强的压迫侵略，我们一定要把原子弹搞出来！

毛泽东在1958年明确提出："搞一点原子弹、氢弹、洲际导弹，我看有十年工夫是完全可能的。"用10年时间，使社会主义中国成为拥有核武器的世界强国，这是一个伟大统帅的宏伟抱负，也是一个人民领袖脚踏实地的科学规划。

中国的原子弹不须要搞很多，规模上不与超级大国比高低，但在技术上一定要精。“超英赶美”不仅是那个火红年代经济发展上的宏大目标，同样是原子弹研制工程的卓越追求。

1965年，毛泽东主持中共中央政治局常委扩大会议，在听取国家计划委员会汇报制订国民经济发展第三个五年计划情况时，明确指示：“我们的技术要赶上和超过国际水平。管他什么国，管他什么弹，原子弹、氢弹，都要超过。”

为了实现高质量发展的既定目标，毛泽东在更早的时候就提出了具体的方法，就是中央直接来抓，抓住抓紧，一刻也不放松。他说：“一年不是抓一次，也不是抓两次，也不是抓四五次，而是抓它七八次。”

在毛泽东一定要搞核武器的战略思想指引下，1955年中共中央做出发展中国原子能工业的重大决策，1960年中国第一枚东风弹道导弹发射成功，1964年中国第一颗原子弹爆炸成功，1966年中国导弹与核弹头结合发射试验成功，1967年中国第一颗氢弹试验成功，1970年中国第一颗人造卫星发射成功。在毛泽东的旗帜下，中国核武器的发展一步一个丰碑，以快速建立起来的强大战略反击能力和威慑态势，拱卫着历经苦难的中华民族大踏步走向辉煌！

第3节　主要依靠自己

我们的方针要放在什么基点上？放在自己力量的基点上，叫作自力更生。[①]

---

① 引自《抗日战争胜利后的时局和我们的方针》，见《毛泽东选集》第4卷，人民出版社1991年版，第1132页。

自力更生，艰苦奋斗，独立自主地研制原子弹，是毛泽东在中国战略核武器发展上的又一重要思想。

1954年10月，赫鲁晓夫来北京参加中华人民共和国成立5周年庆祝活动，毛泽东不失时机地向他提出："我们对原子能、核武器感兴趣，今天想同你们商量，希望你们在这方面对我们有所帮助，使我们有所建树，我们也想搞这项工业。"

毛泽东的提议，切合了赫鲁晓夫争取中国政治支持的需要，不久便得到了他的响应。1955年1月17日苏联政府发表声明说，为在促进和平利用原子能方面给予其他国家以科学技术和工业上的帮助，苏联将向中国和几个东欧国家提供广泛的帮助，其中包括进行实验性反应堆和加速器的设计，供给相关设备及必要数量的可分裂物质。此后，中苏两国签署了有关协定，一批苏联地质专家来到中国，帮助普查和勘探铀矿，帮助中国进行核物理研究，还计划帮助中国设计建造实验性原子反应堆和回旋加速器，提供核燃料和放射性同位素，派出核物理专家和技术人员，直至为和平利用原子能而进行核试验。

毛泽东紧紧把握这一重要战略机遇，嘱托有关中央领导和科学家，一定要抓住时机，争取获得突破性进展。中共中央书记处扩大会议上，毛泽东向参加会议的同志们提出明确要求："现在苏联对我们援助，我们一定要搞好！"

1957年10月，中苏关系进一步加强，核能利用由民转军，两国政府签订了《关于生产新式武器和军事技术装备以及在中国建立综合性的原子工业的协定》。根据这个协定，苏联将通过提供原子弹、导弹的样品和技术资料、派遣技术专家等形式，援助中国建立起综合性原子工业。其中，明确了援助中国原子弹的研究和生产，并提供原子弹的教学模型和图纸资料；帮助中国进行导弹研制和发射基地的工程设计，提供导弹样品和有关技术资料，并派遣技术专家帮助仿制导弹等条款。

20世纪50年代，世界东西方两大意识形态阵营激烈博弈，国际环境错综复杂。毛泽东精准把握转瞬即逝的战略机遇期，果断利用有利时间窗口，就像当年在长征途中四渡赤水化险为夷一样，领导中国核武器研制重大工程，在复杂的大国关系中逶迤穿行，稳健起步，迅速发展起来，表现出卓越的战略谋划才

1964年10月16日，中国自行制造的第一颗原子弹在新疆罗布泊爆炸成功（纪录片镜头）　（视觉中国供图）

能和高超的统帅艺术。

然而好景不长，由于没有顺从赫鲁晓夫危害中国国家主权的要求，中苏关系破裂。1959年6月，苏联政府违背两国关于国防新技术的协定，拒绝向中国提供原子弹样品和技术资料。1960年7月底，苏联宣布废除两国经济技术合作全部600余个合同、合作项目，撤走全部1390名援华专家，停止供应一切重要设备。他们扬言，中国离开外界的帮助，20年也搞不出原子弹！对此，毛泽东说："要下决心搞尖端技术。赫鲁晓夫不给我们尖端技术，极好！如果给了，这个账是很难还的。"以毛泽东为核心的中共中央下定决心，自己动手，从头干起，准备用8年时间，搞出自己的原子弹。苏联撕毁协定的日期，成为中国第一颗原子弹研制工程的代号，即"596工程"。

毛泽东对共产党领导下新中国人民的智慧和力量充满信心，他说："我们自己干，也一定能干好，我们只要有人，又有资源，什么奇迹都可以创造出来！"正是在这种"一定能干好"精神的鼓舞下，在中央统一领导下，上下一心，通力合作，集中攻关，连续取得了一系列重大突破性成果。中国不仅在

1964年成功爆炸了第一颗原子弹，而且两年零八个月后第一颗氢弹又紧接着爆炸成功，不到两年第一颗人造地球卫星也上了天。这种超常规跨越式的发展速度，震惊世界，令超级大国也不得不刮目相看。然而，我们永远不能忘记，这些成功是靠成千上万革命前辈勒紧裤腰带，革命加拼命，艰苦奋斗，流血牺牲，付出巨大代价才换来的。

自力更生，艰苦奋斗，紧紧依靠中国人民自己的力量，努力实现社会主义事业的宏伟目标，这种融入中国革命辉煌历程的伟大精神永远不会过时，它将激励我们继续努力奋斗，创造出更多、更大、更加丰富多彩的人间奇迹。

第4节　完整配套的科技工业体系

我们不能走世界各国技术发展的老路，跟在别人后面一步一步地爬行。我们必须打破常规，尽量采用先进技术，在一个不太长的历史时期内，把我国建设成为一个社会主义的现代化的强国。①

1962年10月30日，中共中央军委秘书长、中国人民解放军总参谋长、国务院副总理罗瑞卿向中央写报告，提出了一个重要建议：实现原子弹爆炸，是全国科学技术和工业生产水平的集中表现，绝非哪一个部门所能单独办到的。现在，离预定的日期只有两年的时间，建议在中央直接领导下成立一个专门委员会，加强对原子能工业的领导。对此，毛泽东非常重视，批示简洁而有力："很好，照办。要大力协同做好这件工作。"明确指出了中国战略核武器研制发展的一个重要思路，就是要依靠强有力的组织领导体制，建立起完整配套的

① 引自《把我国建设成为社会主义的现代化强国》，见《毛泽东文集》第8卷，人民出版社1999年版，第341页。

科技工业体系。

毛泽东将强有力的领导管理体制，作为建立战略核武器科技工业体系的组织保证。1955年中央做出发展战略核武器的决策后，即成立了三人领导小组及国务院专项办公室，负责领导原子能事业的发展。1962年研制工作进入攻关阶段，中央进一步调整充实组织机构，成立中央专门委员会，由周恩来总理亲任主任委员，组织协调全国科研、工业、部队、各职能部门、各地方政府，以及各有关方面力量，集中全力保障研制工作畅通无阻。在这种高度权威机构的集中统一领导之下，建立了层次分明、分工负责的管理体系。成立国防科学技术委员会，负责包括原子弹、导弹、人造地球卫星在内的整个国防科技事业的领导管理；成立国务院国防工业办公室，直接管理相关工业部，制订全面规划，组织实施并监督检查武器装备的科研、生产和基本建设；成立第三机械工业部（后改为二机部），主管核工业建设和核武器的研制工作；成立第七机械工业部，主管导弹和火箭的研发工作；向中国科学院赋予任务，参与战略核武器的部分设计研制，重点实施第一颗人造卫星研制初期的领导管理，负责技术抓总。

实践证明，这种以“最高层”领导“最尖端”，集中领导、分工负责的做法，完全符合国防尖端技术发展的客观要求，实行举国体制，全国一盘棋，相互之间协作密切，步调一致，确保了领导管理效率，防止了重复建设与浪费，是中国战略核武器研制发展工程在短时间取得重大突破的关键。

中华人民共和国的国防工业是在一穷二白的基础上建立起来的。新中国成立初期，我国国防科技工业体系相当薄弱，国民党被赶出大陆后，几乎带走了全部军工企业，留下的都是些破败不堪的“烂摊子”。战略核武器工程启动实施后，在毛泽东核战略思想指引下，中国核武器科技工业体系迅速建立起来。在设计研究方面，成立了核武器研究所、原子能研究所、战略导弹与运载火箭研究院、卫星设计院、空间技术研究院；在生产制造方面，组建了核原料勘探、核原料开采冶炼、核原料浓缩、各种元器件制造加工、武器系统总装调试等，多类别成龙配套的专业机构和工矿企业，负责相关原材料、设备、设施、元部件的生产、制造和装配；在试验发射方面，建设了核武器研制基地、核武器试验基地、导弹试验靶场、卫星发射场、卫星测控网，设立了核技术及应用、工程力学、无机化学、物理电子学、电磁场与微波技术、信号与信息处理技术、计算机应用技术、控制理论与控制工程、计算物理等众多基础和应用学科，担负我国核试验、导弹武器试验、运载火箭与人造地球卫星试验的组织指挥、理论研究、测试分析、工程技术和勤务保障等任务。决策领导—设计研究—生产制造—试验发射，在这一严密的结构链条中，四个层面的机构环环相扣，使战略核武器研制工程成为一个有效闭合、有机连接的整体，如同战争年代组织大兵团作战一样，各“方面军”大力协同，互相支援，联合作战，开展全国性的大协作，共同为攻克战略核武器研制难题贡献力量。

在毛泽东核战略思想的指引下，战略核武器研发不断迈进的过程实际上也是新中国国防科技工业体系快步形成的过程，而国防科技工业体系的不断调整，又为战略核武器的研制、生产提供了更加有力的体制机制保证。

在发展过程中，战略核武器科技工业成为整个国防科技工业的骨干和核心工程，直接带动了一大批国防科技工业的发展，发挥出巨大的辐射作用。短短二三十年间，中国兵器、航空、电子、船舶等工业系统的企业、科研机构和高等院校，得到长足发展，迅速建立起专业门类比较齐全，科研、试验、生产手段基本配套的国防科技工业体系，实现了从一般向尖端、从低层次向高层次、从只能研制生产常规武器装备向核常兼备的跨越式发展。

战略核武器研制的成功经验证明，任何一个国防尖端产业都是复杂的系统工程，它的研制与发展不仅需要高技术做支撑，同时还需要扎实、广泛的技术与工业基础做铺垫。充分发挥社会主义制度优越性，集中力量办大事，全国军民同心协力，各行各业相互配合，整个科研工业体系联合攻关，这是完成国家重大科技工程任务和突破关键技术的主要方式，是我们克服困难、战胜阻力的强大武器。毛泽东关于建立完整配套战略核武器科技工业体系的思想，至今在中国发展现代化社会主义强国的进程中，发挥着特别重要的战略指导作用。

第5节 高度重视科学技术人才

为了建成社会主义，工人阶级必须有自己的技术干部的队伍，必须有自己的教授、教员、科学家、新闻记者、文学家、艺术家和马克思主义理论家的队伍。[①]

早在延安时期，毛泽东就曾说过："我们应当重视专门家，专门家对于我们的事业是很宝贵的。"中华人民共和国成立前夕召开全国政协会议，他在会见科技界代表时又说："你们都是科技界的知识分子，知识分子很重要，我们建国，没有知识分子是不行的。"重人才、用人才，让各类科技人才在战略核武器研制发展这个大平台上，施展才华，建功立业，是毛泽东核战略思想的又一个重要特色。

新中国成立后，毛泽东对投身社会主义建设的各类专家更是倍加关心和关注，在战略核武器研制初始阶段，就建立起由一批出类拔萃的科学家和技术专家组成的人才队伍，为国防尖端武器事业在艰难跋涉中取得辉煌成就，提供了源源不断的人力资源和智力资源。

1949年初，北平虽然和平解放，但仍面临十分严重的经费困难，中共中央就向去欧洲参加世界和平大会的物理学家钱三强，提供了5万美元经费，用来购买核仪器，为新中国成立后研制核武器准备条件。新中国成立后，毛泽东更加重视招募各类科技人员，帮助大批爱国的科技工作者回国效力。从1949年至1955年，从西方归国的科技人才就达1536人，其中1041人从美国回来，后来为

① 引自《一九五七年夏季的形势》，毛泽东写于1957年7月在青岛召开的省市委书记会议期间，同年8月印发给党内领导干部阅读。

国家做出突出贡献的科学家钱学森、邓稼先、郭永怀、赵忠尧等人就在其中。与此同时，国内理论物理学家彭桓武、实验物理学家王淦昌等，也从教学转到战略核武器研制岗位上。1955年党中央做出发展战略核武器的重大决策后，就是以这支从国内外四面八方会集而来的科技精锐为骨干，打响了原子弹、导弹、人造地球卫星研制的一连串攻坚战。

毛泽东重视科技人才，体现在对待每一个科学家的具体态度上。地质学家李四光从国外回来不久，毛泽东对他在地质力学方面取得的研究成果，给予了极大鼓励和赞赏，并任命他为中国科学院副院长，先后四次接见他，称他为"李四老"，还邀请他到中南海一起看豫剧《朝阳沟》。核物理学家邓稼先第一次受到毛泽东接见时很紧张，但他看到毛泽东对旁边一位数学家幽默地说："我知道你啊，我上学的时候数学学得不好，好的时候能得六十分，所以我看到你有点害怕哟！"他也禁不住笑了起来。这种来自人民领袖的亲切感让邓稼先永生难忘。火箭专家钱学森回国后参加全国政协会议，晚宴上毛泽东特意把他的座位从第37桌调到了第1桌自己的身边，并热情地招呼他："学森同志，请坐这里。"宴会中，毛泽东还说了一段更为令人鼓舞的话："听说美国人把你当成五个师呢！我看呀，对我们来说，你比五个师的力量大多啦！"毛泽东认为，这些科学家不仅是国家宝贵的人才资源，还是他个人学习的良师、决策的智囊，有些还成为他讨论问题的挚友。

毛泽东经常通过工作会议或个人邀请方式，同相关科学家就重大问题进行广泛交谈，听取他们的意见。1955年，毛泽东在中南海召集党政军各界有关领导人会议，邀请李四光和钱三强参加，毛泽东说："今天，我们这些人当小学生，就原子能有关问题，请你们来上课。"李四光展示铀矿石标本、介绍铀矿资源勘察情况，钱三强汇报射线检测结果后，经过会议充分讨论，毛泽东做了那段决断未来的总结："现在已经知道我们的国家有铀矿，进一步勘探，一定会找出更多的铀矿来，我们也训练了一些人，科学研究也有了一定的基础，这件事总是要抓的。现在到时候了，该抓了！"从此，中国战略核武器研制迈开了坚实的步伐。

钱学森曾六次受到毛泽东的接见，他后来回忆说："每一次都给我指明了继续前进的方向，每一次都给我增添了攀登高峰的力量。我之所以有今天，都是毛主席、共产党给的。”毛泽东与科学家之间建立起来的这种特殊关系，对解决我国战略核武器发展中各个环节的重大问题，起到了不可或缺的辅助决策作用。中国的科学家、专家和广大科技人员，也正是在毛泽东这样的人格魅力和关怀鼓励下，呕心沥血，忘我工作，把青春年华甚至宝贵生命，贡献给中国国防科技事业，为中华民族的奋发振兴，立下了不朽的功勋。

第6节　强大的核反击力量

我还是希望搞一点海军，空军搞得强一点。还有那个原子弹，听说就这么大一个东西，没有那个东西，人家就说你不算数。[①]

毛泽东1958年6月21日的讲话：“我还是希望搞一点海军，空军搞得强一点。还有那个原子弹，听说就这么大一个东西，没有那个东西，人家就说你不算数。”毛泽东这里讲的“原子弹”是一个大概念，意在我们不仅要有强大的海军和空军，还要建立一支强大的战略核反击力量。

毛泽东不仅是高屋建瓴的战略家，还是一个心思缜密的科学技术谋划高手。

原子弹是战略核反击武器系统的关键组成之一。但要成为完整的战略核反击武器系统，还必须有弹道导弹和人造地球卫星，以及一系列配套的设施设备。对此，毛泽东深谙其道，从一开始就做出通盘考虑，采取原子弹、导弹、人造地球卫星同步推进，也就是现在讲的“两弹一星”，协调发展的基本思路，力争在同一时段取得重大突破，保证国家在最短时间内，获得可靠可信的核威慑与核反击能力。

---

① 引自《要搞一点原子弹氢弹》，见《毛泽东军事文集》第6卷，军事科学出版社、中央文献出版社，1993年版，第374页。

根据毛泽东亲自做出的一系列指示和批示精神，中共中央为战略导弹核武器发展进行了全面的体制性安排：1955年成立原子弹工作领导机构，1956年成立弹道导弹研发领导机构，1958年成立人造卫星研制机构。1962年11月3日，毛泽东又亲自批准《关于加强原子能工业领导问题的报告》，成立“中央专委”，统一领导“两弹一星”研制发展事业。在这种多方向、多领域、多专业同步展开、协作攻关的作用下，弹道导弹、原子弹和氢弹核战斗部、人造地球卫星、核潜艇等关键技术，相继获得重大研究成果，轰炸机空投核炸弹、装有核战斗部的地地弹道导弹实弹发射等应用技术，也取得圆满成功，中国战略核反击武器的各个要素，实现了同步建设，同步发展。

在毛泽东领导的新中国初建时代，中国战略核反击武器已经形成完整系统，为国家武装力量的长足发展提供了强大物质支撑。

武器是要人来掌握的，建设一支政治可靠、装备精良、素质过硬的战略导弹部队，是中国人民为应对核威胁、打破核垄断、维护国家安全，做出的历史性选择。对此，毛泽东高度关注，预先部署，表现出卓越的政治眼光和战略远见。

在原子弹和弹道导弹尚无雏形之时，毛泽东就连续做出果断决策，1957年组建战略导弹训练机构，1959年成立导弹教学院校，同年组建第一支战略导弹作战部队，1964年组建战略导弹作战基地。1966年7月1日，在第一颗原子弹爆炸成功不到两年的时间，中国战略核反击的中坚力量——第二炮兵正式成立。自此，一支支装备国产战略导弹核武器的作战部队，脚踏祖国大地，背负民族希望，走进深山，走进密林，走上建设强大战略威慑力量的历史征程。

毛泽东亲手缔造的这支战略核反击力量，很快成为我国战略威慑的核心力量、大国地位的战略支撑、维护国家安全的重要基石。

经过50多年的艰苦奋斗，中国战略核反击力量逐步成长壮大，数量规模与质量效益不断提高，为保卫祖国安全，捍卫国家利益做出突出贡献。2015年12月31日，中国国家主席习近平亲自宣布成立中国人民解放军火箭军，继续激励这支部队在党中央、中央军委的直接领导下，向着建设强大的世界一流信息化战略导弹部队阔步前进。

第7节 不首先使用核武器

今天，世界战争的危险和对中国的威胁主要来自美国的好战分子。他们侵占中国的台湾和台湾海峡，还想发动原子战争。我们有两条：第一，我们不要战争；第二，如果有人来侵略我们，我们就予以坚决回击。①

如同“原子弹是个纸老虎”一样，“不首先使用核武器”是毛泽东核战略思想的又一重大创造。这一思想，明确了中国核武器运用的基本原则，指导中国在国际政治外交舞台上始终占据道义高点，在维护国家核心利益的斗争中发挥出有利有效的柱石作用。

1964年8月，毛泽东会见应邀来访的外宾时告诉他们：“我们国家将来可能生产少量的原子弹，但并不准备首先使用，这是我们作为防御的武器。”1964年10月，中国首次核试验成功即发布政府声明，全面阐述了自己的核政策，其基本精神就是众所周知的“四不一主张”：中国承诺不首先使用核武器，不对无核武器国家和无核武器区使用或威胁使用核武器，不参加核军备竞赛，不在国外部署核武器；主张全面禁止和彻底销毁核武器。

在以上政策基础上，中国核战略所制定的各项原则，同样不是为了进攻，而是为了遏制他国对中国使用或威胁使用核武器。我们于20世纪60年代研制了核武器，组建了战略导弹部队，是被迫而为。中国核力量的作用，是为了反对核威胁，防止核战争，保证国家免于遭受核攻击。迄今为止，中国从未向任何国家发出过使用核武器的威胁。

① 引自《原子弹吓不倒中国人民》，见1955年1月28日毛泽东在芬兰首任驻中国大使孙士教递交国书的时候的谈话要点。

中国“在任何时候、在任何情况下都不首先使用核武器，并无条件地保证不对无核武器国家和无核武器区使用或威胁使用核武器”，既是中国核政策的核心内容，也是中国核武器使用原则的具体规定。这个原则实质上包含两个方面的含义：一是中国不会在受到核打击之前主动对敌发动核打击；二是中国不会容忍任何形式的核打击而放弃核报复。这一点，在中国政府关于第一颗原子弹爆炸成功的声明中说得清楚：“在核武器问题上，中国既不会犯冒险主义的错误，也不会犯投降主义的错误。我们衷心希望，核战争将永远不会发生。我们深信，只要全世界一切爱好和平的国家和人民共同努力，坚持斗争，核战争是可以防止的。”

毛泽东曾坚定指出：“今天，世界战争的危险和对中国的威胁主要来自美国的好战分子。他们侵占中国的台湾和台湾海峡，还想发动原子战争。我们有两条：第一，我们不要战争；第二，如果有人来侵略我们，我们就予以坚决回击。”毛泽东从自己祖国近百年受尽帝国主义列强欺凌的切身经历中，深切地认识到，要生存、要发展，就不能惧怕战争，包括核战争。毛泽东不怕核战争和“坚决回击”的战略思想，充分体现了敢于斗争和“后发制人”的积极防御思想，是毛泽东核战略思想一个重要内容。

不首先使用核武器，并不意味着不能使用核武器；不愿意打核战争，也并不意味着不敢打核战争。毛泽东那句名言放在这里仍然适用，“人不犯我，我不犯人；人若犯我，我必犯人”。如果有人悍然首先对中国发起核攻击，中国必将奋起自卫，使用核武器予以坚决反击。必须强调，由于这种反击，是在遭受核攻击巨大损失后进行的报复行动，所以必定是极为坚决和极为严厉的。如果有人认为，只要将中国的核力量摧毁到一定程度，中国就可能因惧怕彻底毁灭，而放弃应有的核报复，那将是极为危险的战略性误判，必然导致巨大灾难性后果。

第8节 立足于打核战争

我们中国还没有建设好，我们希望和平。但是如果帝国主义硬要打仗，我们也只好横下一条心，打了仗再建设。[①]

20世纪中叶，美国发动朝鲜战争、越南战争，多次对我发出核打击威胁；苏联在中国边境陈兵百万，扬言要使用核武器实施“外科手术式”打击；台湾当局也频频叫嚣反攻大陆，制造台湾海峡的紧张局势。对此，毛泽东强调不怕核战争、敢打核战争，要以充分的战争准备遏制核战争的爆发。他说：“帝国主义拿来吓唬我们的原子弹和氢弹，也没有什么可怕。世界上的事情，总是一物降一物。有一个东西进攻，也有一个东西降它。看《封神榜》就知道，哪有一个‘法宝’是不能破的呀？那么多的法宝都破了。我们相信，只要依靠人民，世界上就没有攻不破的‘法宝’。”

毛泽东指出：从历史经验看，我们用低级的落后的武器打败过用高级的先进武器装备起来的强大敌人；从现实可能看，我们将来的反侵略战争，将有大量民兵参加，只讲导弹、原子弹、氢弹，民兵是否也能每人发一个原子弹呢？所以，洋的土的要结合，常规武器加特种武器。强调人与武器相结合，人民战争与核反击战争相结合，动员和依靠人民，团结一致打破核垄断，反对核威胁，遏制核战争，这是毛泽东核战略思想的显著特性，也是他领导新中国国防事业的战略指导原则。

1964年毛泽东在中央书记处会议上提出：“在原子弹时期，没有后方不

① 引自1957年11月18日《在莫斯科共产党和工人党代表会议上的讲话》。

行。”“要搞一、二、三线的战略布局，加强三线建设，防备敌人入侵。”在这一战略思想指导下，我国从上到下开展了全面备战，把建立巩固的战略后方作为一项紧迫的任务来完成。

三线建设是在世界进入核时代之时，毛泽东将人民战争思想运用于国家战略层面的重大举措。它的重要意义在于扩展国家战略纵深，营造战略大后方，增强反侵略战争的潜能，有效消减强敌对我的核武器优势。这项建设实质上是一场以战备为中心的大规模经济建设，历时15年左右，国家共投入2052亿元资金和近千万人力，在中西部地区和东部各省腹地，建起了2000多家大中型机械、能源、原材料等重点企业，筑成了一批重要铁路、公路和交通枢纽，创建了比较完整配套的战略核武器科研生产基地、常规兵器工业基地、电子工业基地、航空工业基地，形成了包括煤炭、电力、冶金、化工、机械、核能、航空、航天、兵工、电子、船舶工业等在内，门类比较齐全的战略后方基地。在这一宏大战略工程中，攀枝花、六盘水、十堰、德阳等一大批新兴工业城市，在荒原山沟里拔地而起，成都、重庆、西安、兰州、贵阳、安顺、遵义等一大批古老的城镇，在注入工业化能量后，拉近了与东部发达工业城市的差距。为了取得这些成果，20余万军工部门的工程技术人员转战南北，数百万建设者为此挥洒了青春和汗水，甚至是宝贵的生命。这种史无前例的工业化建设，使国家形成了雄厚的战略后方生产基础和物资储备，建设规模堪称新中国成立以来空前的壮举。大三线大后方建设成果，在应付未来战争和自然灾害以及保障人民的生活、生产方面，持续发挥出不可估量的巨大战略效益。

除了强调三线建设，保证战时有可靠的后方工业基地外，1965年毛泽东在关于第三个五年计划的谈话中，提出了“备战、备荒、为人民”的指导思想。他说，第一是备战，人民和军队总得先有饭吃、有衣穿，才能打仗。否则虽有枪炮，无所用之。第二是备荒，遇到荒年，地方无粮棉油等储备，依赖国家接济，总不是长久之计。一遇战争，困难更大。第三是国家积累不可太少，要为一部分人民至今口粮还不够、衣被甚少着想，要为全体人民分散储备以为备战备荒之用着想。为进一步巩固持久防御能力，毛泽东明确提出了“深挖洞、广积粮、不称霸”的战备工作指示，全国掀起了战备工程建设高潮，每一个重点城市和地区，都构筑了大量防空与防原子、防化学相结合的“三防”工程。备战备荒为人民的战略举措，具有很强的针对性，符合中国国情，为防止外敌大规模入侵，打赢反侵略战争做了充分准备，对于维护国家安全，促进我国国防事业的成长壮大，具有重要的开创性和奠基性意义。

第9节　有针对性的战争准备

全世界人民团结起来，反对任何帝国主义、社会帝国主义发动的侵略战争，特别要反对以原子弹为武器的侵略战争！如果这种战争发生，全世界人民就应以革命战争消灭侵略战争，从现在起就要有所准备！①

“全世界人民团结起来，反对任何帝国主义、社会帝国主义发动的侵略战争，特别要反对以原子弹为武器的侵略战争；如果这种战争发生，全世界人民就应以革命战争消灭侵略战争，从现在起就要有所准备！”中华人民共和国成立20周年之际，面对美苏两个超级大国的战争威胁，毛泽东向全军做出一系列重要指示，要做最坏的打算，做好应对帝国主义发动核战争的准备。

他把军事战略方针的基点放在早打、大打、打核战争上。新中国成立后，中央军委确立了积极防御的战略方针，并根据形势变化多次进行调整。20世纪60年代战争因素急剧上升，毛泽东指出，只要帝国主义存在，就有战争的危险。我们不是帝国主义的参谋长，不晓得它什么时候要打仗。我国第一颗原子弹爆炸成功后，毛泽东进一步做出明确指示，必须立足于战争，从准备大打、早打出发，积极备战，立足于早打、大打、打原子战争。这一思想反映了毛泽

① 引自1969年庆祝中华人民共和国成立20周年口号，国庆前夕由毛泽东亲自审定。

东深谋远虑的战略思考，是针对复杂历史环境的科学决断。“早打、大打、打核战争”成为那个时期中国人民解放军作战研究和军事训练的指导思想，并迅速转化为大规模高强度的临战练兵行动。

如何开展核条件下的人民战争，反击帝国主义发动的侵略进攻，是中国军队从未经历过的重大课题。全军上下以毛泽东军事思想为指导，结合新形势新特点深入开展作战问题研究，科学谋划战役指导，明确提出作战原则，分级制订作战预案，完善各种作战准备。各级部队积极贯彻中央军委“重点设防、重点守备”的作战方针，研究调整作战部署的方法，集中足够兵力于主要方向，加强较多技术兵器特别是打坦克、打飞机、打空降兵器，配备多种防核袭击装备设备，预置利于长期坚守的物资储备。同时，大量构筑具有“三防”功能的支撑点式防御阵地体系，建立环形、纵深、立体、能够快速封闭核突破口的战斗配系和火力配置，使各防御要点都能独立作战，并相互依托、相互支援。

在毛泽东核战略思想指引下，全军部队认真贯彻从难、从严、从实战出发的要求，广泛开展了大练兵、大比武、争当军事训练尖子的运动，核条件下作战的军事素质大幅提高。

部队官兵充分认识到，原子弹不能最终解决问题，有了原子弹，仍然要坚持发挥我军近战、夜战优长，练好200米内的过硬功夫。部队把包括应对核突击的防御训练作为重要训练项目来抓，“躲、打、杀、反”成为基层官兵的必修科目。军委对这个科目的指导十分具体：在敌人进行核突击和火力准备时，我们要在洞子里躲起来；待敌人进到我们炮兵火力有效射击距离的地方，用炮火猛烈杀伤他；敌人步兵接近我们以后，就和他拼，和他杀，向他反冲击，消灭敌人步兵。在这种广泛兴起的军事训练热潮中，全军官兵认真学习核武器知识，练习防护技能，演练核条件下作战的战术，基础训练、干部训练、司令部训练全面提高，为战胜敌人树立了坚定的信心，创造了应对核条件下现代化战争的有利条件。

遵循毛泽东核战略思想，战略导弹部队确定了严密防护、重点反击的作战指导，深入开展“导弹武器打游击”的战术技术研究，建立迅捷的预警报警系统，实行严密的隐蔽伪装，做好遭敌核袭击后的调整补充预案，完成临战准备，确保党中央、中央军委一声令下，立即发起核反击作战行动，对敌实施坚决有力的打击。战略导弹部队把实施核反击训练作为重中之重，抓紧抓实。各级部队认真进行专业技术基础训练，努力提高官兵军事技能；反复组织实兵拉动训练，增强部队快速反应能力；扎实搞好实装操作训练，提高部队熟练掌握导弹武器技术水平；定期组织实弹发射训练，考核部队综合素质；按计划组织合成战术演练，锻炼部队适应核条件下处理复杂情况的作战能力。在严格要求、严格训练思想的指导下，战略导弹部队核反击组织指挥能力迅速增强，战斗发射水平不断提高。

第10节　重视国家整体的核防护

军事上除进攻武器外，要注意防御问题的研究，也许我们将来在作战中主要是防御。①

毛泽东十分重视对核武器的防护，他指出："军事上除进攻武器外，要注意防御问题的研究，也许我们将来在作战中主要是防御。"在积极消灭敌人的同时，还要最大限度地保存自己，保护国家和广大人民群众生命财产安全，确保还手之力，这是毛泽东核战略思想的重要组成。

一是注重提高战略核武器生存能力。善攻者动于九天之上，善守者藏于九地之下。毛泽东深谙此道，他说："进攻武器，比原子弹的数量我们比不赢人家。战争历来都需要攻防两手，筑城、挖山洞都是防嘛。秦始皇的万里长城没有多大用处。我们准备做一些蠢事，要搞地下工厂、地下铁道，逐年地

① 引自《科学技术这一仗必须打好》，见《建国以来毛泽东军事文稿》下卷，军事科学出版社、中央文献出版社，2010年版，第211页。

搞。”1964年我国第一颗原子弹爆炸成功后，副总参谋长张爱萍和第二机械工业部副部长刘西尧向中央报告了核爆炸效应的评估情况：据我们这两天在原子弹试爆现场观察效应试验情况，初步认为，地面暴露的有生物，在一定的距离内，多数将陆续死亡；在一定的距离外，虽不致死亡，但将丧失战斗力。地面暴露配置的各种作战武器，在一定的距离内，大部分被破坏或在短时间不能使用；在一定的距离外，只要稍加防护，基本上没有影响。各种工事、掩体，特别是地下工事，对原子弹爆炸有很好的防护能力。毛泽东从中阅出门道，写道：只有工事、矮墙、坚房等物，就能防御核爆，不致伤人。

根据毛泽东的思路，中国战略导弹部队从初创开始，就把构筑坚固隐蔽工事当作最重要的基本建设项目，调集大量身经百战的工程兵部队开进深山，挺进高原，夜以继日，大干苦干，经过艰苦卓绝的努力奋斗，相继筑成了一道道坚不可摧的地下长城，确保核导弹发射部队藏得住，防得了，拉得出，打得响。我国战略核力量在这种强大的战略掩蔽下，不动如山，动如雷霆，成为令所有强大对手最为恐惧的战略撒手锏。

二是全民防护，全民皆兵。毛泽东有句名言，“战争的伟力之最深厚的根源，存在于民众之中”。他强调，只要我们依靠人民，坚决地相信人民的创造力是无穷无尽的，因而信任人民，和人民打成一片，那就任何困难都有可能克服，任何敌人最终都压不倒我们，而只能被我们所压倒。中国革命战争的实践反复印证了这个真理。应对核战争，毛泽东仍然把发动群众，依靠人民，作为克敌制胜的重要法宝。不仅宏观指导，而且提出具体办法。在毛泽东的亲自关注下，1953年第一次全国人民防空会议在京召开，确立了“长期准备，重点建设”的方针。毛泽东曾指出，“地下防空室，这笔钱不能省”。1965年在中共中央政治局扩大会议上，毛泽东又提出北京及各大城市要挖防空洞和地道的问题，他说：“老百姓怎么办？就是每个房子都挖个洞，自己挖，平时当仓库，藏东西，战时飞机来了当防空洞。最好挖些地道，这里丢了炸弹，还可以跑到那里，还可以打仗。北京等各大城市都可以这样搞，分多少年完成。不然，一个原子弹打来，我们只好统统跑掉，安安稳稳让他们占领。我们要使他们到处遇敌，乡村有民兵，城市也有民兵。比如我这个房子，床下不能挖个洞？大家都挖，学华北的地道战。”

1969年中共中央转发《关于加强全国人民防空工作的报告》，成立以周恩来总理为组长的中国人民防空工作领导小组，各省、市、自治区也成立了人民防空领导小组，全国人民防空工程建设活动进入高潮，具有“三防”（防原子、防化学、防细菌武器）功能的防护工事成为标配。为了开挖防空洞，许多城市都是男女老少齐上阵。如北京前门大栅栏地区建成了著名的“北京地下城”，并与地铁1号线贯通，延至远郊山区。各个行政机构、企事业单位构筑的地下室、防空洞覆盖全城，为战时人民群众的隐蔽疏散提供了重要保障。位于湖北咸宁地区的地下指挥部，洞口安装了50多厘米厚的铅门来对付核冲击波与核辐射；知名的重庆白涛地下工程，挖出的石方量达151万立方米，有“世界第一大人工洞体”之称，工程设计标准能抗8级地震破坏、防百万吨氢弹空爆冲击；远在新疆的生产建设兵团一八六团场还修筑了家家相通、户户相连的龙珠山地道。大连市的“十山”“十网”人防工程、上海的人民广场地下环形通道、西安小寨防空地道工程都是当年颇为壮观和实用的坚固防护工程。周恩来在陪同外国总统参观一个工厂防空洞时，曾风趣地对他说：“总统阁下，你路过莫斯科时，请你给柯西金总理带个口信，我们挖防空洞完全是为了防御。让他放心，我们的地道不会挖到莫斯科去的。”

全民动员，全民防护，如同几乎是在一夜之间成为举世瞩目的核大国一样，中国又几乎在一夜之间建成了全世界最具规模的核防护工程体系，这样的创举显示出毛泽东时代人民战争伟力的鲜明特色。这些根基坚实、遍布全国城乡的地下防护系统，对保护人民生命财产，保卫国家安全，赢得反侵略战争胜利，具有十分重要的战略意义。直到今天，它们仍然在军事和经济领域发挥着重要作用，是我国现代化国防体系不可或缺的战略资源。

三是积极开展反导武器研究。毛泽东从“有矛必有盾”的哲学思维出发，在原子弹尚在研制期间，就前瞻性地部署了反导武器研制工作，体现出积极建立先进完整核防御体系的战略思想。1963年他在听取国家10年科学技术规划时说，我们的原子弹、导弹无论如何也不会比别人搞得多，我们又是防御的战略方针，因此，“除搞进攻性武器外，还要搞防御性武器。我们要从防御上发展，要研究反导弹武器”。1964年当钱学森向毛泽东汇报说，我们准备研究一下防弹道导弹的方法和技术途径时，他明确指示，有矛必有盾，要搞少数人专门研究这个问题，5年不行10年，10年不行15年，总要搞出来的。在毛泽东亲自指导下开始启动的反导武器及核防御系统研究，汇集了十分关键的核心技术和人才资源，为新时代中国战略防御体系的新发展打下了重要的基础。

四是以核制核。积极防御是毛泽东军事战略思想的深厚本源。1964年10月16日，在中国第一颗原子弹试验成功后公告的阅审稿中，毛泽东亲自修改原文并告诫世人：核武器一朝“为美帝国主义及其合伙者所垄断，核战争的危险就越大。他们有，你们没有，他们神气得很。一旦反对他们的人也有了，他们就不那么神气了，核讹诈和核威胁的政策就不那么灵了，全面禁止和彻底销毁核武器的可能性也就增长了”。毛泽东运用马克思主义战争观和方法论，深刻阐述了拥有核武器与遏止核战争的辩证关系，为中国人民从根本上彻底消除帝国主义的核威胁指明了方向。

在毛泽东核战略思想的正确指引下，经过半个多世纪的艰苦奋斗，中国战略核反击力量不断成长壮大，核与常规导弹装备精良，中远洲际射程全球覆盖，打击点、面、地下坚固、大型运动目标的弹药效能齐备，大中小和超级当量战斗部的毁伤威力震撼世界。进入新世纪，这支力量的质量效益和数量规模以更快速度向前发展，战略威慑与打击能力更加可信可靠。有这支力量镇守中华大地，任何敌人如果敢于挑战我国核心利益底线，必将遭到难以承受的毁灭下场。

中国特色核战略思想，是毛泽东为我们留下的宝贵精神遗产。用毛泽东核战略思想武装起来的强大战略核反击力量，是维护国家利益、保卫国家安全的镇国重器。当前，在实现国家和平崛起、中华民族复兴的伟大进程中，我们要继承发展毛泽东核战略思想，为实现新时代宏伟目标而努力奋斗。

后　记

本书旨在向读者提供一部内容全面、观点清晰、史料翔实、可读性强的毛泽东军事思想读本。

21年前，毛泽东主席的亲人邵华、刘松林同志专门为《毛泽东兵法十三篇》作序，使我们深受鼓舞和教育。今天，在《毛泽东兵法十三篇》的基础上，经过新的研究探索而成的《毛泽东兵法》即将出版，我们再次向她们表示崇高敬意和谢意。

本书由我敬爱的父亲、原总参作战部研究室主任孔迅同志担任顾问，他从立场、观点、方法的高度对本书予以指导。

中央军委改革和编制办公室原顾问郑勤中将，军事科学院陈荣弟少将、肖裕声少将，中央文献研究室曹前发同志对本书研究工作给予大力支持指导。

本书有关核战略和火箭军的内容，由原第二炮兵司令部军研部部长宁凌大校和作战部部长李龙虎少将研究撰写。

原第41集团军司令部冯世忠、谢型琦、鲍伟忠、龚斌、向东、蒋艳明、谭海林、唐民擎、胡滔、杨勇等同志曾经参加过《毛泽东兵法十三篇》的研究编写工作。

对上述所有同志的指导和辛勤劳动，在此一并表示感谢。

毛泽东兵法博大精深，虽然我们努力探索，但仍感水平有限，实践不足，领悟不深，书中在理论概括、史实把握、材料运用等方面难免有不当之处，敬请读者批评赐教。

孔见

2023年8月1日

参考书目

《毛泽东军事文集》第一至六卷，军事科学出版社，中央文献出版社，1993.

《毛泽东选集》第一至四卷，人民出版社，1991.

《建国以来毛泽东军事文稿》（三卷本），军事科学出版社，中央文献出版社，2010.

《中国工农红军第一方面军军史》，解放军出版社，2017.

《中国工农红军第二方面军战史》，解放军出版社，2017.

《中国工农红军第四方面军战史》，解放军出版社，2017.

《中国人民解放军著名战役战斗》第一至四卷，蓝天出版社，2013.

《中国工农红军长征简史》，军事科学出版社，2016.

《八路军第一一五师暨山东军区战史》，解放军出版社，2017.

《八路军第一二零师暨晋绥军区战史》，解放军出版社，2017.

《八路军第一二九师战史》，解放军出版社，2017.

《第一野战军战史》，解放军出版社，2017.

《第二野战军战史》，解放军出版社，2017.

《第三野战军战史》，解放军出版社，2017.

《第四野战军战史》，解放军出版社，2017.

《八路军战史》，解放军出版社，2011.

《新四军战史》，解放军出版社，2017.

《抗美援朝战争史》，军事科学出版社，2011.

《中国人民解放军高级将领传》第一至九卷，解放军出版社，2007.

《中印边境自卫反击作战史》，军事科学出版社，2006.

《人民海军经典战例研究》，中国人民解放军海军指挥学院，2010.

《防空百年》，解放军出版社，2017.

《陆军防空兵战斗纪实》，军事科学出版社，2015.

《毛泽东外文文选》，中央文献出版社、世界知识出版社，1994.

《原子弹秘闻录》，军事科学出版社，1988.

《毛泽东文集》，人民出版社，1993—1999.

《毛泽东著作选读》（下册），人民出版社，1986.

《周恩来军事文选》，人民出版社，1997.

《大外交》，海南出版社，1998.

《彭德怀军事文选》，中央文献出版社，1988.

《彭德怀自述》，人民出版社，1981.

《周总理与新中国核事业》，中国文史出版社，2018.

《倚天——共和国核武器发展纪实》，西苑出版社，1999.

《中国两弹一星实录》，解放军文艺出版社，2000.

《当代中国的国防科技事业》，当代中国出版社，1992.

《毛泽东军事活动纪事》，解放军出版社，1994.

《毛泽东军事思想发展史》，解放军出版社，1991.

《毛泽东为什么要“搞一点原子弹”》，中国共产党新闻网，2020.